本报告的出版得到

国家重点文物保护专项补助经费资助

*

本课题为国家社会科学基金

一般项目（批准号：05BKG006）

新泰出土田齐陶文

山东大学历史文化学院考古学系
山　东　博　物　馆　编著
新　泰　市　博　物　馆

文物出版社

封面设计：秦　彧
责任编辑：秦　彧
责任印制：张道奇

图书在版编目（CIP）数据

新泰出土田齐陶文/山东大学历史文化学院考古学系，山东
博物馆，新泰市博物馆编著．－北京：文物出版社，2014.12
ISBN 978-7-5010-4202-9

Ⅰ．①新…　Ⅱ．①山…　②山…　③新…　Ⅲ．①陶文－研
究－新泰市－春秋战国时代　Ⅳ．①K877.94

中国版本图书馆CIP数据核字(2014)第307014号

新 泰 出 土 田 齐 陶 文

山东大学历史文化学院考古学系
山　东　博　物　馆　编著
新　泰　市　博　物　馆

文 物 出 版 社 出 版 发 行
（北京市东直门内北小街2号楼）
http://www.wenwu.com
E-mail：web@wenwu.com
北京荣宝燕泰印务有限公司制版印刷
新 华 书 店 经 销
787×1092　1/16　印张：27.25
2014年12月第1版　2014年12月第1次印刷
ISBN 978-7-5010-4202-9　定价：260.00元

Pottery Inscriptions of the State of Qi unearthed in Xintai

by

Archaeological Department of Historical and Cultural School
of Shandong University; Shandong Museum; Xintai Municipal Museum

Cultural Relics Press

编　委　会

主　编：任相宏

副主编：卫松涛
　　　　曲传刚

序

李学勤

　　山东大学历史文化学院考古学系、山东博物馆和新泰市博物馆编著的《新泰出土田齐陶文》一书，即将由文物出版社印行。可以预期，这部内容新颖充实的报告一定会得到有关学术界的重视和欢迎，因为书中公布的是战国时期考古的一项重要发现，而对于陶文研究来说，则是有关键意义的突破。

　　陶文研究是中国古文字学的一个分支门类。一般公认，现代意义上的中国古文字学，是从甲骨文的发现开端的，而实际上，陶文的发现和鉴定比之甲骨文还要更早一些。甲骨文是在清末光绪二十五年（公元1899年）经王懿荣首先鉴定的，陶文的由学者识别，乃在同治十一年（公元1872年），做出这一工作的是山东潍县的著名学者、收藏家陈介祺（簠斋）。这一点我过去谈到过，2004年出版的《簠斋论陶》收有陈氏关于此事的题跋手迹，可为凭证。

　　经过陈介祺的首倡，陶文的蒐集典藏一时蔚为风气。值得注意的是藏家以山东人或与山东有关的人占多数，所得也以山东出土的田齐陶文为其大宗。有意思的是，最早将陶文拓本辑录出版的学者，正是最早刊布甲骨文的学者刘鹗，《铁云藏龟》与《铁云藏陶》先后并行。同时，陶文的释读也影响到古文字研究的进展，例如吴大澂的名著《说文古籀补》便采用了一些陶文，后来追随吴氏的，如丁佛言的《说文古籀补补》，引据陶文更多，还提出不少创见。丁氏正是山东人，有机会看到较多陶文。这些都对当时古文字研究的转型，即跳出所谓《说文》学的传统窠臼，起了一定的促动作用。

　　以田齐陶文为主体的陶文研究，其肇端尽管比甲骨文还早二十多年，然而随后的进展却远不如甲骨文研究的迅速。这首先表现在材料的辑集方面。陶文同甲骨文一样，早年的出土品都已分散到许多藏家，收罗起来相当困难，但是甲骨文方面，从刘鹗、罗振玉等开始，不断有著录出版流行，为研究提供了很大便利，陶文方面的著录则寥若晨星。就连陈介祺藏品，从质量和数量说都称翘楚，虽然有《簠斋藏陶》拓本，却长期没有印行。一直要到1990年高明先生的《古陶文汇编》、2006年王恩田先生的《陶文图录》，才形成集大成性质的著录，能够起类似《甲骨文合集》的作用。

陶文研究与甲骨文研究进程的不同，还有可能是更重要的一点。大家都知道，甲骨文的鉴定考释很快便导致殷墟遗址的认定，到1928年开始了殷墟的科学发掘，又出土了大量有考古记录的甲骨文。这样，甲骨文的研究较快地与考古工作密相结合，在方法论上超越了旧有金石学的传统局限。陶文的情况则不是这样，尽管也有比较集中的出土地，如齐都临淄遗址，但能有明确层位记录的事例太少。多数陶文是在很多地点分别发现，零星采集的，很难像甲骨文那样，结合所自出的遗存来考察。再加上陶文研究者大都只着眼于文字，对载有文字的陶器本身置之不顾，甚至有把文字周围的陶质生生敲掉的，这就离考古学的要求更远了。即使我们只把目光集中在陶文的文字上，其研究也远不如甲骨文的成熟。陶文的字数大都较少，在五六个字以上的已算罕见，而期间反复出现的若干关键性的字词，学者间异说纷纭，莫衷一是。至于陶文所体现的制度，存在的格式，大家的看法更是分歧不一。包括材料最多的田齐陶文，情形亦是如此。

总而言之，陶文研究的进一步发展，有待于新的重要发现及由之带来的深入研究。现在这样的机会终于来了，《新泰出土田齐陶文》所记述的新泰一中等四个地点陶文的发现、清理和研究，可以不夸张地说，为陶文研究的深入进展提供了前所未有的契机。

新泰陶文的发现有以下几个特点：

第一，出陶文的遗址经过科学的发掘清理，有详细准确的层位记录，对遗址的性质和时代做了可信的判定。

第二，对载有文字的陶片进行了器物学的观察研究。特别是复原了杯形量具，是很有意义的成果。

第三，在新泰一中陶窑遗址集中发现了成批量的所谓"立事"类型的陶文，比《陶文图录》卷二集录的这种类型陶文要丰富许多。

第四，对陶文的性质、格式及其所反映的制度等问题，作了新的探索，提出了一系列富于启发性的创见。

相信《新泰出土田齐陶文》的问世，不仅会推进田齐陶文及相关课题的探索，还将促使学术界更多投入陶文的研究。

我曾蒙山东大学任相宏教授等诸位的帮助，在新泰参观一中遗址及所出陶文，附此志谢。

目　录

插图目录

彩版目录

第一章 概况

第一节 新泰概况

一 位置与环境

　　新泰市位于山东省中部。地处北纬35°37′～36°，东经117°16′～118°。东邻沂源县、蒙阴县，西接宁阳县、泰安市，南连平邑县、泗水县，北靠莱芜市（图一）。东西长68千米，南北宽54千米，面积1946平方千米。人口135.4万。

　　新泰地处泰沂山脉中段，东连蒙山沂水，西靠东岳泰山。三条山脉近乎平行地分别自市境北、中、南部由西北向东南伸延，于市境东部交汇。总体地貌北部高山凸起，东部、南部山脉绵延起伏，西部为河洼平原。状若坐东向西的簸箕。

　　境内最大河流为柴汶河，自东向西，流经中部山脉以北的平原，并把北部山脉同中南部山脉截然分为两个体系，河北为泰山支脉，河南为蒙山山脉。全市山区面积739平方千米，占总面积的37.1%；丘陵面积834平方千米，占总面积的41.7%；平原面积422平方千米，占总面积的21.1%，一般海拔高度250米左右，最低点在楼德镇赤坂村，海拔110米；最高点在新甫顶（莲花山），海拔994米。

二 历史沿革与文化

　　新泰古称平阳，盖因地处柴汶河之阳而得名。最早的文献记载见于《春秋》："宣公八年（公元前601年），城平阳。"晋杜预注曰："今泰山有平阳县。"春秋时期，平阳为鲁国建邑。商周时期，杞、菟裘、淳于等小国在此先后存在。

　　近年新泰市发现大量东周时期齐或齐文化遗存，尤其是战国齐陶文。说明至迟到战国时期，新泰属齐国。

　　秦立郡县制，新泰属济北郡。西汉置东平阳县，属泰山郡。东汉东平阳县省入

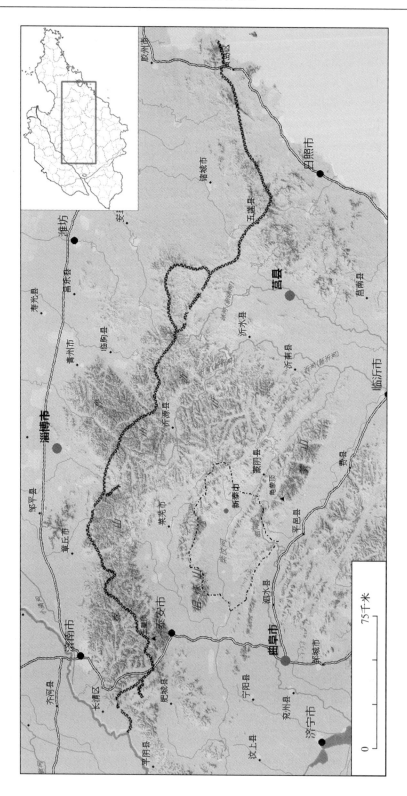

图一　新泰市地理位置示意图

南城。三国魏沿置东平阳县，仍属兖州泰山郡。西晋泰始年间（265～274年），羊祜表奏晋武帝，取新甫山（现莲花山）、泰山之首字，改平阳为新泰县。隶兖州泰山郡。自此开始出现新泰之名，并一直沿用至今。

隋代新泰先后属沂州琅邪郡、莒州。唐代新泰先后属莒州、沂州琅邪郡。五代时期属沂州琅邪郡。北宋属京东路属沂州琅邪郡。金兴定四年（1220年）七月，属山东西路泰安州。明代至清康熙年间（1661～1722年）新泰属泰安州。雍正二年（1724年）泰安升为直隶州，雍正十三年（1735年）再升泰安为府，新泰仍为泰安州、府的辖县之一，直至清末而未改。

自清末至民国时局动乱，新泰辖地及归属变易频繁。1949年10月，新泰县人民政府成立。1950年5月属泰安专区。1983年10月，新泰县与新汶市合并，成立新泰市，为省辖市，由泰安地区代管。1991年以后几经调整，现隶属泰安市。

新泰地理位置重要，自然环境较为适宜，古文化遗存非常丰富。建国以来较为重要的发现有距今5～2万年的智人"乌珠台人"牙齿化石，郭家泉东周墓地，凤凰泉东周墓地等等。近年来的重大考古发现有周家庄东周墓地，西南关东周民营制陶作坊遗址，一中音乐楼东周官营制陶作坊遗址等等。

第二节　陶文发现概况

新泰陶文出土地点共有4个，即第一中学音乐楼、西南关、南关和南西周（图二）。一中音乐楼共发现有字陶文、刻符陶片392件，西南关发现有字陶文完整或较完整陶器376件，南关发现有字陶文、刻符5件，南西周发现有字陶文7件，数量共计780件。

一　新泰一中陶文发现、清理及收藏

新泰第一中学位于新泰市区中心，即新泰老城区的文庙院内，音乐楼位于校园的西南角。2002年4月，在音乐楼建设过程中，出土大量陶器残片，经过抢救性发掘和整理，发现带文、符陶片共计392件，其中印文陶片384件，刻文陶片3件，刻符陶片5件。这些陶文中绝大多数为"立事"陶文。钤印"立事"陶文的器形有两种，一为绳纹罐形釜，一为素面杯形器。

新泰出土齐陶文地点共有4处，其中一中出土陶文数量最大，内容也最为丰富。这批资料包括馆藏和民间收藏两个方面。新泰市博物馆所藏为大宗，计238件，其中，印文陶片231件，刻文、刻符陶片7件。民间收藏分别为李钦利、柳方

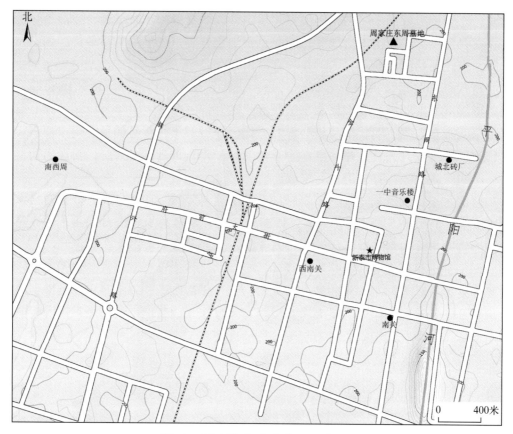

图二　新泰陶文出土位置示意图

来、肖培生、李明煜所藏。李钦利藏133件，其中印文陶132件，刻文陶1件；柳方来藏14件，为印文陶；肖培生藏6件，为印文陶；李明煜藏1件，为印文陶；另外吕金成曾收藏6件，其中5件得自柳方来处，1件得自李明煜处，均包含在前述数量中，吕氏所藏今归山东博物馆。

为了清晰每一件陶片的归属，编号时，前面均加字母以区别。2002XYY⑤W，代表新泰市博物馆藏品，2002代表发现时间，X代表新泰，Y代表一中，Y代表音乐楼，⑤代表地层第五层，W代表陶文；HBCS，代表李钦利（笔名汉柏穿石）藏品；LFL，代表柳方来藏品；XPS，代表肖培生藏品；LMY，代表李明煜藏品。

需要说明的是，新泰市博物馆所藏全部资料、李钦利所藏部分资料（HBCS：1至HBCS：92）、吕金成曾藏6件资料我们得见实物并收录，其余只见拓本，实物或已散失。为了全面反映一中出土陶文情况，未见实物的资料我们依据拓本一并进行全面介绍。

二　西南关窑址的清理及陶文的发现

遗址位于新泰市城区中心青云街道办事处西南关社区居委会办公楼西边,东北距一中音乐楼647米,北距周家庄东周墓地1840米,东去1000米处为平阳河,西去3000米为西周河。2002年11月,在新泰市副食品公司住宅楼基建工程过程中,发现该遗址,新泰市博物馆随即对其进行了抢救性发掘。发掘面积30平方米,发现并清理陶窑1座,灰坑3个,水井1眼,出土陶器、铁器等遗物900余件,发现带文字的完整或较完整陶器376件。

三　南关遗址陶文的发现及调查

南关位于新泰城区南部,即老城南侧,今青云路南与东周路交界一带,北距新泰一中音乐楼762米。自20世纪70年代开始,随着城市建设的大规模开展,新泰的文物工作者陆续在这里发现有文物出土,并采集了部分标本。遗物较为丰富,属于东周时期的遗物主要是陶器,其中较为重要的是有文陶片,除此之外还有少量的日常生活器皿和制陶工具。有文陶片共发现6件。其中,印文陶片3件,刻文陶片3件。

四　南西周遗址陶文的发现及调查

南西周位于新泰城区的西部,即府前大街西首,东距新泰一中音乐楼3320米。2000年以来,这里就不断发现史前、周代实物遗存。遗址经过多次调查,面积5万平米以上。发现的遗迹有散水、窖穴等,遗物有陶鬲、陶豆、陶盆等。从遗存来看,这里应是一处居住遗址,年代至少涵盖了春秋晚期到战国。从发现的制陶工具判断,此处或存在民营制陶作坊遗址。东周时期有文陶器残片共发现7件。

第二章　陶窑遗址及出土遗物

第一节　一中地层堆积及出土遗物

一　地层堆积

新泰第一中学位于新泰市区中心，即新泰老城区的文庙院内，音乐楼位于校园的西南角，沿东西向的文庙路北侧而建，坐南朝北。楼的北侧有一处开放式的院落，再北为教师宿舍，音乐楼、教师宿舍的东侧有一道南北向的铁质花栅栏，栅栏以东为教学区。

音乐楼为长方形多层建筑。楼的基槽，东西长30、南北宽15、深3.40米。

赶到现场时，楼基已基本挖掘完毕，因此我们只清理了底部残存部分，并对楼基地槽四周的文化层进行了必要的少许外扩清理，对四壁进行了剖面处理，基本上搞清了地层的堆积情况。

依据土质、土色和包含物等，地层可划分为五层：

第①层　厚0.30～0.80米。黄褐色土，较为松软，内含有现代砖瓦、瓷片等遗物。为现代活动层。

第②层　深（楼基西南角，层面。下同）0.50、厚0.50～0.90米。土质黄褐色，结构较为致密，质地较硬。内含有数量较多的碗、盘等日常生活瓷器残片，还有部分残砖、残瓦等建筑材料。根据所含遗物的年代特征推断，这一层堆积的年代为明清时期。

第③层　深1.30、厚0.80～0.90米。堆积为深灰色土，结构较为松软，质地略软。内含数量较多的瓷碗、瓷盘等日常生活用瓷器残片，还有部分残碎的建筑材料，如砖、瓦等。根据所含遗物的年代特征推断，这一层堆积的年代为宋元时期。

第④层　深1.90、厚0.60～0.90米。堆积主要为黑灰色土，内夹杂有较多的草木灰、红烧土颗粒、烧结的木炭块碴等，结构较为紧密，质地较硬。含有数量较多的瓷器残片，如碗、杯、缸、瓮等，还有建筑材料砖、瓦当等残片，之外还有制作瓷器的窑具等，包含物丰富。根据所含遗物的年代特征推断，这一层堆积的年代为隋唐时期。

第⑤层　深2.80、厚0.50～0.60米。土色较深，夹杂有木炭、红烧土颗粒、红烧土块等，质地较硬。陶量器残片，铭文陶片均出自这一层堆积之中，还有大量的建筑材料筒瓦、板瓦残片等，遗物相当丰厚。这些遗物，多出现在音乐楼基槽坑的西部，偏北一侧则更为集中一些。根据出土遗物的年代特征，这一层堆积的年代大致可推断在东周时期。

第⑥层以下，为生土层。

二　地层出土遗物

地层出土遗物依据地层层位为单位分别进行介绍，从上层到下层为序。编号时，前面均加字母以区别。以2002XＹＹ②：1为例，2002代表发现时间，X代表新泰，Ｙ代表一中，Ｙ代表音乐楼，②代表地层第二层，1代表一号标本。

1. 第②层出土遗物

第②层出土遗物较为贫乏，数量较少，按照功能划分可分为两类，一类是日常生活器皿，一类是建筑材料。

日常生活器皿主要是瓷器，器形主要是碗。

标本2002XＹＹ②：1，瓷碗。碗口部分已残失，仅存下半部。胎质白色，质地细腻，结构紧密。轮制，工艺较为规范。烧成火候较高，硬度较大。圈足较高，腹壁斜直，外敞。器表施黑釉，外壁半釉，腹下部及底露胎，内壁底部有涩圈。残高2.8、残口径11.6、足径5.7厘米（图三，1）。

标本2002XＹＹ②：2，瓷碗。碗口部分已残失，仅存下半底部。胎质白色，质地细腻，结构紧密。轮制，工艺较为规范。烧成火候较高，硬度较大。圈足较高，腹壁斜直，外敞。器表施黑釉，外壁半釉，腹下部及底露胎，内壁底部有涩圈。残高2.6、残口径11.7、足径6.3厘米（图三，2）。

建筑材料数量不多，有残瓦20多件，鸱吻1件。

标本2002XＹＹ②：3，陶鸱吻。残，仅存兽首的上半部分，其左侧部分残失。胎为泥质，红褐色，质地非常细腻。部分部位如眼睛、鼻子等为模制，部分部位如耳朵，似为贴塑。烧成火候较高，硬度较大。兽首扁平，凸眉怒目，鼻孔冲天，上唇上卷，张口露牙，线条流畅，极具动感。表面均施绿釉。残高11.4、残长23.0、

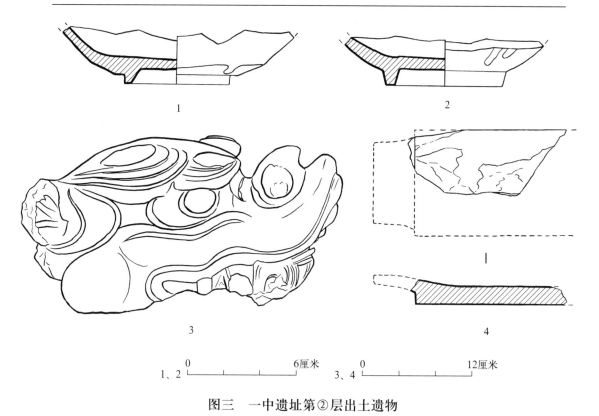

1　　　　　　　　　　　　　　　　　2

3　　　　　　　　　　　　　　　4

1、2 ├─────────────┤ 6厘米　　　3、4 ├─────────────┤ 12厘米
　　0　　　　　　　　　　　　　　　0

图三　一中遗址第②层出土遗物

1、2. 瓷碗2002XYY②：1、2　3. 陶鸱吻2002XYY②：3　4. 陶瓦2002XYY②：4

残宽12.0厘米（图三，3；彩版一，1）。

标本2002XYY②：4，陶瓦。残，只存部分瓦体，尚保留少量瓦舌。泥质、红褐色，质地细腻。内模支型泥条盘筑，结合贴塑、粘接等工艺制作。火候高，硬度大。瓦体半筒状，弧度较小，瓦舌下错内收。外壁施挂绿釉。内壁表面局部留有布纹，应是位于内模与瓦胎之间易于模、瓦脱离的布纹痕，而非有意装饰。残长17、残宽8.3厘米（图三，4）。

2. 第③层出土遗物

第③层出土遗物数量比第②层略有增加，但多数器形雷同，特别是瓷碗数量较大，形制相近，种类仍为日常生活器皿和建筑材料两大类。

日常生活器皿的器形主要是瓷碗。

标本2002XYY③：1，瓷碗。碗的部分口沿及腹部已残失，可复原。胎质白色，部分红褐色，质地较为细腻，结构紧密。轮制，工艺较为规范。烧成火候较高，硬度较大。圆唇，敞口，浅腹，腹壁斜直微鼓，圈足较高。器表施灰白釉，外壁半釉，腹下部及底露胎，内壁满釉，底部中心有支钉痕迹。高2.50、口径11.3、足径4.2厘米（图四，1）。

标本2002XＹＹ③：2，瓷碗。碗口部分已残失，仅存下半部。胎红褐色，质地较为细腻，结构紧密。轮制，工艺较为规范。烧成火候较高，硬度较大。圈足较宽低，腹壁斜直，微外敞。器表施灰白釉，外壁半釉，腹下部及底露胎，内壁满釉，底部中心有支钉痕迹。残高3.2、残口径13.6、足径7.0厘米（图四，2）。

标本2002XＹＹ③：3，瓷碗。碗口部分已残失，仅存下半部。胎红褐色，质地较为细腻，结构紧密。轮制，工艺较为规范。烧成火候较高，硬度较大。圈足较高，腹壁斜直，外敞。器表施灰白釉，外壁半釉，腹下部及底露胎，内壁满釉，底部中心有支钉痕迹。残高3.9、残口径16.0、足径6.7厘米（图四，3）。

标本2002XＹＹ③：4，瓷碗。碗口部分已残失，仅存下半部。胎红褐色，质地较为细腻，结构紧密。轮制，工艺较为规范。烧成火候较高，硬度较大。圈足较高，腹壁斜直，外敞。器表施灰白釉，外壁半釉，腹下部及底露胎，内壁满釉，底部中心有支钉痕迹。残高4.1、残口径14.5、足径6.5厘米（图四，4）。

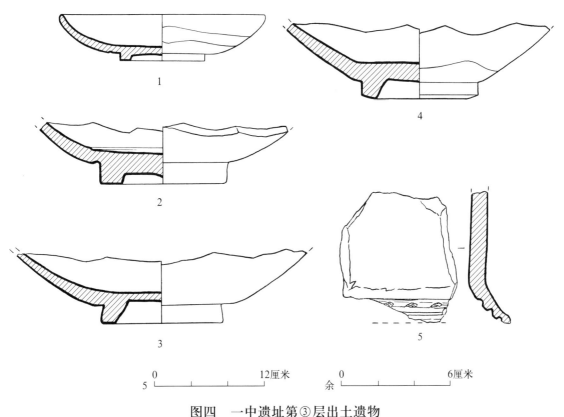

图四　一中遗址第③层出土遗物

1～4.瓷碗2002XYY③：1～4　5.陶滴水2002XYY③：5

建筑材料数量不多，除滴水外只发现少量残碎严重的瓦片。

标本2002XYY③：5，陶滴水。仅存头部，且残。泥质灰陶，质地较为细腻。瓦体制作为内模支型泥条盘筑而成，滴水下垂的舌则为模制，两者分别制作成型后再粘接在一起入窑烧制。火候高，硬度大。滴水瓦体弧形凹下为水槽，滴水舌呈三角宜于滴水。素面，凹面局部有布纹痕迹，应是制瓦留下的工艺痕迹，非有意装饰，瓦舌饰2条横向附加堆纹。残长14.0、残宽13.0厘米（图四，5）。

3. 第④层出土遗物

第④层出土遗物数量比第③层多，种类也有所增加，除日常生活器皿、建筑材料外，还增加了制瓷窑具。

日常生活器皿常见的还是瓷器，器形主要是碗。

标本2002XYY④：1，瓷碗。碗口部分已残失，仅存下半部。胎红褐色，局部灰白色，质地较为细腻。轮制，工艺较为规范。烧成火候高，硬度较大。圈足外撇，较矮，底部内凹，腹壁外鼓，敞口。外壁施淡青半釉，内壁施淡青釉，底部中心有等分的3个小支钉痕迹。残高4.6、残口径13.2、足径7.8厘米（图五，1）。

标本2002XYY④：2，瓷碗。碗口部分已残失，仅存下半部。胎灰白色，局部红褐色，质地较为细腻。轮制，工艺较为规范。烧成火候高，硬度较大。圈足外撇，较矮，底内凹，较低，腹壁斜直，外敞。外壁施淡青半釉，内壁施淡青釉，底部中心有等分的3个支钉痕迹，内壁有一小刮痕。残高2.1、残口径9.6、足径6.1厘米（图五，2）。

标本2002XYY④：3，瓷碗。碗口部分已残失，仅存底部。胎灰白色，局部红褐色，质地较为细腻。轮制，工艺较为规范。烧成火候高，硬度较大。圈足外撇较矮，底内凹，腹壁斜直，外敞。外壁施淡青半釉，内壁施淡青釉，底部中心有等分的3个支钉痕迹。残高3.0、残口径11.2、足径8.0厘米（图五，3）。

日常生活器皿中除瓷器外，还有少量的陶器，器形多为瓮、缸之类。

标本2002XYY④：5，陶瓮。残，只存口沿。泥质灰陶，质地细腻。轮制，工艺较为规范。烧成火候高，硬度较大。圆唇，卷沿，口微敛，鼓肩。表面磨光，肩下部残留有极少部分水波几何纹。残高9.0、口径25.2厘米（图五，4）。

标本2002XYY④：6，陶缸。残，只存口沿。泥质灰陶，夹少量细砂，质地较为细腻。轮制，工艺较为规范。烧成火候高，硬度大。圆唇，沿内迭，小敛口，斜肩。素面，肩部饰一周草花纹。残高16.4、口径24.2厘米（图五，5）。

建筑材料主要是瓦，数量较大，总量达1000多件。其中主要是筒瓦和板瓦，还有少量的瓦当。未见完整者，均为残片。

标本2002XYY④：7，陶板瓦。残，仅存少部分。泥质灰陶，厚重，质地较为

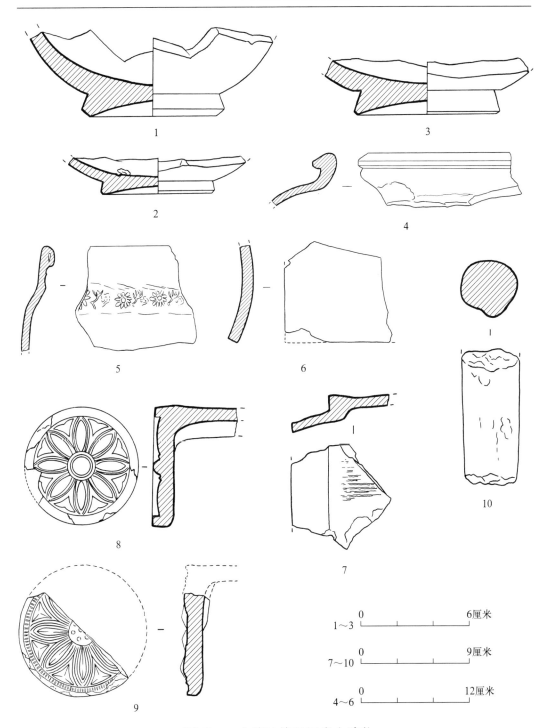

图五　一中遗址第④层出土遗物

1～3. 瓷碗2002XYY④：1～3　4. 陶瓮2002XYY④：5　5. 陶缸2002XYY④：6　6. 陶板瓦2002XYY④：7
7. 陶筒瓦2002XYY④：8　8、9. 陶瓦当2002XYY④：9、10　10. 窑柱2002XYY④：4

细腻。内模支型泥条盘筑，结合贴塑、粘接等工艺制作。火候较高，硬度较大。半筒状，弧度较大。素面，内壁局部留有布纹痕迹，应是制瓦工艺留下的痕迹，而非有意装饰。残长17.6、残宽16.0厘米（图五，6）。

标本2002XYY④：8，陶筒瓦。残，仅存瓦头部分。泥质灰陶，厚重，质地较为细腻。内模支型泥条盘筑，结合贴塑、粘接等工艺制作。烧成温度高，硬度大。瓦体半筒状，弧度较小，瓦舌下错舌台明显。素面，局部留有布纹或是绳纹痕迹，应是制瓦工艺留下的痕迹，而非有意装饰。残长10.8、残宽11.4厘米（图五，7）。

标本2002XYY④：9，陶瓦当。当面部分保存较为完整，瓦体大部分残失，当面为圆形。泥质灰陶，色较深，夹少量细砂，质地较为细腻。当面先模印成型，然后制作瓦体时再与之相粘接为一体，最后入窑陶化。火候高，硬度大。瓦体素面，当面饰莲花。当面中心为莲蕊，围绕莲芯均布8个莲瓣，轮廓及莲蕊为素面，并凸起。残长9.0、当面直径12.6厘米（图五，8）。

标本2002XYY④：10，瓦当。残，仅存当面的一半，为圆瓦当。泥质灰陶，色较浅，质地较为细腻。当面模印，中心厚，周边薄。火候很高，硬度大。当面饰莲花，中心为莲蕊，围绕莲芯均布8个莲瓣，面廓捺印花萼，莲蕊擢出莲籽，面廓、莲蕊较平。直径14.0厘米（图五，9）。

制瓷窑具仅见窑柱1件。

标本2002XYY④：4，残，仅存一段。胎灰白色，局部红褐色，质地较为细腻，与上述3件瓷碗质地相同。圆形，柱状，带有锥度。表面有淡淡的青釉，受温局部变成深红褐色。直径6.0～6.2厘米（图五，10）。

4. 第⑤层出土遗物

第⑤层出土遗物最为丰富，数量多达5651件。从质地上看，除1件石器之外其余均为陶器。

陶器多为残片，复原器很少，但这些陶片所反映的器形都比较清晰，功能用途也较清楚。从功能、用途来看，可分为日常生活器皿（2002XYY⑤R）、建筑材料（2002XYY⑤J）、量器（2002XYY⑤L）和工具（2002XYY⑤G）4大类。

日常生活器皿数量极少，凡能识别出器形、陶片较大的都进行了收集，总量只有20件，其中有文陶片4件。器形有釜、簋形豆、豆、盂、盒、盆、壶几种。

标本2002XYY⑤R：1，陶釜。残，为口沿残片。泥质，质地细腻。轮制。烧成火候高，硬度大。灰胎，表黑色，陶色不一致。圆唇，斜沿，口微敛，斜鼓腹。肩部饰绳纹。残高3.1、口径26.4厘米（图六，1）。

标本2002XYY⑤R：2，陶簋形豆。残，柄、足残失，仅存部分豆盘残片。泥质，夹微量细砂，质地细腻。轮制。烧成火候高，硬度大。陶色较深，近黑色。圆

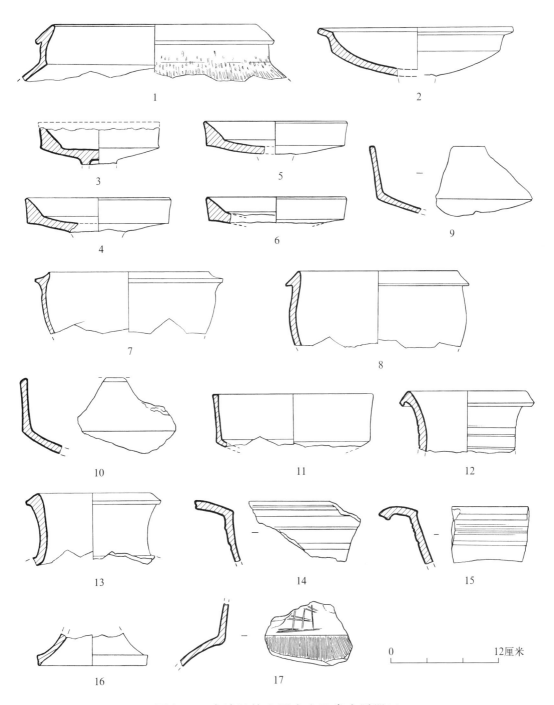

图六　一中遗址第⑤层出土日常生活器皿

1. 陶釜2002XYY⑤R：1　2～6、16. 陶豆2002XYY⑤R：2～6、16　7、8. 陶盉2002XYY⑤R：7、8　9～11.
陶盒2002XYY⑤R：9～11　12、13、17. 陶壶2002XYY⑤R：12、13、17　14、15. 陶盆2002XYY⑤R：14、15

唇，宽折沿并上翘，敞口，斜腹，圜底。表抹光，素面。残高5.2、口径21.6厘米（图六，2）。

标本2002ⅩYY⑤R：3，陶豆。残，仅存盘，且口沿残损。泥质，夹微量细砂，质地细腻。轮制。烧成火候高，硬度大。陶色较深，近黑色。圆唇，浅盘，盘壁微内凹，平底。表抹光，素面。残高4.2、口径21.1厘米（图六，3）。

标本2002ⅩYY⑤R：4，陶豆。残，仅存盘残片。泥质，夹微量细砂，质地细腻。轮制。烧成火候高，硬度大。灰色，陶色较浅。尖唇，浅盘，盘壁较直，底略下凹。表抹光，素面。残高3.8、口径16.0厘米（图六，4）。

标本2002ⅩYY⑤R：5，陶豆。残，仅存盘残片。夹砂，但质地细腻。轮制。烧成火候高，硬度大。灰色，陶色较浅。尖唇，浅盘，盘壁剖面呈三角形，底略下凹。表抹光，素面。残高3.7、口径15.8厘米（图六，5）。

标本2002ⅩYY⑤R：6，陶豆。残，仅存盘残片。泥质，质地细腻。轮制。烧成火候高，硬度大。灰色，陶色较浅。尖唇，浅盘，盘壁剖面呈三角形，底略下凹。表抹光，素面。残高3.0、口径15.4厘米（图六，6）。

标本2002ⅩYY⑤R：7，陶盂。仅存部分口部残片。泥质，夹微量细砂，质地细腻。轮制。烧成火候高，硬度大。灰色，陶色较浅。圆唇，凹沿，口微敛，鼓腹。表抹光，素面。残高6.4、口径20.4厘米（图六，7）。

标本2002ⅩYY⑤R：8，陶盂。仅存部分口部残片。泥质，夹微量细砂，质地细腻。轮制。烧成火候高，硬度大。灰色，陶色较浅。圆唇，沿斜直，口微敛，鼓腹。表抹光，素面。残高8.1、口径20.0厘米（图六，8）。

标本2002ⅩYY⑤R：9，陶盒。仅存部分，口沿残片。泥质，夹微量细砂，质地细腻。轮制。烧成火候高，硬度大。灰色，陶色较浅。圆唇，直口，折腹，小平底。表抹光，素面。残高7.1、口径17.0厘米（图六，9）。

标本2002ⅩYY⑤R：10，陶盒。仅存部分口沿残片。泥质，夹微量细砂，质地细腻。轮制。烧成火候高，硬度大。灰色，陶色较浅。圆唇，直口，折腹，小平底。素面，但器表有数条横向暗纹。残高8.1、口径18.0厘米（图六，10）。

标本2002ⅩYY⑤R：11，陶盒。盒口沿残片。泥质，夹微量细砂，质地细腻。轮制。烧成火候高，硬度大。灰色，陶色较深。圆唇，直口，折腹。素面，器表有数条横向暗纹。残高5.6、口径17.6厘米（图六，11）。

标本2002ⅩYY⑤R：12，陶壶。壶口沿残片。泥质，夹微量细砂，质地细腻。轮制。烧成火候高，硬度大。灰色，陶色较浅。圆唇，卷沿，敞口，束颈。素面，颈部3条横向弦纹。残高6.5、口径15.1厘米（图六，12）。

标本2002ⅩYY⑤R：13，陶壶。壶口沿残片。泥质，夹微量细砂，质地细腻。轮制。烧成火候高，硬度大。灰色，陶色较深。圆唇，斜沿，口微侈，束颈。素面。残高7.8、口径14.8厘米（图六，13）。

标本2002ⅩＹＹ⑤R：14，陶盆。残，仅存口沿残片。泥质，夹微量细砂，质地细腻。轮制。烧成火候高，硬度大。灰色，陶色较浅。方唇，宽折沿，敞口，斜鼓腹。素面，腹部数道横向暗弦纹。残高6.5厘米（图六，14）。

标本2002ⅩＹＹ⑤R：15，陶盆。残，仅存口沿残片。泥质，夹微量细砂，质地细腻。轮制。烧成火候高，硬度大。灰色，陶色较浅。方唇，宽折沿，敞口，斜鼓腹。素面，腹部数道横向暗弦纹。残高6.2厘米（图六，15）。

标本2002ⅩＹＹ⑤R：16，陶豆。残，圈足残片。泥质，质地细腻。轮制。烧成火候高，硬度大。灰色，陶色较浅。方唇，外敞，喇叭形。素面。残高3.6、口径12.0厘米（图六，16）。

标本2002ⅩＹＹ⑤R：17（2002ⅩＹＹ⑤W：236），陶壶。残，为壶口部残片，且口沿残。泥质，质地细腻。轮制。烧成火候高，硬度大。胎红褐色，表黑色。口部较直，小高领，斜肩。绳纹顺肩方向滚压而成，细密，7条／厘米，滚条宽2.5厘米。领部刻划一字符，残。残高7.0厘米（图六，17）。

建筑材料数量比较大，共计1076件，均为陶瓦。种类有筒瓦和板瓦2种。筒瓦321件，占陶瓦总数的百分之三十稍弱。其中，包括2件瓦当和23件瓦头。这些筒瓦的形制虽然都相近，但在纹饰、陶色和工艺方面还存在着一些差异。

标本2002ⅩＹＹ⑤J：1，陶瓦当。残，仅存部分当面和瓦休。泥质，夹少量细砂，质地细腻。瓦体、当面分别制作，然后再将两者粘接为一体，经过修整后入窑烧制。瓦体为内模支型泥条盘筑，定型后分切脱模。当面为模印，印面即为当面。火候高，硬度大。深灰色，表更深。瓦体弧度较小。当面素面。瓦体外表斜向滚压细绳纹，5条／厘米，滚条宽2.0厘米。瓦体内壁素面。制作精细，工艺规范。当面残高3.0、瓦体残长5.3、瓦体残宽8.0（复原宽12.0）厘米（图七，1）。

标本2002ⅩＹＹ⑤J：2，陶瓦当。残，仅存部分当面和瓦体。泥质，夹少量细砂，质地细腻。瓦体、当面分别制作，再将两者粘接为一体，经过修整后入窑烧制。瓦体为内模支型泥条盘筑，定型后分切脱模。当面为模印，印面即为当面。瓦体边缘留有明显的外切痕迹。火候较高，硬度较大。深灰色，表面颜色更深。瓦体弧度较小。当面素面。瓦体外表饰斜向滚压细绳纹，4.8条／厘米，滚条宽3.0厘米。瓦体内壁素面。制作精细，工艺规范。当面残高6.3、瓦体残长7.6、瓦体残宽7.3（复原宽12.3）厘米（图七，2）。

标本2002ⅩＹＹ⑤J：3，陶筒瓦。残，仅存部分瓦体。泥质，夹少量细砂，质地细腻。为内模支型泥条盘筑，定型后分切脱模，瓦体边缘留有明显的外切痕迹，

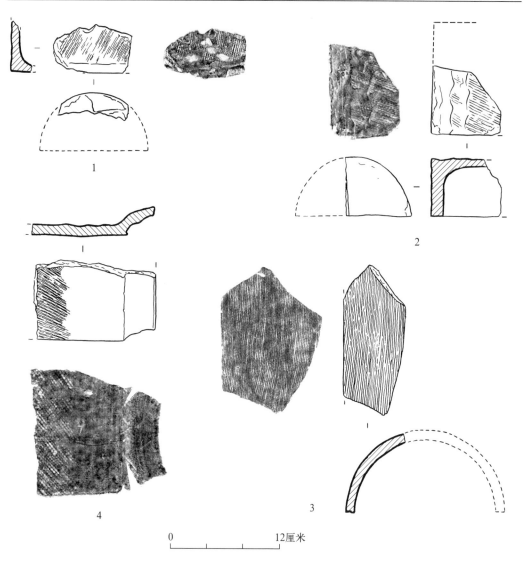

0   12厘米

图七　一中遗址第⑤层出土陶瓦、瓦当

1～4. 2002XYY⑤J：1～4

内壁有垫痕。火候极高，硬度特别大。深灰色，表更深。瓦体弧度较小。外表饰纵向滚压细绳纹，5条／厘米，滚压条宽2.0厘米。制作精细，工艺规范。残长16.0、残宽6.8（复原宽17.0）厘米（图七，3）。

标本2002XＹＹ⑤J：4，陶瓦筒头。残，仅存部分瓦头。泥质，夹少量细砂，质地细腻。为内模支型泥条盘筑，定型后分切脱模，瓦体边缘留有明显的内切痕迹，内壁有垫痕。火候高，硬度大。黄褐色。瓦体弧度较小，瓦唇圆滑。外表饰斜向绳纹，3.5条／厘米，瓦头部抹光。制作较为精细，工艺较为规范。残长13.4、残宽8.4（复原宽20.0）厘米（图七，4）。

标本2002ＸＹＹ⑤Ｊ：5，陶筒瓦头。残，仅存部分瓦头。泥质，夹少量细砂，质地细腻。为内模支型泥条盘筑，定型后分切脱模，瓦体边缘留有明显的内切痕迹，内壁有垫痕。火候高，硬度大。陶色浅灰。瓦体弧度较小，瓦唇圆滑。外表饰斜向粗绳纹，3.2条／厘米，瓦头部抹光。制作较为精细，工艺较为规范。残长25.0、残宽10.3（复原宽20.0）厘米（图八，1）。

标本2002ＸＹＹ⑤Ｊ：6，陶筒瓦头。残，仅存部分瓦头。泥质，夹少量细砂，质地细腻。为内模支型泥条盘筑，定型后分切脱模，瓦体边缘留有明显的内切痕迹，内壁有垫痕。火候高，硬度大。陶色浅灰。瓦体弧度较小，瓦唇圆滑。外表饰斜向粗绳纹，3条／厘米，绳纹间3条凹弦纹。制作较为精细，工艺较为规范。残长10.8、残宽10.3（复原宽20.0）厘米（图八，2）。

标本2002ＸＹＹ⑤Ｊ：7，陶筒瓦头。残，仅存部分瓦头。泥质，夹少量细砂，质地细腻。为内模支型泥条盘筑，定型后分切脱模，瓦体边缘留有明显的内切痕迹，内壁有菱形几何纹垫痕。火候高，硬度大。陶色浅灰。瓦体弧度较小。外表饰纵向粗绳纹，2.7条／厘米，瓦头部凹弦纹。制作较为精细，工艺较为规范。残长14.8、残宽8.0（复原宽16.0）厘米（图八，3）。

标本2002ＸＹＹ⑤Ｊ：8，陶瓦当。残，仅存部分当面和瓦体。泥质，夹少量细砂，质地细腻。瓦体、当面分别制作，再将两者粘接为一体，经过修整后入窑烧制。瓦体为内模支型泥条盘筑，定型后分切脱模。当面为模印，印面即为当面。瓦体边缘留有明显的内切痕迹。火候较高，硬度较大。浅灰色，表略深。瓦体弧度较小。当面为素面，瓦体外表饰纵向粗绳纹，2.5条／厘米，瓦体内壁素面。当面残高10.0、瓦体残长9.0、瓦体宽19.0厘米（图八，4）。

标本2002ＸＹＹ⑤Ｊ：9，陶筒瓦头。残，仅存部分瓦头。泥质，夹少量细砂，质地细腻。为内模支型泥条盘筑，定型后分切脱模，瓦体边缘留有明显的内切痕迹，内壁有垫痕。火候高，硬度大。陶色浅灰。瓦体弧度较小，瓦唇圆滑。外表饰斜向粗绳纹，2.3条／厘米，绳纹间凹弦纹。制作较为精细，工艺较为规范。残长9.3、残宽7.3（复原宽16.2）厘米（图八，5）。

标本2002ＸＹＹ⑤Ｊ：10，陶筒瓦。残，仅存部分瓦体。泥质，夹少量细砂，质地细腻。为内模支型泥条盘筑，定型后分切脱模，瓦体边缘留有明显的外切痕迹，内壁有垫痕。火候高，硬度大。陶色浅黄色，胎浅灰。瓦体弧度较小。外表饰斜向粗绳纹，2条／厘米。制作较为精细，工艺较为规范。残长17.0、残宽12.5（复原宽19.0）厘米（图九，1）。

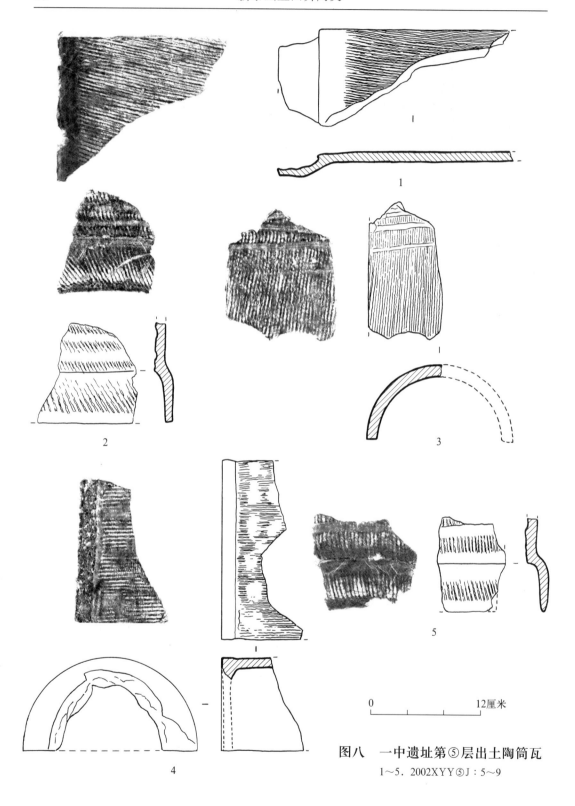

图八　一中遗址第⑤层出土陶筒瓦

1～5. 2002XYY⑤J：5～9

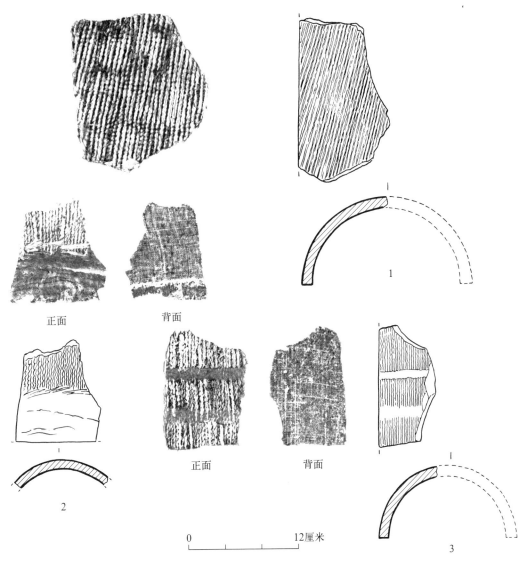

正面　　　　　　　　背面

正面　　　　　　　　背面

0　　　　　　　12厘米

图九　一中遗址第⑤层出土陶筒瓦

1～3. 2002XYY⑤J：10～12

　　标本2002XYY⑤J：11，陶筒瓦头。残，仅存部分瓦头。泥质，夹少量细砂，质地细腻。为内模支型泥条盘筑，定型后分切脱模，瓦体边缘留有明显的内切痕迹，内壁留有布纹痕迹。布纹清晰，11条／厘米，线纹。火候高，硬度大。灰色，陶色较深。瓦体弧度较小，瓦唇圆滑。外表饰纵向粗绳纹，2.6条／厘米。制作较为精细，工艺较为规范。残长11.0、残宽9.3（复原宽19.0）厘米（图九，2）。

标本2002ＸＹＹ⑤Ｊ：12，陶筒瓦头。残，仅存部分瓦头。泥质，夹少量细砂，质地细腻。为内模支型泥条盘筑，定型后分切脱模，瓦体边缘留有明显的内切痕迹，内壁有布纹痕迹。布纹清晰，11条／厘米线纹。火候高，硬度大。灰色，陶色较深。瓦体弧度较小。外表饰纵向粗绳纹，2条／厘米，间凹弦纹。制作较为精细，工艺较为规范。残长13.2、残宽8.5（复原宽15.0）厘米（图九，3）。

板瓦755件，占陶瓦总数的百分之七十稍强。其中，包括瓦头、瓦足等。这些板瓦的形制虽然都相近，但在纹饰、陶色和工艺方面还存在着一些差异。

标本2002ＸＹＹ⑤Ｊ：13，陶板瓦头。残，仅存部分瓦头一角。泥质，夹少量细砂，质地细腻。为内模支型泥条盘筑，定型后分切脱模，瓦体边缘留有明显的外切痕迹，内壁留有垫痕。火候高，硬度大。灰色，局部黄褐色，陶色较深。瓦体弧度较大，瓦唇圆滑。外表饰斜向细绳纹，4.5条／厘米，瓦头部抹弦纹。制作精细，工艺规范。残长9.8、残宽9.5厘米（图一〇，1）。

标本2002ＸＹＹ⑤Ｊ：14，陶板瓦头。残，仅存部分瓦头。泥质，夹少量细砂，质地细腻。为内模支型泥条盘筑，定型后分切脱模，内壁留有垫痕。火候高，硬度大。灰色，局部黄褐色，陶色较深。瓦体弧度较大，瓦唇圆滑。外表饰斜向细绳纹，4条／厘米，瓦头部抹弦纹。制作较为精细，工艺较为规范。残长14.1、残宽16.0厘米（图一〇，2）。

标本2002ＸＹＹ⑤Ｊ：15，陶板瓦头。残，仅存部分瓦体。泥质，夹少量细砂，质地细腻。为内模支型泥条盘筑，定型后分切脱模，瓦体边缘留有明显的外切痕迹，内壁留有垫痕。火候高，硬度大。灰色，陶色较深。瓦体弧度较大。外表饰纵向细绳纹，5条／厘米。制作极为精细，工艺规范。残长17.0、残宽10.5厘米（图一〇，3）。

标本2002ＸＹＹ⑤Ｊ：16，陶板瓦头。残，仅存部分瓦体和瓦头。泥质，夹少量细砂，质地细腻。为内模支型泥条盘筑，定型后分切脱模，瓦体边缘留有明显的内切痕迹，内壁留有垫痕。火候高，硬度大。灰色，陶色较深。瓦体弧度较大。外表饰纵向粗绳纹，2.5条／厘米，瓦头部数道凹弦纹。制作极为精细，工艺规范。残长20.4、残宽19.0厘米（图一〇，4）。

标本2002ＸＹＹ⑤Ｊ：17，陶板瓦头。残，仅存部分瓦体和瓦头。泥质，夹少量细砂，质地细腻。为内模支型泥条盘筑，定型后分切脱模，瓦体边缘留有明显的内切痕迹，内壁留有垫痕。火候高，硬度大。灰色，陶色较深。瓦体弧度较大。外表饰纵向粗绳纹，3条／厘米，瓦头部数道凹弦纹。制作极为精细，工艺规范。残长14.5、残宽13.6厘米（图一一，1）。

标本2002ＸＹＹ⑤Ｊ：18，陶板瓦足。残，仅存部分瓦体、瓦足。泥质，夹少量细砂，质地细腻。为内模支型泥条盘筑，定型后分切脱模，瓦体边缘留有明显的内切痕迹，内壁留有垫痕。火候高，硬度大。灰色，陶色较深。瓦体弧度较大。外表饰纵向粗绳纹，2.2条／厘米，瓦头部数道凹弦纹。制作极为精细，工艺规范。残

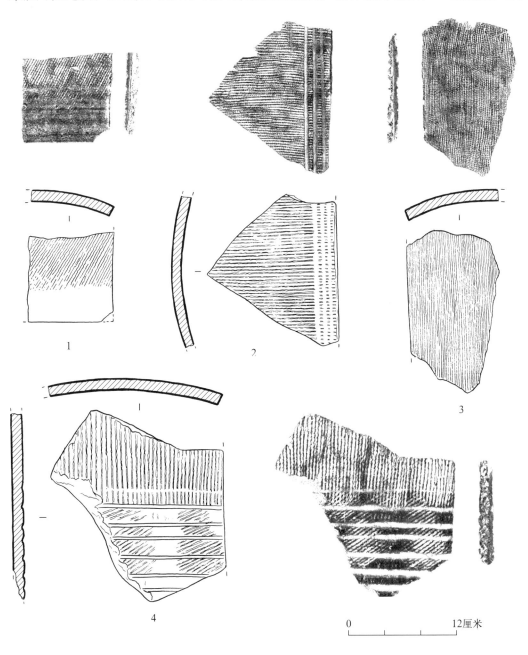

0　　　　　　　　　　　12厘米

图一〇　一中遗址第⑤层出土陶板瓦

1～4. 2002XYY⑤J：13～16

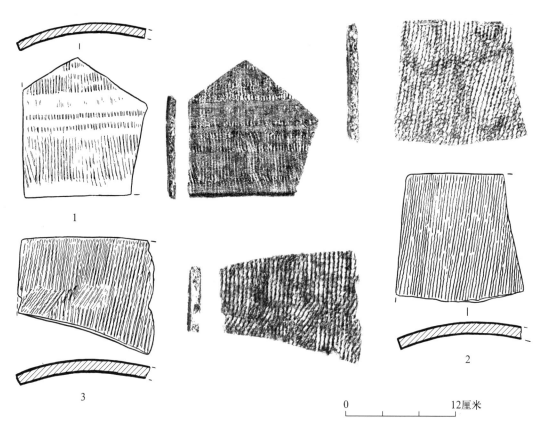

图一一　一中遗址第⑤层出土陶板瓦
1~3. 2002XYY⑤J：17~19

长13.5、残宽14.0厘米（图一一，2）。

标本2002ＸＹＹ⑤J：19，陶板瓦足。残，仅存部分瓦体、瓦足。泥质，夹少量细砂，质地细腻。为内模支型泥条盘筑，定型后分切脱模，瓦体边缘留有明显的内切痕迹，内壁留有垫痕。火候高，硬度大。灰色，陶色较深。瓦体弧度较大。外表饰纵向、交错粗绳纹，2.2条／厘米，瓦头部数道凹弦纹。制作极为精细，工艺规范。残长12.7、残宽15.0厘米（图一一，3）。

第⑤层出土无字量器陶片数量为4165件，如果将392件有字陶片中的382件明确的量器残片加进去，总数为4547件。但是量器器形较单纯，只有杯和罐形釜两种器形。

陶杯

607件。杯的形制、装饰大都一致，都作平沿、微敛口，稍鼓腹，小平底，表面一律都是素面，但陶色、大小之间还存在一些差异。

标本2002ＸＹＹ⑤Ｌ：1（2002ＸＹＹ⑤Ｗ：25），量杯。局部残缺，修复。泥质灰陶，陶色较浅，夹微量细砂，质地细腻。贴塑，快轮修整，工艺规范。火候高，硬度大。素面。口沿有明显的烧成后打磨修整痕迹，非常平整、光滑。平沿，口微敛，腹微鼓，平底。腹部口沿下3.8厘米处，横向钤一印面，印面顶端朝右。印面近长方形，直边，四角斜直，稍残。残高4.0、宽3.0厘米。印文较为模糊，能辨识3字，2字已磨损。参照完整印面、印文可知，应为5字，文为：葉陈得【叁】【僕】。高11.2、口径14.0、底径9.0厘米。用小米测量，容量1000毫升，重900克（图一二，1；彩版一，2）。

标本2002ＸＹＹ⑤Ｌ：2（2002ＸＹＹ⑤Ｗ：92），量杯。残缺，修复。泥质灰陶，夹微量细砂，质地细腻。贴塑，快轮修整，工艺规范。素面。器物烧成后口沿经过打磨修整，极为平整、光滑。平沿，口微敛，腹微鼓，平底。腹部口沿下2.4厘米处正向钤一印面。印面长方形，左上角稍残。高4.2、残宽2.7厘米。印文清晰，阳文，存4字，其中2字稍残。参照完整印面、印文可知，印文应为5字，文为：[陈]怒【立】[事]丁。高11.0、口径14.0、底径9.0厘米。用小米测量，容量900毫升（图一二，2；彩版一，3）。

标本2002ＸＹＹ⑤Ｌ：3（2002ＸＹＹ⑤Ｗ：210），量杯残件，能够复原。方唇，直口，腹较直，小平底。泥质灰陶，夹极微量细砂，内外壁颜色较深，胎颜色较浅，质地较细腻。贴塑，内壁少量脱落。快轮修整，工艺规范。素面。口沿有明显的烧成后打磨修整痕迹，非常平整。印面仅存底端一部分，直边，弧角。残高3.6、残宽2.5厘米。横向钤印，印面顶端朝右，位于腹壁残片中间偏下位置。存2字，残，较模糊。参照完整印面、印文可知，印文应为5字，文为：【葉】[陈]【得】【叁】[僕]。高11.6、口径14.1、底径8.9厘米。用小米测量，容量1000毫升（图一二，3）。

标本2002ＸＹＹ⑤Ｌ：4（2002ＸＹＹ⑤Ｗ：41），量杯。残，仅存腹部残片，保留部分口部和底。泥质灰陶，陶色较深，夹极少量细砂，质地细腻。贴塑，快轮修整，近底处有刮痕，工艺规范。素面。口沿有明显的烧成后打磨修整痕迹，非常平整、光滑。印面长方形，右下角稍残。高5.1、宽3.0厘米。横向钤印于口沿下2.0厘米处的腹部，印面顶端朝左。印文较为清晰，阳文，6字，其中1字稍残。参照完整印面、印文可知，印文应为6字。文为：阖间[陈]得立翰。高7.2、口径14.2、底径9.8厘米。计算容量约760毫升（图一二，4）。

标本2002ＸＹＹ⑤Ｌ：5，量杯。残，修复。泥质灰陶，陶色较深，夹少量细砂，质地细腻。贴塑，快轮修整，工艺规范。素面。口沿有明显的烧成后打磨修整痕迹，非常平整、光滑。未发现印面及印文，或残失。平沿，口微敛，腹微鼓，平

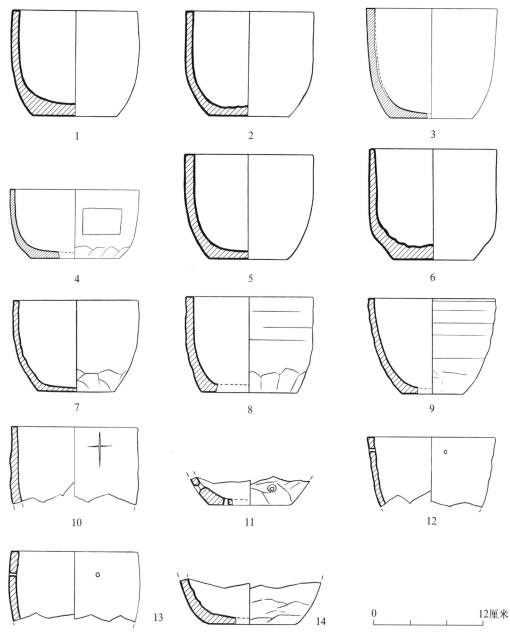

图一二　一中遗址第⑤层出土陶量杯

1~14. 2002XYY⑤L：1~14

底。高11.0、口径14.0、底径8.8厘米。容量约950毫升（图一二，5；彩版一，4）。

　标本2002XYY⑤L：6，量杯。残，修复。泥质灰陶，陶色较深，夹少量砂，质地较粗糙。贴塑，快轮修整，工艺较为规范。素面。口沿没有经过打磨修整，较为粗糙。未发现印面及印文，或残失。平沿，口微敛，腹微鼓，平底。高11.8、口径14.0、底径9.0厘米。容量约1000毫升（图一二，6；彩版一，5）。

标本2002XＹＹ⑤L：7，量杯。残，仅存腹部残片，保留部分口部和底。泥质灰陶，陶色较深，夹少量砂，质地较为粗糙。贴塑，快轮修整，底部留有刮削痕迹，工艺较为规范。素面。口沿有明显的烧成后打磨修整痕迹，非常平整、光滑。未发现印面及印文，或残失。平沿，口微敛，腹微鼓，平底。高9.8、口径14.0、底径8.6厘米。容量约850毫升（图一二，7；彩版二，1）。

标本2002XＹＹ⑤L：8，量杯。残，仅存腹部残片，保留部分口部和底。泥质灰陶，陶色较深，夹少量砂，质地较为粗糙。贴塑，快轮修整，底部留有刮削痕迹，工艺较为规范。素面。口沿有明显的烧成后打磨修整痕迹，非常平整、光滑。未发现印面及印文，或残失。平沿，口微敛，腹微鼓，平底。高10.0、口径14.0、底径10.4厘米。容量约1000毫升（图一二，8；彩版二，2）。

标本2002XＹＹ⑤L：9，量杯。残，仅存腹部残片，保留部分口部和底。泥质灰陶，陶色较浅，夹少量砂，质地较为细腻。贴塑，快轮修整，底部留有刮削痕迹，工艺较为规范。素面。口沿有明显的烧成后打磨修整痕迹，非常平整、光滑。未发现印面及印文，或残失。平沿，口微敛，腹微鼓，平底。口沿下方有一细小圆形穿孔。高9.9、口径14.0、底径6.6厘米。计算容量约820毫升（图一二，9；彩版二，3）。

标本2002XＹＹ⑤L：10（2002XＹＹ⑤Ｗ：237），量杯。残，仅存腹部残片，保留部分口部。泥质灰陶，陶色较深，夹少量砂，质地较为细腻。贴塑，快轮修整，工艺较为规范。素面。口沿有明显的烧成后打磨修整痕迹，非常平整、光滑。未发现印面及印文，或残失。平沿，口微敛，腹微鼓。残高8.3、口径14.0厘米（图一二，10；彩版二，4）。

标本2002XＹＹ⑤L：11，量杯。残，下腹部残片，保留部分器底。泥质灰陶，陶色较浅，夹少量砂，质地较为细腻。贴塑，快轮修整，底部留有刮削痕迹，工艺较为规范。素面。口沿有明显的烧成后打磨修整痕迹，非常平整、光滑。未发现印面及印文，或残失。腹微鼓，平底。腹部、底部各有一细小圆形穿孔。残高3.0、底径9.0厘米（图一二，11；彩版二，5）。

标本2002XＹＹ⑤L：12，量杯。残，仅存腹部残片，保留部分口部。泥质灰陶，陶色较深，夹少量砂，质地较为细腻。贴塑，快轮修整，工艺较为规范。素面。口沿有明显的烧成后打磨修整痕迹，非常平整、光滑。未发现印面及印文，或残失。平沿，口微敛，腹微鼓。口部有一细小圆形穿孔。残高7.3、口径14.0厘米（图一二，12）。

标本2002XYY⑤L：13，量杯。残，仅存腹部残片，保留部分口部。泥质灰陶，陶色较深，夹少量砂，质地较为细腻。贴塑，快轮修整，工艺较为规范。素面。口沿有明显的烧成后打磨修整痕迹，非常平整、光滑。未发现印面及印文，或残失。平沿，口微敛，腹微鼓。口部有一细小圆形穿孔。残高7.7、口径14.0厘米（图一二，13）。

标本2002XYY⑤L：14，量杯。残，仅存底部残片。泥质灰陶，陶色较浅，夹少量砂，质地较为细腻。贴塑，快轮修整，工艺较为规范。素面。未发现印面及印文，或残失。底部略外鼓。残高4.9、底径10.0厘米（图一二，14）。

罐形釜

陶片数量为3940件。罐形釜的形制、纹饰大都一致，平沿，敛口，鼓腹，小平底，表面一律都是绳纹，但陶色、绳纹之间还存在一些差异。

标本2002XYY⑤L：15（2002XYY⑤W：238），罐形釜。仅存口部残片。泥质灰陶，陶色较深，夹微量细砂，质地细腻。贴塑，快轮修整，工艺规范。竖向绳纹，极细，清晰，10条／厘米，口部有轮旋抹光带，口沿有明显的烧成后打磨修整痕迹，非常平整、光滑。口部刻划一符号，未发现印面及印文，或残失。平沿，敛口，腹微鼓。残高10.0、口径26.0厘米（图一三，1）。

标本2002XYY⑤L：16，罐形釜。仅存口部残片。泥质灰陶，陶色较深，夹微量细砂，质地较为细腻。贴塑，快轮修整，工艺规范。竖向细绳纹，清晰，7条／厘米，口部有轮旋抹光带，口沿有明显的烧成后打磨修整的痕迹，非常平整、光滑。未发现印面及印文，或残失。陶片断裂边缘留有1个小圆形钻孔。平沿，敛口，鼓腹。残高6.2、口径26.0厘米（图一三，2）。

标本2002XYY⑤L：17，罐形釜。仅存口部残片。泥质灰陶，陶色较深，夹微量细砂，质地细腻。贴塑，快轮修整，工艺规范。竖向绳纹，极细，清晰，8条／厘米，口部有2条轮旋抹光带，口沿有明显的烧成后打磨修整痕迹，非常平整、光滑。未发现印面及印文，或残失。平沿，敛口，腹微鼓。残高11.8、口径26.0厘米（图一三，3）。

标本2002XYY⑤L：18，罐形釜。仅存口部残片。泥质灰陶，陶色较深，夹微量细砂，质地细腻。贴塑，快轮修整，工艺规范。竖向细绳纹，清晰，7条／厘米，口部有数条轮旋抹光带，口沿有明显的烧成后打磨修整痕迹，非常平整、光滑。未发现印面及印文，或残失。平沿，敛口，腹微鼓。残高11.6、口径26.0厘米（图一三，4）。

标本2002XYY⑤L：19，罐形釜。仅存口部残片。泥质灰陶，陶色较深，夹微量细砂，质地细腻。贴塑，快轮修整，工艺规范。竖向细绳纹，清晰，7.5条／厘

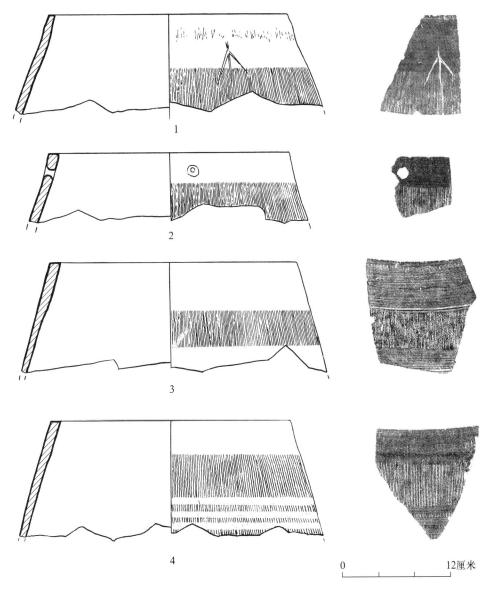

图一三　一中遗址第⑤层出土陶罐形釜

1～4. 2002XYY⑤L：15～18

米，口部有3道轮旋抹光带，腹部有一条横向附加堆纹，口沿有明显的烧成后打磨修整痕迹，非常平整、光滑。未发现印面及印文，或残失。平沿，敛口，腹微鼓。残高18.0、口径26.0厘米（图一四，1）。

标本2002XYY⑤L：20，罐形釜。仅存口部残片。泥质灰陶，陶色较深，夹微量细砂，质地细腻。贴塑，快轮修整，工艺规范。竖向绳纹，极细，较为清晰，9

条／厘米，口部轮旋抹光，口沿有明显的烧成后打磨修整痕迹，非常平整、光滑。
未发现印面及印文，或残失。平沿，敛口，腹微鼓。残高13.4、口径26.0厘米（图
一四，2）。

标本2002XYY⑤L：21，罐形釜。仅存口部残片。泥质灰陶，陶色较深，夹微
量细砂，质地细腻。贴塑，快轮修整，工艺规范。竖向细绳纹，较为清晰，6条／
厘米，口部轮旋抹光，口沿有明显的烧成后打磨修整痕迹，非常平整、光滑。未

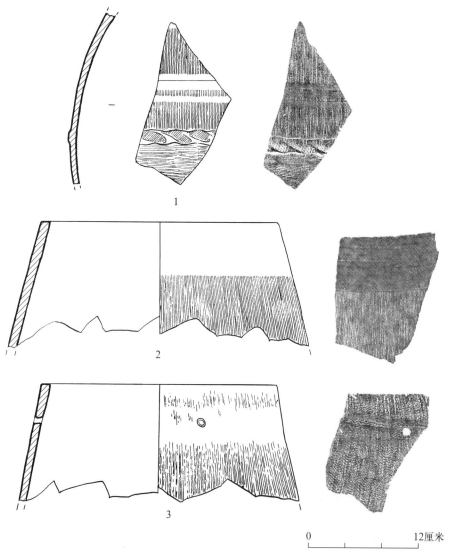

图一四　一中遗址第⑤层出土陶罐形釜
1～3. 2002XYY⑤L：19～21

发现印面及印文，或残失。陶片断裂边缘留有1个圆形小钻孔。平沿，敛口，腹微鼓。残高12.5、口径26.0厘米（图一四，3）。

标本2002XYY⑤L∶22，罐形釜。仅存口部残片。泥质灰陶，陶色较浅，夹微量细砂，质地细腻。贴塑，快轮修整，工艺规范。竖向绳纹，较细，5条／厘米，口部绳纹较粗，3条／厘米，并轻抹，口沿有明显的烧成后打磨修整痕迹，非常平整、光滑。未发现印面及印文，或残失。陶片断裂边缘有2个圆形小钻孔。平沿，敛口，腹微鼓。残高8.5、口径26.0厘米（图一五，1）。

标本2002XYY⑤L∶23，罐形釜。仅存口部残片。泥质灰陶，陶色较深，夹微量细砂，质地细腻。贴塑，快轮修整，工艺规范。竖向细绳纹，清晰，6.5条／厘米，口部2条轮旋抹光带，口沿有明显的烧成后打磨修整痕迹，非常平整、光滑。未发现印面及印文，或残失。平沿，敛口，腹微鼓。残高11.2、口径26.0厘米（图一五，2）。

标本2002XYY⑤L∶24，罐形釜。仅存口部残片。泥质灰陶，陶色较浅，夹微量细砂，质地细腻。贴塑，快轮修整，工艺规范。竖向绳纹，较为清晰，但粗细不均，约5条／厘米，口部绳纹较粗，约3条／厘米，并轻抹，口沿有明显的烧成后打磨修整痕迹，非常平整、光滑。未发现印面及印文，或残失。平沿，敛口，腹微鼓。残高10.8、口径26.0厘米（图一五，3）。

标本2002XYY⑤L∶25，罐形釜。仅存口部残片。泥质灰陶，陶色较浅，夹微量细砂，质地细腻。贴塑，快轮修整，工艺规范。竖向绳纹，较粗，较为清晰，3.5条／厘米，口沿有明显的烧成后打磨修整痕迹，非常平整、光滑。未发现印面及印文，或残失。平沿，敛口，腹微鼓。残高13.2、口径26.0厘米（图一五，4）。

标本2002XYY⑤L∶26，罐形釜。仅存口部残片。泥质灰陶，陶色较浅，夹微量细砂，质地细腻。贴塑，快轮修整，工艺规范。竖向绳纹，较粗，清晰，3条／厘米，口部轮旋抹光带，口沿有明显的烧成后打磨修整痕迹，非常平整、光滑。未发现印面及印文，或残失。平沿，敛口，腹微鼓。残高6.3、口径26.0厘米（图一六，1）。

标本2002XYY⑤L∶27，罐形釜。仅存口部残片。泥质灰陶，陶色较浅，夹微量细砂，质地细腻。贴塑，快轮修整，工艺规范。竖向绳纹，较粗，清晰，4条／厘米，口部轮旋抹光带，口沿有明显的烧成后打磨修整痕迹，非常平整、光滑。未发现印面及印文，或残失。平沿，敛口，腹微鼓。残高7.6、口径26.0厘米（图一六，2）。

5. 第⑤层出土其他遗物

第⑤层地层中除日常生活器皿、建筑材料、量器之外，还发现了少量与制陶有

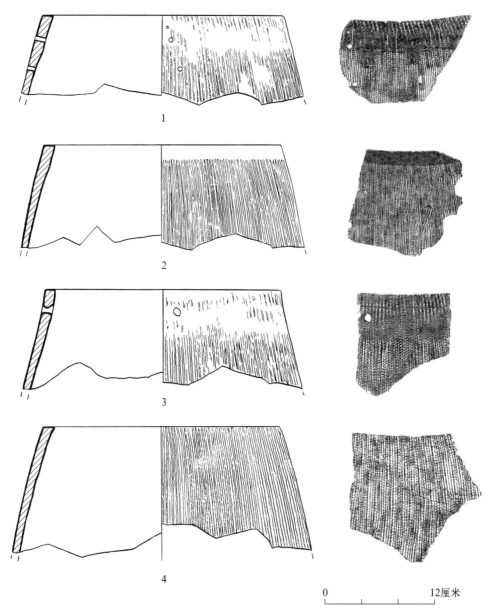

图一五　一中遗址第⑤层出土陶罐形釜
1~4. 2002XYY⑤L：22~25

关的陶井圈和石垫。

　　标本2002XＹＹ⑤Ｚ：1，陶井圈。仅存口沿部位一部分。泥质，夹少量细砂，质地细腻。轮制。灰色，陶色较深。火候高，硬度大。弧形，口沿处较厚，腹部较薄。近口部一圆孔。口沿部成组刻划几何纹，下部竖向绳纹，4条／厘米。残高

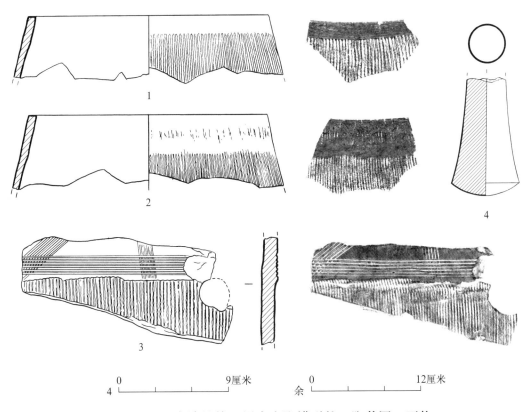

图一八　一中遗址第⑤层出土陶罐形釜、陶井圈、石垫

1、2. 2002XYY⑤L：26、27　3. 陶井圈2002XYY⑤Z：1　4. 石垫2002XYY⑤Z：2

11.0、残长23.0、厚1.5～1.95厘米（图一六，3）。

标本2002XYY⑤Z：2，石垫。仅存柄端稍残。石灰岩质。磨制。表面光滑、使用时间较长。通体圆柱形，柄部稍细，带锥度，垫面为弧面。弧面形状、大小与量具罐形釜内壁垫痕完全一致。残长9.4、柄径3.3、垫面径5.7厘米（图一六，4；彩版二，6）。

三　小结

新泰一中音乐楼遗址文化堆积深厚，出土遗物较为丰富。尤其是⑤层东周时期文化层，出土大量的量具和建筑构件及部分生产工具等，极少见日常生活用品，由于揭露面积有限，未发现窑址，但是根据大量集中出土量具残片推测，东周时期，此处为一官营制陶作坊遗址。

第二节　西南关制陶作坊遗址

遗址位于新泰市城区中心青云街道办事处西南关社区居委会办公楼西边，东北距一中音乐楼647米，北距周家庄东周墓地1840米，东去1000米处为平阳河，西去3000米为西周河。2002年11月，在新泰市副食品公司住宅楼基建工程过程中，发现该遗址，新泰市博物馆随即对其进行了抢救性发掘。发掘面积30平方米，发现并清理陶窑1座，灰坑3个，水井1眼，出土陶器、铁器等遗物900余件，发现带文字的完整或较完整陶器376件。[1]

一　地层堆积

工作人员赶到现场时，楼基已基本挖掘完毕，只清理了底部残存部分，并对楼基地槽四周的文化层进行了必要的少许外扩清理，基本上搞清了地层的堆积情况。

依据土质、土色和包含物等，地层可划分为五层：

第①层　厚0.30~0.40米。黄褐色土，较为松软，内含有现代砖瓦、瓷片等遗物。为现代活动层。

第②层　深0.40、厚0.50~0.70米。土质黄褐色，结构较为致密，质地较硬。内含有数量较多的碗、盘等日常生活瓷器残片，还有部分残砖、残瓦等建筑材料。根据所含遗物的年代特征推断，这一层堆积的年代为明清时期。

第③层　深0.90、厚0.30~0.40米。堆积为深灰色土，结构较为松软，质地略软。内含数量较多的瓷碗、瓷盘等日常生活用瓷器残片，还有部分残碎的建筑材料，如砖、瓦等。根据所含遗物的年代特征推断，这一层堆积的年代为宋元时期。

第④层　深1.20、厚0.30~0.40米。堆积主要为黑灰色土，内夹杂有较多的草木灰、红烧土颗粒、烧结的木炭块碴等，结构较为紧密，质地较硬。含有数量较多的瓷器残片，如碗、杯、缸、瓮等，还有建筑材料砖、瓦当等残片。根据所含遗物的年代特征推断，这一层堆积的年代为隋唐时期。

第⑤层　深1.50、厚0.30~0.40米。堆积主要为黑灰色土，内夹杂有较多的草木灰、红烧土颗粒、烧结的木炭块碴等，结构较为紧密，质地较硬。含有数量较多的陶片，如罐、壶等，还有建筑材料砖、瓦等残片。根据所含遗物的年代特征推断，这一层堆积的年代为汉代时期。

第⑥层　深1.80、厚0.50~0.60米。土色较深，夹杂有木炭、红烧土颗粒、红

---

[1]　新泰市博物馆：《新泰市西南关东周制陶作坊遗址发掘简报》，《海岱考古》第五辑，253~262页，科学出版社，2012年。

烧土块等，质地较硬。陶器等均出自这一层堆积之中，还有少量的建筑材料筒瓦、板瓦残片等，遗物相当丰厚。另外发现陶窑、灰坑等遗迹。根据出土遗物和遗存的年代特征，这一层堆积的年代大致可推断在东周时期。

第⑦层以下，为生土层。

二　陶窑及相关遗迹

发掘过程中，清理东周时期陶窑1座，与其相关的灰坑3个。

1．陶窑

Y1　位于遗址的东部，破坏严重，只残存陶窑底部。从发掘迹象观察，陶窑由窑室、窑箅、火塘、火门、操作间等几部分构成。窑箅以上均遭破坏，只残存部分火塘、火门和操作间。

火塘平面近圆形，直径1.00、残高0.20米。底部已烧结，呈红褐色，质地坚硬。操作间位于火塘的西南方向，之间相隔0.15米。形状为圆形，壁较直，底较平，底面低于火塘0.30米，直径1.30、残深0.50米。坑内堆积为红烧土、草木灰等。

2．灰坑

3个，依据坑口可分长方形、椭圆形。

H1　位于遗址的西部，东北距水井38米，距陶窑48米。平面呈长方形，上部破坏，打破H2和H3。长1.60、宽1.00、残深0.15米。直壁平底。坑内堆积为黄褐土，含大量的草木灰等。出土少量陶钵残片、陶豆残片等遗物。

H2　打破H3。东壁遭破坏，现存平面呈半圆形。直径1.65、残深0.15米，直壁平底。坑内堆积为灰褐土，含大量的草木灰、木炭等，出土少量陶豆残片、筒瓦残片等遗物。

H3　椭圆形，北端被H1、H2打破。南北长6.50、东西宽3.20、南端深0.30、北端深1.50米，口大底小，坑南壁、东壁呈阶梯状，西壁、北壁较直，坑底呈南高北低状。坑内堆积为灰褐土，含大量的木炭、红烧土颗粒、兽骨等，出土陶豆、陶壶、陶钵及陶塑动物等器物。

三　出土遗物

H1与H2破坏较严重，出土少量陶片，其戳印文字与H3相同。器物主要出土于H3，共出土陶器900件，完整及较完整者350件。陶器一般为泥质灰陶，少量灰褐陶。器形有盆、豆、钵、盒、壶、器盖、拍垫等，另有少量建筑材料、陶塑动物、铁器等。

1. 陶釜

1件，出土于H3。

标本2002ＸＸH3：625，修复，泥质灰陶，敛口，平折沿，方唇，唇下部内凹，腹微鼓，圜底，腹、底部饰细绳纹。口径32.2、高19.7厘米（图一七，1）。

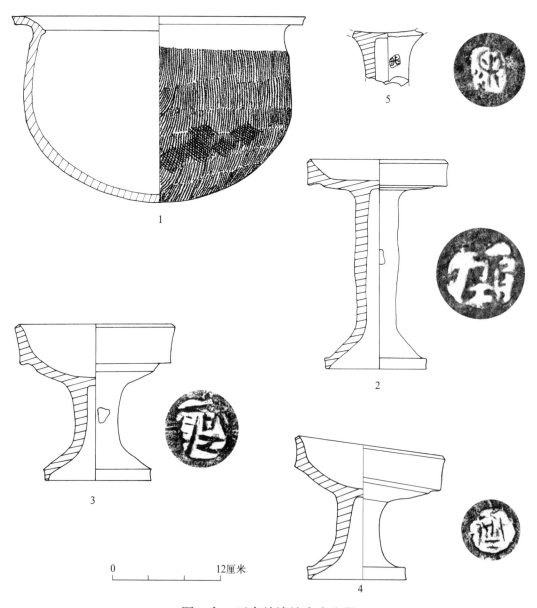

0　　　　　　　　12厘米

图一七　西南关遗址出土陶器

1. 陶釜2002ＸＸH3：625　2～5. 陶豆2002ＸＸH3：137、112、709、326（拓本为原大）

2．陶豆

173件，出土于H3，分四型。

A型　12件。

泥质灰陶，浅盘折腰，细高柄，柄中部微鼓，喇叭形足，素面。

标本2002ＸＸH3：137，泥质灰陶，浅盘折腰，细高柄，柄中部微鼓，喇叭形足，素面。口径15.3、底径11.0、高22.2厘米。豆柄中部戳印一单字陶文，阴文，反文，较清晰。文为：窊（图一七，2）。

B型　138件。

泥质灰陶，深盘内弧，外壁折收下垂，喇叭形足，素面。

标本2002ＸＸH3：112，泥质灰陶，深盘内弧，外壁折收下垂，喇叭形足，素面。口径17.7、底径11.8、高16.6厘米。豆柄中部戳印一单字陶文。阳文，清晰，文为：窊（图一七，3）。

C型　22件。

泥质灰陶，深盘内弧，外壁折收呈突棱状，喇叭形足，素面。

标本2002ＸＸH3：709，泥质灰陶，深盘内弧，外壁折收呈突棱状，喇叭形足，素面。口径16.4、底径10.7、高13.1～15.2厘米。豆柄中部戳印一单字陶文。阳文，较清晰，文为：窊（图一七，4）。

D型　1件。

标本2002ＸＸH3：326，仅存豆柄和盘底一部分。泥质灰陶，夹少量细砂。轮制。火候较高，硬度较大。素面，抹光。残高6.5、柄径5.4厘米。印面近平行四边形，弧边，转角圆滑。印面高1.3、宽1.95厘米。钤印于豆柄。阳文，单字，较为清晰，文为：黑（图一七，5；彩版三，1）。

3．陶盒

186件，出土于H3，分两型。

A型　180件。

泥质灰陶，直口，方唇，直腹，腹部饰弦纹，下腹折收，平底。

标本2002ＸＸH3：739，泥质灰陶，直口，方唇，直腹，腹部饰弦纹，下腹折收，平底。口径18.0、底径8.6、高8.8厘米。腹与底部交界处戳印单字陶文。阳文，清晰，文为：窊（图一八，1）。

B型　6件。

泥质灰陶，敞口，圆唇，直腹微内收，下腹折收，平底。

标本2002ＸＸH3：742，泥质灰陶，敞口，圆唇，直腹微内收，下腹折收，平底。口径16.8、底径8.4、高7.2厘米。腹与底部交界处戳印单字陶文。阳文，清

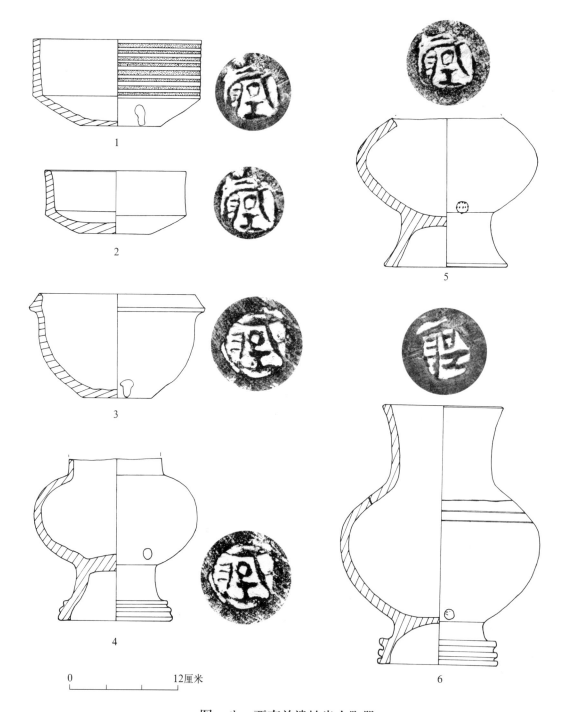

图一八　西南关遗址出土陶器

1、2.陶盒2002XXH3：739、742　3.陶盂2002XXH3：398　4～6.陶壶2002XXH3：230、481、83（拓本为原大）

晰，文为：窀（图一八，2）。

4．陶盂

4件，出土于H3。泥质灰陶，口微敛，尖唇，斜折沿，腹微鼓，腹部饰弦纹，平底。

标本2002ＸＸH3：398，泥质灰陶，口微敛，尖唇，斜折沿，腹微鼓，腹部饰弦纹，平底。口径18.6、底径10.2、高10.8厘米。腹与底部交界处戳印单字陶文。阳文，清晰，文为：窀（图一八，3）。

5．陶壶

5件，出土于H3，分三型。

A型　3件。

泥质灰陶，侈口，圆唇，高领，溜肩，鼓腹，圈足饰凸棱纹，领、腹、足各单独轮制，粘结成器。

标本2002ＸＸH3：230，泥质灰陶，侈口，圆唇，高领，溜肩，鼓腹，圈足饰三道凸棱纹。领、腹、圈足三部分各单独轮制，而后粘接成器。口径13.2、底径13.2、腹径26.8、高27.5厘米。陶壶下腹部戳印一单字陶文。阳文，清晰，文为：窀（图一八，4）。

B型　1件。

标本2002ＸＸH3：481，泥质灰陶，口、领残缺，溜肩，鼓腹，圈足饰两道凸棱纹，领、腹用轮制法一次制作。腹径17.4、底径12.6、残高17.2厘米。陶壶下腹部戳印一单字陶文。文为：窀（图一八，5）。

C型　1件。

标本2002ＸＸH3：83，泥质灰陶，口、领残缺，鼓腹呈尖圆状，喇叭形圈足，素面。腹径19.2、底径13.4、残高15.8厘米。陶壶下腹部戳印一单字陶文（图三，9）。文为：窀（图一八，6）。

6．器盖

2件，出土于H3。形制相同，其中一件残损严重。

标本2002ＸＸH3：327，修复。泥质灰陶。圆形，弧面，圆形平顶，饰弦纹，顶饰压光云纹，内有子母口。直径16.1、高3.8厘米（彩版三，2）。

7．拍垫

1件，出土于H3。

标本2002ＸＸH3：204，略残，夹砂，深灰色，烧成火候较高。拍面大致为长方形，弧边、弧角。正面微鼓外凸，背面中部有柄，残。长15.0、宽9.0、厚1.0厘米（彩版三，3）。

8．陶塑动物

2件，出土于H3。

陶狗　1件。

标本2002XXH3：174，泥质，深灰色，手制。表面光滑，两眼内凹，颈部有修整痕迹，嘴、耳、尾、四足残。残长11.8、残高4.3厘米（图一九，1）。

陶马　1件。

标本2002XXH3：275，泥质，灰褐色，手制。左前腿上部阴刻三角纹饰，头、尾、四足残。残长7.0、残高5.1厘米（图一九，2）。

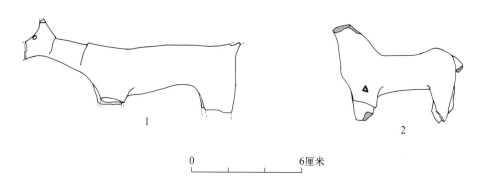

0　　　　　　　　6厘米

图一九　西南关遗址出土陶塑

1．陶狗2002XXH3：174　2．陶马2002XXH3：275

9．建筑材料

筒瓦　13件。分两型。

A型　1件。

标本2002XXH2：2，残，泥质灰陶，模制，瓦身背面呈波浪状，外饰细绳纹。残长21.3、残宽9.4厘米、厚0.6～1.3厘米（图二〇，1）。

B型　12件。

标本2002XXH3：3，残，黄褐色，夹砂，模制，瓦唇素面，瓦身外饰细绳纹，内为素面。残长17.0、残宽10.5、厚1.5厘米（图二〇，2）。

10．铁器

1件。

标本2002XXH3：423，断为两截，锈蚀严重，长方形，上部残，刃部较平。残高9.0、上宽5.5、刃宽4.7厘米（彩版三，4）。

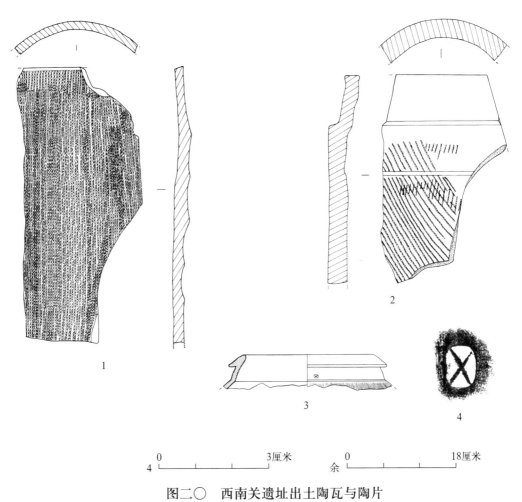

图二〇 西南关遗址出土陶瓦与陶片

1、2. 筒瓦2002XXH2：2、2002XXH3：3 3、4. 陶片2002XX：1、铭文拓本

另外，在窑址还采集到带字陶片1件。

标本2002XX：1，只存口沿部位。泥质灰陶，敛口，尖唇，斜肩，短颈。腹部饰弦纹绳纹。口径10.4、残高2.83厘米。颈部处戳印单字陶文。阳文，清晰，文为：五（图二〇，3、4）。

四 小结

西南关制陶作坊遗址出土陶器，陶质坚硬，器形多棱角，普遍有欹歪、扭曲现象，有的出现明显裂缝，并且集中出土于同一组灰坑，离窑址较近，绝大部分应为烧制过程中产生的残次品。这些陶器未经使用就地弃埋，很少有其他陶器混入，性质较为单纯。器形主要是生活用具中的盛食器和水器，包括豆、盒、钵、壶及器盖等，尤以豆、盒为大宗。陶釜仅发现1件，应为陶工生活用品，并非该窑产品。作为冥器的陶塑动物仅发现2件，应为附加产品。筒瓦出土13件，数量亦较少，可能为建筑垃圾，并非该窑产品。陶垫拍和铁器各1件，应为该窑的生产工具。这说明该窑是以生产民用生活用品豆和盒为主，偶尔生产少量壶、钵及作为冥器的陶塑动物等。根据出土遗物年代初步判断，该窑址应为东周时期遗存。

西南关制陶作坊文化性质明确，年代集中，器物丰富，对研究同时期的制陶业、私营工商业，尤其是对东周时期齐、鲁等文化的研究及相关古史课题的探讨有重要意义。

第三节　南关及南西周遗存

一　南关遗存

南关位于新泰城区南部，即老城南侧，今青云路南与东周路交界一带，北距新泰一中音乐楼762米。自20世纪70年代开始，随着城市建设的大规模开展，新泰的文物工作者陆续在这里发现有文物出土，并采集了部分标本。

遗物较为丰富，属于东周时期的遗物主要是陶器，其中较为重要的是有文陶片，除此之外还有少量的日常生活器皿和制陶工具。这些陶片分属于不同的器形。编号自XNG：1～XNG：10，XNG代表新泰南关。

1．有文陶片

共发现6件。其中，印文陶片3件，刻文陶片3件。

标本XNG：1，印文陶片，器形为量杯。1974年采集。残，形状呈不规则长方形，为杯腹部残片。残高11.0、残宽5.4、厚0.9～1.55厘米。泥质，夹少量细砂，质地较为细腻。贴塑，快轮修整，工艺规范。火候较高，硬度较大。灰色，胎为深灰色。素面，抹光（图二一，1；彩版四，1）。印面近方形，四边带印栏，直边、直角。高1.6、宽1.5厘米。横向钤印于杯的腹部，印面顶端朝下，倒印。印文清晰，阴文，4字。文字分为左右两列纵向排列，每列2字，平均布局。读序从上到下，自左到右。文为：平阳市□（图二一，2）。

标本XNG：5，印文豆柄，器形为豆。2004年采集。残，盘、足残失，仅存豆柄。圆柱形，中心留有圆孔。残高12.1、柄径3.9、厚0.9～1.34厘米，泥质，质

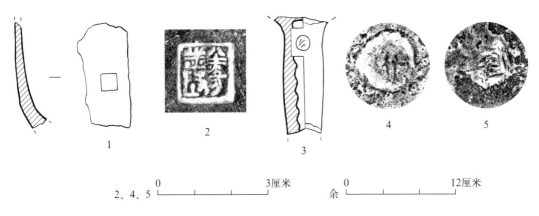

图二一　南关遗址出土陶量杯与陶豆

1、2. 陶量杯XNG：1、铭文拓本　3、4. 陶豆XNG：5、铭文拓本　5. 陶豆柄HBCS：134铭文拓本

地细腻。轮制。火候较高，硬度较大。灰色，陶色较浅。素面，抹光。印面近圆形，不规则。直径1.5～1.6厘米。斜向钤印于豆柄的上部。印文较为模糊，阳文，1字。无法辨识（图二一，3、4；彩版四，2）。

标本HBCS：134，印文豆柄，器形为豆。盘、圈足残失，只存豆柄。残高10.2、柄直径4.2、内径1.6厘米。泥质灰陶，颜色较浅，轮制。素面。豆柄上有一方形单字印章，边长约0.8厘米。文字无法辨识（图二一，5；彩版四，3）。

标本XNG：2，刻文陶片，器形为罐。1974年采集。残，口部、腹部及底残失，仅存罐的肩部。残高9.0、残宽19.0、厚1.0～1.2厘米。夹少量细砂，质地较为细腻。轮制，工艺规范。火候高，硬度大。红褐色。素面。口沿残，斜领，折肩，下部残。肩部刻字清晰，仅存3字。不识（图二二，1；彩版四，4）。

标本XNG：3，刻文陶片，器形为罐。1974年采集。残，口部、腹部及底残失，仅存罐的肩部。残高10.0、残宽11.5、厚0.65～1.3厘米。夹少量细砂，质地较为细腻。轮制，工艺规范。火候高，硬度大。红褐色。素面。口沿残，斜领，折肩，下部残。肩部刻字清晰，仅存2字（图二二，2；彩版四，5）。

标本XNG：4，刻文陶片，器形为杯。1974年采集。残，口部、底残失，仅存杯的腹部。残高10.0、残宽14.8、厚1.2～2.0厘米。夹少量细砂，质地较为细腻。轮制，工艺规范。火候高，硬度大。灰褐色。素面。口沿残，鼓腹，下部残。外壁刻字清晰，仅存3字（图二二，3；彩版四，6）。

2．日常生活器皿

共发现4件。器形有豆、壶、杯。

标本XNG：6，陶豆。2004年采集。残，盘、足残失，仅存豆柄。泥质，质地细腻。轮制。火候较高，硬度较大。灰色，陶色较浅。素面，抹光。圆柱状，细

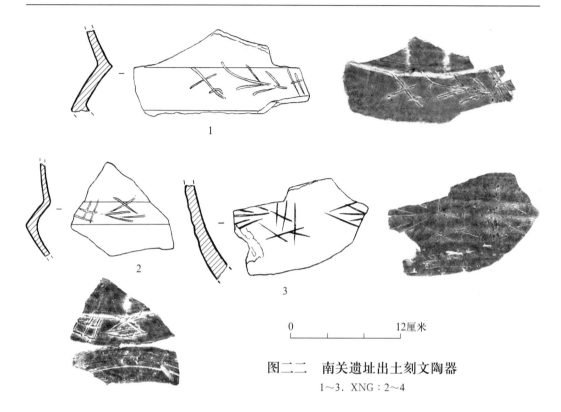

图二二　　南关遗址出土刻文陶器
1~3. XNG：2~4

高，中心有孔。残高8.4、柄径4.5、厚1.25~1.6厘米（图二三，1）。

　　标本XNG：7，陶豆。2004年采集。残，柄、圈足残失，仅存豆盘。泥质，质地细腻。轮制。火候较高，硬度较大。灰色，陶色较浅。素面，抹光。圆唇，盘壁外敞，盘腹较深，圜底。残高3.9、口径15.0、厚0.53厘米（图二三，2）。

　　标本XNG：8，陶壶。2004年采集。残，腹、底残失，仅存口部。泥质，质地细腻。轮制。火候较高，硬度较大。灰色，陶色较浅。颈部素面，抹光，肩部细绳纹，2道抹光弦纹。圆唇，卷沿，直口，高领，鼓肩。残高3.9、口径15.0、厚0.53厘米（图二三，3）。

　　标本XNG：9，量杯。2004年采集。残，口部、底残失，仅存杯腹部。泥质，质地细腻。轮制。火候较高，硬度较大。灰色，陶色较浅。素面，抹光。鼓腹，平底。残高7.4、厚0.62~1.5厘米（图二三，4）。

　　3．制陶工具

　　仅发现1件。

　　标本XNG：10，陶拍。2004年采集。泥质，质地细腻。轮制。火候较高，硬度较大。灰色，陶色较浅。素面，使用时间较为长久，表面摩擦痕迹明显。柄圆柱状，垫面圆形，弧面。高12.7、柄径5.0、垫面直径10.84厘米（图二三，5；彩版

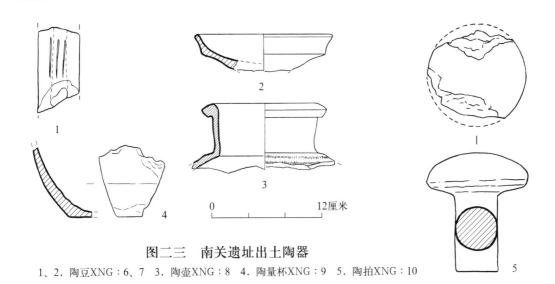

图二三　南关遗址出土陶器

1、2.陶豆XNG：6、7　3.陶壶XNG：8　4.陶量杯XNG：9　5.陶拍XNG：10

四，7）。

此外，1973年在南关还发现兽面纹瓦当1件，其质地、制法、形制、纹饰等都与城北砖厂发现的完全一致，只是保存不如城北砖厂完好。

4．城北砖厂采集陶瓦

城北砖厂位于新泰城区北部，东周路东边，杏山路东部南侧，周家庄东周墓地东南方向，南距新泰一中音乐楼1080米。

标本ＸＣＢＺ：1，陶兽面纹瓦当。ＸＣＢＺ代表新泰城北砖厂（图二四；彩版三，5）。1986年采集。瓦头部分残缺，瓦当部分保存完好。由于瓦体部分稍残，保留了部分断面，加之瓦体内保留有明显的制作痕迹，如瓦体与当面粘接痕迹、泥条盘筑痕迹等，从而为了解陶瓦制作方法提供了极大的方便和参考依据。

陶瓦的质料为泥质，夹少量细砂，质地较为细腻。从质地的细腻程度推测，陶土不仅经过选择，还经过筛选、比例配料、和泥、沉腐、揣揉等工艺备料，否则，瓦胎很难达到如此致密的程度。而且，不同部位的原料还有所区别，如当面的原料质地更为细腻，含砂量少，而且还细一些。瓦体的原料就相对粗糙，含砂量稍多，且较粗，原材料选用针对性强，特征鲜明。当面印制，只有细腻原料才有可能保障印制出纹饰清晰、高质量的当面。

瓦体、当面分别制作。当面先做，为模印。模具为半圆形，兽面，当面对应印面。当面印制好后，经过阴凉、脱模、定型后备用。模具材料，无法得知。瓦体半圆形，外表形制规范，内壁有明显的内切分割痕迹，而且表面不光滑，较为粗糙，有明显的泥条盘筑痕迹。据此，瓦体制作使用的应是外模，从里边贴外模泥条盘

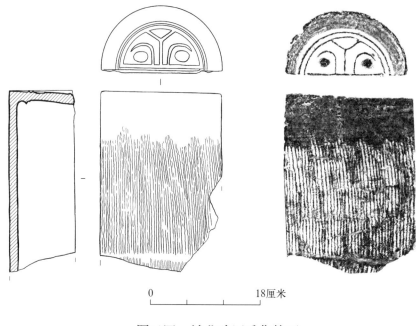

0　　　　　　　　　　18厘米

图二四　城北砖厂采集筒瓦

筑、修整，等待瓦胎定型后内切脱模，与使用内模外切的制作方法不同。等瓦胎的干湿度、软硬度合适时，再与备好的当面进行粘接，修整、定型。

瓦胎定型后就可入窑陶化。瓦体断面呈青灰色，而且陶色一致，说明烧制的火候高，受热均匀，从而硬度也相当大。制作精细，工艺规范。

瓦体为半筒形，瓦当为半瓦当。瓦当中心部有一弧形凸棱纹将当面分为内外两部分。外部为轮廓，素面。内部为当面中心装饰区。装饰区中心一竖向树木纹又将其分为左右两部分，每边各饰一半球形饰物，其内侧环一弧线，左右对称。总体观察，图案似一兽面纹。瓦体外表纵向细绳纹，近瓦当处抹光。绳纹较粗，1.7条／厘米。高10.8、残长29.0、厚1.4～2.4厘米。

城北砖厂一带发现陶瓦等建筑构件数量较大，且未发现建筑遗迹，推测此处或存在东周时期以生产建筑构件为主的窑场。

二　南西周遗存

南西周位于新泰城区的西部，即府前大街西首，东距新泰一中音乐楼3320米。2000年以来，这里就不断发现史前、周代实物遗存，并采集了部分遗物。现将较为重要的东周部分遗物进行介绍。

共采集标本8件，编号XNXZ：1～XNXZ：8，XNXZ代表新泰南西周。其中有文残片共发现7件。

标本XNXZ：1，陶豆。残，只存豆盘底部及柄的上部。泥质灰陶，陶色较浅，质地细腻。盘、柄分做，然后粘接入窑烧制。火候较高，硬度较大。盘口残，圜底，啦叭形柄。表面，抹光。残高7.4、残盘径10.6、柄径5.4、厚0.93～1.1厘米。柄部钤印文字，印面顶端朝向右上方。印面方形，左上角较为模糊。高1.2、宽1.1厘米。印文1字，较为清晰，阳文。文为：壬（图二五，1）。

标本XNXZ：2，陶豆。残，只存豆盘底部及柄的上部。泥质灰陶，陶色较浅，质地细腻。盘、柄分做，然后粘接入窑烧制。火候较高，硬度较大。盘口残，盘底较平，表面抹光。残高10.3、柄径4.6、厚1.1厘米。柄部钤印印章，印面顶端朝上。印面长方形，模糊。高2.0、宽1.4厘米。印文1字，阳文，模糊，无法辨认（图二五，2）。

标本XNXZ：3，陶壶。残，只存颈部及肩部一部分。夹砂灰陶，肩部饰绳纹。残高9.0、壁厚0.7～0.92厘米。颈部钤印印章，印章近圆形。直径约1.0厘米。印文1字，较为清晰，阳文。文为：杢（图二五，3）。

标本XNXZ：4，陶壶。残，只存壶口及颈部。泥质灰陶，陶色较浅，质地细腻。轮制，直口，斜沿，方唇，素面。残高6.6、口径16.0、颈高5.3、厚0.53～0.88厘米。颈部钤印印章，印面顶端朝向左。印面近圆形，直径约1.0厘米。印文1

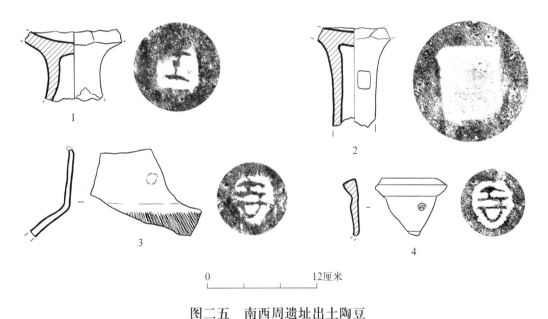

0　　　　　　　　　　12厘米

图二五　南西周遗址出土陶豆

1、2. 陶豆XNXZ：1、2　3、4. 陶壶XNXZ：3、4（拓本为原大）

字，较为清晰，阳文。文为：㤰（图二五，4）。

　　标本ＸＮＸＺ：5，陶盆。残，只存口部一部分。灰陶，夹少量细砂。轮制。方唇，卷沿，侈口，斜壁。器身饰绳纹。残高11.7、口径53.0、壁厚0.7～1.1厘米。沿部钤印印章，印面长方形。长1.5、宽1.3厘米。印文1字，模糊，无法识读（图二六，1）。

　　标本ＸＮＸＺ：6，陶盆。残，只存口部一部分。泥质灰陶。轮制。方唇，卷沿，直口。口沿下饰两道弦纹，器身饰绳纹。残高6.4、口径38.0、壁厚0.6～1.4厘米。沿部钤印印章，印面椭圆形，较清晰。直径0.8～1.0厘米。印文1字，阳文。文为：五（图二六，2）。

　　标本ＸＮＸＺ：7，陶豆。残，只存豆盘底部及柄的上部。泥质灰陶，质地细腻。盘、柄分做，然后粘接入窑烧制。盘口残，底部较平。残高5.3、柄径4.4、厚0.9～1.4厘米。柄部钤印印章，印面残，且模糊。印文1字，模糊，无法识读（图二六，3）。

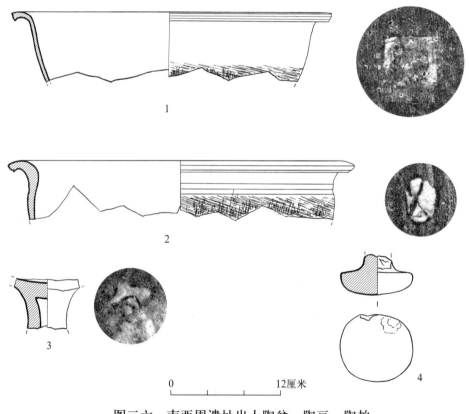

图二六　南西周遗址出土陶盆、陶豆、陶拍

1、2. 陶盆ＸＮＸＺ：5、6　3. 陶豆ＸＮＸＺ：7　4. 陶拍ＸＮＸＺ：8（拓本为原大）

标本ＸＮＸＺ：8，陶拍。泥质红陶，夹少量砂。轮制。素面，使用时间较为长久，表面摩擦痕迹明显。柄圆柱状，垫面圆形，弧面，整体呈蘑菇状。残高4.0、柄径3.2、垫面直径7.3～7.6厘米（图二六，4；彩版三，6）。

三　小结

从发现的遗存来看，特别是制陶工具，可以确定南关、南西周都与陶器的生产密切相关，应存在制陶作坊。但从发现的陶文来看，与一中的不完全一致，从南关遗址发现的量具残片和建筑用瓦来判断，此地或为一处官营制陶作坊。南西周陶器基本为生活用器，这里应是民窑制陶作坊，性质与西南关相一致。

第三章　一中出土陶文

第一节　"立事"陶文

一中出土陶文绝大多数为"立事"文。为条理起见，以印面作为最基本单位进行编号，再根据"立事"者进行分类，最后在"立事"类别下再按照陶文首字地名或最后的"陶者"进行分型。先后的排列，则是根据数量的多寡为序。铭文尽量使用简化字，个别字形为避免引起误解，仍使用繁体字，如"僕"，不作"仆"；部分文字无法与现代汉字直接对应，则按照字形隶定，如"翰"、"絷"等。部分陶文有残损，复原全词时，若该字不完整，有部分残存，则以〔〕表示；若该字缺漏，据其他陶文补入，则以【】表示。

钤印"立事"陶文的器形有两种：绳纹罐形釜、素面杯形器。二者均属于战国齐量具，文献记载齐国量具包括升、豆、区、釜、钟五级，根据其形制和容量判断，此两种器形分别为量具釜和豆。

罐形釜的形制、陶质、陶色、纹饰等都基本一致。形制作平沿，敛口，深鼓腹，小平底。质地均为泥质，含极少量细砂，结构紧密，细腻。烧成火候高，硬度大。深灰色，个别陶胎略浅，呈色不完全一致。腹部中心处有一周横向附加堆纹，将装饰分为上下两部分，上部为竖向绳纹，下部多横向错乱绳纹（图二七）。

素面量杯的形制、质地、陶色等也较为一致。形制都是平沿，口微内收，腹近筒状，腹的下部内收呈小平底。质地也较为细腻，但也含少量细砂，个别颗粒较粗。火候高，硬度大。深灰色。素面（见图一二）。

明确可断定为"立事"陶文共375件。均为戳印文，阳文。其中笔画较为完整，能够识读的"立事"陶文为360件，分17大类。之外的15件尚难辨识，暂未归入此17类陶文之中。

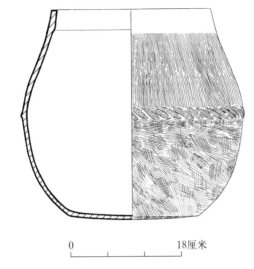

0 18厘米

图二七 一中遗址第⑤层出土陶罐形釜复原图

一 陈得类

数量最大，类型最丰富。共118件，分为12个类型。

（一）葉陈得叁翰
共15件。

标本2002ＸＹＹ⑤Ｗ：1、2002ＸＹＹ⑤Ｗ：2、2002ＸＹ⑤Ｗ：3、ＬＭＹ：1、
2002ＸＹＹ⑤Ｗ：4、2002ＸＹＹ⑤Ｗ：5、2002ＸＹＹ⑤Ｗ：6、2002ＸＹＹ⑤Ｗ：7、
2002ＸＹＹ⑤Ｗ：8、2002ＸＹＹ⑤Ｗ：188、2002ＸＹＹ⑤Ｗ：230、ＨＢＣＳ：23、
ＨＢＣＳ：65、ＢＣＳ：68、ＨＢＣＳ：112。

印面仅1例基本完整，其余均残缺。

15件印文陶片分别来自于15件不同的器物个体，并分属2种器形。其中，12件
器形为罐形釜，3件为素面量杯。

印面的形状、尺寸以及钤印的位置、方法都完全相同。印面呈长方形，但四
边栏的中部外鼓，四角圆转。高5.0、宽3.0厘米。横向钤印于器物上腹的外壁，可
辨方向的印面顶端朝向右。罐形釜腹壁的印文在印前事先将相应位置的绳纹打抹光
平，其面积略大于印面的范围，印时食指、中指和无名指并拢垫压于印章部位器物
内壁。

印文笔画流畅，字迹大多清晰可辨。文字的内容、布局、读序等也都完全相

同。共5字，阳文，布局交错有致，上部4字分两行，下部一行1字。字面或大或小，字形或长或宽，极为率意。上部四字自右上起按逆时针方向读，而后接底部一字，读序近"S"形。文为：葉陈得叁翰。

1．标本2002XYY⑤W：1

陶片呈不规则四边形，为器物腹壁残片。长8.1、宽5.2、厚0.9厘米。泥质灰陶，夹微量细砂，质地细腻。贴塑，快轮修整，内壁留有圆形内凹垫痕，工艺规范。绳纹，竖向，6条/厘米。器形为罐形釜。

印面长方形，转角圆滑。高5.0、宽3.0厘米。横向钤印于罐形釜上腹部，印面朝向无法确定，钤印前先将印面部位的绳纹抹平略加修整，其面积略大于印面的范围，陶片内壁对应印面部位有手指垫压痕迹。

印文较为清晰，阳文，5字。文字分为上、中、下3行横向排列，上、中行每行各2字，下行1字。读序近"S"形。文为：葉陈得叁翰（图二八，1、2；彩版五，1）。

2．标本2002XYY⑤W：2

陶片呈不规则四边形，为器物腹壁残片。长7.2、宽6.3、厚0.8厘米。泥质灰

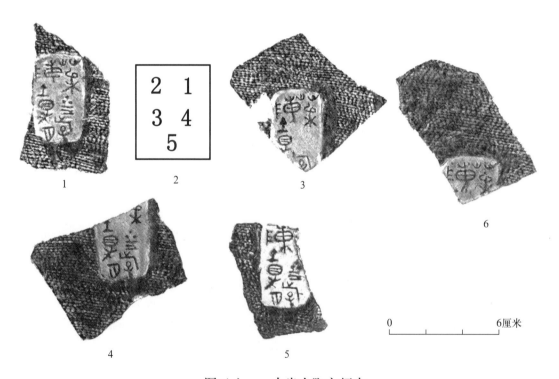

图二八　一中出土陶文拓本

1. 2002XYY⑤W：1　2. 读序图　3～6. 2002XYY⑤W：2、2002XYY⑤W：3、LMY：1、2002XYY⑤W：4

陶，夹微量细砂，质地细腻。贴塑，快轮修整，工艺规范，内壁留有圆形内凹制陶垫痕。绳纹，竖向，6条/厘米。器形为罐形釜。

印面长方形，残缺左下角，保存部分转角圆滑。残高4.7、宽3.0厘米。横向钤印于上腹部，印面朝向无法确定，钤印前先将印面部位的绳纹抹平略加修整，其面积略大于印面的范围，陶片内壁对应印面部位有手指垫压痕迹。

印文较清晰，阳文，可辨4字，其中1字残缺，1字已脱落。文为：葉陈得【叁】［翰］（图二八，3；彩版五，2）。

3．标本2002XYY⑤W：3

陶片呈不规则四边形，为器物腹壁残片。长7.6、宽5.9、厚0.9厘米。泥质灰陶，夹微量细砂，浅灰色，质地细腻。贴塑，快轮修整，工艺规范，内壁留有圆形内凹制陶垫痕。绳纹，竖向，6条/厘米。器形为罐形釜。

印面上端残缺，保存部分转角圆滑。残高3.8、宽3.0厘米。横向钤印，印面朝向无法确定，钤印前先将印面部位的绳纹抹平略加修整，其面积略大于印面的范围，陶片内壁对应印面部位有手指垫压痕迹。

印文清晰，阳文，共5字，其中2字残缺。文为：［葉］［陈］得叁翰（图二八，4；彩版五，3）。

4．标本LMY：1

著录于《夕惕藏陶》。陶片形状不规则，为器物腹壁残片。长6.2、宽4.2、厚0.7厘米。泥质灰陶，夹微量细砂，浅灰色，质地细腻。贴塑，快轮修整，工艺规范，内壁留有圆形内凹制陶垫痕。绳纹，竖向，6条/厘米。器形为罐形釜。

印面右、上端残缺，保存部分转角圆滑。残高4.5、残宽2.7厘米。横向钤印，印面朝向无法确定，钤印前先将印面部位的绳纹抹平略加修整，其面积略大于印面的范围，陶片内壁对应印面部位有手指垫压痕迹。

印文较清晰，阳文，可辨4字。文为：【葉】陈得叁翰（图二八，5）。

5．标本2002XYY⑤W：4

陶片呈不规则六边形，为器物腹壁残片。长8.0、宽4.7、厚0.7厘米。泥质灰陶，夹微量细砂，浅灰色，内壁略黑。质地细腻。贴塑，快轮修整，工艺规范，内壁留有圆形内凹制陶垫痕。绳纹，竖向，6条/厘米。器形为罐形釜。

印面下半部分残缺，保存部分转角圆滑。残高3.0、宽2.7厘米。横向钤印，印面朝向无法确定，钤印前先将印面部位的绳纹抹平略加修整，其面积略大于印面的范围，陶片内壁对应印面部位有手指垫压痕迹。

印文清晰，阳文，仅存2字。文为：葉陈【得】【叁】【翰】（图二八，6；彩版五，4）。

6．标本2002XYY⑤W：5

陶片呈不规则四边形，为器物腹壁残片。长9.0、宽7.6、厚0.8厘米。泥质灰陶，夹微量细砂，内壁略黄，质地细腻。贴塑，快轮修整，工艺规范，内壁留有圆形内凹制陶垫痕。绳纹，竖向，6条/厘米，有一道横向弦纹。器形为罐形釜。

印面仅存左半部分。残高4.0、宽2.3厘米。横向钤印，印面朝向无法确定，钤印前先将印面部位的绳纹抹平略加修整，其面积略大于印面的范围，陶片内壁对应印面部位有手指垫压痕迹。

印文清晰，阳文，存4字，其中3字残。文为：【葉】［陈］得［叁］［翰］（图二九，1；彩版五，5）。

7．标本2002XYY⑤W：6

陶片形状不规则，为器壁下半部。长6.6、宽5.4、厚0.6～1.0厘米。泥质灰陶，夹少量细砂，质地较为细腻。贴塑，快轮修整，外壁近底处有刮痕。素面。器形为量杯。

图二九　一中出土陶文拓本

1～6．2002XYY⑤W：5～8、188、230

　　印面左下部残缺，保存部分转角圆滑。残高长4.3、宽3.1厘米。横向钤印于量杯腹部，印面顶端朝右。

　　印文清晰，阳文，仅存3字，其中1字残。文为：葉陈【得】［叁］【翰】（图二九，2；彩版五，6）。

　　8．标本2002XYY⑤W：7

　　陶片呈不规则六边形，为器物腹壁残片。长7.5、宽6.2、厚0.8厘米。泥质灰陶，夹微量细砂，质地细腻。贴塑，快轮修整，工艺规范，内壁留有圆形内凹制陶垫痕。绳纹，竖向，6条/厘米。器形为罐形釜。

　　印面残缺，仅存右下角，保存部分转角圆滑。残高2.5、宽1.6厘米。横向钤印，印面朝向无法确定，钤印前先将印面部位的绳纹抹平略加修整，其面积略大于印面的范围，陶片内壁对应印面部位有手指垫压痕迹。

　　印文清晰，阳文，仅存2字，均残。文为：【葉】【陈】【得】［叁］［翰］（图二九，3；彩版六，1）。

　　9．标本2002XYY⑤W：8

　　陶片形状不规则，为器物口部残片。长7.4、宽4.1、厚0.7厘米。浅灰色陶，局部黄，夹少量细砂，质地细腻。贴塑，快轮修整，工艺规范。素面。口沿有明显的烧成后打磨修整痕迹，非常平整。器形为量杯。

　　印面仅存右下角，保存部分转角圆滑。残高1.8、宽1.3厘米。横向钤印，位于口沿下部，印面顶端朝右。

　　印文清晰，阳文，仅存1字，且残。文为【葉】【陈】【得】【叁】［翰］（图二九，4；彩版六，2）。

　　10．标本2002XYY⑤W：188

　　陶片呈不规则五边形，为器物腹壁残片。长8.2、宽7.8、厚0.7～0.95厘米。泥质灰陶，夹微量细砂，颜色较浅，质地细腻。内壁留有圆形内凹制陶垫痕，工艺规范。贴塑，绳纹，竖向，7条/厘米。器形为罐形釜。

　　印面仅存下端部分。底为弧边，转角圆滑。残高1.0、残宽2.6厘米。横向钤印于器物腹部，印面朝向无法确定，钤印前先将印面部位的绳纹抹平略加修整，其面积略大于印面的范围，陶片内壁对应印面部位有手指垫压痕迹。

　　印文清晰，阳文，存1字，且残。文为：【葉】【陈】【得】【叁】［翰］（图二九，5；彩版六，3）。

　　11．标本2002XYY⑤W：230

　　陶片呈四边形，为器物腹壁残片。长8.7、宽5.6、厚0.7厘米。泥质灰陶，夹微量细砂，质地细腻。外壁灰黑色，内壁及胎颜色较浅。贴塑，工艺规范，内壁留有圆形内凹制陶垫痕，口沿有磨制痕迹。绳纹，竖向，7条/厘米。器形为罐形釜。

印面仅存右上角，转角圆滑。残高0.8、残宽2.0厘米。横向钤印于器物腹部，印面朝向无法确定，钤印前先将印面部位的绳纹抹平略加修整，其面积略大于印面的范围，陶片内壁对应印面部位有手指垫压痕迹。

印文较为清晰，阳文，1字，且残。文为：[枼]【陈】【得】【叁】【翰】（图二九，6；彩版六，4）。

12. 标本HBCS：23

陶片形状为弧边三角形，为器物腹壁残片。长9.5、宽6.3、厚0.8厘米。泥质灰陶，夹微量细砂，颜色较浅，胎质地细腻。贴塑，工艺规范，内壁留有圆形内凹制陶垫痕。绳纹，竖向，6条/厘米。器形为罐形釜。

印面仅存右上角，转角圆滑。残高0.8、残宽2.0厘米。横向钤印于罐形釜的腹上部，印面朝向无法确定，先将印面部位的绳纹抹平略加修整后再钤印，其面积大于印面的范围，对应印面部位陶片内壁留有手指垫压痕迹。

印文清晰，阳文，仅存1字，且残。文为：[枼]【陈】【得】【叁】【翰】（图三〇，1；彩版六，5）。

13. 标本HBCS：65

陶片呈不规则五边形，为器物腹壁残片。长3.6、宽3.0、厚0.7厘米。泥质灰陶，夹微量细砂，质地细腻。贴塑，工艺规范，内壁留有圆形内凹制陶垫痕。绳

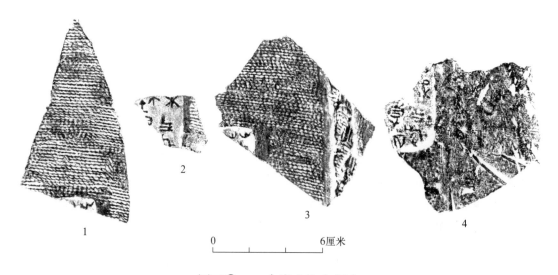

0　　　　　　　　　6厘米

图三〇　一中出土陶文拓本

1～4. HBCS：23、65、68、112

纹，竖向，6条/厘米。器形为罐形釜。

印面残，仅存中心部分。残高2.9、残宽2.7厘米。横向钤印，朝向无法确定。钤印前先将印面部位的绳纹抹平略加修整，其面积略大于印面的范围，陶片内壁对应印面部位有手指垫压痕迹。

印文清晰，阳文，5字，4字残。文为：[葉][陈][得] 叁 [翰] （图三〇，2；彩版六，6）。

14. 标本HBCS：68

陶片呈不规则四边形，为器物腹壁残片。长8.7、宽6.3、厚0.8~1.2厘米。泥质灰陶，夹微量细砂，颜色较浅，质地细腻。贴塑，工艺规范，内壁留有圆形内凹制陶垫痕。绳纹，中下部有一道横向附加堆纹，其上为竖向绳纹，6条/厘米，其下为交错绳纹。器形为罐形釜。

印面残存右上角，角较圆滑，边外凸。残高1.8、宽2.0厘米。横向钤印，印面顶端朝右，钤印前先将印面部位的绳纹抹平略加修整，其面积略大于印面的范围，陶片内壁对应印面部位有手指垫压痕迹。

印文较为清晰，阳文，残存1字，且残。文为： [葉]【陈】【得】【叁】【翰】（图三〇，3）。

15. 标本HBCS：112

未见实物。根据拓本观察，陶片形状不规则，为器物腹壁残片。长8.2、宽7.9厘米。素面。器形为量杯。

印面仅存右下角。残高4.7、残宽2.8厘米。横向钤印于器物的腹部，印面顶端朝右。

印文较为清晰，阳文，存4字，1字残。文为：[葉]【陈】得叁翰（图三〇，4）。

经过比较，特别是利用拓本仔细比对，上述印面的形状、大小和印文布局、印文的内容及字体结构等都完全一致，由此可见，15件印文为同一印章所钤印。

（二）葉陈得叁胖

共19件。根据印面款式、印文字体的不同，可分为三型。

A型 17件。

标本2002XYY⑤W：9、2002XYY⑤W：10、2002XYY⑤W：11、2002XYY⑤W：12、2002XYY⑤W：13、2002XYY⑤W：14、2002XYY⑤W：15、2002XYY⑤W：213、2002XYY⑤W：224、HBCS：45、HBCS：69、HBCS：70、HBCS：75、HBCS：109、HBCS：110、HBCS：111、LFL：6。

17件有文陶片来源于17件不同的器物个体，分属2种器形。其中，13件器形为罐形釜，4件为素面量杯。

印面的形状、尺寸以及钤印的位置、方法都完全相同。印面形状近似椭圆形，高5.9、宽3.3厘米。横向钤印于器物上腹的外壁，可辨方向的印面顶端均朝向右。罐形釜腹壁的印文在印前事先将相应位置的绳纹打抹光平，其面积略大于印面的范围，印时食指、中指和无名指并拢垫压于印章部位器物内壁。

印文笔画纤细规整，字迹大多清晰可辨。文字的数量、布局、读序等也都完全相同。共5字，阳文。分左右两列排列，左列2字，右列3字，读序从上到下，自左往右。文为：葉陈得叁胖。

1. 标本2002XYY⑤W：9

陶片呈不规则五边形，为器物腹壁残片。长11.2、宽9.3、厚0.9厘米。泥质灰陶，夹极微量细砂，胎呈褐色，质地细腻。贴塑，快轮修整，工艺规范，内壁有圆形工具垫痕。中部有一道横向附加堆纹，其上为竖向绳纹，4条/厘米。其下为错乱绳纹。器形为罐形釜。

印面形状近似椭圆形，残，仅存下半部。残高4.8、宽2.9厘米。横向钤印于罐形釜的上腹部，印面顶端朝右，钤印前先将印面部位的绳纹抹平略加修整，其面积略大于印面的范围，陶片内壁对应印面部位有手指垫压痕迹。

印文清晰，阳文，存3字，其中2字稍残。参照完整印面、印文可知，印文应为5字，分左右两列排列，左列2字，右列3字，读序从上到下，自左往右。文为：【葉】［陈］【得】叁胖（图三一，1、2；彩版七，1）。

2. 标本2002XYY⑤W：10

陶片呈不规则四边形，为器物口沿及器身上半部残片。长16.2、宽9.3、厚1.0厘米。泥质灰陶，夹极微量细砂，略发黄，质地细腻。贴塑，快轮修整，工艺规范，内壁留有圆形工具垫痕。绳纹，竖向，4条/厘米。自口沿往下4厘米范围绳纹抹掉。器形为罐形釜。

印面形状近似椭圆形，印面残缺，仅存左上角部分。残高3.4、宽2.9厘米。横向钤印于罐形釜上腹部，印面顶端朝右，钤印前先将印面部位的绳纹抹平略加修整，其面积略大于印面的范围，陶片内壁对应印面部位有手指垫压痕迹。

印文清晰，阳文，仅存3字，其中1字残缺。文为：葉［陈］得【叁】【胖】（图三一，3；彩版七，2）。

3. 标本2002XYY⑤W：11

陶片呈不规则五边形，为器底及器身下半部。残高7.5、宽8.4、厚0.8～1.3厘米。泥质灰陶，夹少量细砂，质地较细腻。贴塑，快轮修整。素面，器身接近底部部分有刮削痕。器形为量杯。

图三一　一中出土陶文拓本

1. 2002XYY⑤W：9　2. 读序图　3～6. 2002XYY⑤W：10～13

印面近似椭圆形，上部缺失。残长5.0、宽3.0厘米。横向钤印，印面顶端朝右，位于外壁下腹部，内壁对应印面的位置有垫压痕迹。

印文较清晰，阳文，存3字。陈、胖两字部分笔画已磨损。文为：【葉】陈【得】叁胖（图三一，4；彩版七，3）。

4. 标本2002XYY⑤W：12

陶片呈不规则四边形，为口沿及器身上部一部分。残高7.0、宽9.3、口沿厚0.7、器身厚0.7～1.0厘米。泥质灰陶，夹少量细砂，浅灰色，质地较细腻。贴塑，快轮修整。素面。器形为量杯。

印面近椭圆形，残，仅存下半部。残高3.4、宽2.5厘米。横向钤印，印面顶端朝右，位于腹壁偏下部。

印文较清晰，阳文，存3字，其中1字略残。文为：【葉】陈【得】[叁] 胖（图三一，5；彩版七，4）。

5. 标本2002XYY⑤W：13

陶片呈不规则四边形，为器物腹壁残片。长9.2、宽6.9、厚0.8厘米。泥质灰陶，夹微量细砂，内壁浅灰色，胎黄褐色，质地细腻。贴塑，快轮修整，工艺规范，内壁留有圆形工具垫痕。绳纹，竖向，4或5条/厘米，有一道横向附加堆纹。器形为罐形釜。

印面残缺，仅存上部，转角圆滑。残高1.5、宽2.2厘米。横向钤印，印面顶端朝右，钤印前先将印面部位的绳纹抹平略加修整，其面积略大于印面的范围，陶片内壁对应印面部位有手指垫压痕迹。

印文较为清晰，阳文，仅存2字，且残。文为：[葉] 【陈】[得] 【叁】【胖】（图三一，6；彩版七，5）。

6. 标本2002XYY⑤W：14

陶片呈不规则五边形，为器物腹壁残片。长10.1、宽5.1、厚0.8～1.1厘米。泥质灰陶，夹微量细砂，内壁浅灰色，质地细腻。贴塑，快轮修整，工艺规范，内壁留有圆形工具垫痕。绳纹，竖向，5条/厘米。器形为罐形釜。

印面形状近似椭圆形，残，仅存下半部分。残高3.4、宽3.2厘米。横向钤印于罐形釜上腹部，印面上端朝右。钤印前先将印面部位的绳纹抹平略加修整，其面积略大于印面的范围，陶片内壁对应印面部位有手指垫压痕迹。

印文较为清晰，阳文，仅存3字，其中2字残。文为：【葉】[陈] 【得】[叁] 胖（图三二，1；彩版七，6）。

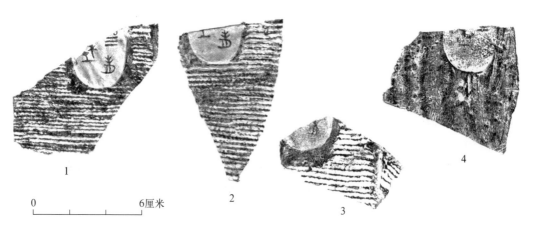

0 　　　　　　　6厘米

图三二　一中出土陶文拓本

1～4. 2002XYY⑤W：14、15、213、224

7．标本2002XYY⑤W：15

陶片呈三角形，为器物腹壁残片。边长分别为8.3、5.7、8.9、厚1.0厘米。泥质灰陶，夹微量细砂，质地细腻。贴塑，快轮修整，工艺规范，内壁留有圆形工具垫痕。绳纹，竖向，4条/厘米。器形为罐形釜。

印面形状近似椭圆形，残，仅存下半部一部分。残高2.1、宽3.1厘米。横向钤印，位于罐形釜上腹部。印面朝向无法确定，钤印前先将印面部位的绳纹抹平略加修整，其面积略大于印面的范围，陶片内壁对应印面部位有手指垫压痕迹。

印文清晰，阳文，仅存2字，其中1字残。文为：【葉】[陈]【得】【叄】胖（图三二，2；彩版八，1）。

8．标本2002XYY⑤W：213

陶片呈四边形，为器物腹壁残片。边长分别为2.5、6.5、厚1.0厘米。泥质灰陶，夹微量细砂，质地细腻。泥条盘筑，快轮修整，工艺规范，内壁留有圆形工具垫痕。绳纹，竖向，3.5条/厘米。器形为罐形釜。

印面形状近似椭圆形，残，仅存下半部一部分。残高2.0、宽2.8厘米。横向钤印，位于罐形釜上腹部。印面朝向无法确定，钤印前先将印面部位的绳纹抹平略加修整，其面积略大于印面的范围，陶片内壁对应印面部位有手指垫压痕迹。

印文模糊，能辨识为阳文，仅存1字，且残。文为：【葉】【陈】【得】【叄】[胖]（图三二，3；彩版八，2）。

9．标本2002XYY⑤W：224

陶片呈不规则四边形，为器物腹壁残片。长5～7、宽4.4～6.5、厚1.0厘米。泥质灰陶，夹少量细砂，浅灰色，质地较细腻。贴塑，快轮修整。素面。器形为量杯。

印面近似椭圆形，残，仅存下半部。残高2.2、宽2.8厘米。横向钤印，印面顶端朝右，位于腹壁偏下部。

印文模糊，能辨识为阳文，存3字，其中2字略残。文为：【葉】[陈]【得】[叄][胖]（图三二，4；彩版八，3）。

10．标本HBCS：45

陶片呈不规则五边形，为器物腹壁残片。长7.2、宽6.9、厚0.8厘米。泥质灰陶，夹微量细砂，颜色较浅，质地细腻。贴塑，快轮修整，工艺规范，内壁有圆形工具垫痕。绳纹，竖向，5条/厘米，有一道横向附加堆纹。器形为罐形釜。

印面上部残缺，大致近长方形，转角圆滑，下端弧形外凸。残高5.0、宽3.1厘米。横向钤印，印面顶端朝右，位于附加堆纹上方，钤印前先将印面部位的绳纹抹平略加修整，其面积略大于印面的范围，陶片内壁对应印面部位有手指垫压痕迹。

印文较为清晰，阳文，5字，其中2字略残。文为：[葉] 陈 [得] 叁胖（图三三，1；彩版八，4）。

11．标本HBCS：69

陶片呈不规则三角形，为器物腹壁残片。长4.3、宽4.0、厚0.8～1.1厘米。泥质灰陶，夹微量细砂，颜色较浅，质地细腻。贴塑，快轮修整，工艺规范，内壁有圆形工具垫痕。绳纹，竖向，5条/厘米。器形为罐形釜。

印面形状近椭圆形，仅存右上角，转角圆滑。残高1.2、残宽1.8厘米。横向钤印于罐形釜上腹部，印面朝向无法确定，钤印前先将印面部位的绳纹抹平略加修整，其面积略大于印面的范围，陶片内壁对应印面部位有手指垫压痕迹。

印文清晰，阳文，存1字且残。文为：【葉】【陈】[得]【叁】【胖】（图三三，2；彩版八，5）。

12．标本HBCS：70

陶片呈不规则四边形，为器物腹下部及底的一部分。残高7.1、宽4.2、厚0.9～1.3厘米。泥质灰陶，夹少量细砂，颜色较浅，质地较细腻。贴塑，快轮修整，腹壁底部有刮痕。素面。器形为量杯。

印面形状近椭圆形，仅存右顶端一部分。残高2.3、残宽2.5厘米。横向钤印于量杯上腹部，朝向无法确定。

印文较为清晰，阳文，仅存1字，且部分笔画已模糊。文为：【葉】【陈】得【叁】【胖】（图三三，3）。

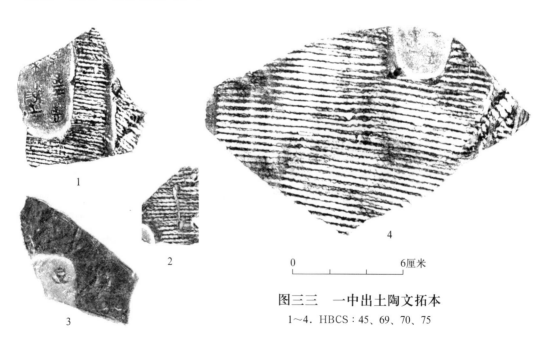

1   2   3   4

0   6厘米

图三三　一中出土陶文拓本

1～4．HBCS：45、69、70、75

13．标本HBCS：75

陶片呈不规则四边形，为器物腹壁残片。长18.0、宽11.0、厚0.8～1厘米。泥质灰陶，夹微量细砂，胎及内壁黄褐色，质地细腻。贴塑，快轮修整，工艺规范，内壁有圆形工具垫痕。绳纹，竖向，3条/厘米，顶端有一道抹光带，下端有附加堆纹。器形为罐形釜。

印面形状近椭圆形，残存下端一半。残高3.2、残宽3.3厘米。横向钤印于罐形釜腹上部，印面顶端朝右，钤印前先将印面部位的绳纹抹平略加修整，其面积略大于印面的范围，陶片内壁对应印面部位有手指垫压痕迹。

印文模糊，但能辨识，阳文，存3字，1字残。文为：【葉】陈【得】［叁］胖（图三三，4；彩版八，7）。

14．标本HBCS：109

未见实物。根据拓本观察，陶片呈不规则四边形，为器物腹壁残片。长10.0、宽9.4厘米。有一道横向附加堆纹，其上为竖向绳纹，4条/厘米。其下为错乱绳纹。器形为罐形釜。

印面形状近椭圆形，顶端及左下角稍残，下边为弧边。残长4.9、残宽3.3厘米。横向钤印于罐形釜上腹部，印面顶端朝右，钤印前先将印面部位的绳纹抹平略加修整，其面积略大于印面的范围。

印文较为清晰，阳文，5字，其中2字略残。文为：［葉］陈［得］叁胖（图三四，1）。

15．标本HBCS：110

未见实物。根据拓本观察，陶片呈四边形，为器物腹壁残片。长10.3、宽9.5厘米。有一道横向附加堆纹，其上为竖向绳纹，4条/厘米，其下为错乱绳纹。器形为罐形釜。

印面形状近椭圆形，左端残失。残长5.9、残宽2.9厘米。横向钤印于罐形釜上部，印面顶端朝右，钤印前先将印面部位的绳纹抹平略加修整，其面积略大于印面的范围。

印文清晰，阳文，5字，其中1字略残。文为：葉［陈］得叁胖（图三四，2）。

16．标本HBCS：111

未见实物。根据拓本观察，陶片呈不规则四边形，为器物腹壁残片。长12.0、宽9.0厘米。竖向绳纹，4条/厘米。下端有一道横向附加堆纹。器形为罐形釜。

印面形状近椭圆形，仅存顶端一部分。残长2.2、残宽2.9厘米。横向钤印于罐形釜上腹部，印面顶端朝右，钤印前先将印面部位的绳纹抹平略加修整，其面积略

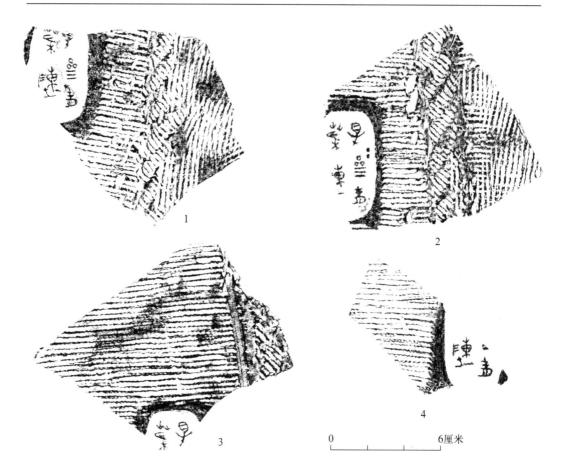

图三四　一中出土陶文拓本

1～3．HBCS：109～111、4．LFL：6

大于印面的范围。

　　印文清晰，阳文，存2字。文为：葉【陈】得【叁】【胖】（图三四，3）。

　　17．标本LFL：6

　　未见实物。根据拓本观察，陶片呈不规则四边形，为器物腹壁残片。长9.4、宽4.1厘米。绳纹，竖向，4条/厘米。器形为罐形釜。

　　印面形状近椭圆形，残，只保留中下部。残高4.4、宽2.4厘米。横向钤印于罐形釜上腹部，印面朝向无法确定，钤印前先将印面部位的绳纹抹平略加修整，其面积略大于印面的范围。

　　印文清晰，阳文，存3字，1字残。文为：【葉】陈【得】[叁]胖（图三四，4）。

　　经过比较，特别是利用拓本仔细比对，上述印面的形状、大小和印文布局、印文的数量及字体结构等都完全一致，由此可见，17件印文为同一印章所钤印。

B型 1件。

标本2002XYY⑤W：172

与上述15件印面的印文布局、印文的字数及印文内容虽然相同，但印面形状微有区别，如后者印面顶端略宽，前者略窄，字体也存在差异，如后者笔画更具骨感特点，表明这一印面与前者不为同一印章所钤印。

陶片形状不规则，为器物腹壁残片。长7.5、宽5.7、厚0.7～0.9厘米。泥质灰陶，夹微量细砂，颜色较浅，质地细腻。贴塑，快轮修整，工艺规范，内壁有圆形工具垫痕。陶片中部有一道横向附加堆纹，其上为竖向绳纹，5条/厘米，其下为错乱绳纹。器形为罐形釜。

印面形状近椭圆形，残缺，仅存顶端少部分，顶端较宽。残高3.7、残宽2.8厘米。横向钤印，位于罐形釜上腹部，印面顶端朝右，钤印前先将印面部位的绳纹抹平略加修整，其面积略大于印面的范围，陶片内壁对应印面部位有手指垫压痕迹。

印文清晰，阳文，存4字，其中2字残缺。参照完整印面、印文可知，印文应为5字，分左右两列排列，左列2字，右列3字，读序从上到下，自左往右。文为：葉 [陈] 得 [叁] 【胖】（图三五，1、2；彩版八，6）。

C型 1件。

标本XPS：1

与前者比较而言，印文相同，但印面的形状、大小及印文的布局、读序都不同，另一印章所钤印。

未见实物。根据拓本观察，陶片呈不规则四边形，为器物腹壁残片。长7.5、宽5.8厘米。有一道横向附加堆纹，其上为竖向绳纹，4条/厘米，其下为错乱绳纹。器形为罐形釜。

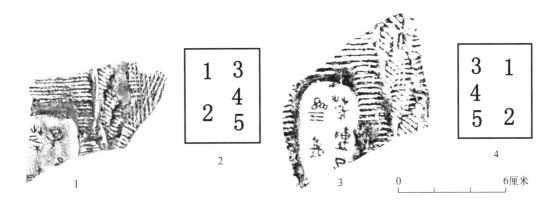

图三五 一中出土陶文拓本

1. 2002XYY⑤W：172 2. 读序图 3. XPS：1 4. 读序图

印面形状近似椭圆形，右下角残失，整个印面的形状基本清晰，总体呈长椭圆形，似蚕茧，但印面长栏的一侧较直，一侧外鼓明显。残高5.3、宽3.1厘米。横向印于器物上腹的外壁，印面顶端朝右，钤印前先将印面部位的绳纹抹平略加修整，其面积略大于印面的范围。

印文清晰，阳文，5字，其中1字略残。分左右两列排列，左列2字，右列3字，读序从上到下，自右往左（即顺读）。文为：葉陈［得］叁胖（图三五，3、4）。

（三）葉陈得叁僕

共30件。

标本2002ＸＹＹ⑤Ｗ：16、2002ＸＹＹ⑤Ｗ：17、2002ＸＹＹ⑤Ｗ：18、2002ＸＹＹ⑤Ｗ：19、2002ＸＹＹ⑤Ｗ：20、2002ＸＹＹ⑤Ｗ：21、2002ＸＹＹ⑤Ｗ：22、2002ＸＹＹ⑤Ｗ：23、2002ＸＹＹ⑤Ｗ：24、2002ＸＹＹ⑤Ｗ：25、2002ＸＹＹ⑤Ｗ：26、2002ＸＹＹ⑤Ｗ：169、2002ＸＹＹ⑤Ｗ：171、2002ＸＹＹ⑤Ｗ：173、2002ＸＹＹ⑤Ｗ：204、2002ＸＹＹ⑤Ｗ：210、HBCS：25、HBCS：41、HBCS：55、HBCS：63、HBCS：82、HBCS：85、HBCS：86、HBCS：87、HBCS：91、HBCS：105、HBCS：106、 HBCS：107、LFL：5、LFL：14。

30件有文陶片来源于30件不同的器物个体，分属2种器形。其中，14件器形为罐形釜，16件为素面量杯。

印面的形状、尺寸以及钤印的位置、方法都完全相同。印面为长方形，直边，四角均截除（四角切掉，形成八角形）。印面高4.2、宽2.95厘米。横向钤印于器物上腹的外壁，可辨方向的印面除2002ＸＹＹ⑤Ｗ：173印面顶端朝左外，其余均朝右。罐形釜腹壁的印文在印前事先将相应位置的绳纹打抹光平，其面积略大于印面的范围，印时食指、中指和无名指并拢垫于印章部位器物内壁。

印文笔画纤细规整，字迹大多清晰可辨。文字的内容、布局、读序等也都完全相同。印文共5字，分左右两列排列，左列3字，右列2字，读序从上到下，自右往左（即顺读）。文为：葉陈得叁僕。

1. 标本2002XYY⑤Ｗ：16

陶片呈不规则五边形，为器物腹壁残片。长12.0、宽11.6、厚0.8～1.0厘米。泥质灰陶，夹极微量细砂，表皮深灰色，胎黄褐色，质地细腻。贴塑，快轮修整，内壁有圆形工具垫痕，工艺规范。绳纹，竖向，4条/厘米。器形为罐形釜。

印面近长方形，直边，四角截除，右、下部残缺。残高4.1、宽2.95厘米。横向钤印于罐形釜上腹部，印面朝向无法确定，钤印前先将印面部位的绳纹抹平略加修整，其面积略大于印面的范围，陶片内壁对应印面部位有手指垫压痕迹。

　　印文清晰，阳文，4字，其中1字残缺。参照完整印面、印文可知，印文应为5字，分左右两列排列，左列3字，右列2字，读序从上到下，自右往左（即顺读）。文为：〔葉〕【陈】得叁僕（图三六，1、2；彩版九，1）。

　　2. 标本2002XYY⑤W：17

　　陶片呈不规则四边形，为器物腹壁残片。长6.4、宽4.0、厚0.6～0.7厘米。泥质灰陶，夹极微量细砂，表皮浅灰色，胎黄褐色，质地细腻。贴塑，快轮修整，内壁有圆形工具垫痕，工艺规范。绳纹，竖向，4条/厘米。器形为罐形釜。

　　印面近长方形，直边，四角截除。只存右上部大部分。残高3.5、残宽2.5厘米。横向钤印于罐形釜的上腹部，印面朝向无法确定，钤印前先将印面部位的绳纹抹平略加修整，其面积略大于印面的范围，陶片内壁对应印面部位有手指垫压痕迹。

　　印文清晰，阳文，5字，3字残缺。文为：〔葉〕〔陈〕得叁〔僕〕（图三六，

图三六　一中出土陶文拓本

1. 2002XYY⑤W：16　2. 读序图　3～6. 2002XYY⑤W：17～20

3；彩版九，2）。

3．标本2002XYY⑤W：18

陶片形状不规则，为器物腹壁残片，残存少量口沿。长9.2、宽7.0、厚0.9～1.1厘米。泥质灰陶，质地较细腻。贴塑，快轮修整，工艺规范。素面。口沿有明显的烧成后打磨修整痕迹，非常平整。器形为量杯。

印面近长方形，直边，四角截除。上部残缺。残高3.5、宽2.95厘米。横向钤印，位于量杯腹壁中间部位，印面顶端朝右。

印文清晰，阳文，存4字，其中1字残。文为：【葉】陈［得］叁僕（图三六，4；彩版九，3）。

4．标本2002XYY⑤W：19

陶片呈不规则四边形，为器物腹壁残片。长6.1、宽4.8、厚0.8～0.9厘米。泥质灰陶，夹极微量细砂，外壁浅灰色，内壁及胎黄褐色，胎质地细腻。贴塑，快轮修整，内壁有圆形工具垫痕，工艺规范。绳纹，竖向，5条/厘米。器形为罐形釜。

印面近长方形，直边，四角截除。印面上部残失，只存下半部。残高2.2、宽2.95厘米。横向钤印于罐形釜上腹部，印面朝向无法确定，钤印前先将印面部位的绳纹抹平略加修整，其面积略大于印面的范围，陶片内壁对应印面部位有手指垫压痕迹。

印文清晰，阳文，存4字，其中2字稍残。文为：［葉］陈【得】［叁］僕（图三六，5；彩版九，4）。

5．标本2002XYY⑤W：20

陶片呈不规则五边形，为器物腹壁残片。长9.6、宽8.5、厚0.7～0.9厘米。泥质灰陶，夹极微量细砂，浅灰色，胎质地细腻。贴塑，快轮修整，内壁有圆形工具垫痕，工艺规范。绳纹，竖向，4条/厘米。器形为罐形釜。

印面近长方形，直边，四角截除。仅存上部，下半部残失。残高2.0、宽2.95厘米。横向钤印于罐形釜上腹部，印面朝向无法确定，钤印前先将印面部位的绳纹抹平略加修整，其面积略大于印面的范围，陶片内壁对应印面部位有手指垫压痕迹。

印文清晰，阳文，存2字，且稍残。文为：［葉］【陈】［得】【叁】【僕】（图三六，6；彩版九，5）。

6．标本2002XYY⑤W：21

陶片形状不规则，为器物腹壁残片，残存少量口沿。长8.3、宽7.5、厚1.0厘米。泥质灰陶，夹极微量细砂，表皮颜色较深，胎颜色较浅，质地较细腻。贴塑，快轮修整，工艺规范。素面。口沿有明显的烧成后打磨修整痕迹，非常平整。器形为量杯。

印面近长方形，直边，四角截除。大部分缺失，只存右上角少部分。残高2.7、残宽2.8厘米。横向钤印于量杯腹上部，印面顶端朝向右上方。

印文清晰，阳文，存2字，其中1字稍残。文为：[葉]【陈】得【叁】【僕】（图三七，1；彩版九，6）。

7. 标本2002XYY⑤W：22

陶片呈不规则六边形，为器物腹壁残片，残存少量口沿。长8.1、宽7.1、厚1.0厘米。泥质灰陶，夹极微量细砂，颜色较浅，质地较细腻。贴塑，快轮修整，工艺规范。素面。口沿有明显的烧成后打磨修整痕迹，非常平整。器形为量杯。

印面近长方形，直边，四角截除。上部残失，只存下半部分。残高3.8、残宽2.8厘米。横向钤印于量杯上腹部，印面顶端朝右。

印文较为清晰，阳文，存3字，其中1字稍残。文为：【葉】陈【得】[叁]僕（图三七，2；彩版一〇，1）。

8. 标本2002XYY⑤W：23

陶片呈不规则五边形，为器物腹壁残片，残存少量口沿。长8.3、宽7.5、厚1.0～1.1厘米。泥质灰陶，夹极微量细砂，颜色较深，质地较细腻。贴塑，快轮修整，工艺规范。素面。口沿有明显的烧成后打磨修整痕迹，非常平整。器形为量杯。

印面近长方形，直边，四角截除。下半部分残缺，只存上半部。残高2.4、宽

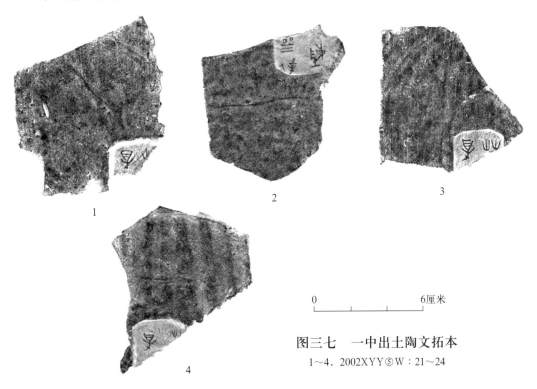

0 ┣━━━━━━━━┫ 6厘米

图三七　一中出土陶文拓本
1～4. 2002XYY⑤W：21～24

2.9厘米。横向钤印于量杯上腹部，印面顶端朝右。

印文清晰，阳文，存2字，其中1字稍残。文为：[葉]【陈】得【叁】【僕】（图三七，3；彩版一〇，2）。

9．标本2002XYY⑤W：24

陶片呈不规则五边形，为器物腹壁残片，残存少量口沿。长7.7、宽7.2、厚0.9～1.1厘米。泥质灰陶，夹极微量细砂，颜色较浅，质地较细腻。贴塑，快轮修整，工艺规范。素面。口沿有明显的烧成后打磨修整痕迹，非常平整。器形为量杯。

印面近长方形，直边，四角截除。残，仅存右上角。残高2.4、宽2.9厘米。横向钤印于量杯上腹部，印面顶端朝右。

印文较为清晰，阳文，存2字，其中1字稍残。文为：[葉]【陈】得【叁】【僕】（图三七，4；彩版一〇，3）。

10．标本2002XYY⑤W：25（2002XYY⑤L：1陶量）

器形已修复，为量杯。泥质灰陶，夹极微量细砂，质地细腻。贴塑，快轮修整。火候高，硬度大。深灰色。素面。平沿，口微收敛，腹微鼓，平底。口沿有明显的烧成后打磨修整痕迹，非常平整。

印面近长方形，直边，四角截除。印面顶端稍残。残高4.0、宽3.0厘米。印面横向钤印于量杯上腹部，左边距口沿3.8厘米，印面顶端朝右。

印文较为模糊，能辨识3字，2字已磨损，不清楚。文应为：葉陈得【叁】【僕】（图三八，1；彩版一〇，4）。

11．标本2002XYY⑤W：26

陶片大致呈三角形，为器物腹壁残片。边长5.3、5.4、5.75、厚1.0厘米。泥质灰陶，颜色较浅，质地较细腻。贴塑，快轮修整，工艺规范。素面。器形为量杯。

印面近长方形，直边，四角截除。残存右下角部分，上部残失。残高3.7、残宽2.5厘米。横向钤印于量杯上腹部，印面顶端朝右。

印文较为模糊，只能辨识3字，1字已不清晰。文为：[葉]陈[得]【叁】【僕】（图三八，2；彩版一〇，5）。

12．标本2002XYY⑤W：169

陶片呈不规则四边形，为器物腹壁残片。长7.0、宽4.6、厚0.7厘米。泥质灰陶，夹极微量细砂，颜色较浅，质地细腻。贴塑，快轮修整，内壁有圆形工具垫痕，工艺规范。绳纹，竖向，5条/厘米。下端残留少许附加堆纹。器形为罐形釜。

印面近长方形，直边，四角截除。残，仅存右半部分。残高3.8、残宽1.45厘米。横向钤印于罐形釜上腹部，印面顶端朝右，钤印前先将印面部位的绳纹抹平略加修整，其面积略大于印面的范围，陶片内壁对应印面部位有手指垫压痕迹。

图三八　一中出土陶文拓本

1～7．2002XYY⑤W：25、26、169、171、173、204、210

印文较为清晰，阳文，存2字，其中1字残。文为：葉［陈］【得】【叁】【僕】（图三八，3；彩版一〇，6）。

13．标本2002XYY⑤W：171

陶片呈不规则四边形，为器物腹壁残片，残存部分口沿。残高9.2、宽6.2、厚1.0厘米。泥质灰陶，夹极微量细砂，表面黑色，胎灰色，质地较细腻。轮制，工艺规范。口沿下略内收。素面。口沿有明显的烧成后打磨修整痕迹，非常平整。器形为量杯。

印面近长方形，直边，四角截除。残，仅存顶端一部分。残高1.25、残宽2.6厘米。横向钤印于量杯上腹部，印面顶端朝右。

印文清晰，阳文，存2字，且均稍残。文为：［葉］【陈】［得］【叁】【僕】（图三八，4；彩版一一，1）。

14．标本2002XYY⑤W：173

陶片呈不规则四边形。为器物腹壁残片。长8.5、宽6.2、厚0.7~1.0厘米。泥质灰陶，夹极微量细砂，颜色较浅，质地细腻。贴塑，快轮修整，内壁有圆形工具垫痕，工艺规范。有一道横向附加堆纹，其上为竖向绳纹，4.5条/厘米，下为交错绳纹。器形为罐形釜。

印面近长方形，直边，四角截除。残，仅存左半部分。残高3、残宽1.7厘米。横向钤印于罐形釜上腹部，印面顶端朝左，钤印前先将印面部位的绳纹抹平略加修整，其面积略大于印面的范围，陶片内壁对应印面部位有手指垫压痕迹。

印文较为清晰，阳文，存2字，其中1字稍残。文为：【葉】【陈】得［叁］【僕】（图三八，5；彩版一一，2）。

15．标本2002XYY⑤W：204

陶片形状不规则，为器物腹壁残片，保存部分口沿。长8.2、宽6.3、厚0.7~1.1厘米。泥质灰陶，夹极微量细砂，颜色较浅，略带青绿色，质地较细腻。贴塑，快轮修整，工艺规范。素面。口沿有明显的烧成后打磨修整痕迹，非常平整。器形为量杯。

印面近长方形，直边，四角截除。仅存顶端一部分，大部分残失。残高0.8、残宽2.8厘米。横向钤印于量杯上腹部，印面顶端朝右。

印文较为模糊，可辨识2字，阳文。文为：［葉］【陈】［得］【叁】【僕】（图三八，6；彩版一一，3）。

16．标本2002XYY⑤W：210

陶片为器物残件，能够复原。方唇，直口，腹较直，小平底。高11.6、口径14.1、底径8.9厘米。泥质灰陶，夹极微量细砂，内外壁颜色较深，胎颜色较浅，质地较细腻。贴塑，内壁少量脱落。快轮修整，工艺规范。素面。口沿有明显的烧成后打磨修整痕迹，非常平整。器形为量杯。

印面仅存底端一部分，直边，截角。残高3.6、残宽2.5厘米。横向钤印，印面顶端朝右，位于腹壁中间偏下位置。

印文较模糊，存2字，均残。文为：【葉】［陈］【得】【叁】［僕］（图三八，7；彩版一一，4）。

17．标本HBCS：25

陶片呈不规则四边形，为器物腹壁残片，残存部分口沿。残高7.5、宽5.4、厚1.0厘米。泥质灰陶，夹极微量细砂，质地较细腻。贴塑，快轮修整，工艺规范。素面。口沿有明显的烧成后打磨修整痕迹，非常平整。器形为量杯。

印面近长方形，直边，四角截除。仅存顶端一部分，下部残失。残高2.0、残宽2.8厘米。横向钤印于量杯上腹部，印面顶端朝右。

印文较为清晰，阳文，存2字，其中1字稍残。文为：[葉]【陈】得【叁】【僕】（图三九，1；彩版一一，5）。

18．标本HBCS：41

陶片形状不规则，为器物腹壁残片及一部分底。残高6.0、宽10.8、厚0.9～1.6厘米。泥质灰陶，夹极微量细砂，质地较细腻。贴塑，快轮修整，腹壁底部有刮削痕迹。素面。器形为量杯。

印面近长方形，直边，四角截除。仅存右上角，残高1.5、残宽0.9厘米。横向钤印于量杯上腹部，印面顶端朝右。

印文较为清晰，阳文，仅存1字，且残。文为：[葉]【陈】【得】【叁】【僕】（图三九，2；彩版一一，6）。

19．标本HBCS：55

陶片呈不规则六边形，为器物腹壁残片，保存部分口沿。残高10.0、宽7.1、厚0.8～1.1厘米。泥质灰陶，夹少量细砂，颜色较深。质地较细腻。贴塑，快轮修整，工艺规范。素面。口沿有明显的烧成后打磨修整痕迹，非常平整。器形为量杯。

印面近长方形，直边，四角截除。保留大部分，只残失下部少部分。残高3.3、宽2.9厘米。横向钤印于量杯上腹部，印面顶端朝右。

印文较为清晰，阳文，存4字，其中1字，稍残。文为：葉[陈]得叁【僕】（图三九，3；彩版一二，1）。

20．标本HBCS：63

陶片呈不规则四边形，为器物腹壁残片。长5.8、宽5.2、厚0.6～0.8厘米。泥

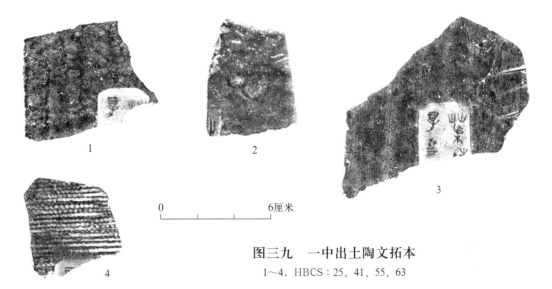

图三九 一中出土陶文拓本

1～4．HBCS：25、41、55、63

质灰陶，夹极微量细砂，深灰色。质地较细腻。贴塑，快轮修整，内壁有圆形工具垫痕，工艺规范。绳纹，竖向，4条/厘米。器形为罐形釜。

印面近长方形，直边，四角截除。仅存左上角。残高1.0、残宽1.9厘米。横向钤印于罐形釜上腹部，印面朝向无法确定，钤印前先将印面部位的绳纹抹平略加修整，其面积略大于印面的范围，陶片内壁对应印面部位有手指垫压痕迹。

印文较为清晰，阳文，仅存1字，且残。文为：[葉]【陈】【得】【叁】【僕】（图三九，4；彩版一二，2）。

21．标本HBCS：82

陶片呈不规则多边形，为器物腹壁残片，保存少量底。长5.9、宽4.4、厚0.8～1.1厘米。泥质灰陶，夹极微量细砂，深灰色。质地细腻。贴塑，快轮修整。素面。器形为量杯。

印面近长方形，直边，四角截除。残存左上角。残高2.5、残宽2.5厘米。横向钤印于量杯上部，印面顶端朝右。

印文较为模糊，能辨识3字，其中2字稍残。文为：[葉]【陈】得[叁]【僕】（图四〇，1；彩版一二，3）。

22．标本HBCS：85

陶片呈不规则五边形，为器物腹壁残片。长7.8、宽7.3、厚0.7厘米。泥质灰陶，夹极微量细砂，深灰色，质地细腻。贴塑，快轮修整，内壁有圆形工具垫痕，工艺规范。残存少许附加堆纹，其上为竖向绳纹，4.5条/厘米，其下为交错绳纹。器形为罐形釜。

印面近长方形，直边，四角截除。保留上部，下部少部分残失。残高3.5、残宽

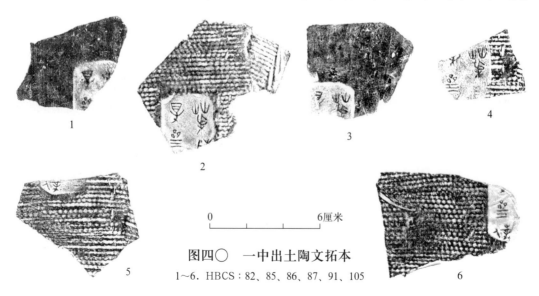

0 _____ 6厘米

图四〇 一中出土陶文拓本

1～6．HBCS：82、85、86、87、91、105

2.9厘米。横向钤印于罐形釜上腹部，印面顶端朝右，钤印前先将印面部位的绳纹抹平略加修整，其面积略大于印面的范围，陶片内壁对应印面部位有手指垫压痕迹。

印文较为清晰，阳文，存4字，其中之1字稍残。文为：葉［陈］得叁【僕】（图四〇，2；彩版一二，4）。

23．标本HBCS：86

陶片呈不规则五边形，为器物腹壁残片。长5.3、宽5.0、厚1.0厘米。泥质灰陶，夹极微量细砂，质地较为坚硬。深灰色，质地较细腻。贴塑，快轮修整，工艺规范。素面。器形为量杯。

印面近长方形，直边，四角截除。残，仅存右上角。残高2.0、残宽2.4厘米。横向钤印，印面顶端朝右。

印文较为清晰，阳文，存2字，均稍残。文为：［葉］【陈】［得］【叁】【僕】（图四〇，3；彩版一二，5）。

24．标本HBCS：87

陶片呈不规则四边形，为器物腹壁残片。长4.5、宽3.5、厚0.6厘米。泥质灰陶，夹极微量细砂，深灰色，质地细腻。贴塑，快轮修整，内壁有圆形工具垫痕，工艺规范。绳纹，竖向，4条/厘米。器形为罐形釜。

印面近长方形，直边，四角截除。残存中心大部分。残高3.1、残宽2.9厘米。横向钤印于罐形釜上腹部，印面朝向无法确定，钤印前先将印面部位的绳纹抹平略加修整，其面积略大于印面的范围，陶片内壁对应印面部位有手指垫压痕迹。

印文较为清晰，阳文，存3字，其中2字稍残。文为：葉【陈】［得］［叁］【僕】（图四〇，4）。

25．标本HBCS：91

陶片呈不规则五边形，为器物腹壁残片。长6.6、宽5.4、厚0.5～0.8厘米。泥质灰陶，夹极微量细砂，深灰色，质地细腻。贴塑。快轮修整，内壁有圆形工具垫痕，工艺规范。绳纹，竖向，4条/厘米，有一道不十分明显的附加堆纹。器形为罐形釜。

印面近长方形，直边，四角截除。残存底部少部分。残高0.85、残宽2.2厘米。横向钤印于罐形釜上腹部，印面顶端朝右，钤印前先将印面部位的绳纹抹平略加修整，其面积略大于印面的范围，陶片内壁对应印面部位有手指垫压痕迹。

印文较为清晰，阳文，存1字，且稍残。文为：【葉】【陈】【得】【叁】［僕］（图四〇，5；彩版一二，6）。

26．标本HBCS：105

未见实物。根据拓本观察，陶片形状不规则，为器物腹壁残片。长7.1、宽5.6

厘米。绳纹，竖向，4条/厘米。器形为罐形釜。

印面近长方形，直边，四角截除。大部分残失，只保留右下角部分。残高3.0、残宽1.7厘米。横向钤印于罐形釜上腹部，印面朝向无法确定，钤印前先将印面部位的绳纹抹平略加修整，其面积略大于印面的范围。

印文清晰，阳文，存3字，其中1字残缺。文为：【葉】【陈】[得] 叁僕（图四〇，6）。

27．标本HBCS：106

未见实物。根据拓本观察，陶片呈不规则五边形，为器物腹壁残片。长9.3、宽8.3厘米。有一道横向附加堆纹，其上为竖向绳纹，4条/厘米，下为交错绳纹。器形为罐形釜。

印面近长方形，直边，四角截除。左部残失，仅存右半部分。残高3.0、残宽1.7厘米。横向钤印于罐形釜上腹部，印面顶端朝右，钤印前先将印面部位的绳纹抹平略加修整，其面积略大于印面的范围。

印文清晰，阳文，存2字，其中1字稍残。文为：葉 [陈]【得】【叁】【僕】（图四一，1）。

28．标本HBCS：107

未见实物。根据拓本观察，陶片呈不规则四边形，为器物腹壁残片。长9.4、宽8.2厘米。残存少许附加堆纹，绳纹，竖向，4条/厘米。器形为罐形釜。

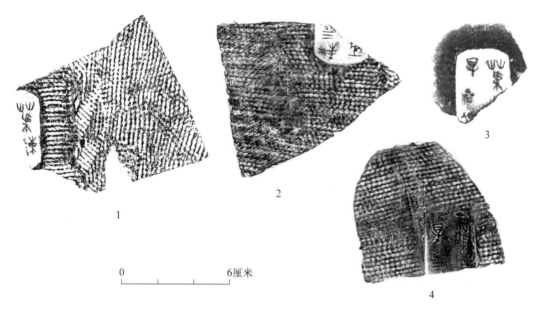

0　　　　　　　6厘米

图四一　一中出土陶文拓本

1~4．HBCS：106、107、LFL：5、LFL：14

印面近长方形，直边，四角截除。残，仅存下部少部分。残高2.0、残宽2.9厘米。横向钤印于罐形釜上腹部，印面顶端朝右，钤印前先将印面部位的绳纹抹平略加修整，其面积略大于印面的范围。

印文清晰，阳文，存3字，其中2字稍残。文为：【棻】[陈]【得】[叁] 僕（图四一，2）。

29．标本LFL：5

未见实物。根据拓本观察，陶片呈不规则半圆形，为器物腹壁残片。长7.7、宽7.1厘米。绳纹，竖向，4条/厘米。器形为罐形釜。

印面近长方形，直边，四角截除。印面下端残缺。残高3.1、宽2.9厘米。横向钤印于罐形釜上腹部，印面朝向无法确定，钤印前先将印面部位的绳纹抹平略加修整，其面积略大于印面的范围。

印文较为清晰，阳文，存4字，其中1字稍残。文为：棻 [陈] 得叁【僕】（图四一，3）。

30．标本LFL：14

收录于《夕惕藏陶》。陶片呈不规则五边形，为器物腹壁残片，保存部分口沿。高8.0、厚1.0厘米。泥质灰陶，夹极微量细砂，质地较为坚硬。深灰色，质地较细腻。贴塑，快轮修整，工艺规范。素面。器形为量杯。

印面近长方形，直边，四角截除。底部残缺，残高3.8、宽3.0厘米。横向钤印，印面顶端朝右。

印文较为清晰，阳文，存4字。文为：棻【陈】得叁 [僕]（图四一，4）。

经过比较，特别是利用拓本仔细比对，上述印面的形状、大小和印文布局、印文的内容及字体结构等都完全一致，由此可见，30件印文为同一印章所钤印。

（四）棻陈得叁俓

23件。按照印面大小，还可分为大小两种类型。

A型　15件。

标本2002ＸＹＹ⑤Ｗ：30、2002ＸＹＹ⑤Ｗ：31、2002ＸＹＹ⑤Ｗ：32、2002ＸＹＹ⑤Ｗ：33、2002ＸＹＹ⑤Ｗ：34、2002ＸＹＹ⑤Ｗ：206、2002ＸＹＹ⑤Ｗ：218、2002ＸＹＹ⑤Ｗ：229、ＨＢＣＳ：52、ＨＢＣＳ：84、ＨＢＣＳ：108、ＬＦＬ：3、ＬＦＬ：4、ＬＦＬ：7、ＸＰＳ：5。

15件有文陶片来源于15件不同的器物个体，分属2种器形。其中，12件器形为罐形釜，3件为素面量杯。

印面的形状、尺寸以及钤印的位置、方法都完全相同。印面较大，长方形，四角均截除（四角切掉，形成八角形）。印面高4.7、宽3.3厘米。横向钤印于器物上腹的外壁，可辨方向的印面顶端均朝右。罐形釜腹壁的印文在印前事先将相应位置的绳纹打抹光平，其面积略大于印面的范围，印时食指、中指和无名指并拢垫于印章部位器物内壁。

印文字迹大多清晰可辨。文字的数量、布局、读序等也都完全相同。印文为5字，分为2列纵向排列，左列3字，右列2字。读序从上到下，自右往左（即顺读）。文为：葉陈得叄偓。

1. 标本2002XYY⑤W：30

陶片呈不规则六边形，为器物腹壁残片。长10.0、宽5.9、厚0.7～1.0厘米。泥质灰陶，夹极微量细砂，质地细腻。贴塑，快轮修整，内壁有圆形工具垫痕，工艺规范。绳纹，竖向，4条/厘米，残存少许附加堆纹。器形为罐形釜。

印面呈长方形，上部缺失，保留下半部。残高3.5、宽3.1厘米。横向钤印于罐形釜的上腹部，印面顶端朝右，钤印前先将印面部位的绳纹抹平略加修整，其面积略大于印面的范围，陶片内壁对应印面部位有手指垫压痕迹。

印文较为清晰，阳文，存3字，其中1字稍残。参照完整印面、印文可知，印文应为5字，分为2列纵向排列，左列3字，右列2字。读序从上到下，自右往左（即顺

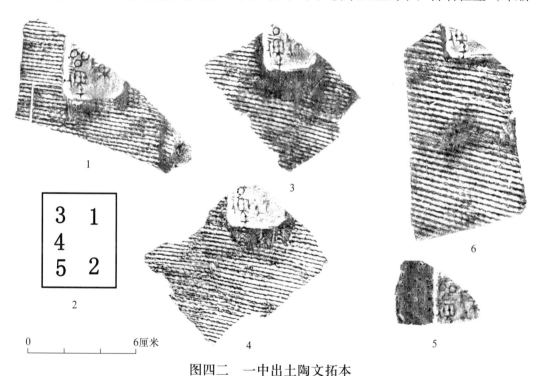

图四二　一中出土陶文拓本

1. 2002XYY⑤W：30　2. 读序图　3～6. 2002XYY⑤W：31～34

读）。文为：【葉】[陈]【得】叁倳（图四二，1、2；彩版一三，1）。

2．标本2002XYY⑤W：31

陶片呈不规则四边形，为器物腹壁残片。长9.5、宽6.5、厚1.0厘米。泥质灰陶，夹极微量细砂，颜色较浅，质地细腻。贴塑，快轮修整，内壁有圆形工具垫痕，工艺规范。绳纹，竖向，4或5条/厘米。器形为罐形釜。

印面长方形，上部缺失，保留下半部。残高2.35、宽3.0厘米。横向钤印于罐形釜上腹部，印面朝向无法确定，钤印前先将印面部位的绳纹抹平略加修整，其面积略大于印面的范围，陶片内壁对应印面部位有手指垫压痕迹。

印文较为清晰，阳文，存3字，其中2字稍残。文为：【葉】[陈]【得】[叁]倳（图四二，3；彩版一三，2）。

3．标本2002XYY⑤W：32

陶片呈不规则四边形，为器物腹壁残片。长8.2、宽6.5、厚0.7～0.9厘米。泥质灰陶，夹极微量细砂，质地细腻。贴塑，快轮修整，内壁有圆形工具垫痕，工艺规范。绳纹，竖向，5条/厘米。器形为罐形釜。

印面长方形，上部残失，仅存底部一部分。残高2.6、宽3.1厘米。横向钤印于罐形釜上腹部，印面朝向无法确定，钤印前先将印面部位的绳纹抹平略加修整，其面积略大于印面的范围，陶片内壁对应印面部位有手指垫压痕迹。

印文较为清晰，阳文，存3字，其中2字稍残。文为：【葉】[陈]【得】[叁]倳（图四二，4；彩版一三，3）。

4．标本2002XYY⑤W：33

陶片呈三角形，为器物腹壁残片，保存少量口沿。残高5.5、宽3.8、厚0.7～1.0厘米。泥质灰陶，夹极微量细砂，质地较细腻。贴塑，快轮修整，工艺规范。素面。口沿有明显的烧成后打磨修整痕迹，非常平整。器形为量杯。

印面长方形，残，仅存中部。残高3.0、残宽2.8厘米。横向钤印于量杯腹上部，印面顶端朝右。

印文较为清晰，阳文，存3字，均稍残。文为：【葉】[陈]【得】[叁][倳]（图四二，5；彩版一三，4）。

5．标本2002XYY⑤W：34

陶片呈不规则五边形，为器物腹壁残片。长10.9、宽6.4、厚0.97～1.1厘米。泥质灰陶，夹极微量细砂，质地细腻。贴塑，快轮修整，内壁有圆形工具垫痕，工艺规范。绳纹，竖向，3条/厘米。器形为罐形釜。

印面长方形，上部残失，仅存左下角。残高1.9、宽2.4厘米。横向钤印于罐形釜上腹部，印面朝向无法确定，钤印前先将印面部位的绳纹抹平略加修整，其面积略大于印面的范围，陶片内壁对应印面部位有手指垫压痕迹。

印文较为清晰，阳文，存1字，且稍残。文为：【葉】【陈】【得】【叁】[侄]（图四二，6；彩版一三，5）。

6. 标本2002XYY⑤W：206

陶片呈三角形，为器物腹壁残片。边长7.0、7.2、9.2、厚1.0厘米。泥质灰陶，夹极微量细砂，颜色较深，质地细腻。贴塑，快轮修整，内壁有圆形工具垫痕，工艺规范。绳纹，竖向，5条/厘米。下端残留少量附加堆纹。器形为罐形釜。

印面长方形，上部残失，仅存左下角。残高2.9、残宽3.1厘米。横向钤印于罐形釜的上腹部，印面顶端朝右，钤印前先将印面部位的绳纹抹平略加修整，其面积略大于印面的范围，陶片内壁对应印面部位有手指垫压痕迹。

印文较为清晰，阳文，存3字，均残。文为：【葉】[陈]【得】[叁][侄]（图四三，1；彩版一三，6）。

7. 标本2002XYY⑤W：218

陶片呈不规则四边形，为器物腹壁残片。长10.5、宽8.0、厚1.0厘米。泥质灰陶，夹极微量细砂，质地细腻。贴塑，快轮修整，内壁有圆形工具垫痕，工艺规范。绳纹，竖向，3.5条/厘米。器形为罐形釜。

印面长方形，右部大多残失，仅存左下角一部分。残高2.8、残宽1.0厘米。横向钤印于罐形釜上腹部，印面朝向无法确定，钤印前先将印面部位的绳纹抹平略加修整，其面积略大于印面的范围，陶片内壁对应印面部位有手指垫压痕迹。

印文较为清晰，阳文，仅存1字，且残。文为：【葉】【陈】【得】【叁】[侄]（图四三，2；彩版一四，1）。

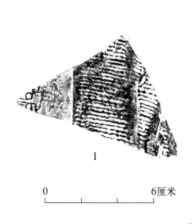
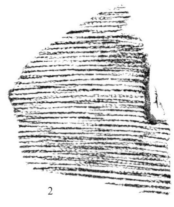
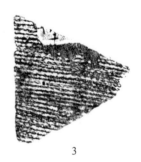

0　　　　　　　　6厘米

图四三　一中出土陶文拓本

1~3. 2002XYY⑤W：206、218、229

8．标本2002XYY⑤W：229

陶片呈三角形，为器物腹壁残片。边长分别为6.95、7.2、7.3、厚0.8厘米。泥质灰陶，夹极微量细砂，颜色较深，质地细腻。贴塑，快轮修整，内壁有圆形工具垫痕，工艺规范。绳纹，竖向，5条/厘米。器形为罐形釜。

印面长方形，仅存左下角。残高1.2、残宽2.0厘米。横向钤印于罐形釜上腹部，印面朝向无法确定，钤印前先将印面部位的绳纹抹平略加修整，其面积略大于印面的范围，陶片内壁对应印面部位有手指垫压痕迹。

印文较为清晰，阳文，存1字，稍残。文为：【葉】【陈】【得】【叄】[徑]（图四三，3；彩版一四，2）。

9．标本HBCS：52

陶片呈不规则五边形，为器物腹壁残片。长7.4、宽5.0、厚0.9厘米。泥质灰陶，夹极微量细砂，颜色较浅，胎质地细腻。贴塑，快轮修整，内壁有圆形工具垫痕，工艺规范。绳纹，竖向，5条/厘米。器形为罐形釜。

印面长方形，右、上端残缺。残高4.0、残宽2.0厘米。横向钤印于罐形釜的上腹部，印面朝向无法确定，钤印前先将印面部位的绳纹抹平略加修整，其面积略大于印面的范围，陶片内壁对应印面部位有手指垫压痕迹。

印文较为清晰，阳文，存3字，其中2字稍残。文为：【葉】【陈】[得]　叄[徑]（图四四，1；彩版一四，3）。

10．标本HBCS：84

陶片呈不规则长方形，为量杯腹壁残片。长8.0、宽6.5、厚1.0厘米。泥质灰陶，夹极微量细砂，质地较细腻。贴塑，快轮修整，工艺规范。素面。器形为量杯。

印面呈长方形，右下角残。残高4.3、残宽2.8厘米。横向钤印于量杯腹上部，

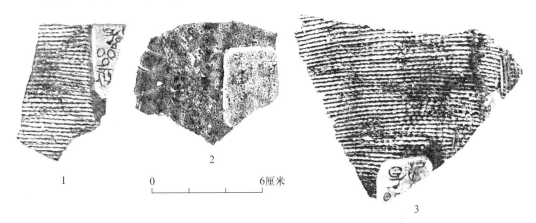

0 —————— 6厘米

图四四　一中出土陶文拓本

1～3．HBCS：52、84、108

印面顶端朝右。

印文模糊，可辨识为阳文，存4字，字迹不清。文为：[葉]【陈】[得][叁][俓]（图四四，2；彩版一四，4）。

11. 标本HBCS：108

未见实物。根据拓本观察，陶片呈不规则四边形，为器物腹壁残片。长11.2、宽9.1厘米。绳纹，竖向，5条/厘米。下端残存少许附加堆纹。器形为罐形釜。

印面长方形，仅存顶端一部分。残高2.2、残宽3.0厘米。横向钤印于罐形釜上腹部，印面顶端朝右，钤印前先将印面部位的绳纹抹平略加修整，其面积略大于印面的范围。

印文较为清晰，阳文，存3字，其中2字稍残。文为：[葉]【陈】[得][叁]【僕】（图四四，3）。

12. 标本LFL：3

未见实物。根据拓本观察，陶片形状不规则，为器物腹壁残片。长12.7、宽6.4厘米。绳纹，顶端竖向，4条/厘米，中间有一道横向附加堆纹，其下为横向绳纹，5条/厘米。器形为罐形釜。

印面长方形，顶端残，下端所存两角截除。残高4.3、宽3.3厘米。横向钤印于罐形釜的上腹部，印面顶端朝右，钤印前先将印面部位的绳纹抹平略加修整，其面积略大于印面的范围。

印文清晰，阳文，5字，其中2字稍残。文为：[葉]陈[得]叁俓（图四五，1）。

13. 标本LFL：4

未见实物。根据拓本观察，陶片呈不规则六边形，为器物腹壁残片。长11.7、宽10.6厘米。绳纹，竖向，5条/厘米。器形为罐形釜。

印面大致呈长方形，顶端残。下端存两角截除。残长4.2、宽3.15厘米。横向钤印于罐形釜上腹部，印面朝向无法确定，钤印前先将印面部位的绳纹抹平略加修整，其面积略大于印面的范围。

印文共5字，1字残。文为：[葉]陈得叁俓（图四五，2）。

14. 标本LFL：7

未见实物。根据拓本观察，陶片形状大致呈不规则四边形，为器物腹壁残片。长9.8、宽6.4厘米。绳纹，竖向，4条/厘米。器形为罐形釜。

印面呈长方形，右下角残，其余三角截除。残高4.7、宽3.2厘米。横向钤印于罐形釜上腹部，印面朝向无法确定，钤印前先将印面部位的绳纹抹平略加修整，其面积略大于印面的范围。

印文较为清晰，阳文，5字，其中1字稍残。文为：葉[陈]得叁俓（图四五，3）。

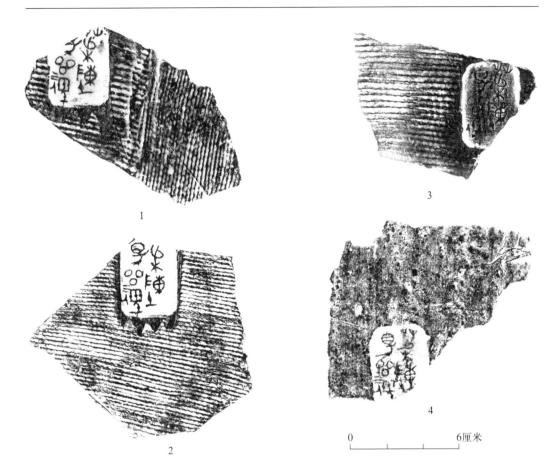

图四五　一中出土陶文拓本
1～4. LFL：3、4、7、XPS：5

15．标本XPS：5

未见实物。根据拓本观察，陶片呈三角形，为器物腹壁残片。长11.0、宽9.5厘米。素面。器形为量杯。

印面呈长方形，下部稍残，上端两角截除，转角处因磨损已近圆滑。残高3.0、残宽2.8厘米。横向钤印于量杯腹的上部，印面顶端朝右。

印文较为清晰，阳文，存5字，其中2字稍残。文为：葉［陈］得叁［俓］（图四五，4）。

经过比较，特别是利用拓本仔细比对，上述印面的形状、大小和印文布局、印文的内容及字体结构等都完全一致，由此可见，15件印文为同一印章所钤印。

B型　8件。

标本2002XＹＹ⑤Ｗ：27、2002XＹＹ⑤Ｗ：28、2002XＹＹ⑤Ｗ：29、

2002XYY⑤W：170、HBCS：17、HBCS：22、HBCS：33、HBCS：83。

　　8件有文陶片来源于8件不同的器物个体，分属2种器形。其中，3件器形为罐形釜，5件为素面量杯。

　　印面较A型小，长方形。长4.3、宽3.1厘米。印文为5字，分为2列纵向排列，左列3字，右列2字。读序从上到下，自右往左（即顺读）。文为：葉陈得叁徑。

1. 标本2002XYY⑤W：27

　　陶片形状不规则，为器物腹壁残片，并保存一部分口沿及底。高11.3、口沿厚0.6、腹壁最大厚度1.3、底厚0.9～1.6厘米。陶片为泥质灰陶，夹极微量细砂，质地细腻。贴塑，快轮修整，腹壁近底部处有明显刮削痕，工艺规范。口沿有明显的烧后磨制修整痕迹。素面。器形为量杯。

　　印面长方形，四角较圆滑，左边稍微外鼓。高4.2、宽3.0厘米。横向钤印，印面顶端朝右，位于口沿下方腹部。

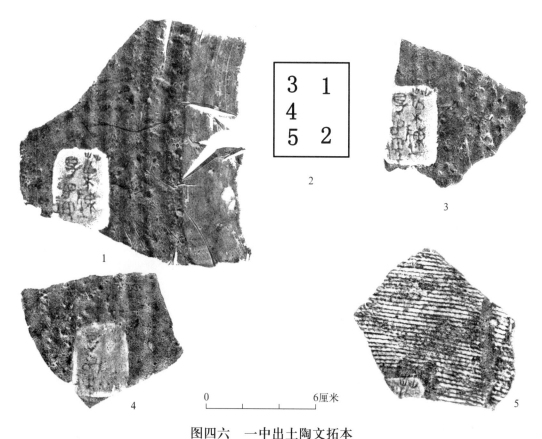

图四六　一中出土陶文拓本

1. 2002XYY⑤W：27　2. 读序图　3～5. 2002XYY⑤W：28、29、170

印文较为清晰，阳文，5字。分为2列纵向排列，左列3字，右列2字。读序从上到下，自右往左（即顺读）。文为：葉陈得叁俓（图四六，1、2；彩版一四，5）。

2．标本2002XYY⑤W：28

陶片呈不规则四边形，为器物腹壁残片。长7.3、宽6.8、厚0.9～1.1厘米。泥质灰陶，夹极微量细砂，质地细腻。贴塑，快轮修整，工艺规范。素面。器形为量杯。

印面长方形，左边稍微残缺。高4.2、残宽2.9厘米。横向钤印于量杯上腹部，印面顶端朝右。

印文清晰，阳文，5字，其中1字稍残。文为：葉陈得［叁］俓（图四六，3；彩版一四，6）。

3．标本2002XYY⑤W：29

陶片呈不规则四边形，为器物腹壁残片。长7.6、宽6.6、厚0.9～1.2厘米。泥质灰陶，夹极微量细砂，质地细腻。贴塑，快轮修整，工艺规范。素面。器形为量杯。

印面长方形，四角较圆滑，下端两角稍残。高4.0、宽3.1厘米。横向钤印于量杯上腹部，口沿下，印面顶端朝右。

阳文，印面使用过度，磨损较重，印文较为模糊，隐约可见4字。文为：【葉】陈得叁俓（图四六，4；彩版一五，1）。

4．标本2002XYY⑤W：170

陶片呈不规则六边形，为器物腹壁残片。长9.0、宽8.1、厚0.8厘米。泥质灰陶，夹极微量细砂，颜色较浅，质地细腻。贴塑，快轮修整，内壁有圆形工具垫痕，工艺规范。绳纹，竖向，5条/厘米。下端残留少许附加堆纹。器形为罐形釜。

印面长方形，四角较圆滑，上部残失，仅存左下角。残高1.1、残宽1.9厘米。横向钤印于罐形釜的上腹部，印面顶端朝右，钤印前先将印面部位的绳纹抹平略加修整，其面积略大于印面的范围，陶片内壁对应印面部位有手指垫压痕迹。

印文较为清晰，阳文，存1字，且稍残。文为：［葉］【陈】【得】【叁】【俓】（图四六，5；彩版一五，2）。

5．标本HBCS：17

陶片呈不规则四边形，为器物腹壁残片。长9.2、宽7.4、厚0.7～1.0厘米。泥质灰陶，夹极微量细砂，颜色较浅，质地细腻。贴塑，快轮修整，内壁有圆形工具垫痕，工艺规范。绳纹，竖向，5条/厘米。器形为罐形釜。

印面长方形，顶端残缺，仅保留下半部。残高3.1、宽2.9厘米。横向钤印于罐形釜上腹部，印面朝向无法确定，钤印前先将印面部位的绳纹抹平略加修整，其面积略大于印面的范围，陶片内壁对应印面部位有手指垫压痕迹。

印文较为模糊，阳文，存3字。文为：【葉】［陈］【得】叁俓（图四七，1；彩版一五，3）。

6. 标本HBCS：22

陶片呈不规则五边形，为器物腹壁残片，残存部分口沿。平沿，烧成后未打磨，较粗糙。残高7.5、宽5.4、厚1.0厘米。泥质灰陶，夹极微量细砂，质地细腻。器形为量杯。

印面长方形，仅存一角。残高1.8、宽1.4厘米。倒向钤印于量杯腹部。

印文较为模糊，只能辨识1字，且残损。文为：【葉】［陈］【得】【叁】【俓】（图四七，2；彩版一五，4）。

7. 标本HBCS：33

陶片呈不规则四边形，为器物腹壁残片。残长6.0、宽5.5、厚0.9厘米。泥质灰陶，夹极微量细砂，颜色较浅，质地细腻。贴塑，快轮修整，内壁有圆形工具垫痕，工艺规范。绳纹，竖向，5条/厘米。器形为罐形釜。

印面残，残存左上角。直边小弧角。残高2.3、残宽1.3厘米。横向钤印于罐形釜的上腹部，印面朝向无法确定，钤印前先将印面部位的绳纹抹平略加修整，其面积略大于印面的范围，陶片内壁对应印面部位有手指垫压痕迹。

印文清晰，阳文，存1字，且稍残。文为：【葉】【陈】［得］【叁】【俓】（图四七，3；彩版一五，5）。

8. 标本HBCS：83

陶片形状不规则，为器物腹壁及一部分口沿。残高6.8、宽6.9、厚0.9～1.15

图四七　一中出土陶文拓本

1～4. HBCS：17、22、33、83

厘米。泥质灰陶，夹极微量细砂，深灰色。质地细腻。贴塑，快轮修整。素面。口沿有明显的烧成后打磨修整痕迹，非常平整。器形为量杯。

印面长方形，左边在口沿部分磨掉，下端残。残高4.1、残宽2.3厘米。横向钤印，印面顶端朝右，钤印于口沿下。

印文较为清晰，阳文，5字，其中3字稍残。文为：葉陈 [得] [叄] [俓]（图四七，4；彩版一五，6）。

上述8件有文陶片的印面之间还有细微差别，2002XＹＹ⑤Ｗ：27、2002XＹＹ⑤Ｗ：29、HBCS：33的印面形状相同，四角圆滑。2002XＹＹ⑤Ｗ：28、HBCS：22、HBCS：83印面形状相同，四角较直。2002XＹＹ⑤Ｗ：170、ＨＢＣＳ：17的印面相同，四角斜直。这表明小型印面中尚有3个不同的印面存在。

（五）阎间陈得立缰

3件。标本2002XＹＹ⑤Ｗ：35、2002XＹＹ⑤Ｗ：36、2002XＹＹ⑤Ｗ：37。

3件有文陶片来源于3件不同的器物个体，分属2种器形。其中，2件器形为罐形釜，绳纹较为细密。1件为素面量杯。

印面大致呈长方形，正向钤印，印面顶端朝向器物口部。罐形釜上腹部均有一道轮旋抹光带，印章叠压钤印于抹光带。印文为6字，分为2列纵向排列，左右各3字。读序为从上到下，自右往左（即顺读）。文为：阎间陈得立缰。

1. 标本2002XYY⑤W：35

陶片呈不规则五边形，为器物腹壁残片，保存部分口沿。残高10.9、宽9.7、厚0.7～1.2厘米。陶胎厚度不均，口沿处最厚，腹部较薄。泥质灰陶，夹极微量细砂，深灰色，质地细腻。贴塑，快轮修整，内壁有圆形工具垫痕，制作讲究，工艺规范。绳纹，竖向，9条/厘米，口沿下至3.1厘米处抹光，有四条微凹的弦纹。口沿下7.2厘米处开始向下有一条宽3.2厘米的横向轮旋抹光带。口沿有明显的烧成后打磨修整痕迹，非常平整。器形为罐形釜。

印面长方形，直边，直角，右下角稍残。残高4.3、宽2.55厘米。正向钤印，叠压于罐形釜上部抹光带，印面顶端朝向口部，陶片内壁对应印面部位留有手指垫压痕迹。

印文清晰，6字，其中1字稍残。参照完整印面、印文可知，印文应为6字，分为2列纵向排列，左右各3字。读序应为从上到下，自右往左（即顺读）。文为：阎间陈得立 [缰]（图四八，1、2；彩版一六，1）。

2. 标本2002XYY⑤W：36

陶片呈不规则五边形，为器物腹壁残片。长5.9、宽3.2、厚0.7～1厘米。陶

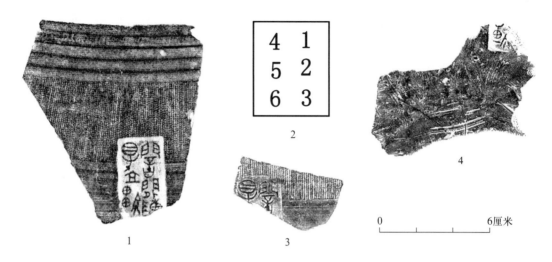

图四八　一中出土陶文拓本

1. 2002XYY⑤W：35　2. 读序图　3、4. 2002XYY⑤W：36、37

胎厚度不均，近口沿处较厚，近腹部较薄。泥质，夹极微量细砂，深灰色，质地细腻。贴塑，制作讲究，工艺规范。绳纹，竖向，9条/厘米，腹部有一条横向轮旋抹光带。器形为罐形釜。

印面长方形，仅残存上端一部分。残高2.4、残宽2.5厘米。正向钤印，叠压于罐形釜上部抹光带处，陶片内壁对应印面部位留有手指垫压痕迹。

印文清晰，存2字，稍残。文为：[阖] 【间】【陈】[得] 【立】【缮】（图四八，3；彩版一六，2）。

3．标本2002XYY⑤W：37

陶片形状不规则，为器物腹壁残片，留有部分器底。残高5.4、宽8.6、厚1.2厘米。泥质灰陶，夹极微量细砂，贴塑，底部边缘有刮削痕迹，工艺较为规范。素面。器形为量杯。

印面仅存左下角，直角。残高1.6、宽1.5厘米。正向钤印于量杯腹部。

印文较为清晰，存1字，且稍残。文为：【阖】【间】【陈】【得】【立】[缮]（图四八，4；彩版一六，3）。

经过印面、文字比对，2002XＹＹ⑤Ｗ：35、2002XＹＹ⑤Ｗ：37为同一印章，2002XＹＹ⑤Ｗ：36为另一印章。

（六）阖间陈得立僕

3件。标本2002XYY⑤W：38、2002XYY⑤W：39、2002XYY⑤W：40。

3件印文陶片来源于3件不同的器物个体，分属2种器形。其中，2件器形为罐形釜，绳纹较为细密，1件为素面量杯。

印面呈长方形，直边，直角。正向钤印，印面顶端朝向器物口部。2件罐形釜上腹部均有一道轮旋抹光带，印章叠压钤印于抹光带。

印文的数量、布局、读序等完全相同。印文为6字，分为2列纵向排列，左右各3字。读序为从上到下，自右往左（即顺读）。文为：阊间陈得立僕。

1. 标本2002XYY⑤W：38

陶片形状不规则，为器物腹壁残片。长6.0、宽10.3、1.2厘米。泥质灰陶，夹极微量细砂，浅灰色，质地较为细腻。贴塑，快轮修整，器壁近底处有刮削痕，工艺规范。素面。器形为量杯。

印面呈长方形，直边，直角，左上方稍残。残高4.4、宽2.6厘米。正向钤印于量杯腹部。

印文清晰，阳文，6字，其中1字稍残。分为2列纵向排列，左右各3字。读序应为从上到下，自右往左（即顺读）。文为：[阊]间陈得立僕（图四九，1、2；彩版一六，4）。

2. 标本2002XYY⑤W：39

陶片呈不规则四边形，为器物腹壁残片。长6.4、宽4.6、厚0.7厘米。泥质灰陶，夹极微量细砂，色较深，质地细腻。贴塑，快轮修整，工艺规范。绳纹，竖向，6条/厘米，有一条横向轮旋抹光带。器形为罐形釜。

印面呈长方形，直边，直角，上部稍残。残高2.9、宽2.6厘米。正向钤印于罐形釜上部抹光带，钤印之前先将印面部位的绳纹抹平略加修整，其面积略大于印面的范围，对应印面部位陶片内壁留有手指垫压痕迹。

印文清晰，阳文，存5字，其中1字稍残。文为：[阊]间陈【得】立僕（图

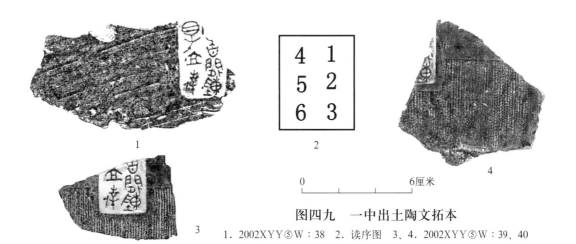

图四九　一中出土陶文拓本

1. 2002XYY⑤W：38　2. 读序图　3、4. 2002XYY⑤W：39、40

四九，3；彩版一六，5）。

3. 标本2002XYY⑤W：40

陶片呈不规则五边形，为器物腹壁残片。长7.9、宽7.7、厚0.7厘米。泥质灰陶，夹极微量细砂，色较深，质地细腻。贴塑，工艺规范，内壁有圆形工具垫痕。绳纹，竖向，6条/厘米，有一条横向轮旋抹光带，残存少许附加堆纹。器形为罐形釜。

印面呈长方形，直边，直角，大部分残失，仅保留右下角。残长2.9、宽2.6厘米。正向钤印于罐形釜上部磨光带。钤印之前先将印面部位的绳纹抹平略加修整，其面积略大于印面的范围，对应印面部位陶片内壁留有手指垫压痕迹。

印文较为清晰，阳文，存2字，且均残。文为：【阖】［间］［陈］【得】【立】【僕】（图四九，4；彩版一六，6）。

经过文字比对，2002XＹＹ⑤Ｗ：38～2002XＹＹ⑤Ｗ：40印文系同一印章所钤。只是，2002XＹＹ⑤Ｗ：38看上去不太相同，线条柔致，可能是在钤印时陶胎过软所致。

（七）阖间陈得立翰

2件。标本2002XYY⑤W：41、HBCS：58。

2件印文陶片均为素面量杯，前者体量较大，后者较小。

1. 标本2002XYY⑤W：41

陶片形状不规则，大致呈扇形，为器物腹壁残片，存少量口沿。残高7.2、宽6.5、厚0.7厘米。泥质陶，夹极微量细砂，表面黑色，胎灰色，质地细腻。贴塑，器壁近底处有刮痕，工艺规范。素面。口沿有明显的烧成后打磨修整痕迹，非常平整。器形为量杯。

印面为长方形，直边，直角，右下角稍残。高5.1、宽3.0厘米。横向钤印于量杯腹部，印面顶端朝左。

印文较为清晰，阳文，6字，其中1字稍残。分为2列纵向排列，左右各3字。读序从上到下，自右往左（即顺读）。文为：阖间［陈］得立翰（图五〇，1、2；彩版一七，1）。

2. 标本HBCS：58

陶片近三角形，为器物腹壁残片，保存部分口沿。残高7.7、宽8.9、厚0.9厘米。泥质灰陶，颜色较浅，夹极微量细砂，质地细腻。贴塑，工艺规范。素面。口沿有明显的烧成后打磨修整痕迹，非常平整。器形为量杯。

印面为长方形，直边，直角，下部残缺。残高3.0、宽3.0厘米。横向钤印，位

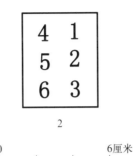

4	1
5	2
6	3

2

0 ⊢————————⊣ 6厘米

3

图五〇　一中出土陶文拓本
1. 2002XYY⑤W：41　2. 读序图　3. HBCS：58

于量杯的腹部，印面顶端朝向右，陶片内壁对应印面部位留有手指垫压痕迹。

印文较为模糊，可辨识2字。文为：阎【间】【陈】［得］【立】【翰】（图五〇，3；彩版一七，2）。

阎间陈得"立事"陶文共同特点：立事人相同。印面直角长方形。印文读序从上到下，自右往左。罐形釜绳纹细密，印面竖向叠压钤印在绳纹之间的抹光带，印面顶端朝向口部。

（八）墨易陈得叁絜

5件。标本2002XYY⑤W：42、2002XYY⑤W：43、2002XYY⑤W：44、2002XYY⑤W：166、2002XYY⑤W：189。

印面均残。5件印文陶片来源于5件不同的罐形釜。

印面的形状、尺寸以及钤印的位置、方法都完全相同。印面较大，大致呈长方形，四角转角圆滑，四边略外鼓。横向钤印于罐形釜上腹的外壁，可辨方向的印面顶端均朝右。钤印前先将印面部位绳纹抹平略加修整，面积略大于印面的范围，印时食指、中指和无名指并拢垫于印章部位器物内壁。

印文字迹大多清晰可辨。文字的数量、布局、读序等完全相同。印文共6字，分为2列纵向排列，左右各3字。读序应为从上到下，自右往左（即顺读）。文为：郑易陈得叁絜。

1. 标本2002XYY⑤W：42

陶片形状不规则，为器物腹壁残片。长9.0、宽8.6、厚0.6～0.9厘米。泥质灰陶，夹极微量细砂，质地细腻。贴塑，快轮修整，内壁有圆形工具垫痕，工艺规范。有一道横向附加堆纹，局部脱落，其上为竖向绳纹，5条/厘米，其下为交错绳纹，7条／厘米。器形为罐形釜。

印面大致呈长方形，四角转角圆滑，四边略外鼓，左下角残失。残高5.3、宽
3.3厘米。横向钤印，位于罐形釜上腹部附加堆纹的上侧，印面顶端朝右，钤印前
先将印面部位的绳纹抹平略加修整，其面积略大于印面的范围，陶片内壁对应印面
部位有手指垫压痕迹。

印文清晰，阳文，存5字，其中2字残缺。参照完整印面、印文可知，印文应为
6字，分为2列纵向排列，左右各3字。读序应为从上到下，自右往左（即顺读）。
文为：墓易［陈］得［叁］【絮】（图五一，1、2；彩版一七，3）。

2. 标本2002XYY⑤W：43

陶片呈不规则四边形，为器物腹壁残片。长7.5、宽5.7、厚0.9厘米。泥质灰
陶，夹极微量细砂，质地细腻。贴塑，快轮修整，内壁有圆形工具垫痕，工艺规
范。绳纹，竖向，5条／厘米。器形为罐形釜。

印面大致呈长方形，四角转角圆滑，四边略外鼓，右侧部分残缺。高5.8、残
宽3.3厘米。横向钤印，位于罐形釜上腹部，印面朝向无法确定，钤印前先将印面

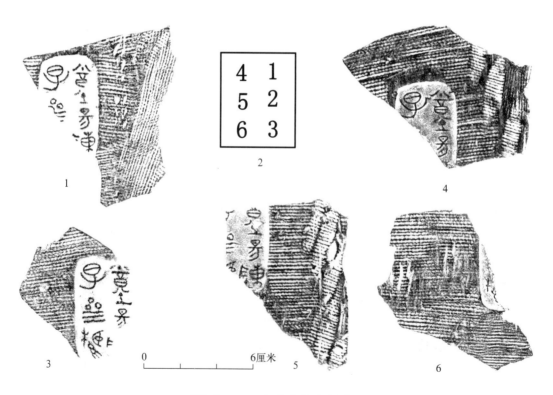

图五一　一中出土陶文拓本

1. 2002XYY⑤W：42　2. 读序图　3～6. 2002XYY⑤W：43、44、166、189

部位的绳纹抹平略加修整，其面积略大于印面的范围，陶片内壁对应印面部位有手指垫压痕迹。

印文清晰，阳文，存6字，其中2字稍残。文为：鄻［易］［陈］得叁纍（图五一，3；彩版一七，4）。

3．标本2002XYY⑤W：44

陶片呈不规则五边形，为器物腹壁残片。长10.2、宽7.5、厚0.8厘米。泥质灰陶，夹极微量细砂，颜色较浅，质地细腻。贴塑，快轮修整，内壁有圆形工具垫痕，工艺规范。绳纹，竖向，5条/厘米，残存部分附加堆纹。器形为罐形釜。

印面大致呈长方形，四角转角圆滑，四边略外鼓，左下角残缺。残高4.6、宽3.3厘米。横向钤印，位于罐形釜的上腹部附加堆纹的上侧，印面顶端朝右，钤印前先将印面部位的绳纹抹平略加修整，其面积略大于印面的范围，陶片内壁对应印面部位有手指垫压痕迹。

印文清晰，阳文，存4字，其中1字残缺。文为：鄻易［陈］得【叁】【纍】（图五一，4；彩版一七，5）。

4．标本2002XYY⑤W：166

陶片呈不规则四边形，为器物腹壁残片。长8.9、宽6.9、厚0.9厘米。泥质灰陶，夹极微量细砂，质地细腻，表面颜色较深，胎颜色较浅。贴塑，快轮修整，内壁有圆形工具垫痕，工艺规范。绳纹，竖向，6条/厘米。下端有一道横向附加堆纹。器形为罐形釜。

印面大致呈长方形，四角转角圆滑，四边略外鼓，保存右侧大部分。残高4.5、残宽2.4厘米。横向钤印，位于罐形釜上腹部附加堆纹上方，印面顶端朝右，钤印前先将印面部位的绳纹抹平略加修整，其面积略大于印面的范围，陶片内壁对应印面部位有手指垫压痕迹。

印文清晰，阳文，存6字，其中5字残。文为：［鄻］易［陈］［得］［叁］［纍］（图五一，5；彩版一七，6）。

5．标本2002XYY⑤W：189

陶片形状不规则，为器物腹壁残片。长8.1、宽7.8、厚0.7～1.1厘米。泥质灰陶，夹极微量细砂，颜色较浅，质地细腻。贴塑，快轮修整，内壁有圆形工具垫痕，工艺规范。绳纹，竖向，6条/厘米。器形为罐形釜。

印面大致呈长方形，四角转角圆滑，四边略外鼓，右部残失。残高3.4、残宽1.6厘米。横向钤印，位于罐形釜上腹部，印面朝向无法确定，钤印前先将印面部位的绳纹抹平略加修整，其面积略大于印面的范围，陶片内壁对应印面部位有手指垫压痕迹。

印文较为清晰，阳文，存1字，且残。文为：【墓】【昜】【陈】【得】【叁】[翏]（图五一，6）。

经过比较，特别是利用拓本仔细比对，上述印面的形状、大小和印款布局、印文的数量及字体结构等都完全一致，由此可见，5件印文为同一印章所钤印。

（九）墓昜陈得叁亳

4件。标本2002XYY⑤W：45、2002XYY⑤W：46、2002XYY⑤W：167、2002XYY⑤W：168。

印面均残。4件印文陶片来源于4件不同的罐形釜。

印面的形状、尺寸以及钤印的位置、方法完全相同。印面较大，高5.8、宽3.3厘米。大致呈长椭圆形，但不规范，略有倾斜。横向钤印于罐形釜上腹的外壁，可辨方向的印面顶端一例朝左，其余朝右。钤印前先将印面部位的绳纹抹平略加修整，其面积略大于印面的范围，陶片内壁对应印面部位有手指垫压痕迹。

印文字体较为粗犷，文字的内容、布局、读序等完全相同。印文共6字，文字分为2列纵向排列，左列4字，右列2字。读序为从上到下，自右往左（即顺读）。文为：郑昜陈得叁亳。

1．标本2002XYY⑤W：45

陶片呈不规则四边形，为器物腹壁残片。长7.5、宽5.6、厚0.9厘米。泥质灰陶，夹极微量细砂，颜色较浅，质地细腻。贴塑，快轮修，内壁有圆形工具垫痕，工艺规范。绳纹，竖向，5条/厘米。器形为罐形釜。

印面大致呈长椭圆形，但不规范，略有倾斜，右边略有残缺。高5.8、残宽3.1厘米。横向钤印，位于罐形釜上腹部，印面朝向无法确定，钤印前先将印面部位的绳纹抹平略加修整，其面积略大于印面的范围，陶片内壁对应印面部位有手指垫压痕迹。

印文较为模糊，能辨识6字，其中1字稍残。文字分为2列纵向排列，左列4字，右列2字。读序为从上到下，自右往左（即顺读）。文为：墓［昜］陈得叁亳（图五二，1、2；彩版一八，1）。

2．标本2002XYY⑤W：46

陶片呈不规则五边形，为器物腹壁残片，并残留部分口沿。残高12.3、宽13.0、厚0.9～1.2厘米。口沿处最厚，腹部较薄。泥质灰陶，夹极微量细砂，颜色较浅，质地细腻。贴塑，快轮修整，内壁有垫压痕迹，工艺规范。绳纹，竖向，5条/厘米。口沿有明显的烧成后打磨修整痕迹，非常平整。器形为罐形釜。

印面大致呈长椭圆形，但不规范，略有倾斜，仅存印的顶端。残高3.3、残宽

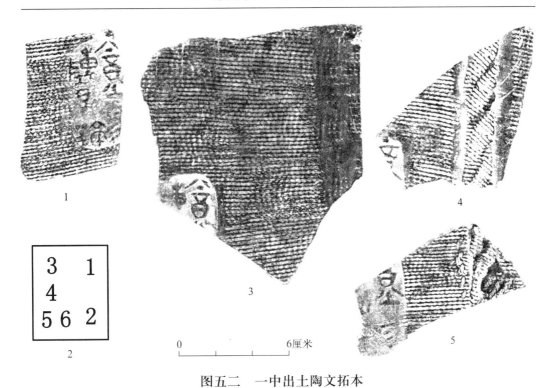

图五二 一中出土陶文拓本

1. 2002XYY⑤W：45 2．读序图 3～5. 2002XYY⑤W：46、167、168

3.2厘米。横向钤印，位于罐形釜上腹部，印面顶端朝左，钤印前先将印面部位的绳纹抹平略加修整，其面积略大于印面的范围，陶片内壁对应印面部位有手指垫压痕迹。

印文较为清晰，阳文，存2字，均残缺。文为：[墨]【易】[陈]【得】【叁】【亳】（图五二，3；彩版一八，2）。

3．标本2002XYY⑤W：167

陶片呈不规则三角形，为器物腹壁残片。长8.9、宽7.7、厚0.8厘米。泥质灰陶，夹极微量细砂，颜色较浅，质地细腻。贴塑，快轮修整，内壁有圆形工具垫痕，工艺规范。绳纹，竖向，5条/厘米，中部有一条横向附加堆纹。器形为罐形釜。

印面大致呈长椭圆形，但不规范，略有倾斜，仅存印的右上角。残高3.0、残宽1.5厘米。横向钤印，位于罐形釜上腹部附加堆纹的上方，印面顶端朝右，钤印前先将印面部位的绳纹抹平略加修整，其面积略大于印面的范围，陶片内壁对应印面部位有手指垫压痕迹。

印文清晰，阳文，存1字，且残。文为：[墨]【易】【陈】【得】【叁】

【亳】（图五二，4）。

4．标本2002XYY⑤W：168

陶片呈不规则四边形，为器物腹壁残片。长9.7、宽4.1、厚0.7～1.0厘米。泥质灰陶，夹极微量细砂，颜色较浅，质地细腻。贴塑，快轮修整，内壁有圆形工具垫痕，工艺规范。绳纹，竖向，6条/厘米，残存少许附加堆纹。器形为罐形釜。

印面大致呈长椭圆形，但不规范，略有倾斜，仅存印面的右半部分。残高3.2、残宽2.7厘米。横向钤印，位于罐形釜上腹部附加堆纹的上方，印面顶端朝右，钤印前先将印面部位的绳纹抹平略加修整，其面积略大于印面的范围，陶片内壁对应印面部位有手指垫压痕迹。

印文较为清晰，阳文，存2字，且均残。文为：[墓][易]【陈】【得】【叁】【亳】（图五二，5；彩版一八，3）。

经过比较，特别是利用拓本仔细比对，上述印面的形状、大小和印文布局、印文的内容及字体结构等都完全一致，由此可见，4件印文为同一印章所钤印。

（一〇）墓易陈得叁翰

4件。即2002XＹＹ⑤Ｗ：47、2002XＹＹ⑤Ｗ：48、ＨＢＣＳ：100、ＨＢＣＳ：127。

印面均残。4件印文陶片来源于4件不同的罐形釜。

印面的形状、尺寸以及钤印的位置、方法完全相同。印面较大。大致呈长椭圆形。横向钤印于罐形釜上腹的外壁，可辨方向的印面顶端朝右。钤印前先将印面部位的绳纹抹平略加修整，其面积略大于印面的范围，陶片内壁对应印面部位有手指垫压痕迹。

印文字体较为粗犷，文字的内容、布局、读序等完全相同。印文共6字，文字分为2列纵向排列，左右各3字，读序为从上到下，自右往左（即顺读）。文为：墓易陈得叁翰。

1．标本2002XYY⑤W：47

陶片呈不规则四边形，为器物腹壁残片。长8.7、宽6.3、厚0.9～1.1厘米。泥质灰陶，夹极微量细砂，颜色较深，质地细腻。贴塑，快轮修整，内壁有圆形工具垫痕，工艺规范。绳纹，竖向，6条/厘米，印面上方有一横向轮旋抹光带，印面下方有少许附加堆纹。器形为罐形釜。

印面大致呈长椭圆形，印面上、下端残缺。残高5.4、残宽3.3厘米。横向钤印，位于罐形釜上腹部附加堆纹的上方，印面顶端朝右，钤印前先将印面部位的绳纹抹平略加修整，其面积略大于印面的范围，陶片内壁对应印面部位有手指垫压痕迹。

印文较为清晰，阳文，存3字，其中1字稍残。文字分为2列纵向排列，左右各3字。读序为从上到下，自右往左（即顺读）。文为：墓【易】【陈】[得]【叁】[翰]（图五三，1、2；彩版一八，4）。

2．标本2002XYY⑤W：48

陶片形状大致呈三角形，为器物腹壁残片。长7.3、9.5、11.8、厚0.9厘米。泥质灰陶，夹极微量细砂，颜色较浅，质地细腻。贴塑，快轮修整，内壁有圆形工具垫痕，工艺规范。绳纹，竖向，6条/厘米，印面上方有一很窄的横向轮旋抹光带，宽1.2厘米。器形为罐形釜。

印面大致呈长椭圆形，残，仅存左半部分。残高5.4、残宽3.3厘米。横向钤印，位于罐形釜上腹部，印面朝向无法确定。钤印前先将印面部位的绳纹抹平略加修整，其面积略大于印面的范围，陶片内壁对应印面部位有手指垫压痕迹。

印文较为模糊，阳文，存3字，稍残。文为：【墓】【易】[陈][得]【叁】[翰]（图五三，3；彩版一八，5、6）。

3．标本HBCS：100

未见实物。根据拓本观察，陶片呈五边形，为器物腹壁残片。长8.8、宽8.5厘米。有一道横向附加堆纹，其上为竖向绳纹，5条/厘米，其下为横向交错绳纹。器形为罐形釜。

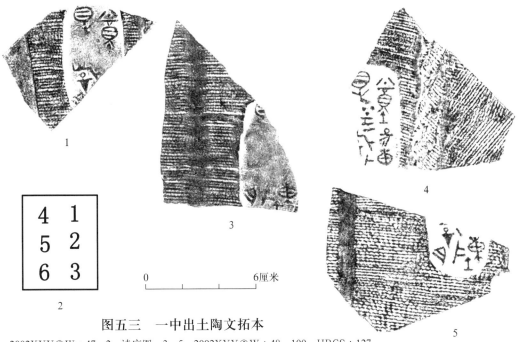

图五三　一中出土陶文拓本

1．2002XYY⑤W：47　2．读序图　3～5．2002XYY⑤W：48、100、HBCS：127

印面大致呈长椭圆形，左右两边略直，印面左、下端残。残高5.4、宽2.7厘米。横向钤印，位于罐形釜上腹部附加堆纹上方，印面顶端朝右，钤印前先将印面部位的绳纹抹平略加修整，其面积略大于印面的范围。

印文较为清晰，阳文，6字，其中3字稍残。文为：墓易［陈］［得］叁［翰］（图五三，4）。

4. 标本HBCS：127

未见实物。根据拓本观察，陶片呈不规则四边形，为器物腹壁残片。长10.1、宽6.7厘米。绳纹，竖向，6条/厘米。绳纹间有一道横向轮旋抹光带，宽0.9厘米。器形为罐形釜。

印面大致呈长椭圆形，左右两边略直。残，仅存下端一部分。残高2.6、残宽3.3厘米。横向钤印于罐形釜上腹部，印面朝向无法确定，钤印前先将印面部位的绳纹抹平略加修整，其面积略大于印面的范围。

印文较为清晰，阳文，存2字，1字稍残。文为：【墓】【易】［陈］【得】【叁】［翰］（图五三，5）。

经过比较，特别是利用拓本仔细比对，上述印面的形状、大小和印文布局、印文的内容及字体结构等都完全一致，由此可见，4件印文为同一印章所钤印。

（一）墓易陈得叁胖

2件。标本HBCS：101、HBCS：102。

印面均稍残。来源于2件不同的罐形釜。

印面的形状、尺寸以及钤印的位置、方法完全相同。印面较大，大致呈长椭圆形，高5.7、宽3.25厘米。横向钤印于罐形釜上腹的外壁。印前在印章的部位事先打抹光平，面积略大于印面的范围，陶片内壁对应印面部位有手指垫压痕迹。

印文字体较为粗犷，文字的内容、布局、读序等完全相同。印文共6字，分2列纵向排列，左列4字，右列2字。读序从上到下，自右往左（即顺读）。文为：墓易陈得叁胖。

1. 标本HBCS：101

未见实物。根据拓本观察，陶片呈不规则四边形，为器物腹壁残片。长9.5、宽7.6厘米。绳纹，竖向，6条/厘米。器形为罐形釜。

印面形状大致呈长椭圆形，左上角稍残。残高5.7、宽3.3厘米。横向钤印，位于罐形釜上腹部，印面朝向无法确定，钤印前先将印面部位的绳纹抹平略加修整，其面积略大于印面的范围。

印文清晰，阳文，6字，其中1字稍残。文字分2列纵向排列，左列4字，右列2字。

读序从上到下，自右往左（即顺读）。文为：**墓昜** [陈] 得叁胖（图五四，1、2）。

2．标本HBCS：102

未见实物。根据拓本观察，陶片呈不规则四边形，为器物腹壁残片。长10.0、宽6.2厘米。绳纹，竖向，6条／厘米。器形为罐形釜。

印面形状大致呈长椭圆形，下部稍残。残高5.5、宽3.3厘米。横向钤印，位于罐形釜上腹部，印面朝向无法确定，钤印前先将印面部位的绳纹抹平略加修整，其面积略大于印面的范围。

印文清晰，阳文，6字。文为：**墓昜陈得叁胖**（图五四，3）。

经过比较，特别是利用拓本仔细比对，上述印面的形状、大小和印款布局、印文的数量及字体结构等都完全一致，由此可见，2件印文为同一印章所钤印。

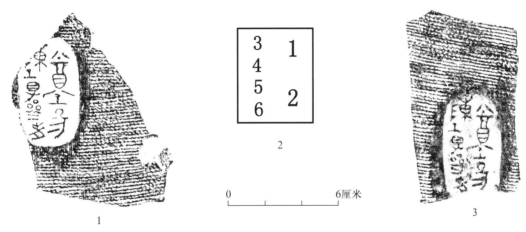

图五四　一中出土陶文拓本

1．HBCS：101　2．读序图　3．HBCS：102

（一二）平险陈得

8件。即标本HBCS：5、HBCS：6、HBCS：28、HBCS：60、HBCS：71、HBCS：81、HBCS：103、HBCS：104。

8件印文陶片来源于8件不同的罐形釜个体。

印章横向钤印于罐形釜上腹的外壁。钤印前先将印面部位的绳纹抹平略加修整，其面积略大于印面的范围。印时食指、中指和无名指并拢垫于印章部位器物内壁，陶片内壁对应印面部位有手指垫压痕迹。

印文共4字，分2列纵向排列，左右各2字。文为：平险陈得。

1．标本HBCS：5

陶片呈不规则四边形，为器物腹壁残片。长10.7、宽8.2、厚0.9厘米。泥质灰陶，夹极微量细砂，颜色较深，贴塑，快轮修整，内壁有圆形工具垫痕，工艺规范。绳纹，竖向，4条/厘米。器形为罐形釜。

印面呈长方形，左右两边及上边较直，下边略外弧。高4.9、宽2.8厘米。横向钤印于罐形釜的上腹部，印面朝向无法确定，钤印前先将印面部位的绳纹抹平略加修整，其面积略大于印面的范围，陶片内壁对应印面部位有手指垫压痕迹。

印文清晰，阳文，4字。文字分2列纵向排列，左右各2字。读序从上到下，自左往右。文为：平陯陈得（图五五，1、2；彩版一九，1）。

2．标本HBCS：6

陶片呈四边形，为器物腹壁残片。长8.2、宽7.4、厚1.0厘米。泥质灰陶，夹极微量细砂，颜色较浅。贴塑，快轮修整，内壁有圆形工具垫痕，工艺规范。绳纹，竖向，4至5条/厘米。器形为罐形釜。

印面略呈长方形，四边外鼓，右下角内收，不规范，右上角稍残。高5.1、宽3.4厘米。横向钤印于罐形釜的上腹部，印面朝向无法确定，钤印前先将印面部位的绳纹抹平略加修整，其面积略大于印面的范围，陶片内壁对应印面部位有手指垫

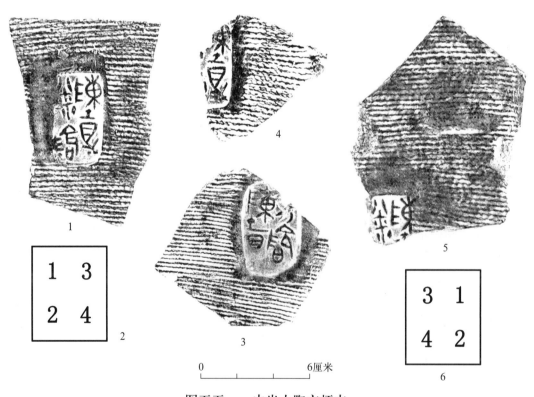

图五五　一中出土陶文拓本
1．HBCS：5　2、6．读序图　3～5．HBCS：6、28、60

压痕迹。

印文清晰，阳文，4字，其中1字稍残。文字分2列纵向排列，左右各2字。读序从上到下，自右往左（即顺读）。文为：平隃陈得（图五五，3、6；彩版一九，2）。

3．标本HBCS：28

陶片呈不规则三角形，为器物腹壁残片。长7.4、宽5.6、厚1.0厘米。泥质灰陶，夹极微量细砂，颜色较浅，贴塑，快轮修整，内壁有圆形工具垫痕，工艺规范。绳纹，竖向，4条/厘米。器形为罐形釜。

印面为长方形，边较直，下边略外弧，残，仅存右下部。残高4.5、残宽1.8厘米。横向钤印于罐形釜的上腹部，印面朝向无法确定，钤印前先将印面部位的绳纹抹平略加修整，其面积略大于印面的范围，陶片内壁对应印面部位有手指垫压痕迹。

印文清晰，阳文，4字，其中1字稍残，2字重残。读序从上到下，自左往右。文为：[平]〔隃〕〔陈〕得（图五五，4；彩版一九，3）。

4．标本HBCS：60

陶片呈不规则五边形，为器物腹壁残片。长11.3、宽9.6、厚0.8～1.1厘米。泥质灰陶，夹极微量细砂，颜色较浅，质地细腻。贴塑，快轮修整，内壁有圆形工具垫痕，工艺规范。绳纹，竖向，4条/厘米。器形为罐形釜。

印面为长方形，边较直，残，仅存上半部。残高2.7、残宽2.3厘米。横向钤印于罐形釜的上腹部，印面朝向无法确定，钤印前先将印面部位的绳纹抹平略加修整，其面积略大于印面的范围，陶片内壁对应印面部位有手指垫压痕迹。

印文清晰，阳文，存2字，其中1字稍残。读序从上到下，自左往右。文为：平【隃】[陈]【得】（图五五，5；彩版一九，4）。

5．标本HBCS：71

陶片呈不规则四边形，为器物腹壁残片。长6.4、宽6.2、厚0.9厘米。泥质灰陶，夹极微量细砂，颜色较浅，质地细腻。贴塑，快轮修整，内壁有圆形工具垫痕，工艺规范。绳纹，竖向，4条/厘米。器形为罐形釜。

印面为长方形，边较直，仅存左下角。残高1.0、残宽1.6厘米。横向钤印于罐形釜的上腹部，印面朝向无法确定，钤印前先将印面部位的绳纹抹平略加修整，其面积略大于印面的范围，陶片内壁对应印面部位有手指垫压痕迹。

印文清晰，阳文，存1字，且残。读序应从上到下，自左往右。文为：【平】[隃]【陈】【得】（图五六，1；彩版一九，5）。

6．标本HBCS：81

陶片呈不规则四边形，为器物腹壁残片。长9.0、宽6.7、厚1.0厘米。泥质灰陶，夹极微量细砂，颜色较浅，质地细腻。贴塑，快轮修整，内壁有圆形工具垫

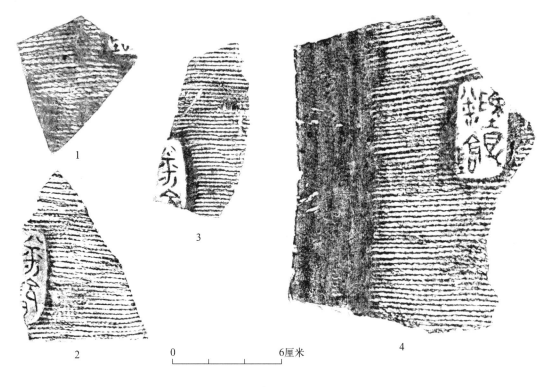

图五六　一中出土陶文拓本
1~4. HBCS：71、81、103、104

痕，工艺规范。绳纹，竖向，4条/厘米。器形为罐形釜。

印面略呈长方形，四边外鼓，残，仅存右半部。残高5.0、残宽1.5厘米。横向钤印于罐形釜的上腹部，印面朝向无法确定，钤印前先将印面部位的绳纹抹平略加修整，其面积略大于印面的范围，陶片内壁对应印面部位有手指垫压痕迹。

印文清晰，阳文，存2字，其中1字稍残。读序从上到下，自右往左（即顺读）。文为：平［隃］【陈】【得】（图五六，2；彩版一九，6）。

7．标本HBCS：103

未见实物。根据拓本观察，陶片形状不规则，为器物腹壁残片。长9.3、宽4.4厘米。竖向绳纹，5条/厘米。器形为罐形釜。

印面略呈长方形，四边外鼓，左半部分残失。残高3.7、宽1.7厘米。横向钤印于罐形釜的上腹部，印面朝向无法确定，钤印前先将印面部位的绳纹抹平略加修整，其面积略大于印面的范围。

印文清晰，阳文，存2字，其中1字残缺。读序从上到下，自右往左（即顺读）。文为：平［隃］【陈】【得】（图五六，3）。

8．标本HBCS：104

未见实物。根据拓本观察，陶片形状不规则，为器物腹壁残片，并保存部分口沿。长12.7、宽16.7厘米。竖向绳纹，4条/厘米。器形为罐形釜。

印面为长方形，左右两边及顶端边较直，下边略外弧，不规范。高5.1、宽2.8厘米。横向钤印于罐形釜的上腹部，印面顶端朝右，钤印前先将印面部位的绳纹抹平略加修整，其面积略大于印面的范围。

印文清晰，阳文，4字。读序从上到下，自左往右。文为：平阴陈得（图五六，4）。

上述8件中，标本HBCS：6、HBCS：81、HBCS：103为同一印章，其余为一印章，但印面大小略有不同，如HBCS：5与HBCS：104尺寸不尽相同，可能与量器陶胎的硬度不同有关。

二　北郭陈喜类

印面较为规整，近长方形，四边较直。基本为正向钤印，可辨方向的印面顶端皆朝向口部。位于绳纹罐形釜腹壁的印文均叠压在一道横向轮旋抹光带上，绳纹较细密。共61件，分为4个类型。

（一）北郭陈喜僕

21件。依据印面、文字不同，又可分为三型。

A型　13件。

标本2002XＹＹ⑤Ｗ：49、2002XＹＹ⑤Ｗ：50、2002XＹＹ⑤Ｗ：51、2002XＹＹ⑤Ｗ：52、2002XＹＹ⑤Ｗ：53、2002XＹＹ⑤Ｗ：55、2002XＹＹ⑤Ｗ：56、2002XＹＹ⑤Ｗ：57、2002XＹＹ⑤Ｗ：176、2002XＹＹ⑤Ｗ：185、HBCS：31、HBCS：32、HBCS：34。

13件印文陶片分别来源于13件不同的器物个体，并分属2种器形。其中10件为绳纹罐形釜，3件为素面杯。

印面的形状、尺寸以及钤印的位置、方法都完全相同。印面长方形，直边，直角，顶端略宽，下端略窄，略呈梯形。高3.8、宽2.5～2.7厘米。正向钤印，钤于绳纹罐形釜腹壁的印文均叠压在一道横向轮旋抹光带上，绳纹较细密。印面顶端朝向器物口部，陶片内壁对应印面处有手指垫压痕迹。

印文清晰，笔画纤细。阳文，5字。文字分两列纵向布局，右列3字，左列2字。读序从右列第1字开始，到第2字后转到左列的第1、2字，最后又回到右列的末字。文为：北郭陈喜僕。

1. 标本2002XYY⑤W：49

陶片呈不规则四边形，为器物腹壁残片。长6.3、宽5.8、厚0.7厘米。泥质灰陶，夹极微量细砂，颜色较深。贴塑，快轮修整，内壁有圆形工具垫痕，工艺规范。绳纹，竖向，7条/厘米，绳纹间有一道宽2.7厘米的横向轮旋抹光带。器形为罐形釜。

印面长方形，直边，直角，顶端略宽。高3.8、宽2.5～2.7厘米。正向钤印于罐形釜上腹部，叠压于抹光带上，印面顶端朝向口部，陶片内壁对应印面处有手指垫压痕迹。

印文清晰，阳文，5字。文字分两列纵向布局，右列3字，左列2字。读序从右列第1字开始，到第2字后转到左列的第1、2字，最后又回到右列的末字。文为：北郭陈喜僕（图五七，1、2；彩版二〇，1）。

2. 标本2002XYY⑤W：50

陶片呈不规则四边形，为器物腹壁残片。长9.9、宽5.0、厚0.7～0.9厘米。近口部器胎厚，近腹部薄。泥质灰陶，夹极微量细砂，颜色较浅，质地细腻。贴塑，

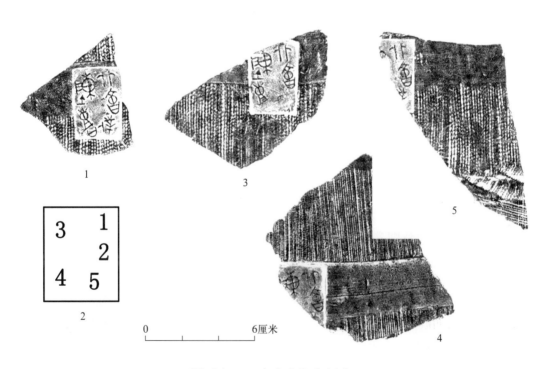

图五七　一中出土陶文拓本

1. 2002XYY⑤W：49　2. 读序图　3~5. 2002XYY⑤W：50~52

快轮修整，内壁有圆形工具垫痕，工艺规范。绳纹，竖向，7条／厘米，绳纹间有一道残宽2.8厘米的横向轮旋抹光带。器形为罐形釜。

印面长方形，直边，直角，顶端略宽，左上角稍残。高3.8、宽2.5～2.7厘米。正向钤印于罐形釜上腹部，叠压于抹光带上，印面顶端朝向口部，陶片内壁对应印面处有手指垫压痕迹。

印文较为清晰，阳文，5字，其中1字稍残，1字磨损。文为：北郭陈喜【僕】（图五七，3；彩版二〇，2）。

3．标本2002XYY⑤W：51

陶片呈不规则四边形，为器物腹壁残片。长10.0、宽7.7、厚1.0～1.3厘米。近口部器胎厚，近腹部薄。泥质灰陶，夹极微量细砂，颜色较浅。贴塑，快轮修整，内壁有圆形工具垫痕，工艺规范。绳纹，竖向，9条／厘米，绳纹间有一道宽2.8厘米的横向轮旋抹光带。器形为罐形釜。

印面长方形，直边，直角，顶端略宽，左下角残失。残高3.4、残宽2.3厘米。正向钤印于罐形釜上腹部，叠压于抹光带上，印面顶端朝向口部，陶片内壁对应印面处有手指垫压痕迹。

印文清晰，阳文，存4字，其中1字稍残，1字重残。文为：北郭［陈］【喜】【僕】（图五七，4；彩版二〇，3）。

4．标本2002XYY⑤W：52

陶片呈三角形，为器物腹壁残片。长10.1、宽6.9、厚0.7～0.9厘米。泥质灰陶，夹极微量细砂，颜色较浅，质地细腻。贴塑，快轮修整，内壁有圆形工具垫痕，工艺规范。有一道横向附加堆纹，其上为竖向绳纹，7条／厘米，近口处为一道残宽2.8厘米的横向轮旋抹光带，附加堆纹下为横向绳纹。器形为罐形釜。

印面长方形，直边，直角，顶端略宽，左下角残失。残高3.8、残宽2.0厘米。正向钤印于罐形釜上腹部，叠压于抹光带上，印面顶端朝向口部，陶片内壁对应印面处有手指垫压痕迹。

印文清晰，阳文，存3字，其中1字残损。文为：北郭【陈】【喜】［僕］（图五七，5；彩版二〇，4）。

5．标本2002XYY⑤W：53

陶片呈不规则五边形，为器物腹壁残片。长6.0、宽5.3、厚1.0厘米。泥质灰陶，夹极微量细砂，颜色较浅，质地细腻。贴塑，快轮修整，内壁有圆形工具垫痕，工艺规范。绳纹，竖向，7条／厘米，绳纹间有一道残宽2.6厘米的横向轮旋抹光带。器形为罐形釜。

印面长方形，直边，直角，顶端略宽，下部残失。残高2.6、残宽2.8厘米。正向钤印于罐形釜上腹部，叠压于抹光带上，印面顶端朝向口部，陶片内壁对应印面处有手指垫压痕迹。

印文清晰，阳文，存3字，其中1字稍残，1字磨损。文为：北［郭］［陈］【喜】【僕】（图五八，1；彩版二〇，5）。

6．标本2002XYY⑤W：55

陶片呈不规则三角形，为器物腹壁残片。长6.6、宽5.7、厚0.9厘米。泥质灰陶，夹极微量细砂，质地细腻。贴塑，快轮修整，内壁有圆形工具垫痕，工艺规范。绳纹，竖向，9条/厘米，绳纹间有一道残宽3.4厘米的横向轮旋抹光带。器形为罐形釜。

印面长方形，直边，直角，顶端略宽，左上部残失。残高3.6、残宽1.2厘米。正向钤印于罐形釜上腹部，叠压于抹光带上，印面顶端朝向口部，陶片内壁对应印面处有手指垫压痕迹。

印文清晰，阳文，存3字，其中1字稍残。文为：【北】郭【陈】［喜］僕（图五八，2；彩版二〇，6）。

7．标本2002XYY⑤W：56

陶片呈不规则三角形，为器物腹壁残片。长7.3、宽4.8、厚0.9～1.4厘米。泥质灰陶，夹极微量细砂，质地细腻。贴塑，快轮修整，工艺规范。素面。器形为量杯。

印面长方形，直边，直角，顶端略宽，上部残失。残高3.3、宽2.4厘米。竖向钤印于杯上腹部，印面顶端朝向口部，陶片内壁对应印面处有手指垫压痕迹。

印文较为模糊，可辨识为阳文，存3字，都有不同程度的磨损。文为：【北】［郭］［陈］［喜］【僕】（图五八，3；彩版二一，1）。

1

3

5

2

4

0 ⊢————————⊣ 6厘米

图五八　一中出土陶文拓本

1～5. 2002XYY⑤W：53、55、56、57、176

8．标本2002XYY⑤W：57

陶片呈不规则五边形，为器物腹壁残片。长6.8、宽5.9、厚1.0厘米。泥质灰陶，夹极微量细砂，质地较为细腻。贴塑，快轮修整，工艺规范。素面。器形为量杯。

印面长方形，直边，直角，顶端略宽，右部残失。残高3.0、宽1.1厘米。竖向钤印于杯上腹部。印面顶端朝向口部，陶片内壁对应印面处有手指垫压痕迹。

印文较为清晰，阳文，存2字，均残。文为：【北】【郭】[陈][喜]【僕】（图五八，4）。

9．标本2002XYY⑤W：176

陶片呈不规则五边形，为器物腹壁残片。长9.7、宽7.0、厚1~1.2厘米。泥质灰陶，夹极微量细砂，质地细腻。贴塑，快轮修整，内壁有圆形工具垫痕，工艺规范。绳纹，竖向，7条/厘米。绳纹间有一道宽2.7厘米宽的横向轮旋抹光带。器形为罐形釜。

印面长方形，直边，直角，顶端略宽，仅存右上角。残高1.4、残宽2.4厘米。正向钤印于罐形釜上腹部，叠压于抹光带上，印面顶端朝向口部，陶片内壁对应印面处有手指垫压痕迹。

印文清晰，阳文，存1字，稍残。文为：[北]【郭】【陈】【喜】【僕】（图五八，5；彩版二一，2）。

10．标本2002XYY⑤W：185

陶片呈不规则四边形，为器物腹壁残片。长7.2、宽6.4、厚0.9~1.0厘米。泥质灰陶，夹极微量细砂，颜色较浅，质地细腻。贴塑，快轮修整，内壁有圆形工具垫痕，工艺规范。绳纹，竖向，7条/厘米。绳纹间有一道宽2.8厘米的横向轮旋抹光带。器形为罐形釜。

印面长方形，直边，直角，顶端略宽，仅存左上角。残高1.8、残宽1.3厘米。正向钤印于罐形釜上腹部，叠压于抹光带上，印面顶端朝向口部，陶片内壁对应印面处有手指垫压痕迹。

印文较为清晰，阳文，存1字，且残。文为：【北】【郭】[陈]【喜】【僕】（图五九，1；彩版二一，3）。

11．标本HBCS：31

陶片呈不规则四边形，为器物腹壁残片，并保存部分口沿。残长8.1、宽9.6、厚1.0~1.2厘米。泥质灰陶，夹极微量细砂，颜色较浅，质地细腻。贴塑，快轮修整，工艺规范。素面。口沿有明显的烧成后打磨痕迹。器形为量杯。

印面长方形，直边，直角。残，仅存顶端一部分。残高1.9、残宽2.6厘米。竖向钤印于杯上腹部，印面顶端朝向口部，陶片内壁对应印面处有手指垫压痕迹。

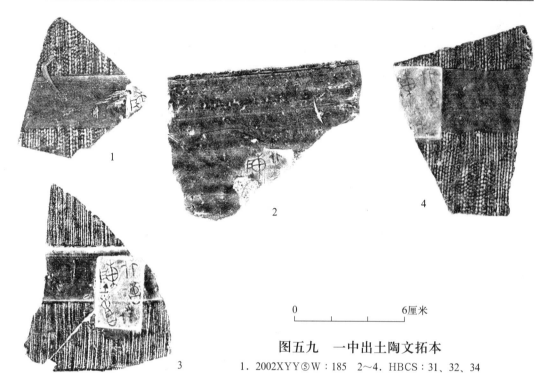

図五九　一中出土陶文拓本

1. 2002XYY⑤W：185　2～4. HBCS：31、32、34

印文较为清晰，阳文，存2字，其中1字稍残。文为：北【郭】[陈]【喜】【僕】（图五九，2；彩版二一，4）。

12．标本HBCS：32

陶片大致呈三角形，为器物腹壁残片。长5.8、宽5.8、厚0.7～0.95厘米。泥质灰陶，夹极微量细砂，质地细腻。贴塑，快轮修整，内壁有圆形工具垫痕，工艺规范。绳纹，竖向，9条/厘米，绳纹间有一道宽2.5厘米的横向轮旋抹光带。器形为罐形釜。

印面长方形，直边，直角，顶端略宽。高3.8、宽2.6厘米。正向钤印于罐形釜上腹部，叠压于抹光带上，印面顶端朝向口部，陶片内壁对应印面处有手指垫压痕迹。

印文较为清晰，阳文，5字。文为：北郭陈喜僕（图五九，3；彩版二一，5）。

13．标本HBCS：34

陶片呈不规则四边形，为器物腹壁残片。长9.7、宽7.6、厚1.0厘米。泥质灰陶，夹极微量细砂，颜色较浅，质地细腻。贴塑，快轮修整，工艺规范。绳纹，竖向，6～7条/厘米，绳纹间有一道宽3.4厘米的横向轮旋抹光带。器形为罐形釜。

印面长方形，直边，直角，顶端略宽，左下角部分残失。长3.8、宽2.6厘米。正向钤印于罐形釜上腹部，叠压于抹光带上，印面顶端朝向口部，陶片内壁对应印面处有手指垫压痕迹。

印文较为模糊，磨损严重，能辨识3字，阳文。文为：北郭［陈］【喜】【僕】（图五九，4；彩版二一，6）。

经过比较，特别是利用拓本仔细比对，上述印面的形状、大小和印文布局、印文的内容及字体结构等都完全一致，由此可见，13件印文应为同一印章所钤印。

B型 6件。

标本2002ＸＹＹ⑤Ｗ：54、2002ＸＹＹ⑤Ｗ：193、ＨＢＣＳ：30、ＨＢＣＳ：35、ＨＢＣＳ：48、ＬＦＬ：13。

6件印文陶片分别来源于6件不同的器物个体，并分属2种器形。其中3件为绳纹罐形釜，3件为素面杯。

印面的形状、尺寸以及钤印的位置、方法都完全相同。印面长方形，直边，直角。高3.6、宽2.4厘米。竖向钤印，位于绳纹罐形釜腹壁的陶文均叠压在一道横向轮旋抹光带上，绳纹较细密。印面顶端朝向器物口部，陶片内壁对应印面处有手指垫压痕迹。

印文清晰，笔画较粗。阳文，5字。文字分两列纵向布局，右列3字，左列2字。读序从右列第1字开始，到第2字后转到左列的第1、2字，最后又回到右列的末字。文为：北郭陈喜僕。

1．标本2002XYY⑤Ｗ：54

陶片呈不规则四边形，为器物腹壁残片。长11.5、宽9.2、厚0.9～1.1厘米。泥质灰陶，夹极微量细砂，质地细腻。贴塑，快轮修整，内壁有圆形工具垫痕，工艺规范。绳纹，竖向，9条/厘米，绳纹间有一道宽3.0厘米的横向轮旋抹光带。器形为罐形釜。

印面长方形，直角，直边，仅存右端，左边残失。高3.6、残宽2.0厘米。正向钤印于罐形釜上腹部，叠压于抹光带上，印面顶端朝向口部，陶片内壁对应印面处有手指垫压痕迹。

印文清晰，阳文，存4字，其中2字残缺。参照完整印面、印文可知，印文应为5字，文字分两列纵向布局，右列3字，左列2字。读序从右列第1字开始，到第2字后转到左列的第1、2字，最后又回到右列的末字。文为：北郭［陈］【喜】［僕］（图六○，1、2；彩版二二，1）。

2．标本2002XYY⑤Ｗ：193

陶片呈不规则五边形，为器物腹壁残片。长9.3、宽5.4、厚0.6～0.95厘米。泥质灰陶，夹极微量细砂，颜色较浅，质地细腻。贴塑，快轮修整，内壁有圆形工具垫痕，工艺规范。绳纹，竖向，7条/厘米。绳纹间有一道残宽2.3厘米的横向轮

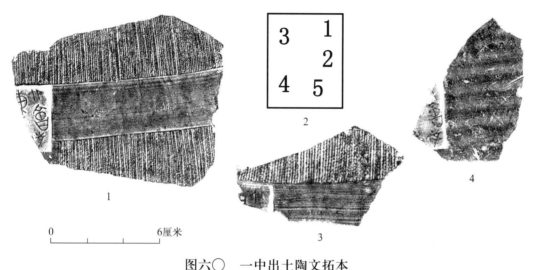

图六〇　一中出土陶文拓本

1. 2002XYY⑤W：54　2. 读序图　3、4. 2002XYY⑤W：193、HBCS：30

旋抹光带。器形为罐形釜。

印面长方形，直角，直边，仅存右上角。残高1.5、残宽1.8厘米。正向钤印于罐形釜上腹部，叠压于抹光带上，印面顶端朝向口部，陶片内壁对应印面处有手指垫压痕迹。

印文较为清晰，阳文，仅存1字。文为：[北]【郭】【陈】【喜】【僕】（图六〇，3）。

3．标本HBCS：30

陶片形状不规则，略呈四边形，为器物腹壁残片。长8.1、宽5.0、厚0.9～1.3厘米。泥质灰陶，夹极微量细砂，质地较为细腻。贴塑，快轮修整，工艺规范。素面。器形为杯。

印面长方形，直角，直边，仅存右下角。残高3.7、残宽1.9厘米。正向钤印于杯上腹部，印面顶端朝向口部，陶片内壁对应印面处有手指垫压痕迹。

印文较为清晰，阳文，存3字，其中1字重残。文为：【北】郭【陈】[喜] 僕（图六〇，4；彩版二二，2）。

4．标本HBCS：35

陶片呈不规则四边形，为器物腹壁残片。长9.1、宽5.3、厚0.8厘米。泥质灰陶，夹极微量细砂，颜色较浅，质地细腻。贴塑，快轮修整，内壁有圆形工具垫痕，工艺规范。绳纹，竖向，8条/厘米，绳纹间有一道宽2.5厘米的横向轮旋抹光带。器形为罐形釜。

印面长方形，直角，直边，下部残缺。残高2.1、宽2.4厘米。正向钤印于罐形釜上腹部，叠压于抹光带上，印面顶端朝向口部，陶片内壁对应印面处有手指垫压痕迹。

印文较为清晰，阳文，存3字，其中1字稍残。文为：北［郭］陈【喜】【僕】（图六一，1；彩版二二，3）。

5．标本HBCS：48

陶片形状近半圆形，为器物腹壁残片，保存部分口沿。长9.0、宽11.3、厚1.1～1.3厘米。泥质灰陶，颜色较深，夹极微量细砂，质地较为细腻。贴塑，快轮修整，工艺规范。素面。口沿有明显的烧成后打磨修整痕迹，非常平整。器形为杯。

印面长方形，直角，直边，右下部残失。高3.6、残宽1.9厘米。正向钤印于杯上腹部，印面顶端朝向口部，陶片内壁对应印面处有手指垫压痕迹。

印文较为清晰，阳文，存2字。文为：北郭【陈】【喜】【僕】（图六一，2；彩版二二，4）。

6．标本LFL：13

未见实物。根据拓本观察，陶片形状近三角形，为器物腹壁残片，并保存部分口沿。长8.0、宽5.6厘米。依据同类器物及拓本可知，器形为量杯。

印面长方形，直角，直边，下部残失。残高3.5、宽2.4厘米。正向钤印于量杯上腹部，印面顶端朝向口部。

印文较为清晰，阳文，5字，其中2字稍残。文为：北郭陈［喜］［僕］（图六一，3）。

经过比较，特别是利用拓本仔细比对，上述印面的形状、大小和印文布局、印文的内容及字体结构等都完全一致，由此可见，6件印文应为同一印章所钤印。

0   6厘米

图六一 一中出土陶文拓本

1．HBCS：35 2、3．HBCS：48、LFL：13

C型　2件。

标本2002XYY⑤W：58、2002XYY⑤W：59。

2件印文陶片均为素面量杯。

印面的形状、尺寸以及钤印的位置、方法都完全相同。印面近方形，但顶端宽且直，下端窄且外鼓，总体类楔形。长4.4、宽2.8～3.1厘米。竖向钤印，印面顶端朝向器物口部，陶片内壁对应印面处有手指垫压痕迹。

印文清晰，笔画较粗。阳文，5字。文字分两列纵向布局，右列3字，左列2字。读序从右列第1字开始，到第2字后转到左列的第1、2字，最后又回到右列的末字。文为：北郭陈喜僕。

1. 标本2002XYY⑤W：58

陶片形状不规则，为器物腹壁残片，并保存部分口沿。残长8.15、宽6.4、厚0.9厘米。泥质灰陶，夹极微量细砂，质地较为细腻。贴塑，快轮修整，工艺规范。素面。口沿有明显的烧成后打磨修整痕迹，非常平整。器形为量杯。

印面顶端宽且直，下端窄且外鼓，总体近楔形，左下角残失。高4.0、宽3.1厘米。正向钤印于量杯上腹部，印面顶端朝向口部，陶片内壁对应印面处有手指垫压痕迹。

印文较为清晰，阳文，存4字，其中1字稍残。参照完整印面、印文可知，印文应为5字，文字分两列纵向布局，右列3字，左列2字。读序从右列第1字开始，到第2字后转到左列的第1、2字，最后又回到右列的末字。文为：北郭［陈］【喜】【僕】（图六二，1、2；彩版二二，5）。

2. 标本2002XYY⑤W：59

陶片形状不规则，为器物腹壁残片，并保存部分口沿。长5.6、宽5.7、厚0.9～1.1厘米。泥质灰陶，夹极微量细砂，质地较为细腻。贴塑，快轮修整，工艺规范。素面。器形为量杯。

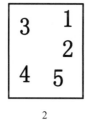
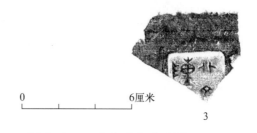

图六二　一中出土陶文拓本

1. 2002XYY⑤W：58　2. 读序图　3. 2002XYY⑤W：59

印面顶端宽且直，下端窄且外鼓，总体近楔形，下部残失。残高2.6、宽3.1厘米。正向钤印于量杯上腹部，印面顶端朝向口部，陶片内壁对应印面处有手指垫压痕迹。

印文较为清晰，阳文，存3字，其中2字稍残。文为：北［郭］［陈］【喜】【僕】（图六二，3；彩版二二，6）。

经过比较，特别是利用拓本仔细比对，上述印面的形状、大小和印文布局、印文的内容及字体结构等都完全一致，2件印文应为同一印章所钤印。

（二）北郭陈喜缰

7件。标本2002ＸＹＹ⑤Ｗ：60、2002ＸＹＹ⑤Ｗ：61、2002ＸＹＹ⑤Ｗ：62、2002ＸＹＹ⑤Ｗ：63、2002ＸＹＹ⑤Ｗ：64、HBCS：76、HBCS：95。

7件印文陶片分别来源于7件不同的器物个体，并分属2种器形。其中5件为绳纹罐形釜，2件为素面量杯。

印面的形状、尺寸以及钤印的位置、方法都完全相同。印面长方形，直边直角。高4.2、宽2.6厘米。正向钤印，位于绳纹罐形釜腹壁的陶文均叠压在一道横向轮旋抹光带上，绳纹一般较细密。印面顶端朝向器物口部，陶片内壁对应印面处有手指垫压痕迹。

印文清晰。阳文，5字。文字分两列纵向布局，右列3字，左列2字。读序从右列第1字开始，到第2字后转到左列的第1、2字，最后又回到右列的末字。文为：北郭陈喜缰。

1. 标本2002XYY⑤W：60

陶片呈不规则六边形，为器物腹壁残片。长9.2、宽7.8、厚1～1.3厘米。泥质灰陶，夹极微量细砂，颜色较浅，质地细腻。贴塑，快轮修整，内壁有圆形工具垫痕，工艺规范。绳纹，竖向，5条/厘米，绳纹间有一道宽3.3厘米的横向轮旋抹光带。器形为罐形釜。

印面长方形，直边直角。高4.2、宽2.6厘米。正向钤印于罐形釜的上腹部，与抹光带叠压，印面顶端朝向口部，陶片内壁对应印面处有手指垫压痕迹。

印文较为清晰，阳文，5字。文字分两列纵向布局，右列3字，左列2字。读序从右列第1字开始，到第2字后转到左列的第1、2字，最后又回到右列的末字。文为：北郭陈喜缰（图六三，1、2；彩版二三，1）。

2. 标本2002XYY⑤W：61

陶片呈不规则四边形，为器物腹壁残片。长6.2、宽4.9、厚0.95厘米。泥质灰陶，夹极微量细砂，颜色较浅，质地较为细腻。贴塑，快轮修整，工艺规范。素

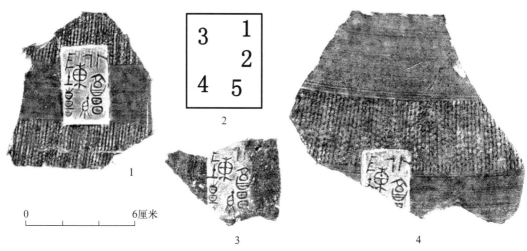

图六三　一中出土陶文拓本

1. 2002XYY⑤W：60　2. 读序图　3、4. 2002XYY⑤W：61、62

面。器形为量杯。

印面长方形，直边直角，顶端、下部两角稍残缺。残高4.1、宽2.6厘米。竖向钤印于量杯的上腹部，印面顶端朝向口部，陶片内壁对应印面处有手指垫压痕迹。

印文较为清晰，阳文，5字，其中2字稍残。文为：北郭［陈］［喜］缰（图六三，3；彩版二三，2）。

3. 标本2002XYY⑤W：62

陶片呈不规则四边形，为器物腹壁残片，保存部分口沿。长11.5、宽12.6、厚1.0～1.3厘米。近口沿处较厚，近腹部较薄。泥质灰陶，夹极微量细砂，颜色较浅，质地细腻。贴塑，快轮修整，内壁有圆形工具垫痕，工艺规范。绳纹，竖向，5条/厘米，绳纹间有一道宽2.6厘米的横向轮旋抹光带。口沿下有一道横向轮旋抹光带，口沿有明显的烧成后打磨修整痕迹，非常平整。器形为罐形釜。

印面长方形，直边直角，下部残失。残高3.3、宽2.6厘米。竖向钤印于罐形釜的上腹部，与抹光带叠压，印面顶端朝向口部。陶片内壁对应印面处有手指垫压痕迹。

印文较为清晰，阳文，存3字，其中2字稍残。文为：北［郭］［陈］【喜】【缰】（图六三，4；彩版二三，3）。

4. 标本2002XYY⑤W：63

陶片呈不规则四边形，为器物腹壁残片。长7.1、宽4.8、厚0.7～0.8厘米。泥质灰陶，夹极微量细砂，颜色较浅，质地细腻。贴塑，快轮修整，内壁有圆形工具垫痕，工艺规范。绳纹，竖向，5条/厘米，绳纹间有一道残宽3.2厘米的横向轮旋抹光带。器形为罐形釜。

印面长方形，直边直角，上部残失。残高3.2、宽2.6厘米。正向钤印于罐形釜的上腹部，与横向轮旋抹光带叠压，印面顶端朝向口部，陶片内壁对应印面处有手指垫压痕迹。

印文较为清晰，阳文，存4字，其中2字稍残。文为：【北】[郭][陈] 喜缰（图六四，1；彩版二三，4）。

5．标本2002XYY⑤W：64

陶片呈不规则四边形，为器物腹壁残片。长5.9、宽6.6、厚0.9～1.1厘米。泥质灰陶，夹极微量细砂，胎及内壁颜色较浅，质地较为细腻。贴塑，快轮修整，工艺规范。素面。器形为量杯。

印面长方形，直边直角，上部残失。残高2.4、残宽1.6厘米。正向钤印于量杯的上腹部，印面顶端朝向口部，陶片内壁对应印面处有手指垫压痕迹。

印文较为清晰，阳文，存1字，残缺。文为：【北】【郭】【陈】【喜】[缰]（图六四，2；彩版二三，5）。

6．标本HBCS：76

陶片呈不规则六边形，为器物腹壁残片，保存部分口沿。长9.3、宽11.6、厚1.0～1.25厘米。泥质灰陶，夹极微量细砂，质地细腻。贴塑，快轮修整，内壁有圆形工具垫痕，工艺规范。绳纹，竖向，5条/厘米。口沿下至5厘米处绳纹轮旋抹平。口沿有明显的烧成后打磨修整痕迹，非常平整。器形为罐形釜。

印面长方形，直边直角，下部残失。残高1.2、宽2.6厘米。正向钤印于罐形釜

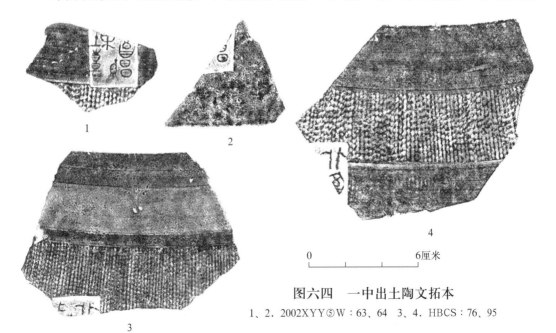

0　　　　　　　　　6厘米

图六四　一中出土陶文拓本

1、2．2002XYY⑤W：63、64　3、4. HBCS：76、95

的上腹部，印面顶端朝向口部，陶片内壁对应印面处有手指垫压痕迹。

印文较为清晰，阳文，存2字，均缺。文为：[北]【郭】[陈]【喜】【缰】（图六四，3；彩版二三，6）。

7. 标本HBCS：95

未见实物。根据拓本观察，陶片呈不规则五边形，为器物腹壁残片，保存部分口沿。残高10.2、宽12厘米。绳纹，竖向，6条/厘米，绳纹间有一道残宽3.0厘米的横向轮旋抹光带，口部下至3.6厘米处绳纹轮旋抹光。器形为罐形釜。

印面长方形，直边直角，左下部残失。残高3.2、残宽2.2厘米。正向钤印于罐形釜的上腹部，印面顶端朝向口部，陶片内壁对应印面处有手指垫压痕迹。

印文较为清晰，阳文，存2字，其中1字稍残。文为：北 [郭]【陈】【喜】【缰】（图六四，4）。

经过比较，特别是利用拓本仔细比对，上述印面的形状、大小和印文布局、印文的内容及字体结构等都完全一致，由此可见，7件印文应为同一印章所钤印。

（三）北郭陈喜丁

20件。标本2002ⅩＹＹ⑤Ｗ：65、2002ⅩＹＹ⑤Ｗ：66、2002ⅩＹＹ⑤Ｗ：67、2002ⅩＹＹ⑤Ｗ：68、2002ⅩＹＹ⑤Ｗ：69、2002ⅩＹＹ⑤Ｗ：70、2002ⅩＹＹ⑤Ｗ：71、2002ⅩＹＹ⑤Ｗ：72、2002ⅩＹＹ⑤Ｗ：73、2002ⅩＹＹ⑤Ｗ：74、2002ⅩＹＹ⑤Ｗ：75、2002ⅩＹＹ⑤Ｗ：76、2002ⅩＹＹ⑤Ｗ：77、2002ⅩＹＹ⑤Ｗ：78、2002ⅩＹＹ⑤Ｗ：79、2002ⅩＹＹ⑤Ｗ：80、2002ⅩＹＹ⑤Ｗ：174、ＨＢＣＳ：27、ＨＢＣＳ：38、ＨＢＣＳ：54。

20件印文陶片分别来源于20件不同的器物个体，并分属2种器形。其中12件为绳纹罐形釜，8件为素面量杯。

印面的形状、尺寸以及钤印的位置、方法都完全相同。印面呈长方形，直边直角，但顶端略宽，下端略窄。高3.8、宽2.2～2.5厘米。竖向钤印，位于绳纹罐形釜腹壁的陶文均叠压在一道横向轮旋抹光带上，绳纹一般较细密。印面顶端朝向器物口部，陶片内壁对应印面处有手指垫压痕迹。

印文清晰，阳文，5字。文字分两列纵向布局，右列3字，左列2字。读序应从右列第1字开始，到第2字后转到左列的第1、2字，最后又回到右列的末字。文为：北郭陈喜丁。

1. 标本2002XYY⑤W：65

陶片呈不规则四边形，为器物腹壁残片，保存部分口沿。残高9.4、宽8.8、厚0.7～1.1厘米。泥质灰陶，夹极微量细砂，质地较为细腻。贴塑，快轮修整，工艺规范。素面。口沿有明显的烧成后打磨修整痕迹，非常平整。外壁近底处留有刮抹痕迹。器形为量杯。

印面呈长方形，直边直角，但顶端略宽，下端略窄。高3.8、宽2.2～2.5厘米。正向钤印于量杯的腹部，印面顶端朝向口部，陶片内壁对应印面处有手指垫压痕迹。

印文清晰，阳文，5字。文字分两列纵向布局，右列3字，左列2字。读序应从右列第1字开始，到第2字后转到左列的第1、2字，最后又回到右列的末字。文为：北郭陈喜丁（图六五，1、2；彩版二四，1）。

2. 标本2002XYY⑤W：66

陶片呈不规则四边形，为器物腹壁残片，保存部分口沿。残高9.0、宽10.6、厚0.7～1.1厘米。泥质灰陶，夹极微量细砂，质地较为细腻。贴塑，快轮修整，工

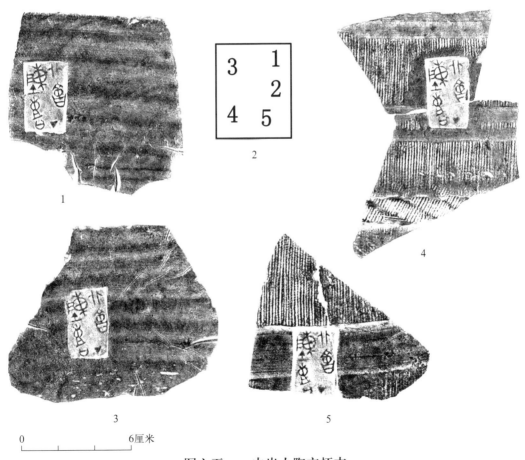

0 _____ 6厘米

图六五 一中出土陶文拓本

1. 2002XYY⑤W：65 2. 读序图 3～5. 2002XYY⑤W：66～68

艺规范。素面。口沿有明显的打磨修整痕迹，非常平整。器形为量杯。

印面呈长方形，直边直角，但顶端略宽，下端略窄。高3.8、宽2.2～2.5厘米。正向钤印于量杯的腹部，印面顶端朝向口部，陶片内壁对应印面处有手指垫压痕迹。

印文清晰，阳文，5字。文为：北郭陈喜丁（图六五，3；彩版二四，2）。

3．标本2002XYY⑤W：67

陶片形状不规则，为器物腹壁残片。长12.5、宽8.6、厚0.8～1.0厘米。泥质灰陶，夹极微量细砂，质地较为细腻。贴塑，快轮修整，内壁有圆形工具垫痕，工艺规范。绳纹，竖向，7条/厘米，绳纹间有两道相邻的横向轮旋抹光带，宽分别为0.7、0.9厘米。印面上方口沿下绳纹轮旋抹光，陶片下端有一道横向附加堆纹，器形为罐形釜。

印面长方形，直边直角，但顶端略宽，下端略窄。高3.8、宽2.2～2.5厘米。正向钤印于罐形釜的上腹部，叠压于抹光带，印面顶端朝向口部，陶片内壁对应印面处有手指垫压痕迹。

印文清晰，阳文，5字。文为：北郭陈喜丁（图六五，4；彩版二四，3）。

4．标本2002XYY⑤W：68

陶片呈不规则三角形，为器物腹壁残片。长9.8、宽8.5、厚0.9～1.1厘米。泥质灰陶，夹极微量细砂，质地较为细腻。贴塑，快轮修整，内壁有圆形工具垫痕，工艺规范。绳纹，竖向，7条/厘米，绳纹间有一道宽2.8厘米的横向轮旋抹光带。器形为罐形釜。

印面呈长方形，直边直角，但顶端略宽，下端略窄，并稍残。残高3.65、宽2.2～2.5厘米。正向钤印于罐形釜的上腹部，叠压于抹光带，印面顶端朝向口部，陶片内壁对应印面处有手指垫压痕迹。

印文清晰，阳文，5字。文为：北郭陈喜丁（图六五，5；彩版二四，4）。

5．标本2002XYY⑤W：69

陶片呈不规则四边形，为器物腹壁残片。长9.0、宽5.0、厚0.9厘米。泥质灰陶，夹极微量细砂，质地较为细腻。贴塑，快轮修整，内壁有圆形工具垫痕，工艺规范。绳纹，竖向，7条/厘米，上部有一道残宽2.7厘米的横向轮旋抹光带，下部残留少许附加堆纹。器形为罐形釜。

印面长方形，直边直角，但顶端略宽并稍残，下端略窄。残高3.6、宽2.2～2.4厘米。正向钤印于罐形釜的上腹部，叠压于抹光带，印面顶端朝向口部，陶片内壁对应印面处有手指垫压痕迹。

印文清晰，阳文，5字，其中1字稍残。文为：北郭［陈］喜丁（图六六，1；彩版二四，5）。

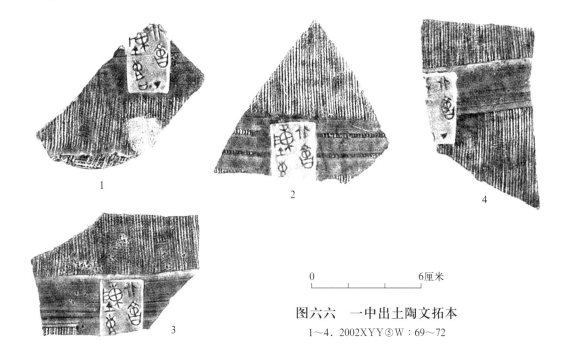

图六六　一中出土陶文拓本
1～4. 2002XYY⑤W：69～72

6．标本2002XYY⑤W：70

陶片呈不规则四边形，为器物腹壁残片。长8.8、宽8.5、厚0.9厘米。泥质灰陶，夹极微量细砂，质地较为细腻。贴塑，快轮修整，内壁有圆形工具垫痕，工艺规范。绳纹，竖向，7条/厘米，绳纹间有一道宽2.8厘米的横向轮旋抹光带。器形为罐形釜。

印面长方形，直边直角，但顶端略宽，下端略窄，并稍残。残高3.1、宽2.3～2.5厘米。正向钤印于罐形釜的上腹部，叠压于抹光带，印面顶端朝向口部，陶片内壁对应印面处有手指垫压痕迹

印文清晰，阳文，存4字，其中1字稍残。文为：北郭陈［喜］【丁】（图六六，2；彩版二四，6）。

7．标本2002XYY⑤W：71

陶片呈不规则六边形，为器物腹壁残片。长9.0、宽6.7、厚0.7～0.9厘米。泥质灰陶，夹极微量细砂，质地较为细腻。贴塑，快轮修整，内壁有圆形工具垫痕，工艺规范。绳纹，竖向，7条/厘米，绳纹间有一道宽2.7厘米的横向轮旋抹光带。器形为罐形釜。

印面长方形，直边直角，但顶端略宽，下端略窄，并稍残。残高3.0、宽2.3～2.5厘米。正向钤印于罐形釜的上腹部，叠压于抹光带，印面顶端朝向口部，陶片内壁对应印面处有手指垫压痕迹。

印文清晰，阳文，存4字，其中1字稍残。文为：北郭陈［喜］【丁】（图六六，3；彩版二五，1）。

8. 标本2002XYY⑤W：72

陶片呈不规则四边形，为器物腹壁残片。长9.7、宽6.3、厚0.8～1厘米。泥质灰陶，夹极微量细砂，质地较为细腻。贴塑，快轮修整，内壁有圆形工具垫痕，工艺规范。绳纹，竖向，7条/厘米，绳纹间有一道宽2.7厘米的横向轮旋抹光带。器形为罐形釜。

印面长方形，直边直角，右部残失。残高3.6、残宽1.2～1.8厘米。正向钤印于罐形釜的上腹部，叠压于抹光带，印面顶端朝向口部，陶片内壁对应印面处有手指垫压痕迹。

印文清晰，阳文，5字，其中2字重残。文为：北郭［陈］［喜］丁（图六六，4；彩版二五，2）。

9. 标本2002XYY⑤W：73

陶片呈不规则五边形，为器物腹壁残片。长11.1、宽7.5、厚0.6～1.0厘米。泥质灰陶，夹极微量细砂，质地较为细腻。贴塑，快轮修整，内壁有圆形工具垫痕，工艺规范。绳纹，竖向，4条/厘米，绳纹间有5道较窄的横向轮旋抹光条带。器形为罐形釜。

印面长方形，直边直角，右部残失。高3.8、残宽1.2～1.8厘米。竖向钤印于罐形釜的上腹部，叠压于抹光带，印面顶端朝向口部，陶片内壁对应印面处有手指垫压痕迹。

印文清晰，阳文，5字，其中2字重残。文为：北郭［陈］［喜］丁（图六七，1；彩版二五，3）。

10. 标本2002XYY⑤W：74

陶片呈不规则四边形，为器物腹壁残片。长7.7、宽6.8、厚0.7～0.9厘米。泥质灰陶，夹极微量细砂，质地较为细腻。贴塑，快轮修整，内壁有圆形工具垫痕，工艺规范。绳纹，竖向，7条/厘米，上部绳纹间有一道残宽1.3厘米的横向轮旋抹光带，下部有一道横向附加堆纹。器形为罐形釜。

印面仅存右下角，直边直角。残高2.4、残宽1.7厘米。正向钤印于罐形釜的上腹部，叠压于抹光带，印面顶端朝向口部，陶片内壁对应印面处有手指垫压痕迹。

印文清晰，阳文，存3字，其中2字残。文为：【北】［郭］【陈】［喜］丁（图六七，2；彩版二五，4）。

11. 标本2002XYY⑤W：75

陶片呈不规则四边形，为器物腹壁残片，保存部分口沿。残高7.0、残宽7.4、

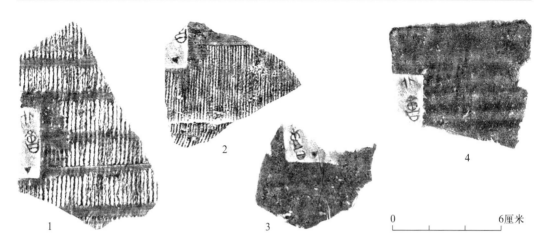

图六七 一中出土陶文拓本

1～4. 2002XYY⑤W：73～76

厚1.0～1.2厘米。泥质灰陶，夹极微量细砂，质地较为细腻。贴塑，快轮修整，工艺规范。素面。口沿有明显的烧成后打磨修整痕迹，非常平整。器形为量杯。

印面长方形，直边直角，仅保留右上角。残高2.8、残宽1.75厘米。正向钤印于量杯的腹部，印面顶端朝向口部。

印文清晰，阳文，存2字。文为：北郭【陈】【喜】【丁】（图六七，3；彩版二五，5）。

12. 标本2002XYY⑤W：76

陶片形状不规则，为器物腹壁残片。残高6.0、残宽4.9、厚0.7～1.0厘米。泥质灰陶，夹极微量细砂，质地较为细腻。贴塑，快轮修整，工艺规范。素面。器形为量杯。

印面长方形，直边直角，仅保留下半部分。残高2.1、残宽2.2厘米。正向钤印于量杯的腹部，印面顶端朝向口部。

印文清晰，阳文，存2字。文为：【北】【郭】【陈】喜丁（图六七，4；彩版二五，6）。

13. 标本2002XYY⑤W：77

陶片形状不规则，为器物腹壁残片。长6.0、宽5.2、厚0.6～1.1厘米。泥质灰陶，夹极微量细砂，质地较为细腻。贴塑，快轮修整，工艺规范。素面。器形为量杯。

印面长方形，直边直角，仅保留左下角部分。残高2.0、残宽2.1厘米。正向钤印于量杯的腹部，印面顶端朝向口部。

印文清晰，阳文，存1字。文为：【北】【郭】【陈】喜【丁】（图六八，1；彩版二六，1）。

14．标本2002XYY⑤W：78

陶片形状不规则，为器物腹壁残片，残存部分口沿。残高5.5、宽8.4、厚1.0～1.25厘米。泥质灰陶，夹极微量细砂，质地较为细腻。贴塑，快轮修整，工艺规范。素面。口沿有明显的烧成后打磨修整痕迹，非常平整。器形为量杯。

印面呈长方形，直边直角，仅保留上半部分。残高1.25、宽2.45厘米。正向钤印于量杯的腹部，印面顶端朝向口部。

印文较为清晰，阳文，存2字，其中1字残缺。文为：北【郭】[陈]【喜】【丁】（图六八，2；彩版二六，2）。

15．标本2002XYY⑤W：79

陶片形状不规则，为器物腹壁残片，残存部分口沿。残高6.5、宽4.1、厚1.0～1.2厘米。泥质灰陶，夹极微量细砂，质地较为细腻。贴塑，快轮修整，工艺规范。素面。口沿有明显的烧成后打磨修整痕迹，非常平整。器形为量杯。

印面长方形，直边直角，仅保留右半部分。残高2.9、残宽1.4厘米。正向钤印于量杯的腹部，印面顶端朝向口部。

印文较为清晰，阳文，存2字。文为：北郭【陈】【喜】【丁】（图六八，3；彩版二六，3）。

16．标本2002XYY⑤W：80

陶片呈四边形，为器物腹壁残片，残存部分口沿。残高6.9、宽9.6、厚1.1厘米。泥质灰陶，夹极微量细砂，质地较为细腻。贴塑，快轮修整，工艺规范。素

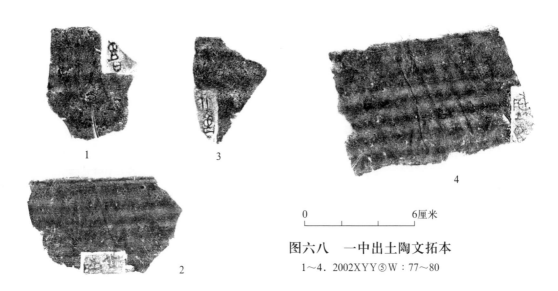

0　　　　　　　6厘米

图六八　一中出土陶文拓本

1～4．2002XYY⑤W：77～80

面。口沿有明显的烧成后打磨修整痕迹，非常平整。器形为量杯。

印面长方形，直边直角，仅保留右半部分。残高3.1、宽1.4厘米。竖向钤印于量杯的腹部，印面顶端朝向口部。

印文较为清晰，阳文，存2字，均残。文为：【北】【郭】[陈] [喜]【丁】（图六八，4）。

17．标本2002XYY⑤W：174

陶片呈不规则四边形，为器物腹壁残片。长6.7、宽4.9、厚0.7厘米。泥质灰陶，夹极微量细砂，质地较为细腻。贴塑，快轮修整，内壁有圆形工具垫痕，工艺规范。绳纹，竖向，6条/厘米，绳纹间有一道残宽1.5厘米的横向轮旋抹光带。器形为罐形釜。

印面长方形，直边直角，下半部分残失。残高1.5、残宽2.5厘米。正向钤印于罐形釜的上腹部，叠压于抹光带，印面顶端朝向口部，陶片内壁对应印面处有手指垫压痕迹。

印文较为清晰，阳文，存2字，其中1字残缺。文为：北【郭】[陈]【喜】【丁】（图六九，1；彩版二六，4）。

18．标本HBCS：27

陶片呈不规则四边形，为器物腹壁残片。长9.1、宽7.2、厚0.8～0.9厘米。泥质灰陶，夹极微量细砂，质地较为细腻。贴塑，快轮修整，内壁有圆形工具垫痕，工艺规范。绳纹，竖向，8条/厘米，绳纹间有一道宽3.3厘米的横向轮旋抹光带。器形为罐形釜。

印面长方形，直边直角，下半部分残失。残高3.4、宽2.5厘米。正向钤印于罐形釜的上腹部，叠压于抹光带，印面顶端朝向口部，陶片内壁对应印面处有手指垫压痕迹。

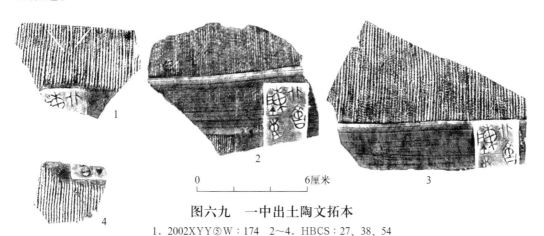

图六九　一中出土陶文拓本

1．2002XYY⑤W：174　2～4．HBCS：27、38、54

印文较为清晰，阳文，存4字。文为：北郭陈喜【丁】（图六九，2；彩版二六，5）。

19．标本HBCS：38

陶片呈不规则五边形，为器物腹壁残片。长10.9、宽7.9、厚0.9～1.1厘米。泥质灰陶，夹极微量细砂，质地较为细腻，夹少量细砂。贴塑，快轮修整，内壁有圆形工具垫痕和手指抹痕，工艺规范。绳纹，竖向，7条/厘米，绳纹间有一条残宽2.6厘米的横向轮旋抹光带。器形为罐形釜。

印面长方形，直边直角，下半部分残失。残高2.6、宽2.5厘米。正向钤印于罐形釜的上腹部，叠压于抹光带上，印面顶端朝向口部，陶片内壁对应印面处有手指垫压痕迹。

印文较为清晰，阳文，存4字，其中2字稍残。文为：北［郭］陈［喜］【丁】（图六九，3；彩版二六，6）。

20．标本HBCS：54

陶片呈不规则五边形，为器物腹壁残片。长3.9、宽3.7、厚0.8～0.9厘米。泥质灰陶，夹极微量细砂，颜色较浅，质地细腻。贴塑，快轮修整，内壁有圆形工具垫痕，工艺规范。绳纹，竖向，7条/厘米。器形为罐形釜。

印面长方形，直边直角，上半部分残失。残高0.9、残宽2.0厘米。正向钤印于罐形釜的上腹部，印面顶端朝向口部，陶片内壁对应印面处有手指垫压痕迹。

印文较为清晰，阳文，存2字，其中1字稍残。文为：【北】【郭】【陈】［喜］丁（图六九，4）。

经过比较，特别是利用拓本仔细比对，上述印面的形状、大小和印文布局、印文的内容及字体结构等都完全一致，由此可见，20件印文应为同一印章所钤印。

（四）北郭陈喜䊪

13件。标本2002XＹＹ⑤Ｗ：81、2002XＹＹ⑤Ｗ：82、2002XＹＹ⑤Ｗ：83、2002XＹＹ⑤Ｗ：84、2002XＹＹ⑤Ｗ：85、2002XＹＹ⑤Ｗ：86、2002XＹＹ⑤Ｗ：87、2002XＹＹ⑤Ｗ：88、2002XＹＹ⑤Ｗ：177、2002XＹＹ⑤Ｗ：205、2002XＹＹ⑤Ｗ：220、HBCS：37、HBCS：77。

13件印文陶片分别来源于20件不同的器物个体，并分属2种器形。其中6件为绳纹罐形釜，7件为素面量杯。

印面的形状、尺寸以及钤印的位置、方法都完全相同。印面呈长方形，直边直角。长4.4、宽2.6～2.8厘米。竖向钤印，位于绳纹罐形釜腹壁的陶文均叠压在一道横向轮旋抹光带上，绳纹一般较细密。印面顶端一般朝向器物口部，陶片内壁对应印面处有手指垫压痕迹。

印文清晰，阳文，5字。文字分两列纵向布局，右列3字，左列2字。读序应从右列第1字开始，到第2字后转到左列的第1、2字，最后又回到右列的末字。文为：北郭陈喜粂。

1. 标本2002XYY⑤W：81

陶片形状不规则，为器物腹壁残片，残存部分口沿。残高9.5、宽6.6、厚0.9～1.2厘米。泥质灰陶，夹极微量细砂，质地细腻。贴塑，快轮修整，工艺规范。素面。外壁近底处有横向刮削修整痕迹，口沿有明显的烧成后打磨修整痕迹，非常平整。器形为量杯（小）。

印面长方形，直边直角，顶端稍残。长4.1、宽2.8厘米。横向钤印于量杯腹部，印面顶端朝右。

印文较为清晰，阳文，5字。文字分两列纵向布局，右列3字，左列2字。读序从右列第1字开始，到第2字后转到左列的第1、2字，最后又回到右列的末字。文为：北郭陈喜粂（图七〇，1、2；彩版二七，1）。

2. 标本2002XYY⑤W：82

陶片形状不规则，为器物腹壁残片。长7.0、宽6.8、厚0.8～1.0厘米。泥质灰陶，夹极微量细砂，颜色较浅，质地细腻。贴塑，快轮修整，内壁有圆形工具垫

图七〇　一中出土陶文拓本

1. 2002XYY⑤W：81　2. 读序图　3～5. 2002XYY⑤W：82～84

痕，工艺规范。绳纹，竖向，6条/厘米，绳纹顶端有一道残宽0.7厘米的横向轮旋抹光带。器形为罐形釜。

印面长方形，直边直角，顶端稍残。残高3.6、宽2.8厘米。正向钤印于罐形釜的上腹部，叠压于抹光带，印面顶端朝向口部，陶片内壁对应印面处有手指垫压痕迹。

印文清晰，阳文，存4字，其中1字稍残。文为：【北】郭［陈］喜粆（图七〇，3；彩版二七，2）。

3. 标本2002XYY⑤W：83

陶片呈不规则五边形，为器物腹壁残片，残存部分口沿。残高9.4、宽11.2、厚0.7～1.1厘米。泥质灰陶，夹极微量细砂，表皮颜色较深，质地较为细腻。贴塑，快轮修整，工艺规范。素面。口沿有明显的烧成后打磨修整痕迹，非常平整。器形为量杯（小）。

印面长方形，直边直角，顶端残缺。残高3.9、宽2.6厘米。印面横向钤印于量杯的上腹部，印面顶端朝右。

印文较为清晰，阳文，存5字，其中1字稍残，1字重残。文为：［北］郭［陈］喜 粆（图七〇，4；彩版二七，3）。

4. 标本2002XYY⑤W：84

陶片呈不规则五边形，为器物腹壁残片。长7.8、宽6.6、厚0.8～1.0厘米。泥质灰陶，夹极微量细砂，颜色较浅，质地细腻。贴塑，快轮修整，内壁有圆形工具垫痕，工艺规范。绳纹，竖向，6条/厘米，绳纹间有一道残宽2.8厘米的横向轮旋抹光带。器形为罐形釜。

印面长方形，直边直角，下部残失。残高2.2、宽2.8厘米。正向钤印于罐形釜的上腹部，叠压于抹光带上，印面顶端朝向口部，陶片内壁对应印面处有手指垫压痕迹。

印文清晰，阳文，存3字，其中1字残缺。文为：北［郭］陈【喜】【粆】（图七〇，5；彩版二七，4）。

5. 标本2002XYY⑤W：85

陶片呈不规则四边形，为器物腹壁残片。长6.0、宽6.0、厚0.8厘米。泥质灰陶，夹极微量细砂，颜色较浅，质地细腻。贴塑，快轮修整，内壁有圆形工具垫痕，工艺规范。绳纹，竖向，8条/厘米，绳纹间有一道宽2.5厘米的横向轮旋抹光带。器形为罐形釜。

印面长方形，直边直角，下部残失。残高2.5、宽2.8厘米。正向钤印于罐形釜的上腹部，印面顶端朝向口部，叠压于抹光带，陶片内壁对应印面处有手指垫压痕迹。

印文清晰，阳文，存3字，其中2字稍残。文为：北［郭］［陈］【喜】【粀】（图七一，1；彩版二七，5）。

6. 标本2002XYY⑤W：86

陶片呈不规则四边形，为器物腹壁残片。长5.7、宽5.7、厚1.0厘米。泥质灰陶，夹极微量细砂，表皮颜色较深，质地细腻较为细腻。贴塑，快轮修整，工艺规范。素面。器形为量杯（小）。

印面长方形，直边直角，上部残缺，仅存下端一部分。残高1.5、宽2.65厘米。横向钤印于量杯的上腹部，印面顶端朝右。

印文较为清晰，阳文，存2字，均残。文为：【北】【郭】【陈】［喜］［粀］（图七一，2；彩版二七，6）。

7. 标本2002XYY⑤W：87

陶片呈不规则四边形，为器物腹壁残片，保存部分口沿。残高9.6、宽11.0、厚0.7～1.2厘米。泥质灰陶，夹极微量细砂，颜色较浅，质地细腻。贴塑，快轮修整，内壁有圆形工具垫痕，工艺规范。绳纹，竖向，8条/厘米，口沿下至2.3厘米处绳纹轮旋抹平，绳纹间有一道残宽2.7厘米较浅的横向轮旋抹光带。口沿有明显的烧成后打磨修整痕迹，非常平整。器形为罐形釜。

印面长方形，直边直角，残，仅存左上角。残高3.3、宽1.8厘米。正向钤印于

图七一　一中出土陶文拓本

1～5. 2002XYY⑤W：85～88、177

罐形釜的上腹部，叠压于抹光带上，印面顶端朝向口部，陶片内壁对应印面处有手指垫压痕迹。

印文清晰，阳文，存2字，其中1字残缺。文为：【北】【郭】陈 [喜]【釳】（图七一，3；彩版二八，1）。

8. 标本2002XYY⑤W：88

陶片呈不规则三角形，为器物腹壁残片，保存部分口沿。残高4.1、宽5.2、厚0.8～1.0厘米。泥质灰陶，夹极微量细砂，表皮颜色较深，质地较为细腻。贴塑，快轮修整，工艺规范。素面。口沿有明显的烧成后打磨修整痕迹，非常平整。器形为量杯（小）。

印面长方形，直边直角，右部残缺。残高3.6、宽1.5厘米。横向钤印于量杯的腹部，印面顶端朝右。

印文清晰，阳文，存2字，均残。文为：【北】【郭】[陈][喜]【釳】（图七一，4；彩版二八，2）。

9. 标本2002XYY⑤W：177

陶片呈不规则四边形，为器物腹壁残片。长8.5、宽6.7、厚0.8～1.1厘米。泥质灰陶，夹极微量细砂，外壁颜色较深，质地细腻。贴塑，快轮修整，工艺规范，内壁有圆形工具垫痕。绳纹，竖向，6条/厘米，绳纹间有一道残宽2厘米的横向轮旋抹光带，印面上方近口沿处绳纹轮旋抹平。器形为罐形釜。

印面长方形，直边直角，左下部残失。残高1.7、残宽1.8厘米。正向钤印于罐形釜的上腹部，叠压于抹光带上，印面顶端朝向口部，陶片内壁对应印面处有手指垫压痕迹。

印文较为清晰，阳文，存3字，其中2字稍残。文为：北 [郭] [陈]【喜】【釳】（图七一，5；彩版二八，3）。

10. 标本2002XYY⑤W：205

陶片呈不规则四边形，为器物腹壁残片。长6.2、宽4.9、厚0.9厘米。泥质灰陶，夹极微量细砂，颜色较浅，质地较为细腻。贴塑，快轮修整，内壁有圆形工具垫痕，工艺规范。绳纹，竖向，9条/厘米。器形为罐形釜。

印面长方形，直边直角，仅存下部。残高0.7、残宽2.1厘米。正向钤印于罐形釜的上腹部，印面顶端朝向口部，陶片内壁对应印面处有手指垫压痕迹。

印文较为清晰，阳文，存1字，且残。文为：【北】【郭】【陈】【喜】[釳]（图七二，1）。

11. 标本2002XYY⑤W：220

陶片呈不规则四边形，为器物腹壁残片。长5.7、宽9.1、厚0.8～1.3厘米。泥

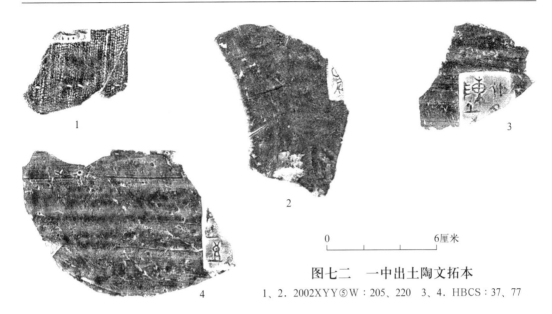

图七二　一中出土陶文拓本

1、2. 2002XYY⑤W：205、220　3、4. HBCS：37、77

质灰陶，夹极微量细砂，质地较为细腻。贴塑，快轮修整，工艺规范。外壁近底处有横向刮痕。素面。器形为量杯。

印面长方形，直边直角，右上部大部分残缺。残高1.0、残宽2.2厘米。横向钤印于量杯的腹部，印面顶端朝右。

印文较为清晰，阳文，存1字，稍残。文为：【北】【郭】【陈】[喜]【釱】（图七二，2；彩版二八，4）。

12. 标本HBCS：37

陶片呈不规则三角形，为器物腹壁残片，保存部分口沿。残高5.7、宽6.0、厚1.0厘米。泥质灰陶，夹极微量细砂，质地较为细腻。贴塑，快轮修整，工艺规范。素面。器形为量杯。

印面长方形，直边直角，下部残缺，右边下端略外突。残高3.0、宽3.0厘米。正向钤印于量杯的腹部，印面顶端朝向口部。

印文较为清晰，阳文，存3字，其中1字残。文为：北[郭]陈【喜】【釱】（图七二，3；彩版二八，5）。

13. 标本HBCS：77

陶片形状大致呈半圆形，为器物腹壁残片，保存部分口沿。长7.7、宽9.0、厚0.8~0.9厘米。泥质灰陶，夹极微量细砂，质地较为细腻。贴塑，快轮修整，工艺规范。素面。口沿有明显的烧成后打磨修整痕迹，非常平整。器形为量杯。

印面长方形，直边直角，右上部大部分残缺。残高3.7、宽2.8厘米。正向钤印于量杯的腹部，印面顶端朝向口部。

印文较为清晰，阳文，存2字，其中1字残。文为：【北】【郭】[陈] 喜【籴】（图七二，4；彩版二八，6）。

经过比较，特别是利用拓本仔细比对，上述印面的形状、大小和印文布局、印文的内容及字体结构等都完全一致，由此可见，13件印文应为同一印章所钤印。

三　陈怒类

印面较为规整，基本为长方形，四边较直。多数为竖向钤印，可辨方向的印面顶端朝向口部。位于绳纹罐形釜腹壁的陶文均叠压在一道横向轮旋抹光带上，绳纹较细密。共31件，分为3个类型。

（一）陈怒立事丁

共15件。依据印面、印文不同分为两型。

A型　10件。

标本2002ＸＹＹ⑤Ｗ：89、2002ＸＹＹ⑤Ｗ：90、2002ＸＹＹ⑤Ｗ：91、2002ＸＹＹ⑤Ｗ：92（2002ＸＹＹ⑤Ｌ：2陶量）、2002ＸＹＹ⑤Ｗ：93、2002ＸＹＹ⑤Ｗ：94、2002ＸＹＹ⑤Ｗ：95、2002ＸＹＹ⑤Ｗ：96、2002ＸＹＹ⑤Ｗ：194、2002ＸＹＹ⑤Ｗ：197。

10件印文陶片分别来源于10件不同的器物个体，均为素面量杯。

印面的形状、尺寸以及钤印的位置、方法都完全相同。印面长方形，直边、直角。长4.2、宽3厘米。多为正向钤印，顶端朝向器物口部，陶片内壁对应印面处有手指垫压痕迹。

印文清晰，阳文，5字。文字分两列纵向布局，右列2字，左列3字。读序从上到下，自右往左（即顺读）。文为：陈怒立事丁。

1. 标本2002ＸＹＹ⑤Ｗ：89

陶片呈不规则四边形，为器物腹壁残片，保存部分口沿。残高9.9、宽7.9、厚1.0厘米。泥质灰陶，夹极微量细砂，质地细腻。贴塑，快轮修整，工艺规范。素面。口沿有明显的烧成后打磨修整痕迹，非常平整。器形为量杯。

印面长方形，直边直角，左半部分及右下角稍残。高4.2、宽3.0厘米。正向钤印于量杯的腹部，印面顶端朝向口部，陶片内壁对应印面处有手指垫压痕迹。

印文清晰，阳文，5字。文字分两列纵向布局，右列2字，左列3字。读序从上到下，自右往左（即顺读）。文为：陈怒立事丁（图七三，1、2；彩版二九，1、2）。

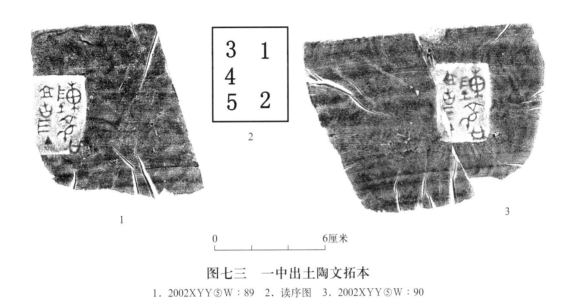

图七三　一中出土陶文拓本

1. 2002XYY⑤W：89　2. 读序图　3. 2002XYY⑤W：90

2. 标本2002XYY⑤W：90

陶片呈不规则四边形，为器物腹壁残片，保存部分口沿。残高9.2、宽11.2、厚0.7～1.1厘米。泥质灰陶，夹极微量细砂，质地细腻。贴塑，快轮修整，工艺规范。素面。口沿有明显的烧成后打磨修整痕迹，非常平整。器形为量杯。

印面长方形，直边直角。长4.2、宽3.0厘米。正向钤印于量杯的腹部，印面顶端朝向口部，陶片内壁对应印面处有手指垫压痕迹。

印文清晰，阳文，5字。文为：陈悠立事丁（图七三，3；彩版二九，3）。

3. 标本2002XYY⑤W：91

陶片呈不规则四边形，为器物腹壁残片，保存部分口沿。残高6.4、宽7.0、厚1.1厘米。泥质灰陶，夹极微量细砂，质地细腻。贴塑，快轮修整，工艺规范。素面。口沿有明显的烧成后打磨修整痕迹，非常平整。器形为量杯。

印面长方形，直边直角，右下角残失。残高3.9、宽3.0厘米。正向钤印于量杯的腹部，印面顶端朝向口部，陶片内壁对应印面处有手指垫压痕迹。

印文清晰，阳文，5字，其中1字稍残。文为：陈［悠］立事丁（图七四，1；彩版二九，4）。

4. 标本2002XYY⑤W：92（2002XYY⑤L：2陶量）

器形为量杯，修复。泥质灰陶，夹极微量细砂，灰色，局部颜色较深，不均匀，质地细腻。贴塑，快轮修整，工艺规范。素面。口沿有明显的烧成后打磨修整痕迹，非常平整。方沿，直口，直腹，下腹部内收，小平底。口径14.0、高11.0、

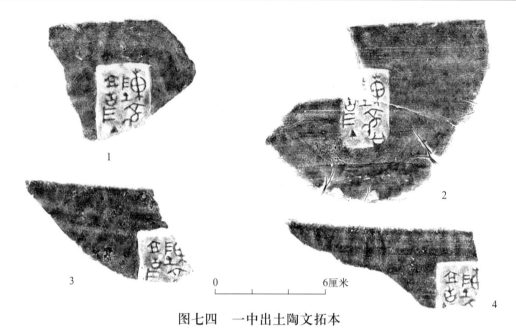

图七四　一中出土陶文拓本

1～4. 2002XYY⑤W：91、92（2002XYY⑤L：2陶量）、93、94

底径9.0、壁厚1.0厘米。

印面长方形，直边直角，左上稍残。长4.2、残宽2.7厘米。正向钤印于量杯的腹部，印面顶端朝向口部，上缘距离口沿2.4厘米，陶片内壁对应印面处有手指垫压痕迹。

印文清晰，阳文，存4字，其中2字稍残。文为：[陈] 恕【立】[事] 丁（图七四，2；彩版一，3）。

5．标本2002XYY⑤W：93

陶片呈不规则三角形，为器物腹壁残片，保存部分口沿。残高5.7、宽9.0、厚1.0厘米。泥质灰陶，夹极微量细砂，质地细腻。贴塑，快轮修整，工艺规范。素面。口沿有明显的烧成后打磨修整痕迹，非常平整。器形为量杯。

印面长方形，直边直角，下部及右上角残失。残高3.0、残宽3.0厘米。正向钤印于量杯的腹部，印面顶端朝向口部，陶片内壁对应印面处有手指垫压痕迹。

印文清晰，阳文，存4字，其中3字稍残。文为：[陈] [恕] 立 [事]【丁】（图七四，3；彩版二九，5）。

6．标本2002XYY⑤W：94

陶片呈不规则三角形，为器物腹壁残片，保存部分口沿。残高5.0、宽9.5、厚1.0厘米。泥质灰陶，夹极微量细砂，质地细腻。贴塑，快轮修整，工艺规范。素面。口沿有明显的烧成后打磨修整痕迹，非常平整。器形为量杯。

印面长方形，直边直角，下部及右侧部分残失。残高2.6、残宽2.5厘米。正向钤印于量杯的腹部，印面顶端朝向口部，陶片内壁对应印面处有手指垫压痕迹。

印文清晰，阳文，存4字，其中3字稍残。文为：[陈] [悆] 立 [事]【丁】（图七四，4；彩版二九，6）。

7. 标本2002XYY⑤W：95

陶片近似三角形，为器物腹壁残片，保存部分口沿。残高7.4、宽7.2、厚0.9厘米。泥质灰陶，夹极微量细砂，质地细腻。贴塑，快轮修整，工艺规范。素面。口沿有明显的烧成后打磨修整痕迹，非常平整。器形为量杯。

印面长方形，直边直角，左下角残失。残高3.7、残宽2.2厘米。正向钤印于量杯的腹部，印面顶端朝向口部，陶片内壁对应印面处有手指垫压痕迹

印文清晰，阳文，存2字，其中1字残缺。文为：陈 [悆]【立】【事】【丁】（图七五，1；彩版三〇，1）。

8. 标本2002XYY⑤W：96

陶片呈不规则五边形，为器物腹壁残片。长6.0、宽6.0、厚0.7～1.0厘米。泥质灰陶，夹极微量细砂，质地细腻。贴塑，快轮修整，工艺规范。素面。器形为量杯。

印面长方形，直边直角，上部残失。残高1.9、残宽3.1厘米。正向钤印于量杯的腹部，印面顶端朝向口部。

印文清晰，阳文，存3字，其中2字残缺。文为：【陈】[悆]【立】[事]【丁】（图七五，2；彩版三〇，2）。

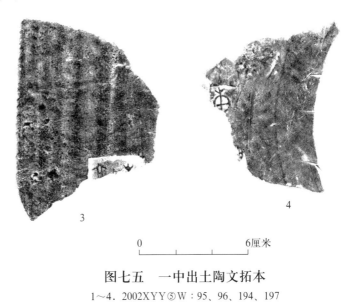

0 ——————— 6厘米

图七五　一中出土陶文拓本

1～4. 2002XYY⑤W：95、96、194、197

9. 标本2002XYY⑤W：194

陶片呈不规则三角形，为器物腹壁残片，残存部分口沿。残高7.7、宽9.7、厚0.8～1.0厘米。泥质灰陶，夹极微量细砂，质地细腻。贴塑，快轮修整，工艺规范。素面。口沿有明显的烧成后打磨修整痕迹，非常平整。器形为量杯（小）。

印面长方形，直边直角，下部残失。残高1.3、残宽2.7厘米。横向钤印于量杯的腹部，印面顶端朝向右。

印文较为清晰，阳文，存2字，均稍残。文为：[陈]【惄】【立】[事]【丁】（图七五，3；彩版三〇，3）。

10. 标本2002XYY⑤W：197

陶片呈不规则三角形，为器物腹壁残片，残存部分底。残高6.4、宽8.0、壁厚1.1、底厚0.9～1.1厘米。底部中间略凸。泥质灰陶，夹极微量细砂，质地较为细腻。贴塑，快轮修整，工艺规范。外壁近底处有横向刮痕。素面。器形为量杯。

印面长方形，直边直角，只保留右上角。残高2.0、残宽1.4厘米。横向钤印于量杯的腹部，印面顶端朝向右。

印文较为清晰，阳文，存2字，均稍残。文为：[陈]【惄】【立】【事】【丁】（图七五，4；彩版三〇，4）。

经过比较，特别是利用拓本仔细比对，上述印面的形状、大小和印款布局、印文的数量及字体结构等都完全一致，由此可见，10件印文应为同一印章所钤印。

B型　5件。

标本HBCS：79、HBCS：99、HBCS：126、LFL：2、2002XYY⑤W：178。

5件印文陶片分别来源于5件不同的器物个体，并分属2种器形。其中2件为绳纹罐形釜，3件为素面量杯。

印面的形状、尺寸以及钤印的位置、方法都完全相同。印面长方形，直边直角。高4.2、宽2.9厘米。竖向钤印，印面顶端朝向器物口部。位于绳纹罐形釜腹壁的陶文均叠压在一道横向轮旋抹光带上，绳纹较细密，陶片内壁对应印面处有手指垫压痕迹。

印文清晰。阳文，5字。印文前4字分两列纵向布局，各列2字，最后1字独自一行居末。读序从右列第1字开始，到第2字后转到左列的第1、2字，最后到末行末字。文为：陈惄立事丁。

1. 标本HBCS：79

陶片呈不规则五边形，为器物腹壁及一部分口沿。残高6.7、宽10.3、厚1.0厘米。泥质灰陶，夹极微量细砂，质地较为细腻。贴塑，快轮修整，工艺规范。素面。口沿有明显的烧成后打磨修整痕迹，非常平整。器形为量杯。

印面长方形，直边直角，只存右上角。残高2.6、残宽1.0厘米。正向钤印，印面顶端朝向口部。

印文较为清晰，阳文，存1字。参照完整印面、印文可知，印文应为5字，文字前4字分两列纵向布局，各列2字，最后1字独自一行居末。读序从右列第1字开始，到第2字后转到左列的第1、2字，最后到末行末字。文为：【陈】【恕】立【事】【丁】（图七六，1、2；彩版三〇，5）。

2．标本HBCS：99

未见实物。根据拓本观察，陶片形状近椭圆形，为器物腹壁残片。长8.0、宽4.8厘米。素面。器形为量杯。

印面长方形，直边直角，顶端稍残。残高3.1、残宽2.9厘米。正向钤印，印面顶端朝向口部。

印文较为清晰，阳文，5字，其中2字稍残。文为：[陈]恕 [立] 事丁（图七六，3）。

3．标本HBCS：126

未见实物。根据拓本观察，陶片呈不规则四边形，为器物腹壁残片。长7.6、宽6.3厘米。绳纹，竖向，6条/厘米，绳纹间有一道宽1.9厘米的横向轮旋抹光带。器形为罐形釜。

印面为长方形，直边直角，仅存顶端一部分。残高1.9、残宽2.9厘米。正向钤印于罐形釜的上腹部，印面顶端朝向口部，叠压于抹光带上。

印文较为清晰，阳文，2字，其中1字稍残。文为：[陈]【恕】立【事】【丁】（图七七，1）。

4．标本LFL：2

著录于《夕惕藏陶》。陶片形状不规则，为器物腹壁残片，保存部分口沿。

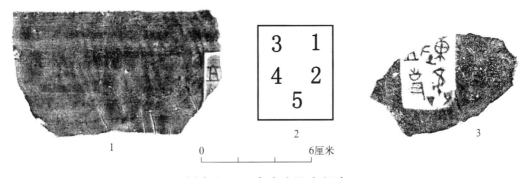

图七六　一中出土陶文拓本

1. HBCS：79　2. 读序图　3. HBCS：99

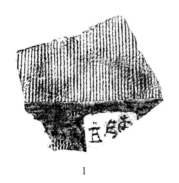

1

2

0　　　　　　　　　6厘米

图七七　一中出土陶文拓本

1~3. HBCS：126、LFL：2、2002XYY⑤W：178

3

残高8.8、宽13.9、厚1.0厘米。泥质灰陶，夹极微量细砂，质地细腻。贴塑，快轮修整，工艺规范。素面。口沿有明显的烧成后打磨修整痕迹，非常平整。器形为量杯。

印面长方形，直边直角。长4.2、宽2.9厘米。竖向钤印，印面顶端朝向口部。

印文较为清晰，阳文，5字，其中1字磨损较重，笔画不全。文为：[陈] 悊立事丁（图七七，2）。

5. 标本2002XYY⑤W：178

陶片呈不规则五边形，为器物腹壁残片。长6.7、宽5.6、厚0.8~1.0厘米。泥质灰陶，外壁颜色较深，胎及内壁颜色较浅，质地细腻。轮制，工艺规范，内壁有圆形工具垫痕。绳纹，竖向，6条/厘米。下端残留少许附加堆纹。器形为罐形釜。

印面为长方形，直边直角，仅存下半部分。残高2.1、宽2.8厘米。正向钤印于罐形釜的上腹部，附加堆纹上方，印面顶端朝向口部，陶片内壁对应印面处有手指垫压痕迹。

印文清晰，阳文，存3字，2字残，1字模糊。文为：【陈】[悊] 【立】[事]丁（图七七，3；彩版三〇，6）。

经过比较，特别是利用拓本仔细比对，上述印面的形状、大小和印文布局、印文的内容及字体结构等都完全一致，由此可见，5件印文应为同一印章所钤印。

（二）陈恳立事翰

8件。标本2002XＹＹ⑤Ｗ：97、2002XＹＹ⑤Ｗ：98、2002XＹＹ⑤Ｗ：99、2002XYY⑤W：195、2002XYY⑤W：196、HBCS：1、HBCS：11、HBCS：15。

8件印文陶片分别来源于8件不同的器物个体，并分属2种器形。其中2件为绳纹罐形釜，6件为素面量杯。

印面的形状、尺寸以及钤印的位置、方法基本相同。印面长方形，直边直角，稍倾斜。高4.7、宽3.2厘米。位于绳纹罐形釜腹壁的陶文均叠压在一道横向轮旋抹光带上，竖向钤印，印面顶端朝向器物口部，绳纹稍粗，5～6条／厘米。陶片内壁对应印面处有手指垫压痕迹。位于素面量杯的陶文横向钤印，除一件印面顶端朝左外，其余均朝右。

印文清晰，阳文，5字。右列2字，左列3字，读序从上到下，自右往左（即顺读）。文为：陈恳立事翰。

1．标本2002XYY⑤W：97

陶片形状不规则，为器物腹壁残片，保存部分口沿。残高9.2、宽10.4、厚0.8～1.2厘米。泥质灰陶，夹极微量细砂，表皮颜色较深，质地较为细腻。贴塑，快轮修整，工艺规范。素面。口沿有明显的烧成后打磨修整痕迹，非常平整。器形为量杯。

印面长方形，直边直角，稍倾斜。长4.7、宽3.2厘米。横向钤印于量杯的腹部，印面顶端朝右，陶片内壁对应印面处有手指垫压痕迹。

印文清晰，阳文，5字。右列2字，左列3字，读序从上到下，自右往左（即顺读）。文为：陈恳立事翰（图七八，1、2；彩版三一，1）。

2．标本2002XYY⑤W：98

陶片呈不规则多边形，为器物腹壁残片，保存部分底。残高8.8、宽8.3、厚1.0～1.2厘米。泥质灰陶，夹极微量细砂，颜色较浅，质地细腻。贴塑，快轮修整，工艺规范。素面。器形为量杯。

印面长方形，直边直角，上部残失。残高3.2、宽3.1厘米。横向钤印于量杯的腹部，印面顶端朝右，陶片内壁对应印面处有手指垫压痕迹。

印文清晰，阳文，存4字，其中2字残缺。文为：［陈］恳【立】［事］［翰］（图七八，3；彩版三一，2）。

3．标本2002XYY⑤W：99

陶片呈不规则多边形，为器物腹壁残片，保存部分口沿。残高7.1、宽5.3、厚0.75～1.0厘米。泥质灰陶，夹极微量细砂，表皮颜色较深，质地细腻。贴塑，快轮修整，工艺规范。素面。口沿有明显的烧成后打磨修整痕迹，非常平整。器形为

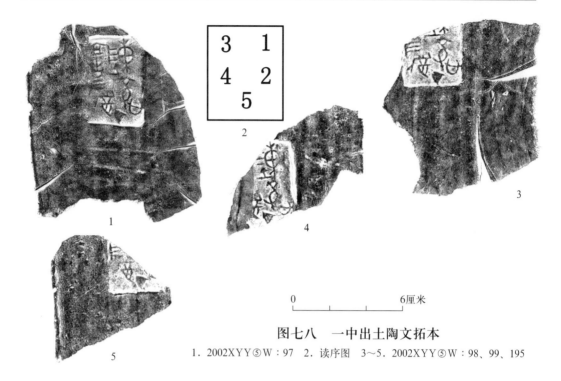

图七八　一中出土陶文拓本

1. 2002XYY⑤W：97　2. 读序图　3～5. 2002XYY⑤W：98、99、195

量杯。

印面长方形，直边直角，左上角及下端残缺。残高4.4、宽3.2厘米。横向钤印于量杯的腹部，印面顶端朝左，陶片内壁对应印面处有手指垫压痕迹。

印文清晰，阳文，存4字，其中2字残缺。文为：[陈] 忎【立】[事] 翰（图七八，4；彩版三一，3）。

4. 标本2002XYY⑤W：195

陶片呈不规则四边形，为器物腹壁残片，残存部分口沿。残高6.8、宽5.9、厚0.8～0.9厘米。泥质灰陶，夹极微量细砂，浅灰色，质地细腻。贴塑，快轮修整，工艺规范。素面。口沿有明显的烧成后打磨修整痕迹，非常平整。器形为量杯。

印面长方形，直边直角，右上角残缺。残高2.7、宽3.2厘米。横向钤印于量杯的腹部，印面顶端朝右，陶片内壁对应印面处有手指垫压痕迹。

印文清晰，阳文，存3字，其中2字残缺。文为：【陈】[忎]【立】[事] 翰（图七八，5）。

5. 标本2002XYY⑤W：196

陶片呈三角形，为器物腹壁残片。长7.8、宽4.0、厚0.9～1.4厘米。泥质灰陶，夹极微量细砂，表面黑色，胎灰色，质地较为细腻。贴塑，快轮修整，工艺规范。素面。器形为量杯。

印面长方形，直边直角，左上角残缺。残高2.8、残宽2.1厘米。横向钤印于量杯的腹部，印面顶端朝右，陶片内壁对应印面处有手指垫压痕迹。

印文较为清晰，阳文，存2字，且残。文为：【陈】[愿]【立】[事]【翰】（图七九，1）。

6．标本HBCS：1

陶片呈不规则五边形，为器物腹壁残片，保存一部分口沿及底。复原尺寸高10.3、口径14.0、底径10.2、壁厚0.72～1.7厘米。泥质灰陶，夹极微量细砂，质地细腻。贴塑，快轮修整，工艺规范。素面。口沿有明显的烧成后打磨修整痕迹，非常平整。器形为量杯。

印面长方形，直边直角。长4.7、宽3.2厘米。横向钤印于量杯的腹部，印面顶端朝右，陶片内壁对应印面处有手指垫压痕迹。

印文较为清晰，阳文，5字。文为：陈愿立事翰（图七九，2；彩版三一，4）。

7．标本HBCS：11

陶片呈不规则三角形，为器物腹壁残片。长9.2、宽6.5、厚1.0厘米。泥质灰陶，夹极微量细砂，颜色较浅，质地细腻。贴塑，快轮修整，工艺规范。绳纹，竖向，5条/厘米，绳纹间有一道宽2.6厘米的横向轮旋抹光带。器形为罐形釜。

印面长方形，直边直角，右下角残缺。残高3.4、宽3.2厘米。横向钤印于罐

图七九　一中出土陶文拓本

1. 2002XYY⑤W：196　2～4. HBCS：1、11、15

形釜的上腹部，叠压于抹光带，印面顶端朝右，陶片内壁对应印面处有手指垫压痕迹。

印文较为清晰，阳文，存3字。文为：陈【怒】立事【翰】（图七九，3；彩版三一，5）。

8. 标本HBCS：15

陶片呈不规则五边形，为器物腹壁残片。长6.8、宽6.4、厚0.7～0.8厘米。泥质灰陶，夹极微量细砂，颜色较浅，质地细腻。贴塑，快轮修整，工艺规范。绳纹，竖向，6条/厘米，绳纹间有一道宽2.4厘米的横向轮旋抹光带。器形为罐形釜。

印面长方形，直边直角，右下角残缺。残高3.9、残宽2.1厘米。正向钤印于罐形釜的上腹部，叠压于抹光带，印面顶端朝向口部，陶片内壁对应印面处有手指垫压痕迹。

印文较为清晰，阳文，存4字，其中2字残缺。文为：[陈]【怒】立事［翰］（图七九，4；彩版三一，6）。

经过比较，特别是利用拓本仔细比对，上述印面的形状、大小和印文布局、印文的数量及字体结构等都完全一致，由此可见，8件印文应为同一印章所钤印。

（三）陈怒立事僕

8件。标本2002XYY⑤W：100、2002XYY⑤W：101、HBCS：43、HBCS：49、HBCS：80、HBCS：96、HBCS：97、HBCS：133。

8件印文陶片分别来源于8件不同的器物个体，并分属2种器形。其中5件为绳纹罐形釜，3件为素面量杯。

印面的形状、尺寸以及钤印的位置、方法基本相同。印面长方形，直边直角。高4.2、宽2.9厘米。位于绳纹罐形釜腹壁的陶文均叠压在一道横向轮旋抹光带上，正向钤印，印面顶端朝向器物口部，绳纹细密，8条/厘米。陶片内壁对应印面处有手指垫压痕迹。钤于量杯腹部的陶文有2件横向钤印，印面顶端朝右，1件正向钤印，印面顶端朝向口部。

印文清晰。阳文，5字。文字分两列纵向布局，左列3字，右列2字，读序从上到下，自右往左（即顺读）。文为：陈怒立事僕。

1. 标本2002XYY⑤W：100

陶片呈三角形，为器物腹壁残片。长9.8、宽9.0～10.0、厚0.9厘米。泥质灰陶，夹极微量细砂，质地细腻。贴塑，快轮修整，内壁有圆形工具垫痕，工艺规范。绳纹，竖向，8条/厘米，上部有一道残宽2.0厘米左右的横向轮旋抹光带，下端有一道附加堆纹。器形为罐形釜。

印面长方形，直边直角，顶端残。残高3.5、宽2.8厘米。正向钤印于罐形釜的上腹部，叠压于抹光带，印面顶端朝向口部，陶片内壁对应印面处有手指垫压痕迹。

印文清晰，阳文，存4字，其中1字残缺。参照完整印面、印文可知，印文应为5字，文字分两列纵向布局，右列2字，左列3字。读序从上到下，自右往左（即顺读）。文为：[陈] 愬【立】事僕（图八〇，1、2；彩版三二，1）。

2．标本2002XYY⑤W：101

陶片呈不规则五边形，为器物腹壁残片。长8.3、宽6.1、厚0.8～1.2厘米。泥质灰陶，夹极微量细砂，质地细腻。贴塑，快轮修整，内壁有圆形工具垫痕，工艺规范。绳纹，竖向，8条/厘米，绳纹间有一道宽2.8厘米的横向轮旋抹光带。器形为罐形釜。

印面长方形，直边直角，左下部残缺。残高2.8、残宽2.0厘米。正向钤印于罐形釜的上腹部，叠压于抹光带，印面顶端朝向口部，陶片内壁对应印面处有手指垫压痕迹。

印文清晰，阳文，仅存1字，且稍残。文为：[陈]【愬】【立】【事】【僕】（图八〇，3；彩版三二，2）。

3．标本HBCS：43

陶片形状近长方形，为器物腹壁残片。长5.7、宽3.0、厚0.7厘米。泥质灰陶，质地细腻。贴塑，快轮修整，工艺规范，内壁有圆形工具垫痕。素面，根据其他印文陶片推测，陶片上的素面部位为绳纹间的横向轮旋抹光带，其残宽2.6厘

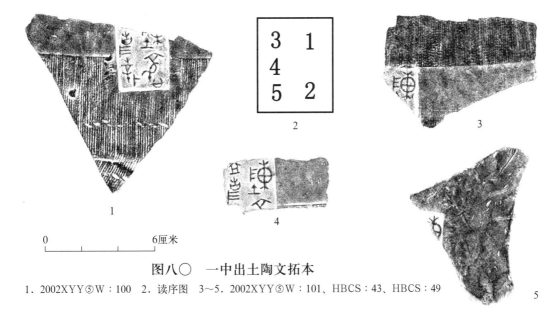

图八〇 一中出土陶文拓本

1. 2002XYY⑤W：100 2. 读序图 3～5. 2002XYY⑤W：101、HBCS：43、HBCS：49

米。器形为罐形釜。

印面长方形，直边直角，上、下部都有残缺。残高3.0、残宽2.85厘米。正向钤印于罐形釜的上腹部，印面顶端朝向口部，叠压于抹光带，陶片内壁对应印面处有手指垫压痕迹。

印文清晰，阳文，存4字，其中1字残。文为：陈［忢］立事【僕】（图八〇，4；彩版三二，3）。

4．标本HBCS：49

陶片呈不规则三角形，为器物腹部及一部分底。残高5.9、宽10.6、厚1.0～2.2厘米。泥质灰陶，夹少量细砂，质地较为细腻。贴塑，快轮修整。素面。器形为量杯。

印面长方形，直边直角，残，仅存右上角。残高1.8、残宽1.5厘米。横向钤印于量杯的腹部，印面顶端朝右。

印文较为清晰，阳文，存1字，且残。文为：[陈]【忢】【立】【事】【僕】（图八〇，5；彩版三二，4）。

5．标本HBCS：80

陶片形状大致呈不规则四边形，为器物腹壁及一部分底。残高8.1、宽13.9、厚0.7～1.8厘米。泥质，夹少量细砂，深灰色，质地较为细腻。贴塑，快轮修整，工艺规范。素面。底部周围留有制器时的刮削痕迹。器形为量杯。

印面长方形，直边直角，左部残缺。高4.2、残宽2.6厘米。横向钤印于量杯的腹部，印面顶端朝右。

印文较为清晰，阳文，5字，其中3字重残。文为：陈忢［立］［事］［僕］（图八一，1；彩版三二，5）。

6．标本HBCS：96

未见实物。根据拓本观察，陶片呈不规则四边形，为器物腹壁残片。长7.8、宽4.5厘米。绳纹，竖向，8条/厘米，上部有一道残宽2.6厘米的横向轮旋抹光带。器形为罐形釜。

印面长方形，直边直角，顶端及左端残。残高3.9、残宽1.7厘米。正向钤印于罐形釜的上腹部，叠压于抹光带，印面顶端朝向口部。

印文较为清晰，阳文，存2字，其中1字稍残。文为：[陈]忢【立】【事】【僕】（图八一，2）。

7．标本HBCS：97

未见实物。根据拓本观察，陶片呈不规则四边形，为器物腹壁残片。长9.0、宽8.3厘米。素面。器形为量杯。

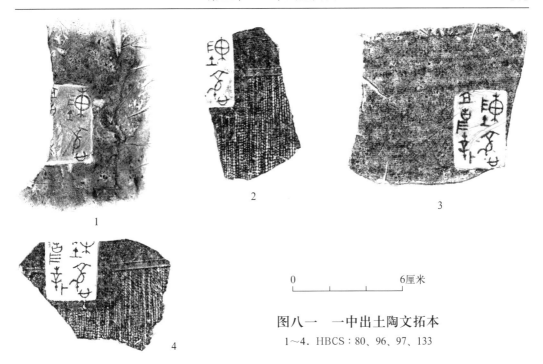

图八一　一中出土陶文拓本

1～4. HBCS：80、96、97、133

印面长方形，直边直角。长4.2、宽2.9厘米。正向钤印于量杯的腹部，印面顶端朝向口部。

印文清晰，阳文，5字。文为：陈悊立事僕（图八一，3）。

8．标本HBCS：133

未见实物。根据拓本观察，陶片呈不规则四边形，为器物腹壁残片。长8.3、宽5.9厘米。绳纹，竖向，8条/厘米，绳纹间有一道宽1.6厘米的横向轮旋抹光带。器形为罐形釜。

印面长方形，直边直角，上部残缺。残高3.9、宽2.9厘米。正向钤印于罐形釜的上腹部，印面顶端朝向口部，叠压于抹光带。

印文清晰，阳文，存4字，其中2字残缺。文为：[陈] 悊【立】[事] 僕（图八一，4）。

经过比较，特别是利用拓本仔细比对，上述印面的形状、大小和印文布局、印文的内容及字体结构等都完全一致，由此可见，8件印文应为同一印章所钤印。

四　陈戬类

印面较为规整，基本为长方形，四边较直。一部分为正向钤印，印面顶端朝向口部，一部分横向钤印，印面顶端朝右。部分位于绳纹罐形釜腹壁的陶文竖向叠压在一道横向轮旋抹光带上，另一部分无抹光带。绳纹不甚细密，5～6条/厘米。共32件，分为3个类型。

（一）陈戭立事鞝

11件。标本2002XＹＹ⑤Ｗ：102、2002XＹＹ⑤Ｗ：103、2002XＹＹ⑤Ｗ：104、2002XＹＹ⑤Ｗ：105、2002XＹＹ⑤Ｗ：208、2002XＹＹ⑤Ｗ：219、HBCS：8、HBCS：10、HBCS：36、HBCS：47、LFL：9。

11件印文陶片分别来源于11件不同的器物个体，并分属2种器形。其中6件为绳纹罐形釜，5件为素面量杯。

印面的形状、尺寸完全相同。印面长方形，直边直角。长3.8、宽2.5厘米。钤印方式有横有竖，陶片内壁对应印面处有手指垫压痕迹。

印文大多较为清晰，阳文，5字。文字分两列纵向布局，右列2字，左列3字。读序从上到下，自右往左（即顺读）。文为：陈戭立事鞝。

1．标本2002XＹＹ⑤Ｗ：102

陶片呈不规则四边形，为器物腹壁残片，保存部分口沿。残高9.2、宽6.5、厚0.8～1.0厘米。泥质灰陶，夹极微量细砂，质地细腻。贴塑，快轮修整，工艺规范。素面。口沿有明显的烧成后打磨修整痕迹，非常平整。器形为量杯。

印面长方形，直边直角。长3.8、宽2.5厘米。横向钤印于量杯的腹部，印面顶端朝右，陶片内壁对应印面处有手指垫压痕迹。

印文清晰，阳文，5字。文字分两列纵向布局，右列2字，左列3字。读序从上到下，自右往左（即顺读）。文为：陈戭立事鞝（图八二，1、2；彩版三三，1）。

2．标本2002XＹＹ⑤Ｗ：103

陶片呈不规则三角形，为器物腹壁残片，保存部分口沿。残高9.6、宽10.8、厚0.7～1.0厘米。泥质灰陶，夹极微量细砂，质地细腻。贴塑，快轮修整，工艺规范。素面。口沿有明显的烧成后打磨修整痕迹，非常平整。器形为量杯。

印面长方形，直边直角。长3.8、宽2.5厘米。横向钤印于量杯的腹部，印面顶端朝右，陶片内壁对应印面处有手指垫压痕迹。

印文清晰，阳文，5字。文为：陈戭立事鞝（图八二，3；彩版三三，2）。

3．标本2002XＹＹ⑤Ｗ：104

陶片呈不规则五边形，为器物腹壁残片，保存部分口沿。残高7.7、宽7.2、厚0.8～1.1厘米。泥质灰陶，夹极微量细砂，表皮颜色较深，胎及内壁颜色较浅，质地细腻。贴塑，快轮修整，工艺规范。素面。口沿有明显的烧成后打磨修整痕迹，非常平整。器形为量杯。

图八二　一中出土陶文拓本

1. 2002XYY⑤W：102　2. 读序图　3、4. 2002XYY⑤W：103、104

　　印面长方形，直边直角。残高3.7、宽2.5厘米。横向钤印于量杯的腹部，印面顶端朝右，陶片内壁对应印面处有手指垫压痕迹。

　　印文较为模糊，但字迹能够辨识，阳文，5字，其中1字稍残，1字磨损。文为：陈戢［立］【事】翰（图八二，4；彩版三三，3）。

4. 标本2002XYY⑤W：105

　　陶片呈不规则四边形，为器物腹壁残片，保存部分口沿。残高9.1、宽7.0、厚0.8～1.0厘米。泥质灰陶，夹极微量细砂，表皮颜色较深，内壁颜色较浅，胎呈黄褐色。贴塑，快轮修整，工艺规范。素面。口沿有明显的烧成后打磨修整痕迹，非常平整。器形为量杯。

　　印面长方形，直边直角，上部稍残。残高2.7、宽2.5厘米。横向钤印于量杯的腹部，印面顶端朝右，陶片内壁对应印面处有手指垫压痕迹。

　　印文较为清晰，阳文，4字，其中2字稍残。文为：［陈］戢【立】［事］翰（图八三，1；彩版三三，4）。

5. 标本2002XYY⑤W：208

　　陶片呈不规则三角形，为器物腹壁残片。长8.2、宽4.7、厚0.7厘米。泥质灰陶，夹极微量细砂，颜色较浅，质地细腻。贴塑，快轮修整，内壁有圆形工具垫痕，工艺规范。绳纹，竖向，5条/厘米。器形为罐形釜。

　　印面长方形，直边直角，仅存右上角。残高1.0、残宽1.1厘米。正向钤印于罐

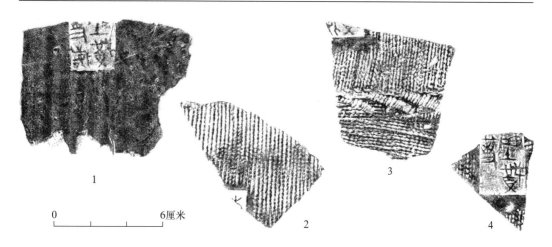

图八三　一中出土陶文拓本

1～3. 2002XYY⑤W：105、208、219　4. HBCS：8

形釜的上腹部，印面顶端朝向口部，钤印前先将印面相应部位绳纹抹平，其范围略大于印面，器物内壁对应印面处有手指垫压痕迹。

印文较为清晰，阳文，仅存1字，且残。文为：[陈]【戠】【立】【事】【翰】（图八三，2；彩版三三，5）。

6. 标本2002XYY⑤W：219

陶片呈不规则四边形，为器物腹壁残片。长7.2、宽6.6、厚0.7～0.9厘米。泥质灰陶，夹极微量细砂，青灰色，质地细腻。贴塑，快轮修整，内壁有圆形工具垫痕，工艺规范。绳纹，陶片中部有一道横向附加堆纹，其上为竖向绳纹，6条/厘米，其下为交错绳纹。器形为罐形釜。

印面长方形，直边直角，仅存右下角。残高0.95、残宽2.0厘米。正向钤印于罐形釜的上腹部，印面顶端朝向口部，钤印前先将印面相应部位绳纹抹平，其范围略大于印面，器物内壁对应印面处有手指垫压痕迹。

印文较为清晰，阳文，存2字，且都残。文为：【陈】[戠]【立】【事】[翰]（图八三，3；彩版三三，6）。

7. 标本HBCS：8

陶片呈不规则四边形，为器物腹壁残片。长5.3、宽4.3、厚0.6～0.9厘米。泥质灰陶，夹极微量细砂，颜色较浅，质地细腻。贴塑，快轮修整，内壁有圆形工具垫痕，工艺规范。绳纹，竖向，6条/厘米。器形为罐形釜。

印面长方形，直边直角，顶端稍残。残高3.4、宽2.5厘米。正向钤印于罐形釜的上腹部，印面顶端朝向口部，钤印前先将印面相应部位绳纹抹平，其范围略大于印面，器物内壁对应印面处有手指垫压痕迹。

印文较为清晰，阳文，存4字，其中1字稍残，1字磨损。文为：陈戠［立］事【翰】（图八三，4；彩版三四，1）。

8．标本HBCS：10

陶片大致呈三角形，为器物腹壁残片，残存部分口沿。残高9.4、宽7.8、厚0.8～1.0厘米。泥质灰陶，夹极微量细砂，颜色较浅，质地细腻。贴塑，快轮修整，工艺规范。素面。口沿有明显的烧成后打磨修整痕迹，非常平整。器形为量杯。

印面长方形，直边直角，仅存左上角。残高3.3、宽2.0厘米。正向钤印于量杯的腹部，印面顶端朝向口部，器物内壁对应印面处有手指垫压痕迹。

印文较为清晰，阳文，存3字，其中1字稍残。文为：［陈］【戠】立事【翰】（图八四，1；彩版三四，2）。

9．标本HBCS：36

陶片呈不规则四边形，为器物腹壁残片。长8.3、宽7.1、厚0.7厘米。泥质灰陶，夹极微量细砂，颜色较浅，质地细腻。贴塑，快轮修整，内壁有圆形工具垫痕，工艺规范。绳纹，竖向，6条/厘米。绳纹下有一道附加堆纹。器形为罐形釜。

印面长方形，直边直角，左侧稍残。高3.8、残宽1.9厘米。正向钤印于罐形釜的上腹部，印面顶端朝向口部，钤印前先将印面相应部位绳纹抹平，其范围略大于印面，器物内壁对应印面处有手指垫压痕迹。

印文较为清晰，阳文，5字，其中2字稍残，1字磨损。文为：［陈］【戠】立事［翰］（图八四，2；彩版三四，3）。

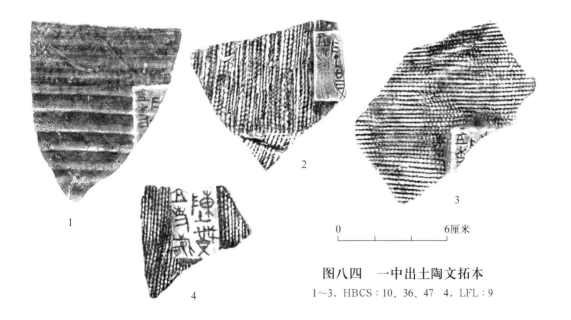

图八四　一中出土陶文拓本

1～3．HBCS：10、36、47　4．LFL：9

10．标本HBCS：47

陶片呈不规则四边形，为器物腹壁残片。长10.0、宽6.0、厚0.6厘米。泥质灰陶，夹极微量细砂，质地细腻。贴塑，快轮修整，内壁有圆形工具垫痕，工艺规范。绳纹，竖向，4条/厘米。器形为罐形釜。

印面长方形，直边直角，残，仅存左上角。残高2.3、残宽2.45厘米。横向钤印于罐形釜的上腹部，印面朝向无法确定，钤印前先将印面相应部位绳纹抹平，其范围略大于印面，器物内壁对应印面处有手指垫压痕迹。

印文较为清晰，阳文，存3字，其中2字稍残。文为：[陈]【戗】立 [事]【翰】（图八四，3；彩版三四，4）。

11．标本LFL：9

未见实物。根据拓本观察，陶片呈不规则四边形，为器物腹壁残片。长6.0、宽5.9厘米。绳纹，竖向，5条/厘米。器形为罐形釜。

印面长方形，直边直角，顶端及右下角稍残。残高3.8、宽2.5厘米。横向钤印于罐形釜的上腹部，印面顶端朝向口部，钤印前先将印面相应部位绳纹抹平，其范围略大于印面。

印文较为清晰，阳文，5字。文为：陈戗立事翰（图八四，4）。

经过比较，特别是利用拓本仔细比对，上述印面的形状、大小和印文布局、印文的内容及字体结构等都完全一致，由此可见，11件印文应为同一印章所钤印。

（二）陈戗立事僕

13件。标本2002XＹＹ⑤Ｗ：106、2002XＹＹ⑤Ｗ：107、2002XＹＹ⑤Ｗ：108、2002XＹＹ⑤Ｗ：109、2002XＹＹ⑤Ｗ：110、2002XＹＹ⑤Ｗ：180、2002XＹＹ⑤Ｗ：191、2002XＹＹ⑤Ｗ：215、HBCS：13、HBCS：53、HBCS：88、HBCS：122、LFL：8。

13件印文陶片分别来源于13件不同的器物个体，并分属2种器形。其中6件为绳纹罐形釜，7件为素面量杯。

印面的形状、尺寸完全相同。印面长方形，直边直角。长3.8、宽2.4厘米。钤印方式有横有竖，陶片内壁对应印面处有手指垫压痕迹。

印文大多较为清晰，阳文，5字。文字分两列纵向布局，右列2字，左列3字。读序从上到下，自右往左（即顺读）。文为：陈戗立事僕。

1．标本2002XYY⑤Ｗ：106

陶片呈不规则四边形，为器物腹壁残片。长6.5、宽6.0、厚0.7厘米。泥质灰陶，夹极微量细砂，质地细腻。贴塑，快轮修整，内壁留有圆形垫痕，工艺规范。绳纹，竖向，5条/厘米。器形为罐形釜。

印面长方形，直边直角，右上角稍残。高3.8、宽2.4厘米。正向钤印于罐形釜的上腹部，印面顶端朝向口部，钤印前先将印面相应部位绳纹抹平，其面积略大于印面范围，器物内壁对应印面处有手指垫压痕迹。

印文清晰，阳文，5字，其中1字稍残。文字分两列纵向布局，右列2字，左列3字。读序从上到下，自右往左（即顺读）。文为：陈戠立事僕（图八五，1、2；彩版三五，1）。

2. 标本2002XYY⑤W：107

陶片呈不规则三角形，为器物腹壁残片，保存部分口沿和少量底。长10.8、宽10.3、厚1.0～1.3厘米。泥质灰陶，夹极微量细砂，表皮颜色较深，内壁及胎颜色较浅，不一致。贴塑，快轮修整，工艺规范。素面。口沿留有明显的烧成后打磨修整痕迹，非常平整。器形为量杯。

印面长方形，下端较为模糊，直边直角。长3.8、宽2.4厘米。正向钤印于量杯的腹部，印面顶端朝向口部，器物内壁对应印面处有手指垫压痕迹。

印文较为清晰，阳文，5字。文为：陈戠立事僕（图八五，3；彩版三五，2）。

3. 标本2002XYY⑤W：108

陶片呈不规则三角形，为器物腹壁残片。长7.8、宽5.9、厚0.8厘米。泥质灰陶，夹极微量细砂，质地细腻。贴塑，快轮修整，内壁有圆形工具垫痕，工艺规

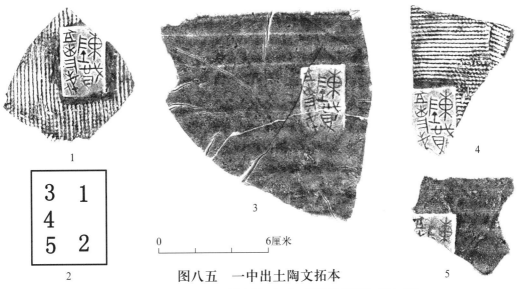

图八五 一中出土陶文拓本

1. 2002XYY⑤W：106 2. 读序图 3～5. 2002XYY⑤W：107～109

范。绳纹，竖向，5条/厘米。残存少许附加堆纹。器形为罐形釜。

印面长方形，直边直角，下部稍残。高3.8、残宽2.35厘米。横向钤印于罐形釜的上腹部，印面顶端朝右，钤印前先将印面相应部位绳纹抹平，其面积略大于印面范围，器物内壁对应印面处有手指垫压痕迹。

印文较为清晰，阳文，5字，其中2字稍残。文为：陈［戟］立事［僕］（图八五，4；彩版三五，3）。

4．标本2002XYY⑤W：109

陶片呈不规则四边形，为器物腹壁残片，保存部分口沿。长5.4、宽7.2、厚1.1～1.2厘米。泥质灰陶，夹极微量细砂，表皮颜色较深，内壁及胎颜色较浅，不一致，质地细腻。贴塑，快轮修整，工艺规范。素面。口沿留有明显的烧成后打磨修整痕迹，非常平整。器形为量杯。

印面长方形，直边直角。残高2.1、残宽2.4厘米。正向钤印于量杯的腹部，印面顶端朝向口部。

印文较为清晰，阳文，存3字，均稍残。文为：［陈］【戟】［立］［事］【僕】（图八五，5；彩版三五，4）。

5．标本2002XYY⑤W：110

陶片呈不规则四边形，为器物腹壁残片，保存部分口沿及少量底。长11.1、宽6.7、厚0.7～1.8厘米。泥质灰陶，夹极微量细砂，内壁及胎颜色较浅，质地细腻。贴塑，快轮修整，工艺规范。素面。口沿有明显的烧成后打磨修整痕迹，非常平整。器形为量杯。

印面长方形，直边直角，残，仅存左下角。残高3.1、残宽1.8厘米。正向钤印于量杯的腹部，印面顶端朝向口部。

印文较为清晰，阳文，存3字，其中2字稍残。文为：【陈】［戟］【立】［事］僕（图八六，1；彩版三五，5）。

6．标本2002XYY⑤W：180

陶片为不规则四边形，为器物腹壁残片。长7.7、宽6.4、厚0.7厘米。泥质灰陶，颜色较浅。贴塑，快轮修整，工艺规范，内壁有圆形工具垫痕。绳纹，竖向，较为模糊，绳纹间一道宽2.4厘米的横向轮旋抹光带。器形为罐形釜。

印面长方形，直边直角，仅存右上角。残高1.4、残宽1.1厘米。正向钤印于罐形釜的上腹部，印面顶端朝向口部，与横向抹光带交错叠压，陶片内壁对应印面处有手指垫压痕迹。

印文较为清晰，阳文，存1字，且稍残。文为：［陈］【戟】【立】【事】【僕】（图八六，2；彩版三五，6）。

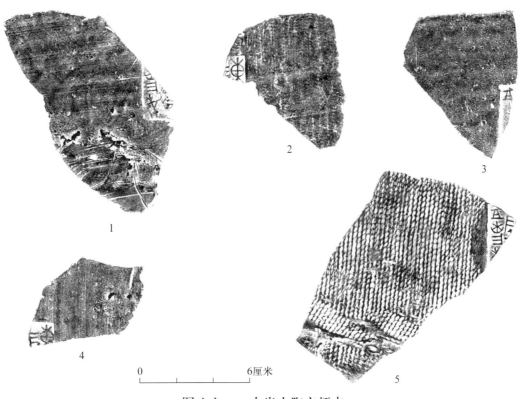

图八六　一中出土陶文拓本

1～4．2002XYY⑤W：110、180、191、215　5．HBCS：13

7．标本2002XYY⑤W：191

陶片为不规则四边形，为器物腹壁残片，残存部分口沿。残高8.0、宽6.2、厚1.0厘米。泥质灰陶，夹极微量细砂，质地细腻。贴塑，快轮修整，工艺规范。素面。口沿有明显的烧成后打磨修整痕迹，非常平整。器形为量杯。

印面长方形，直边直角，残，仅存左上角。残高2.9、残宽0.9厘米。正向钤印于量杯的腹部，印面顶端朝向口部。

印文较为清晰，阳文，仅存1字。文为：【陈】【戴】立【事】【僕】（图八六，3；彩版三六，1）。

8．标本2002XYY⑤W：215

陶片为不规则五边形，为器物腹壁残片。长6.4、宽4.2、厚0.9～1.0厘米。泥质灰陶，夹极微量细砂，质地细腻。贴塑，快轮修整，工艺规范。素面。器形为量杯。

印面长方形，直边直角，仅存右上角。残高1.3、残宽1.5厘米。横向钤印于量杯的腹部，印面顶端朝右。

印文较为清晰，阳文，存1字，且残。文为：[陈]【戠】【立】【事】【僕】（图八六，4；彩版三六，2）。

9．标本HBCS：13

陶片呈不规则四边形，为器物腹壁残片。长12.0、宽7.5、厚0.7～0.9厘米。泥质灰陶，夹极微量细砂，颜色较浅，质地细腻。贴塑，快轮修整，内壁留有圆形工具垫痕，工艺规范。绳纹，竖向，4条/厘米，下部有一道横向附加堆纹。器形为罐形釜。

印面长方形，直边直角，大部分残缺，仅存左半部。残高3.3、残宽1.6厘米。正向钤印于罐形釜的上腹部，印面顶端朝向口部，钤印前先将印面相应部位绳纹抹平，其面积略大于印面范围，器物内壁对应印面处有手指垫压痕迹。

印文较为清晰，阳文，存4字，其中2字残缺。文为：[陈]【戠】立事［僕］（图八六，5；彩版三六，3）。

10．标本HBCS：53

陶片呈不规则三角形，为器物腹壁残片。长8.4、宽3.6、厚0.7～0.95厘米。泥质灰陶，夹极微量细砂，颜色较浅，质地细腻。贴塑，快轮修整，内壁有圆形工具垫痕，工艺规范。绳纹，竖向，5条/厘米。器形为罐形釜。

印面长方形，直边直角，右上角残失。残高2.3、残宽1.8厘米。横向钤印于罐形釜的上腹部，印面朝向无法确定，钤印前先将印面相应部位绳纹抹平，其面积略大于印面范围，器物内壁对应印面处有手指垫压痕迹。

印文较为清晰，阳文，存1字。文为：【陈】【戠】【立】【事】僕（图八七，1；彩版三六，4）。

11．标本HBCS：88

陶片呈不规则四边形，为器物腹壁残片，保存部分口沿。长6.9、宽6.7、厚

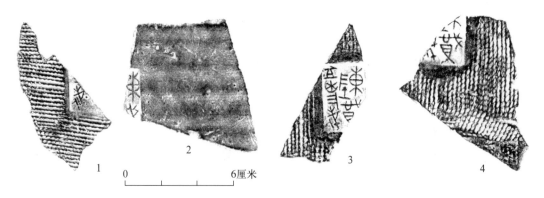

图八七　一中出土陶文拓本
1～3. HBCS：53、88、122　4. LFL：8

0.9厘米。泥质灰陶，夹极微量细砂，陶色较深。贴塑，快轮修整，工艺规范。素面。口沿有明显的烧成后打磨修整痕迹，非常平整。器形为量杯。

印面长方形，直边直角，仅存右半部分。残高2.8、残宽1.1厘米。正向钤印于量杯的腹部，印面顶端朝向口部。

印文较为清晰，阳文，存2字，均残。文为：［陈］［戠］【立】【事】【僕】（图八七，2；彩版三六，5）。

12．标本HBCS：122

未见实物。根据拓本观察，陶片呈不规则四边形，为器物腹壁残片。长8.0、宽2.8厘米。绳纹，竖向，4条／厘米。器形为罐形釜。

印面长方形，直边直角，右下角残失。高3.8、残宽2.4厘米。正向钤印于罐形釜的上腹部，印面顶端朝向口部，钤印前先将印面相应部位绳纹抹平，其面积略大于印面范围。

印文较为清晰，阳文，5字，其中1字稍残。文为：陈［戠］立事僕（图八七，3）。

13．标本LFL：8

著录于《夕惕藏陶》。陶片呈不规则三角形，为器物腹壁残片。长8.2、宽6.0、壁厚0.8厘米。泥质灰陶，夹极微量细砂，质地细腻。贴塑，快轮修整，工艺规范。绳纹，竖向，4条／厘米。残存少许附加堆纹。器形为罐形釜。

印面长方形，直边直角，左上角残失。残高2.7、残宽2.4厘米。正向钤印于罐形釜的上腹部，附加堆纹的上方，印面顶端朝向口部，钤印前先将印面相应部位绳纹抹平，其面积略大于印面范围，器物内壁对应印面处有手指垫压痕迹。

印文较为清晰，阳文，存3字，其中2字残。文为：［陈］戠【立】【事】僕（图八七，4）。

经过比较，特别是利用拓本仔细比对，上述印面的形状、大小和印文布局、印文的内容及字体结构等都完全一致，由此可见，13件印文应为同一印章所钤印。

（三）陈戠立事緇

8件。标本2002XYY⑤W：111、2002XYY⑤W：112、2002XYY⑤W：113、2002XYY⑤W：114、2002XYY⑤W：115、2002XYY⑤W：201、2002XYY⑤W：211、HBCS：121。

8件印文陶片分别来源于8件不同的器物个体，并分属2种器形。其中6件为绳纹罐形釜，2件为素面量杯。

印面的形状、尺寸以及钤印的位置、方法都完全相同。印面长方形，直边直角。高3.8、宽2.5厘米。均为正向钤印，印面顶端朝向器物口部，位于绳纹罐形釜腹壁的陶文绝大多数叠压在一道横向轮旋抹光带上，绳纹有粗有细。陶片内壁对应印面处有手指垫压痕迹。

印文为阳文，5字。文字分两列纵向布局，右列2字，字体大。左列3字，字体小。读序从上到下，自右往左（即顺读）。文为：陈戠立事缗。

1. 标本2002XYY⑤W：111

陶片呈不规则四边形，为器物腹壁残片，保存部分口沿。残高8.4、宽9.8、厚0.6～0.8厘米。泥质灰陶，夹极微量细砂，外壁颜色较深，内壁及胎较浅，质地细腻。贴塑，快轮修整，内壁有圆形工具垫痕，工艺规范。素面。口沿有明显的烧成后打磨修整痕迹，非常平整。器形为量杯。

印面长方形，直边直角，右部残缺。长3.8、残宽2.1厘米。正向钤印于量杯的腹部，印面顶端朝向口部，器物内壁对应印面处有手指垫压痕迹。

印文较为模糊，阳文，5字，其中2字稍残。参照完整印面、印文可知，印文应为5字，文字分两列纵向布局，右列2字，字体大。左列3字，字体小。读序从上到下，自右往左（即顺读）。文为：[陈][戠]立事缗（图八八，1、2；彩版三七，1）。

2. 标本2002XYY⑤W：112

陶片呈不规则四边形，为器物腹壁残片，接近口沿的位置。长7.5、宽5.9、厚0.8～1.3厘米。泥质灰陶，夹极微量细砂，胎及内壁黄褐色，质地细腻。贴塑，快

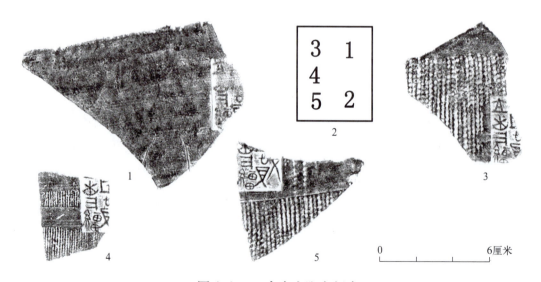

图八八　一中出土陶文拓本

1. 2002XYY⑤W：111　2. 读序图　3～5. 2002XYY⑤W：112～114

轮修整，内壁有圆形工具垫痕，工艺规范。绳纹，竖向，4条/厘米，接近口沿部分绳纹抹平。器形为罐形釜。

印面长方形，直边直角，右部残失。残高3.6、残宽1.25厘米。正向钤印于罐形釜的上腹部，印面顶端朝向口部，钤印前先将印面相应部位绳纹抹平，其面积略大于印面范围，器物内壁对应印面处有手指垫压痕迹。

印文较为清晰，阳文，5字，其中2字稍残。文为：[陈][戠]立事缗（图八八，3；彩版三七，2）。

3. 标本2002XYY⑤W：113

陶片呈不规则四边形，为器物腹壁残片。长4.9、宽3.9、厚0.7厘米。泥质灰陶，夹极微量细砂，质地细腻。贴塑，快轮修整，内壁有圆形工具垫痕，工艺规范。绳纹，竖向，8条/厘米，绳纹间有两道相邻的横向轮旋抹光带，下端一条宽约1.1、顶端残宽1.1、间距0.95厘米。器形为罐形釜。

印面长方形，直边直角，顶端及右侧稍残。残高2.9、残宽1.6厘米。正向钤印于罐形釜的上腹部，印面顶端朝向口部，叠压于抹光带，陶片内壁对应印面处有手指垫压痕迹。

印文清晰，阳文，5字，其中3字稍残或重残。文为：[陈][戠][立]事缗（图八八，4；彩版三七，3）。

4. 标本2002XYY⑤W：114

陶片呈不规则三角形，为器物腹壁残片。边长7.0、8.0、6.5、厚0.8厘米。泥质灰陶，夹极微量细砂，颜色较浅，质地细腻。贴塑，快轮修整，内壁有圆形工具垫痕，工艺规范。绳纹，竖向，8条/厘米，绳纹间有一道残宽2.1厘米的横向轮旋抹光带。器形为罐形釜。

印面长方形，直边直角，顶端及右侧稍残。残高2.7、残宽2.5厘米。正向钤印于罐形釜的上腹部，印面顶端朝向口部，与横向抹光带交错叠压，陶片内壁对应印面处有手指垫压痕迹。

印文清晰，阳文，存3字，其中2字稍残。文为：【陈】[戠]【立】事缗（图八八，5；彩版三七，4）。

5. 标本2002XYY⑤W：115

陶片呈不规则五边形，为器物腹壁残片，保存部分口沿。残高11.3、宽9.3、厚0.7～1.25厘米。泥质灰陶，夹极微量细砂，内壁黄褐色，胎为灰色、黄褐色相间，质地细腻。贴塑，快轮修整，内壁有圆形工具垫痕，工艺规范。绳纹，竖向，4条/厘米，绳纹间有一道残宽2.6厘米的横向轮旋抹光带，口沿下绳纹抹平。口沿有明显的烧成后打磨修整痕迹，非常平整。器形为罐形釜。

印面长方形，直边直角，右下角残失。残高2.1、残宽2.2厘米。正向钤印于罐形釜的上腹部，印面顶端朝向口部，与横向抹光带交错叠压，陶片内壁对应印面处有手指垫压痕迹。

印文清晰，阳文，存3字，其中2字残缺。文为：[陈]【戳】立 [事]【缰】（图八九，1；彩版三七，5）。

6．标本2002XYY⑤W：201

陶片呈不规则四边形，为器物腹壁残片。长9.8、宽9.4、厚0.7～1.3厘米。泥质灰陶，夹极微量细砂，颜色较深，质地细腻。贴塑，快轮修整，内壁有圆形工具垫痕，工艺规范。绳纹，竖向，7～8条/厘米。绳纹间有一道残宽2.25厘米的横向抹光带。器形为罐形釜。

印面长方形，直边直角，仅存左上角。残高1.5、残宽0.9厘米。正向钤印于罐形釜的上腹部，印面顶端朝向口部，与横向抹光带交错叠压，陶片内壁对应印面处有手指垫压痕迹。

印文较为清晰，阳文，仅存1字。文为：【陈】【戳】立【事】【缰】（图八九，2；彩版三七，6）。

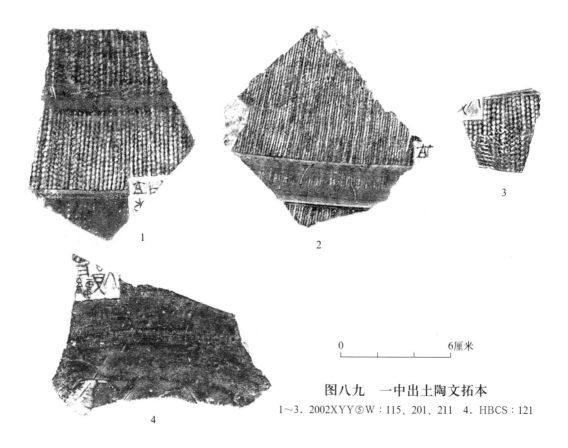

0 　　　　　　　　6厘米

图八九　一中出土陶文拓本

1～3. 2002XYY⑤W：115、201、211　4. HBCS：121

7．标本2002XYY⑤W：211

陶片呈不规则四边形，为器物腹壁残片。长4.4、宽4.3、厚0.7厘米。泥质灰陶，夹极微量细砂，颜色较浅，质地细腻。贴塑，快轮修整，内壁有圆形工具垫痕，工艺规范。绳纹，竖向，5条/厘米，绳纹间有残宽0.2厘米的横向轮旋抹光带。器形为罐形釜。

印面长方形，直边直角，仅存右下角。残高1.2、残宽1.5厘米。正向钤印于罐形釜的上腹部，印面顶端朝向口部，与横向抹光带交错叠压，陶片内壁对应印面处有手指垫压痕迹。

印文较为清晰，阳文，仅存1字。文为：【陈】【戠】【立】【事】[缿]（图八九，3）。

8．标本HBCS：121

未见实物。根据拓本观察，陶片呈不规则四边形，为器物腹壁残片，接近底部的部分。长12.2、宽8.3厘米。素面。底部留有制器时刮痕。器形为量杯。

印面长方形，直边直角，仅存右下角。残高3.8、残宽2.1厘米。正向钤印于量杯的腹部，印面顶端朝向口部。

印文较为清晰，阳文，存3字，其中2字稍残。文为：【陈】[戠]【立】[事]缿（图八九，4）。

经过比较，特别是利用拓本仔细比对，上述印面的形状、大小和印文布局、印文的内容及字体结构等都完全一致，由此可见，8件印文应为同一印章所钤印。

五　陈宴类

印面基本为长方形，但四角斜直或圆滑。横向钤印，可辨方向的印面顶端绝大多数朝右，一例朝左。罐形釜壁绳纹较粗，4～5条/厘米。共25件，分为4个类型。

（一）陈宴再【？】

3件。标本2002XYY⑤W：116、2002XYY⑤W：117、2002XYY⑤W：182。3件印文陶片分别来源于3件不同的器物个体，均为绳纹罐形釜。

印面的形状、尺寸完全相同。印面近长方形，直边，四角均截除，略呈八角形。长4.7、宽3.2厘米。横向钤印，可辨方向的印面顶端一例朝右，一例朝左。陶片内壁对应印面处有手指垫压痕迹。

印文为阳文，存3字，文字分为左右两列纵向布局，每列2字。读序从右上角开始，顺时针读序。文为：陈宴再【？】。

1. 标本2002XY2Y⑤W：116

陶片呈不规则五边形，为器物腹壁残片。长9.5、宽7.6、厚0.8～1.0厘米。泥质灰陶，夹极微量细砂，质地细腻。贴塑，快轮修整，内壁有圆形工具垫痕，工艺规范。绳纹，竖向，5条/厘米。器形为罐形釜。

印面近长方形，直边，四角截除，右下角残失。长4.7、宽3.2厘米。横向钤印于罐形釜的上腹部，印面朝向无法确定。钤印前先将印面相应部位绳纹抹平修整，其面积略大于印面的范围，陶片内壁对应印面处有手指垫压痕迹。

印文清晰，阳文，存3字，其中1字磨损。文字分为左右两列纵向布局，每列2字。读序从右上角开始，顺时针读序。文为：陈宴再【? 】（图九〇，1、2；彩版三八，1）。

2. 标本2002XYY⑤W：117

陶片呈不规则四边形，为器物腹壁残片。长13.1、宽10.6、厚0.6～1.2厘米。泥质灰陶，夹极微量细砂，颜色较浅，质地细腻。贴塑，快轮修整，内壁有圆形工具垫痕，工艺规范。中部有一道横向附加堆纹，其上为竖向绳纹，4～5条/厘米，其下为交错绳纹。器形为罐形釜。

印面近长方形，直边，四角截除，下部残失。残高2.9、宽3.2厘米。横向钤印于罐形釜的上腹部，附加堆纹上方，印面顶端朝右，钤印前先将印面相应部位绳纹抹平修整，其面积略大于印面的范围，陶片内壁对应印面处有手指垫压痕迹。

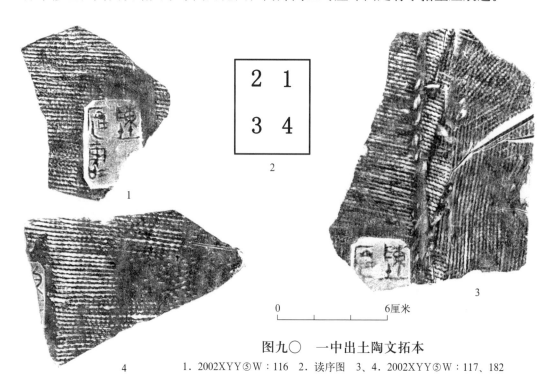

图九〇　一中出土陶文拓本

1. 2002XYY⑤W：116　2. 读序图　3、4. 2002XYY⑤W：117、182

印文清晰，阳文，存2字。文为：陈宴【再】【？】（图九〇，3；彩版三八，2）。

3．标本2002XYY⑤W：182

陶片呈不规则四边形，为器物腹壁残片。长12.2、宽8.0、厚0.8～1.2厘米。泥质灰陶，夹极微量细砂，颜色较浅，质地细腻。贴塑，快轮修整，内壁有圆形工具垫痕，工艺规范。绳纹，竖向，5条/厘米，近口沿处绳纹抹平。器形为罐形釜。

印面长方形，直边，四角截除，左半部残失。残高3.4、残宽0.7厘米。横向钤印于罐形釜的上腹部，印面顶端朝左，钤印前先将印面相应部位绳纹抹平修整，其面积略大于印面的范围，陶片内壁对应印面处有手指垫压痕迹。

印文清晰，阳文，仅存1字，且残。文为：[陈]【宴】【再】【？】（图九〇，4）。

经过比较，特别是利用拓本仔细比对，上述印面的形状、大小和印文布局、印文的内容及字体结构等都完全一致，由此可见，3件印文应为同一印章所钤印。

（二）陈宴再立胖

5件。标本2002XYY⑤W：118、2002XYY⑤W：198、2002XYY⑤W：202、HBCS：12、HBCS：42。

根据印面与文字的不同，又可分为两型。

A型　1件。

印面长方形，四边微外鼓，四角圆滑。

标本2002XYY⑤W：118

陶片呈不规则四边形，为器物腹壁残片。长11.7、宽4.5、厚0.8～1.0厘米。泥质灰陶，夹极微量细砂，表皮颜色较深，胎及内壁颜色较浅，质地细腻。贴塑，快轮修整，内壁有圆形工具垫痕，工艺规范。绳纹，竖向，4～5条/厘米。器形为罐形釜。

印面长方形，四边微外鼓，四角较为圆滑，左上角及右上角残缺。长5.0、残宽2.9厘米。横向钤印于罐形釜的上腹部，印面朝向无法确定，钤印前先将印面相应部位绳纹抹平修整，其面积略大于印面范围，陶片内壁对应印面处有手指垫压痕迹。

印文较为清晰，阳文，仅存5字，其中2字稍残。文字分两列纵向布局，右列2字，左列3字。读序从上到下，自右往左（即顺读）。文为：[陈]宴[再]立胖（图九一，1、2；彩版三八，3）。

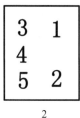

2

0   6厘米

1

图九一　一中出土陶文拓本

1. 2002XYY⑤W：118　2. 读序图

B型　4件。

标本2002XYY⑤W：198、2002XYY⑤W：202、HBCS：12、HBCS：42。

4件印文陶片分别来源于4件不同的器物个体，均为绳纹罐形釜。

印面的形状、尺寸、钤印方式等完全相同。印面长方形，直边，四角截除。长不详，宽2.9厘米。横向钤印，印面顶端朝右。陶片内壁对应印面处有手指垫压痕迹。

印文应为5字，文字分两列纵向布局，右列2字，左列3字。读序从上到下，自右往左（即顺读）。文为：陈宴再立胖。

1. 标本2002XYY⑤W：198

陶片呈不规则四边形，为器物腹壁残片。长7.4、宽3.9、厚0.8～0.9厘米。泥质灰陶，夹极微量细砂，颜色较浅，质地细腻。贴塑，快轮修整，内壁有圆形工具垫痕，工艺规范。中部有一道横向附加堆纹，其上为竖向绳纹，6条/厘米，其下为斜向绳纹。器形为罐形釜。

印面长方形，直边，四角截除，仅存右上角。残高1.7、残宽1.5厘米。横向钤印于罐形釜的上腹部，附加堆纹上方，印面顶端朝右，钤印前先将印面相应部位绳纹抹平修整，其面积略大于印面范围，陶片内壁对应印面处有手指垫压痕迹。

印文较为清晰，阳文，仅存2字，其中1字重残，1字稍残。参照完整印面、印文可知，印文应为5字，文字分两列纵向布局，右列2字，左列3字。读序从上到下，自右往左（即顺读）。文为：[陈]【宴】[再]【立】【胖】（图九二，1、2）。

2. 标本2002XYY⑤W：202

陶片呈不规则五边形，为器物腹壁残片。长9.4、宽8.5、厚1.0～1.1厘米。泥质灰陶，夹极微量细砂，颜色较浅，质地细腻。贴塑，快轮修整，内壁有圆形工具垫痕，工艺规范。中部一道横向附加堆纹，其上为竖向绳纹，6条/厘米，其下为

图九二 一中出土陶文拓本

1. 2002XYY⑤W∶198　2. 读序图　3～5. 2002XYY⑤W∶202、HBCS∶12、HBCS∶42

交错绳纹。器形为罐形釜。

印面长方形，直边，四角截除，仅存右上角。残高2.5、残宽0.55厘米。横向钤印于罐形釜的上腹部，附加堆纹上方，印面顶端朝右，钤印前先将印面相应部位绳纹抹平修整，其面积略大于印面范围，陶片内壁对应印面处有手指垫压痕迹。

印文较为清晰，阳文，仅存1字，且残。文为：［陈］【宴】【再】【立】【胖】（图九二，3；彩版三八，4）。

3.标本HBCS∶12

陶片呈不规则五边形，为器物腹壁残片。残高14.2、宽11.4、厚0.8～1.2厘米。泥质灰陶，夹极微量细砂，颜色较浅，质地细腻。贴塑，快轮修整，内壁有圆形工具垫痕，工艺规范。中部有一道横向附加堆纹，其上为竖向绳纹，6条／厘米，其下为交错绳纹。器形为罐形釜。

印面长方形，直边，四角截除，仅存上半部。残高2.3、宽2.9厘米。横向钤印于罐形釜的上腹部，附加堆纹上方，印面顶端朝右，钤印前先将印面相应部位绳纹抹平修整，其面积略大于印面范围，陶片内壁对应印面处有手指垫压痕迹。

印文较为清晰，阳文，存2字，其中1字稍残。文为：陈【宴】[再]【立】【胖】（图九二，4；彩版三八，5）。

4．标本HBCS：42

陶片呈不规则四边形，为器物腹壁残片，保留部分口沿。残高9.0、宽7.6、厚1.0~1.2厘米。泥质灰陶，夹极微量细砂，表皮颜色较深，质地细腻。贴塑，快轮修整，内壁有圆形工具垫痕，工艺规范。绳纹，竖向，5条/厘米，口沿部位绳纹抹平。口沿留有非常明显的烧成后打磨修整痕迹，非常平整。器形为罐形釜。

印面长方形，直边，四角截除，残，仅存左上角。残高2.8、宽1.8厘米。横向钤印于罐形釜的上腹部，印面顶端朝右，钤印前先将印面相应部位绳纹抹平修整，其面积略大于印面范围，陶片内壁对应印面处有手指垫压痕迹。

印文较为清晰，阳文，仅存1字，且稍残。文为：【陈】【宴】[再]【立】【胖】（图九二，5；彩版三八，6）。

经过比较，特别是利用拓本仔细比对，上述印面的形状、大小和印文布局、印文的内容及字体结构等都完全一致，由此可见，4件印文应为同一印章所钤印。

（三）陈宴再翰

9件。标本2002XYY⑤W：119、2002XYY⑤W：120、2002XYY⑤W：121、2002XYY⑤W：122、2002XYY⑤W：123、2002XYY⑤W：124、2002XYY⑤W：216、HBCS：46、XPS：3。

9件印文陶片分别来源于9件不同的器物个体，均为绳纹罐形釜。

印面的形状、尺寸、钤印方式等完全相同。印面较大，大致呈长方形，但上、下端为直边，左右两边外鼓，最大宽度偏下。高5.6、宽3.4~3.8厘米。横向钤印，可辨方向的印面顶端朝右。陶片内壁对应印面处有手指垫压痕迹。

印文5字，阳文，文字上下左右对称分布。读序从上到右，再由右往左，最后为下端末字。文为：陈宴再翰。

1．标本2002XYY⑤W：119

陶片为不规则六边形，为器物腹壁残片。长9.0、宽7.3、厚0.7~0.9厘米。泥质灰陶，夹极微量细砂，内壁及胎颜色较浅，质地细腻。贴塑，内壁留有圆形工具垫痕，工艺规范。绳纹，竖向，6条/厘米。器形为罐形釜。

印面较大，大致呈长方形，上、下端为直边，左右两边外鼓，最大宽度偏下，左上角及下端稍残。高5.6、宽3.4~3.8厘米。横向钤印于罐形釜的上腹部，印面朝向无法确定，钤印前先将印面相应部位的绳纹抹平稍加修整，其面积略大于印面的范围，陶片内壁对应印面处有手指垫压痕迹。

印文清晰，阳文，4字，其中1字稍残。文字上下左右对称分布。读序从上到右，再由右往左，最后为下端末字。文为：陈宴再［翰］（图九三，1、2；彩版三九，1）。

2．标本2002XYY⑤W：120

陶片呈不规则五边形，为器物腹壁残片。长8.6、宽8.5、厚0.7～0.9厘米。泥质灰陶，夹极微量细砂，颜色较浅，质地细腻。贴塑，内壁留有圆形工具垫痕，工艺规范。绳纹，竖向，6条/厘米。器形为罐形釜。

印面较大，大致呈长方形，上、下端为直边，左右两边外鼓，最大宽度偏下，仅存左下角部分。残高3.2、宽3.8厘米。横向钤印于罐形釜的上腹部，印面朝向无法确定，钤印前先将印面相应部位的绳纹抹平稍加修整，其面积略大于印面的范围，陶片内壁对应印面处有手指垫压痕迹。

印文清晰，阳文，3字，其中2字稍残。文为：【陈】［宴］［再］翰（图九三，3；彩版三九，2）。

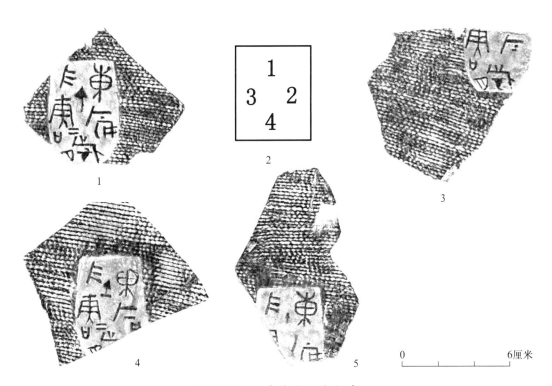

图九三　一中出土陶文拓本

1．2002XYY⑤W：119　2．读序图　3～5．2002XYY⑤W：120～122

3. 标本2002XYY⑤W：121

陶片呈不规则四边形，为器物腹壁残片。长9.0、宽7.8、厚0.6～0.9厘米。泥质灰陶，夹极微量细砂，内壁及胎颜色较浅，质地细腻。贴塑，内壁留有圆形工具垫痕，工艺规范。绳纹，竖向，5条/厘米。器形为罐形釜。

印面较大，大致呈长方形，上、下端为直边，左右两边外鼓，最大宽度偏下，右下角残失。残高3.2、宽3.4～3.8厘米。横向钤印于罐形釜的上腹部，印面朝向无法确定，钤印前先将印面相应部位的绳纹抹平稍加修整，其面积略大于印面的范围，陶片内壁对应印面处有手指垫压痕迹。

印文清晰，阳文，4字，其中2字稍残，部分笔画磨损。文为：陈 [宴] 再 [翰]（图九三，4；彩版三九，3）。

4. 标本2002XYY⑤W：122

陶片呈不规则五边形，为器物腹壁残片。长10.0、宽6.3、厚0.7～0.9厘米。泥质灰陶，夹极微量细砂，内壁及胎颜色较浅，质地细腻。贴塑，内壁留有圆形工具垫痕，工艺规范。绳纹，竖向，5条/厘米。器形为罐形釜。

印面较大，大致呈长方形，上、下端为直边，左右两边外鼓，最大宽度偏下，右下角残失。残高3.2、宽3.4～3.5厘米。横向钤印于罐形釜的上腹部，印面朝向无法确定，钤印前先将印面相应部位的绳纹抹平稍加修整，其面积略大于印面的范围，陶片内壁对应印面处有手指垫压痕迹。

印文清晰，阳文，3字，其中2字残缺，部分笔画磨损。文为：陈 [宴] [再] 【翰】（图九三，5；彩版三九，4）。

5. 标本2002XYY⑤W：123

陶片呈不规则六边形，为器物腹壁残片。长12.6、宽12.0、厚0.6～1厘米。泥质灰陶，夹极微量细砂，内壁及胎颜色较浅，不一致，质地细腻。贴塑，内壁留有圆形工具垫痕，工艺规范。有一道横向附加堆纹，其上为竖向绳纹，5条/厘米，其下为交错绳纹。器形为罐形釜。

印面较大，大致呈长方形，上、下端为直边，左右两边外鼓，最大宽度偏下，左侧及左下角残失。残高4.2、宽3.4厘米。横向钤印于罐形釜的上腹部，印面顶端朝右，钤印前先将印面相应部位的绳纹抹平稍加修整，其面积略大于印面的范围，陶片内壁对应印面处有手指垫压痕迹。

印文清晰，阳文，3字，其中2字残缺，部分笔画磨损较重。文为：陈 [宴] [再] 【翰】（图九四，1；彩版三九，5）。

6. 标本2002XYY⑤W：124

陶片呈不规则四边形，为器物腹壁残片。长8.4、宽6.2、厚0.7～1.0厘米。泥

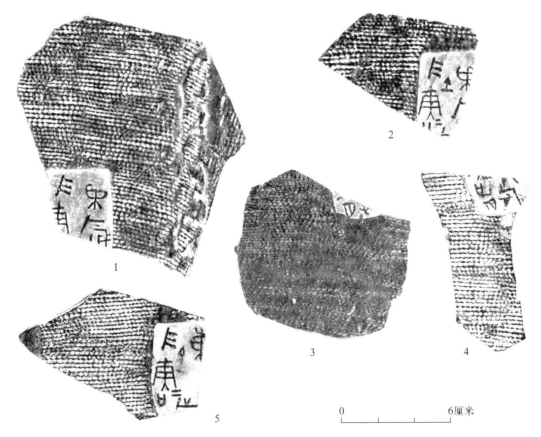

图九四　一中出土陶文拓本

1~3. 2002XYY⑤W：123、124、216　4. HBCS：46　5. XPS：3

质灰陶，夹极微量细砂，颜色较浅，质地细腻。贴塑，内壁留有圆形工具垫痕，工
艺规范。绳纹，竖向，4条/厘米。器形为罐形釜。

印面较大，大致呈长方形，上、下端为直边，左右两边外鼓，最大宽度偏下，
右侧及右下角残失。残高4.9、残宽3.0厘米。横向钤印于罐形釜的上腹部，印面朝
向无法确定，钤印前先将印面相应部位的绳纹抹平稍加修整，其面积略大于印面的
范围，陶片内壁对应印面处有手指垫压痕迹。

印文清晰，阳文，4字，其中2字残缺，部分笔画磨损。文为：陈［宴］再［翰］
（图九四，2；彩版三九，6）。

7. 标本2002XYY⑤W：216

陶片呈不规则多边形，为器物腹壁残片。长9.5、宽8.0、厚0.9厘米。泥质
陶，夹极微量细砂，外壁黑色，胎及内壁浅灰色，质地较为细腻。贴塑，内壁留有
圆形工具垫痕，工艺规范。绳纹，竖向，5条/厘米，轻抹过。器形为罐形釜。

印面较大，大致呈长方形，但上、下端为直边，左右两边外鼓，最大宽度偏下，仅存左下角。残高1.3、残宽2.4厘米。横向钤印于罐形釜的上腹部，印面朝向无法确定，钤印前先将印面相应部位的绳纹抹平稍加修整，其面积略大于印面的范围，陶片内壁对应印面处有手指垫压痕迹。

印文清晰，阳文，仅存1字，且残。文为：【陈】【宴】【再】[翰]（图九四，3）。

8．标本HBCS：46

陶片呈不规则四边形，为器物腹壁残片。长9.1、宽6.0、厚0.8厘米。泥质灰陶，夹极微量细砂，质地细腻。贴塑，内壁留有圆形工具垫痕，工艺规范。绳纹，竖向，4条/厘米。器形为罐形釜。

印面较大，大致呈长方形，上、下端为直边，左右两边外鼓，最大宽度偏下，仅存左下角。残高2.2、宽3.2厘米。横向钤印于罐形釜的上腹部，印面朝向无法确定，钤印前先将印面相应部位的绳纹抹平稍加修整，其面积略大于印面的范围，陶片内壁对应印面处有手指垫压痕迹。

印文清晰，阳文，存2字，其中1字残。文为：【陈】【宴】[再][翰]（图九四，4）。

9．标本XPS：3

未见实物。根据拓本观察，陶片呈不规则四边形，为器物腹壁残片。绳纹，竖向，4条/厘米。器形为罐形釜。

印面较大，大致呈长方形，上、下端为直边，左右两边外鼓，最大宽度偏下，仅存左下角。残高4.8、残宽2.7厘米。横向钤印于罐形釜的上腹部，印面顶端朝右，钤印前先将印面相应部位的绳纹抹平稍加修整，其面积略大于印面的范围。

印文清晰，阳文，存3字，其中2字残缺。文为：[陈]【宴】再[翰]（图九四，5）。

经过比较，特别是利用拓本仔细比对，上述印面的形状、大小和印文布局、印文的内容及字体结构等都完全一致，由此可见，9件印文应为同一印章所钤印。

（四）陈宴再倳

8件。标本2002XYY⑤W：125、2002XYY⑤W：126、2002XYY⑤W：127、2002XYY⑤W：225、2002XYY⑤W：227、HBCS：20、HBCS：21、LFL：1。

8件印文陶片分别来源于8件不同的器物个体，并分属2种器形。其中6件为绳纹罐形釜，2件为素面量杯。

印面的形状、尺寸、钤印方式完全相同。印面长方形，直边，四角截除，类似八角形。高4.9、宽3.3厘米。横向钤印，可辨方向的印面顶端朝右。陶片内壁对应印面处有手指垫压痕迹。

印文大多较为清晰，阳文，4字。文字分两列纵向布局，每列2字。读序从上到下，自右往左（即顺读）。文为：陈宴再侄。

1．标本2002XYY⑤W：125

陶片呈不规则四边形，为器物腹壁残片。长6.9、宽5.6、厚1.0～1.1厘米。泥质灰陶，夹极微量细砂，质地细腻。贴塑，快轮修整，内壁留有圆形工具垫痕，工艺规范。绳纹，竖向，4条/厘米，下端残留部分横向附加堆纹。器形为罐形釜。

印面长方形，直边，四角截除，顶端两角稍残。长4.9、宽3.3厘米。横向钤印于罐形釜的上腹部，附加堆纹上方，印面顶端朝右，钤印前先将印面相应部位的绳纹抹平稍加修整，其面积大于印面的范围，陶片内壁对应印面处有手指垫压痕迹。

印文清晰，阳文，4字，其中2字稍残。文字分两列纵向布局，每列2字。读序从上到下，自右往左（即顺读）。文为：[陈]宴[再]侄（图九五，1、2；彩版四〇，1）。

2．标本2002XYY⑤W：126

陶片呈不规则五边形，为器物腹壁残片。长6.5、宽5.4、厚1.0厘米。泥质灰陶，夹极微量细砂，内壁及胎颜色较浅，质地细腻。贴塑，快轮修整，内壁留有圆

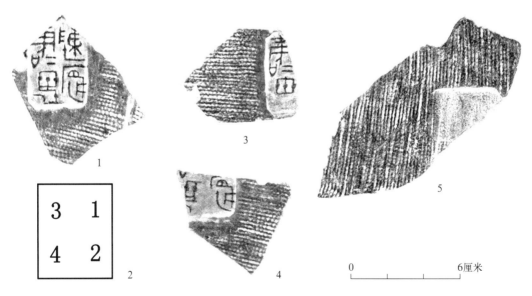

图九五　一中出土陶文拓本

1．2002XYY⑤W：125　2．读序图　3～5．2002XYY⑤W：126、127、225

形工具垫痕，工艺规范。绳纹，竖向，5条/厘米。器形为罐形釜。

印面长方形，直边，四角截除，右侧残失。残高4.8、残宽1.8厘米。横向钤印于罐形釜的上腹部，印面朝向无法确定，钤印前先将印面相应部位的绳纹抹平稍加修整，其面积大于印面的范围，陶片内壁对应印面处有手指垫压痕迹。

印文清晰，阳文，存2字，其中1字稍残，1字磨损。文为：【陈】【宴】[再][倳]（图九五，3；彩版四〇，2）。

3. 标本2002XYY⑤W：127

陶片呈不规则四边形，为器物腹壁残片。长6.6、宽5.0、厚1.1～1.3厘米。泥质灰陶，夹极微量细砂，颜色较浅，质地细腻。贴塑，快轮修整，内壁留有圆形工具垫痕，工艺规范。绳纹，竖向，5条/厘米。器形为罐形釜。

印面长方形，直边，四角截除，顶端及左侧部分残失。残高2.7、残宽3.3厘米。横向钤印于罐形釜的上腹部，印面朝向无法确定，钤印前先将印面相应部位的绳纹抹平稍加修整，其面积大于印面的范围，陶片内壁对应印面处有手指垫压痕迹。

印文清晰，阳文，存2字，均稍残。文为：【陈】[宴]【再】[倳]（图九五，4；彩版四〇，3）。

4. 标本2002XYY⑤W：225

陶片呈不规则五边形，为器物腹壁残片。长13.9、宽5.6、厚1.0～1.25厘米。泥质灰陶，夹极微量细砂，内壁及胎黄褐色，陶色不一致，质地细腻。贴塑，快轮修整，内壁有圆形工具垫痕，工艺规范。绳纹，竖向，5条/厘米。器形为罐形釜。

印面长方形，直边，四角截除，右上角残失。残高3.8、残宽2.8厘米。横向钤印于罐形釜的上腹部，印面朝向无法确定，钤印前先将印面相应部位的绳纹抹平稍加修整，其面积略大于印面的范围，陶片内壁对应印面处有手指垫压痕迹。

印文极为模糊，能辨识为阳文，存3字，磨损严重。文为：【陈】[宴][再][倳]（图九五，5；彩版四〇，4）。

5. 标本2002XYY⑤W：227

陶片呈不规则三角形，为器物腹壁残片。长8.0、宽7.7、厚0.9厘米。泥质灰陶，夹极微量细砂，胎灰色，质地较为细腻。贴塑，快轮修整，工艺规范。素面。外壁近底处有刮痕。器形为量杯。

印面长方形，直边，四角截除，左上侧残失。残高3.0、残宽2.2厘米。横向钤印于量杯的上腹部，印面顶端朝右，陶片内壁对应印面处有手指垫压痕迹。

印文极为模糊，能辨识为阳文，存2字，磨损严重。文为：【陈】[宴]【再】

[俓]（图九六，1；彩版四〇，5）。

6．标本HBCS：20

陶片呈不规则五边形，为器物腹壁残片，残存部分口沿。残高6.7、宽6.2、厚1.0厘米。泥质灰陶，夹极微量细砂，质地较为细腻。贴塑，快轮修整，工艺规范。素面。口沿有明显的烧成后打磨修整痕迹，非常平整。器形为量杯。

印面长方形，直边，四角截除，顶端及右侧残失。残高2.8、残宽2.2厘米。横向钤印于量杯的上腹部，印面顶端朝右。

印文极为模糊，能辨识为阳文，隐约可见2字，磨损严重。文为：【陈】【宴】[再][俓]（图九六，2；彩版四〇，6）。

7．标本HBCS：21

陶片呈不规则五边形，为器物腹壁残片。长12.6、宽7.5、厚1.0～1.1厘米。泥质灰陶，夹极微量细砂，颜色较浅，质地细腻。贴塑，快轮修整，工艺规范。绳纹，竖向，5条/厘米，下部有一道附加堆纹，附加堆纹下为横向绳纹。器形为罐形釜。

印面长方形，直边，四角截除，仅存左下角。残高1.9、残宽1.9厘米。横向钤印于罐形釜的上腹部，印面顶端朝右，钤印前先将印面相应部位的绳纹抹平稍加修整，其面积略大于印面的范围。

印文清晰，阳文，存2字，均残。文为：【陈】[宴]【再】[俓]（图九六，3）。

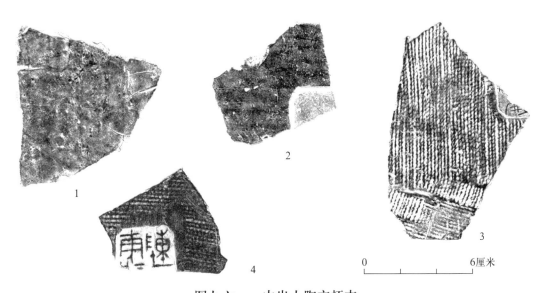

图九六　一中出土陶文拓本

1. 2002XYY⑤W：227　2、3. HBCS：20、21　4. LFL：1

8．标本LFL：1

未见实物。根据拓本观察，陶片呈不规则四边形，为器物腹壁残片。长6.2、宽5.4厘米。绳纹，竖向，5条/厘米。器形为罐形釜。

印面长方形，直边，四角截除，下部残缺。残高2.5、宽3.3厘米。横向钤印于罐形釜的上腹部，印面顶端朝右，钤印前先将印面相应部位的绳纹抹平稍加修整，其面积大于印面的范围。

印文清晰，阳文，存2字，其中1字稍残。文为：陈【宴】[再]【倥】（图九六，4）。

经过比较，特别是利用拓本仔细比对，上述印面的形状、大小和印文布局、印文的内容及字体结构等都完全一致，由此可见，8件印文应为同一印章所钤印。

六 陈刂立事丁类

共3件。根据印面和文字又可分为两型。

A型 1件。

印面长方形，直边倭角。

标本2002XYY⑤W：128

陶片呈不规则五边形，为器物腹壁残片。长8.1、宽7.7、厚0.7～0.8厘米。泥质灰陶，夹极微量细砂，颜色较浅，质地细腻。贴塑，快轮修整，内壁有圆形工具垫痕，工艺规范。绳纹，竖向，5条/厘米，绳纹间有一道宽2.6厘米的横向轮旋抹光带。器形为罐形釜。

印面长方形，直边，倭角较圆滑，左上角稍残。长3.7、宽2.9厘米。横向钤印于罐形釜的上腹部，叠压于抹光带上，印面朝向无法确定，陶片内壁对应印面处有手指垫压痕迹。

印文较为清晰，阳文，5字，1字稍残，1字磨损。文字分两列纵向布局，右列3字，左列2字。读序为从上到下，自右往左（即顺读）。文为：陈刂立[事][丁]（图九七，1、2；彩版四一，1）。

B型 2件。

标本2002XYY⑤W：187、2002XYY⑤W：200。

1件为绳纹罐形釜残片，1件为素面量杯残片。印面长方形，直边直角。

1．标本2002XYY⑤W：187

陶片呈不规则四边形，为器物腹壁残片。长8.4、宽5.2、厚0.7～1.0厘米。泥

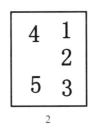

图九七　一中出土陶文拓本

1. 2002XYY⑤W：128　2. 读序图

质灰陶，夹极微量细砂，陶色较深，质地细腻。贴塑，快轮修整，内壁有圆形工具垫痕，工艺规范。绳纹，竖向，7条/厘米，绳纹间有一道宽2.1厘米的横向轮旋抹光带。器形为罐形釜。

印面长方形，直边直角，仅存左上角。长2.7、残宽1.3厘米。竖向钤印于罐形釜的上腹部，与抹光带略为错向叠压，印面朝向无法确定，陶片内壁对应印面处有手指垫压痕迹。

印文较为清晰，阳文，仅存1字，且稍残。参照完整印面、印文可知，印文应为5字，文字分两列纵向布局，右列3字，左列2字。读序为从上到下，自右往左（即顺读）。文为：【陈】【屮】【立】[事]【丁】（图九八，1、2；彩版四一，2）。

2. 标本2002XYY⑤W：200

陶片呈不规则五边形，为器物腹壁残片，保留部分器底。残高5.1、宽4.7、壁厚1.1厘米。泥质灰陶，夹极微量细砂，外壁颜色较深，发黑，陶色不一致，质地较为细腻。贴塑，快轮修整，工艺规范。素面。接近底部部分有横向刮痕。器形为量杯（小）。

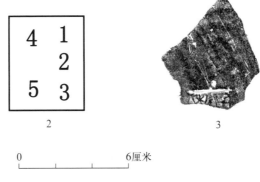

图九八　一中出土陶文拓本

1. 2002XYY⑤W：187　2. 读序图　3. 2002XYY⑤W：200

印面长方形，直边直角，仅存顶端一部分。上边较直，两边不明显。残高
1.1、残宽2.2厘米。横向钤印于量杯的腹部近底处，印面顶端朝左。

印文较为清晰，阳文，存2字，均残。文为：[陈]【丩】【立】[事]【丁】（图
九八，3；彩版四一，3）。

经过比较，特别是利用拓本仔细比对，上述2件印面的形状、大小和印文布局、
印文的内容及字体结构等都完全一致，由此可见，2件印文应为同一印章所钤印。

七　陈忙类

印面较为规整，大致呈长方形，四边较直，四角斜直或圆滑。位于罐形釜壁的
陶文竖向钤印于抹光带上，印面顶端朝向口部。位于量杯腹部的陶文绝大多数横向
钤印，仅一例朝左印面顶端朝右。共8件，可分为3类。

（一）陈忙立事僕

3件。标本2002XYY⑤W：129、HBCS：44、HBCS：89。

3件印文陶片分别来自于3件不同的器物个体，均为素面量杯。

印面的形状、尺寸以及钤印的位置、方法都完全相同。印面长方形，直边，四
角截除，顶端两角较直，下端两角转角圆滑。高3.7、宽2.5厘米。其中2件横向钤
印于器物上腹的外壁，印面顶端朝向右。另1件正向钤印，印面顶端朝向口部。

印文的数量、布局、读序等完全相同。共5字，阳文。文字分两列纵向布局，
右列2字，左列3字。读序从上到下，自右往左（即顺读）。文为：陈忙立事僕。

1．标本2002XYY⑤W：129

陶片呈不规则三角形，为器物腹壁残片。长7.9、宽7.2、厚1.0～1.5厘米。
泥质灰陶，颜色较浅，夹极微量细砂，质地细腻。贴塑，快轮修整，工艺规范。素
面。器形为量杯。

印面长方形，直边，顶端两角截除，下端两角转角圆滑，右边稍残。长
3.7、宽2.5厘米。正向钤印，印面顶端朝向口部，陶片内壁对应印面处有手指垫
压痕迹。

印文较为清晰，阳文，5字，有磨损。文字分两列纵向布局，右列2字，左列3
字。读序应为从上到下，自右往左（即顺读）。文为：陈忙立[事]僕（图九九，
1、2；彩版四一，4）。

2．标本HBCS：44

陶片呈不规则多边形，为器物腹壁残片，保存一部分口沿。长8.1、宽6.4、

厚0.7～1.0厘米。泥质灰陶，颜色较深，夹极微量细砂，质地细腻。贴塑，快轮修整，工艺规范。素面。口沿留有明显的烧成后打磨修整痕迹，非常平整。器形为量杯。

印面长方形，直边，顶端两角截除，下端两角转角圆滑，右下角残缺。残高3.55、宽2.6厘米。横向钤印于量杯的腹部，印面顶端朝右，陶片内壁对应印面处有手指垫压痕迹。

印文较为清晰，阳文，5字，其中2字残。文为：陈［忴］立事［僕］（图九九，3；彩版四一，5）。

图九九 一中出土陶文拓本

1. 2002XYY⑤W：129 2. 读序图 3、4. HBCS：44、89

3. 标本HBCS：89

陶片呈不规则五边形，为器物腹壁残片，保留部分底。长7.0、宽7.6、厚0.7～1.2厘米。泥质灰陶，颜色较深，胎稍浅，夹极微量细砂，质地细腻。贴塑，快轮修整，工艺规范。素面。器形为量杯。

印面长方形，直边，顶端两角截除，下端两角较直，仅存右下角。残高3.5、残宽2.1厘米。横向钤印于量杯的腹部，印面顶端朝右。

印文较为清晰，阳文，存2字，均残。文为：［陈］［忴］【立】【事】【僕】（图九九，4；彩版四一，6）。

经过比较，特别是利用拓本仔细比对，上述印面的形状、大小和印文布局、印文的内容及字体结构等都完全一致，由此可见，3件印文应为同一印章所钤印。

（二）陈忴立事丁

2件。标本HBCS：26、LFL：11。

2件印文陶片分别来自于2件不同的器物个体，均为素面量杯。

印面的形状、尺寸以及钤印的位置、方法都完全相同。印面长方形，直边直角，下端略内收并略残。高（拼对复原）4.3、宽2.9厘米。横向钤印，印面顶端朝右，陶片内壁对应印面处有手指垫压痕迹。

印文的数量、布局、读序等完全相同。印文清晰，阳文，5字。文字分两列纵向布局，右列2字，左列3字。读序从上到下，自右往左（即顺读）。文为：陈忙立事丁。

1. 标本HBCS：26

陶片呈不规则四边形，为器物腹壁残片，保存部分口沿。残高7.6、宽10.0、厚0.9～1.05厘米。泥质灰陶，夹极微量细砂，胎颜色较浅，质地较为细腻。贴塑，快轮修整，工艺规范。素面。口沿有明显的烧成后打磨修整痕迹，非常平整。器形为量杯。

印面长方形，直边直角，下端略内收并略残。残高4.2、残宽2.9厘米。横向钤印，印面顶端朝右，陶片内壁对应印面处有手指垫压痕迹。

印文清晰，阳文，5字。文字分两列纵向布局，右列2字，左列3字。读序应为从上到下，自右往左（即顺读）。文为：陈忙立事丁（图一〇〇，1、2；彩版四二，1）。

2. 标本LFL：11

著录于《夕惕藏陶》。陶片呈不规则四边形，为器物腹壁残片，保存部分口沿。长9.0、宽7.1、厚0.7～1.0厘米。泥质灰陶，夹极微量细砂，质地较为细腻。贴塑，快轮修整，工艺规范。素面。口沿有非常明显的烧成后打磨修整痕迹，非常平整。器形为量杯。

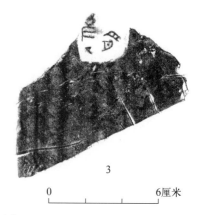

图一〇〇　一中出土陶文拓本

1. HBCS：26　2. 读序图　3. LFL：11

印面长方形，直边直角，下端略内收，右下角转角圆滑，上部残缺。残高2.7、宽2.8厘米。横向钤印于量杯的腹部，印面顶端朝右，陶片内壁对应印面处有手指垫压痕迹。

印文清晰，阳文，存3字。文为：陈［忙］【立】事丁（图一〇〇，3）。

经过比较，特别是利用拓本仔细比对，上述印面的形状、大小和印文布局、印文的内容及字体结构等都完全一致，由此可见，2件印文应为同一印章所钤印。

（三）陈忙立事籼

3件。标本HBCS：66、HBCS：98、HBCS：113。

3件印文陶片分别来自于3件不同的器物个体，并分属2种器形。其中，2件器形为绳纹罐形釜，1件为素面量杯。

印面的形状、尺寸以及钤印方法相同。印面长方形，直边直角，但印面顶端略窄，下端略宽。高（拼对复原）4.55、宽2.6～3.2厘米。位于量杯腹部的陶文横向钤印，印面顶端朝左。位于罐形釜壁的陶文正向钤印于抹光带上，印面顶端朝向口部，钤印前先将印面相应部位的绳纹抹平稍加修整，面积略大于印面的范围，印时食指、中指和无名指并拢垫于印章部位器物内壁。

文字的数量、布局、读序等也都完全相同。印文较为清晰，阳文，5字，文字分为两列纵布局，右列3字，左列2字。读序从右列第1字开始，到第2字后转到左列的第1、2字，最后又回到右列的末字。文为：陈忙立事籼。

1．标本HBCS：66

陶片呈不规则三角形，为器物腹壁残片。长7.4、宽7.3、厚1.2厘米。泥质灰陶，夹极微量细砂，质地细腻，颜色较浅，质地细腻。贴塑，快轮修整，内壁有圆形工具垫痕，工艺规范。绳纹，竖向，8～9条/厘米，顶端及印面处各有一道横向轮旋抹光带。器形为罐形釜。

印面长方形，直边直角，下部残缺。残高0.9、残宽2.2厘米。正向钤印于罐形釜的上腹部，印面顶端朝向口部，与横向轮旋抹光带交错叠压。

印文较为清晰，阳文，存2字，其中1字稍残，1字重残。参照完整印面、印文可知，印文应5字，文字分为两列纵布局，右列3字，左列2字。读序从右列第1字开始，到第2字后转到左列的第1、2字，最后又回到右列的末字。文为：【陈】【忙】［立］【事】【籼】（图一〇一，1、2；彩版四二，2）。

2．标本HBCS：98

未见实物。根据拓本观察，陶片呈不规则四边形，为器物腹壁残片，保存部分口沿。长6.9、宽6.7厘米。素面。器形为量杯。

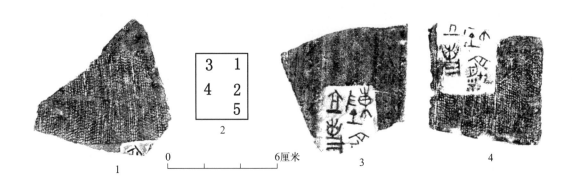

图一〇一　　一中出土陶文拓本

1. HBCS：66　2. 读序图　3、4. HBCS：98、113

印面长方形，直边直角，但印面顶端略窄，下端略宽，下部稍残。残高3.6、残宽2.6～3.2厘米。横向钤印于量杯的腹部，印面顶端朝左。

印文较为清晰，阳文，存4字，其中1字稍残。文为：陈忙立［事］【籾】（图一〇一，3）。

3. 标本HBCS：113

未见实物。根据拓本观察，陶片呈不规则四边形，为器物腹壁残片。长6.1、宽5.7厘米。绳纹，竖向，8条/厘米，印面处有一道宽1.3厘米的横向轮旋轻抹抹光带。器形为罐形釜。

印面长方形，直边直角，但印面顶端略窄，下端略宽，上部稍残。残高3.7、宽3.2厘米。正向钤印于罐形釜的上腹部，印面顶端朝向口部，与横向轮旋抹光带交错叠压。

印文较为清晰，阳文，5字，其中2字稍残。文为：［陈］**忙**［立］事籾（图一〇一，4）。

经过比较，特别是利用拓本仔细比对，上述印面的形状、大小和印文布局、印文的内容及字体结构等都完全一致，由此可见，3件印文应为同一印章所钤印。

八　陈中山类

印面较为规整，大致呈长方形，四边较直，四角斜直或圆滑。陶文横向钤印，不见抹光带，可辨方向的印面顶端1例朝左，其余朝右。共9件，依据印文末位名字划分，可分为3类。

（一）陈中山立桁

3件。标本2002XYY⑤W：130、2002XYY⑤W：131、HBCS：117。

3件印文陶片分别来自于3件不同的器物个体，均为绳纹罐形釜。

印面的形状、尺寸以及钤印方法相同。印面长方形，直边，四角截除，近八角形，长4.3、宽3.0厘米。横向钤印于罐形釜的上腹部，1例印面顶端朝左，其余不明。钤印前先将印面相应部位的绳纹抹平稍加修整，其面积大于印面的范围，陶片内壁对应印面处有手指垫压痕迹。

文字的数量、布局、读序等也都完全相同。印文清晰，阳文，5字，文字分为两列纵向布局，右列2字，左列3字。读序从上到下，自右往左（即顺读）。文为：陈中山立桁。

1．标本2002XYY⑤W：130

陶片呈不规则五边形，为器物腹壁残片。长11.0、宽4.7、厚0.6～0.9厘米。泥质灰陶，夹极微量细砂，内壁颜色较浅，质地细腻。贴塑，快轮修整，内壁有圆形工具垫痕，工艺规范。有一道横向附加堆纹，其上为竖向绳纹，6条/厘米，其下为斜向交错绳纹。器形为罐形釜。

印面长方形，直边，四角截除，右上角及右下角稍残。残高4.3、宽3.0厘米。横向钤印于罐形釜的上腹部，印面顶端朝左，钤印前先将印面相应部位的绳纹抹平稍加修整，其面积大于印面的范围，陶片内壁对应印面处有手指垫压痕迹。

印文清晰，阳文，5字，其中2字稍残。文字分为两列纵向布局，右列2字，左列3字。读序从上到下，自右往左（即顺读）。文为：[陈] 中 [山] 立桁（图一〇二，1、2；彩版四二，3）。

2．标本2002XYY⑤W：131

陶片呈不规则五边形，为器物腹壁残片。长8.2、宽4.8、厚0.9厘米。泥质灰

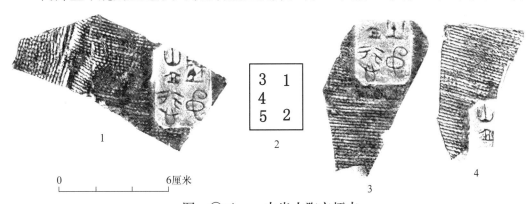

图一〇二　一中出土陶文拓本

1. 2002XYY⑤W：130　2. 读序图　3、4. 2002XYY⑤W：131、HBCS：117

陶，夹极微量细砂，质地细腻。贴塑，快轮修整，内壁有圆形工具垫痕，工艺规范。绳纹，竖向，7条/厘米。器形为罐形釜。

印面长方形，直边，四角截除，顶端稍残。残高3.4、宽3.2厘米。横向钤印于罐形釜的上腹部，印面朝向无法确定，钤印前先将印面相应部位的绳纹抹平稍加修整，其面积大于印面的范围，陶片内壁对应印面处有手指垫压痕迹。

印文较为清晰，阳文，4字，其中1字稍残，1字磨损。文为：[陈] 中【山】[立] 桁（图一○二，3；彩版四二，4）。

3．标本HBCS：117

未见实物。根据拓本观察，陶片呈不规则三角形，为器物腹壁残片。长7.1、宽4.4厘米。绳纹，竖向，6条/厘米。器形为罐形釜。

印面长方形，直边，四角截除，右侧及下端稍残。残高2.8、残宽1.7厘米。横向钤印于罐形釜的上腹部，印面朝向无法确定，钤印前先将印面相应部位的绳纹抹平稍加修整，其面积大于印面的范围。

印文较为清晰，阳文，存2字。文为：【陈】【中】山立【桁】（图一○二，4）。

经过比较，特别是利用拓本仔细比对，上述印面的形状、大小和印文布局、印文的内容及字体结构等都完全一致，由此可见，3件印文应为同一印章所钤印。

（二）陈中山僕

1件。标本HBCS：14。

标本HBCS：14

陶片呈不规则五边形，为器物腹壁残片。残高10.0、宽7.7、厚0.5～1.0厘米。泥质灰陶，夹极微量细砂，颜色较浅，质地细腻。贴塑，快轮修整，内壁有圆形工具垫痕，工艺规范。腹部有一道横向附加堆纹，其上为竖向绳纹，6条/厘米，下为横向绳纹。器形为罐形釜。

印面大致为长方形，四角转角较为圆滑，上下两边外鼓，两边较直，左侧残缺。长4.4、残宽2.0厘米。横向钤印于罐形釜的上腹部，附加堆纹上方，印面顶端朝右，钤印前先将印面相应部位的绳纹抹平稍加修整，其面积大于印面的范围，陶片内壁对应印面处有手指垫压痕迹。

印文较为清晰，阳文，存3字，其中1字重残。文字分为两列纵向布局，右列2字，左列3字。读序从上到下，自右往左（即顺读）。文为：陈中【山】【立】[僕]（图一○三，1、2；彩版四二，5）。

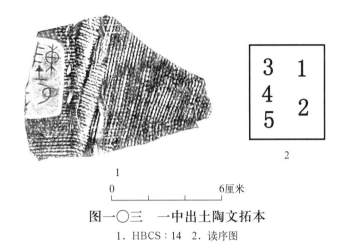

图一〇三　一中出土陶文拓本

1. HBCS：14　2. 读序图

（三）陈中山翰

5件。标本2002XYY⑤W：132、2002XYY⑤W：133、2002XYY⑤W：134、2002XYY⑤W：207、HBCS：9。

5件印文陶片分别来自于5件不同的器物个体，均为绳纹罐形釜。

印面的形状、尺寸以及钤印的位置、方法都完全相同。印面长方形，直边直角，长3.8、宽2.3厘米。横向钤印于罐形釜的上腹部，可辨方向的印面顶端朝右，钤印前先将印面相应部位的绳纹抹平稍加修整，其面积大于印面的范围，陶片内壁对应印面处有手指垫压痕迹。

文字的数量、布局、读序等也都完全相同。阳文，4字。分上、中、下3行排列，上、下行各1字，中行2字，分布不均。读序从上到右，再由右往左，最后为下行末字。文为：陈中山翰。

1. 标本2002XYY⑤W：132

陶片呈不规则四边形，为器物腹壁残片。长11.7、宽5.8、厚0.6～0.8厘米。泥质灰陶，夹极微量细砂，陶色较浅，质地细腻。贴塑，快轮修整，内壁有圆形工具垫痕，工艺规范。绳纹，竖向，6条/厘米。器形为罐形釜。

印面长方形，直边直角，左上侧微残。长3.8、宽2.3厘米。横向钤印于罐形釜的上腹部，印面朝向无法确定，钤印前先将印面相应部位的绳纹抹平稍加修整，其面积大于印面的范围，陶片内壁对应印面处有手指垫压痕迹。

印文清晰，阳文，4字。文字分为上、中、下3行排列，上、下行各1字，中行2字，分布不均。字体大小不一，上、下行较大，中行较小，相差悬殊。读序从上到右，再由右往左，最后为下行末字。文为：陈中山翰（图一〇四，1、2；彩版

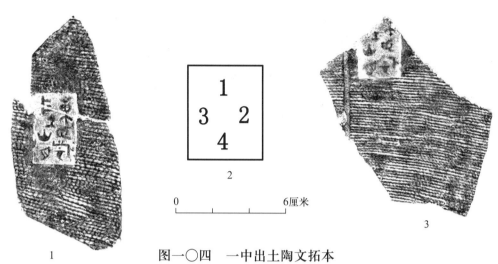

图一〇四　　一中出土陶文拓本

1. 2002XYY⑤W：132　2. 读序图　3. 2002XYY⑤W：133

四三，1）。

2. 标本2002XYY⑤W：133

陶片呈不规则五边形，为器物腹壁残片。长9.9、宽9.8、厚0.8厘米。泥质灰陶，夹极微量细砂，颜色较浅，质地细腻。贴塑，快轮修整，内壁有圆形工具垫痕，工艺规范。绳纹，竖向，6条/厘米。器形为罐形釜。

印面长方形，直边直角，上部稍残。残高3.2、下宽2.2、中部宽2.3厘米。横向钤印于罐形釜的上腹部，印面朝向无法确定，钤印前先将印面相应部位的绳纹抹平稍加修整，其面积大于印面的范围，陶片内壁对应印面处有手指垫压痕迹。

印文较为清晰，阳文，4字，其中1字残缺。文为：[陈]中山翰（图一〇四，3；彩版四三，2）。

3. 标本2002XYY⑤W：134

陶片呈不规则四边形，为器物腹壁残片。长12.4、宽8.7、厚1.1厘米。泥质灰陶，夹极微量细砂，内壁及胎颜色较浅，质地细腻。贴塑，快轮修整，内壁有圆形工具垫痕，工艺规范。陶片中部有一道横向附加堆纹，其上为竖向绳纹，6条/厘米，其下为交错绳纹。器形为罐形釜。

印面长方形，直边直角，下部稍残。残高3.3、上宽2.2、中间宽2.3厘米。横向钤印于罐形釜的上腹部，附加堆纹的上方，印面顶端朝向右，钤印前先将印面相应部位的绳纹抹平稍加修整，其面积大于印面的范围，陶片内壁对应印面处有手指垫压痕迹。

印文较为清晰，阳文，4字，其中2字残缺。文为：陈中［山］［翰］（图一〇五，1；彩版四三，3）。

4．标本2002XYY⑤W：207

陶片呈不规则四边形，为器物腹壁残片。长12.6、宽10.8、厚0.8～1.1厘米。泥质灰陶，夹极微量细砂，陶色较深，质地细腻。贴塑，快轮修整，内壁有圆形工具垫痕，工艺规范。绳纹，竖向，7条/厘米，下端残留少量附加堆纹。器形为罐形釜。

印面长方形，直边直角，上部残失。残高1.65、残宽2.2厘米。横向钤印于罐形釜的上腹部，附加堆纹的上方，印面顶端朝向右，钤印前先将印面相应部位的绳纹抹平稍加修整，其面积大于印面的范围，陶片内壁对应印面处有手指垫压痕迹。

印文较为清晰，阳文，仅存1字，且残。文为：【陈】【中】【山】［翰］（图一〇五，2；彩版四三，4）。

5．标本HBCS：9

陶片呈不规则三角形，为器物腹壁残片。残高10.4、宽5.0、厚1.0厘米。泥质灰陶，夹极微量细砂，陶胎颜色较深，质地细腻。贴塑，快轮修整，内壁有圆形工

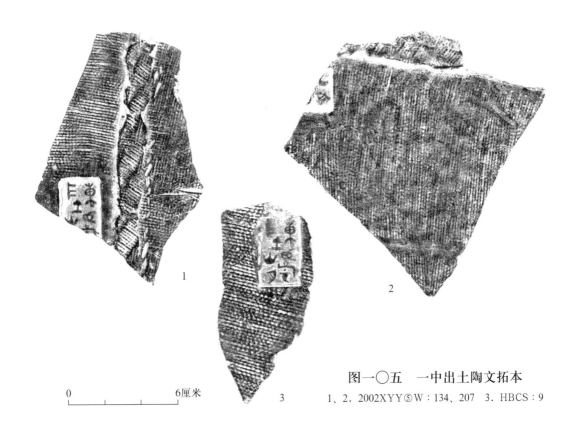

0　　　　　　6厘米

图一〇五　一中出土陶文拓本

1、2．2002XYY⑤W：134、207　3．HBCS：9

具垫痕，工艺规范。绳纹，竖向，6条/厘米。器形为罐形釜。

　　印面长方形，直边直角，上部稍残。高3.8、宽2.3厘米。横向钤印于罐形釜的上腹部，印面顶端朝向右，钤印前先将印面相应部位的绳纹抹平稍加修整，其面积大于印面的范围，陶片内壁对应印面处有手指垫压痕迹。

　　印文较为清晰，阳文，4字。文为：陈中山翰（图一〇五，3；彩版四三，5）。

　　经过比较，特别是利用拓本仔细比对，上述印面的形状、大小和印文布局、印文的内容及字体结构等都完全一致，由此可见，5件印文应为同一印章所钤印。

九　陈恒类（小字）

　　印面大致呈长方形，大部分边微鼓，四角圆滑。除第一类较为特殊外，其余均横向钤印于绳纹罐形釜上腹部，不见抹光带，可辨方向的印面顶端朝右，印面共3字，纵向排列，读序从上到下。共18件，可分为3类。

（一）陈恒

1件。标本2002XYY⑤W：135。

标本2002XYY⑤W：135

　　陶片呈不规则五边形，器物腹壁残片，保存部分口沿。残高8.4、宽9.4、厚1.1～1.2厘米。泥质灰陶，内壁颜色较浅，夹极微量细砂，质地较细腻。贴塑，快轮修整，工艺规范。素面。口沿有明显烧成后打磨修整痕迹，非常平整。器形为量杯。

　　印面近横向长方形，但上边及左右两边略外鼓，四角转角圆滑。高1.5、宽2.5厘米。正向钤印于量杯腹部，印面顶端朝向口部，陶片内壁对应印面处有手指垫压痕迹。

　　印文较为模糊，但字迹能辨，阳文，2字。文字左右排列。读序从右往左。文为：陈恒（图一〇六，1、2；彩版四四，1）。

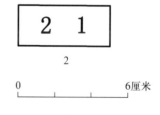

2

0　　　　　　　　　　　6厘米

图一〇六　一中出土陶文拓本

1. 2002XYY⑤W：135　2. 读序图

（二）陈恒亳

4件。标本2002XYY⑤W：136、2002XYY⑤W：137、2002XYY⑤W：138、2002XYY⑤W：199。

4件印文陶片分别来自于4件不同的器物个体，均为绳纹罐形釜。

印面的形状、尺寸以及钤印的位置、方法都完全相同。印面大致呈长方形，左边较直，右边略内凹，上、下边外鼓。长5.0、宽2.2～2.4厘米。横向钤印于罐形釜的上腹部，可辨方向的印面顶端朝右，钤印前先将印面相应部位的绳纹抹平稍加修整，其面积大于印面的范围，陶片内壁对应印面处有手指垫压痕迹。

印文的内容、布局、读序等也都完全相同。阳文，3字。文字自上而下纵向单字排列，字体大小较为均匀。读序从上到下。文为：陈恒亳。

1．标本2002XYY⑤W：136

陶片呈不规则六边形，为器物腹壁残片，保存部分口沿。残高11.8、宽13.9、厚1.1厘米。泥质灰陶，夹极微量细砂，陶色较深，质地细腻。贴塑，快轮修整，内壁有圆形工具垫痕，工艺规范。绳纹，竖向，5条/厘米。口部有一道宽1.0厘米的轮旋抹光带。口沿留有明显的烧成后打磨修整痕迹，非常平整。器形为罐形釜。

印面大致呈长方形，左边较直，右边略内凹，上、下边外鼓。长5.0、宽2.2～2.4厘米。横向钤印于罐形釜的上腹部，印面顶端朝右，钤印前先将印面相应部位的绳纹抹平稍加修整，其面积大于印面的范围，陶片内壁对应印面处有手指垫压痕迹。

印文清晰，阳文，3字。文字自上而下纵向单字排列，字体大小较为均匀。读序从上到下。文为：陈恒亳（图一〇七，1、2；彩版四四，2）。

2．标本2002XYY⑤W：137

陶片呈不规则四边形，为器物腹壁残片。长10.0、宽6.2、厚1.0～1.2厘米。泥质灰陶，夹极微量细砂，陶色较浅，质地细腻。贴塑，快轮修整，内壁有圆形工具垫痕，工艺规范。绳纹，竖向，5条/厘米，下端有一道横向附加堆纹。器形为罐形釜。

印面大致呈长方形，左边较直，右边略内凹，上、下边外鼓。残高4.2、宽2.2厘米。横向钤印于罐形釜的上腹部，附加堆纹上方，印面顶端朝右，钤印前先将印面相应部位的绳纹抹平稍加修整，其面积大于印面的范围，陶片内壁对应印面处有手指垫压痕迹。

印文清晰，阳文，3字，其中1字稍残。文为：陈恒［亳］（图一〇七，3；彩

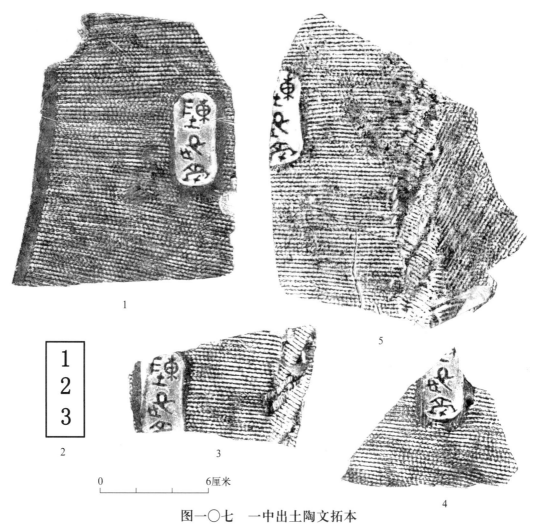

图一〇七　一中出土陶文拓本

1. 2002XYY⑤W：136　2. 读序图　3～5. 2002XYY⑤W：137、138、HBCS：120

版四四，3）。

3．标本2002XYY⑤W：138

陶片呈不规则三角形，为器物腹壁残片。长9.0、宽7.4、厚0.8～1.1厘米。泥质灰陶，夹极微量细砂，陶色较浅，质地细腻。贴塑，快轮修整，内壁有圆形工具垫痕，工艺规范。绳纹，竖向，5条／厘米。器形为罐形釜。

印面大致呈长方形，左边较直，右边略内凹，上、下边外鼓。残高3.9、宽2.2厘米。横向钤印于罐形釜的上腹部，印面朝向无法确定，钤印前先将印面相应部位的绳纹抹平稍加修整，其面积大于印面的范围，陶片内壁对应印面处有手指垫压痕迹。

印文清晰，阳文，3字，其中1字残缺。文为：【陈】恒亳（图一〇七，4；彩版四四，4）。

4．标本HBCS：120

未见实物。根据拓本观察，陶片呈不规则三角形，为器物腹壁残片。长15.0、宽14.0厘米。绳纹，中部有一道横向附加堆纹，其上为竖向绳纹，5条/厘米，其下为交错绳纹。器形为罐形釜。

印面大致呈长方形，左边较直，右边略内凹，上、下边外鼓。残高5.1、残宽1.8厘米。横向钤印于罐形釜的上腹部，附加堆纹上方，印面顶端朝右，钤印前先将印面相应部位的绳纹抹平稍加修整，其面积大于印面的范围。

印文清晰，阳文，3字，其中2字稍残。文字自上而下纵向单字排列，字体大小较为均匀。读序从上到下。文为：[陈] [恒] 亳（图一〇七，5）。

经过比较，特别是利用拓本仔细比对，上述印面的形状、大小和印文布局、印文的内容及字体结构等都完全一致，由此可见，　4件印文应为同一印章所钤印。

（三）陈恒胖

共13件，又可分为两型。

A型　9件。

标本2002ＸＹＹ⑤Ｗ：139、2002ＸＹＹ⑤Ｗ：140、2002ＸＹＹ⑤Ｗ：141、2002ＸＹＹ⑤Ｗ：186、2002ＸＹＹ⑤Ｗ：199、2002ＸＹＹ⑤Ｗ：217、ＨＢＣＳ：7、ＨＢＣＳ：90、ＨＢＣＳ：119。

9件印文陶片分别来自于9件不同的器物个体，均为绳纹罐形釜。

印面的形状、尺寸以及钤印的位置、方法都完全相同。印面大致呈长方形，四边均外鼓，四角转角圆滑。高5.2、宽2.5厘米。横向钤印于罐形釜的上腹部，可辨方向的印面顶端朝右，钤印前先将印面相应部位的绳纹抹平稍加修整，其面积大于印面的范围，陶片内壁对应印面处有手指垫压痕迹。

印文的数量、布局、读序等也都完全相同。阳文，3字。文字自上而下纵向单字排列，字体大小较为均匀。读序从上到下。文为：陈恒胖。

1．标本2002ＸＹＹ⑤Ｗ：139

陶片呈不规则五边形，为器物腹壁残片。长9.9、宽7.8、厚0.8厘米。泥质灰陶，夹极微量细砂，质地细腻。贴塑，快轮修整，内壁有圆形工具垫痕，工艺规范。绳纹，竖向，5条/厘米。器形为罐形釜。

印面大致呈长方形，四边均外鼓，四角转角圆滑，下端稍残。残高5.2、宽

2.5厘米。横向钤印于罐形釜的上腹部，印面朝向无法确定，钤印前先将印面相应部位的绳纹抹平稍加修整，其面积大于印面的范围，陶片内壁对应印面处有手指垫压痕迹。

印文清晰，阳文，3字。文字自上而下纵向单字排列，字体大小较为均匀。读序从上到下。文为：陈悝胖（图一○八，1、2；彩版四四，5）。

2．标本2002XYY⑤W：140

陶片呈不规则四边形，为器物腹壁残片。长7.2、宽5.6、厚0.8厘米。泥质灰陶，夹极微量细砂，陶色较浅，质地细腻。贴塑，快轮修整，内壁有圆形工具垫痕，工艺规范。绳纹，竖向，5条/厘米。器形为罐形釜。

印面大致呈长方形，四边均外鼓，四角转角圆滑，右上侧稍残。高5.2、宽2.5厘米。横向钤印于罐形釜的上腹部，印面朝向无法确定，钤印前先将印面相应部位的绳纹抹平稍加修整，其面积大于印面的范围，陶片内壁对应印面处有手指垫压痕迹。

印文清晰，阳文，3字。文为：陈悝胖（图一○八，3；彩版四四，6）。

3．标本2002XYY⑤W：141

陶片呈不规则四边形，为器物腹壁残片。长9.0、宽6.5、厚1.0厘米。泥质灰

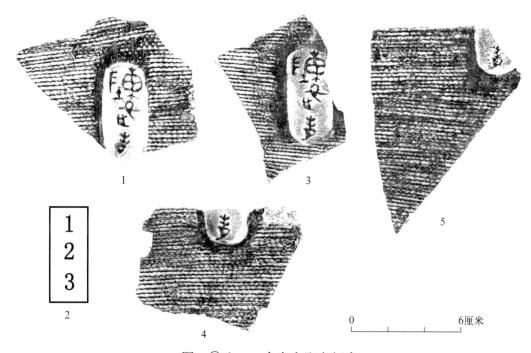

0　　　　　　　　　　　6厘米

图一○八　一中出土陶文拓本

1. 2002XYY⑤W：139　2. 读序图　3～5. 2002XYY⑤W：140、141、186

陶，夹极微量细砂，陶色较浅，质地细腻。贴塑，快轮修整，内壁有圆形工具垫痕，工艺规范。绳纹，竖向，5条/厘米。器形为罐形釜。

印面大致呈长方形，四边均外鼓，四角转角圆滑，上部残失。残高1.9、宽2.3厘米。横向钤印于罐形釜的上腹部，印面朝向无法确定，钤印前先将印面相应部位的绳纹抹平稍加修整，其面积大于印面的范围，陶片内壁对应印面处有手指垫压痕迹。

印文清晰，阳文，存1字。文为：【陈】【怚】胖（图一〇八，4；彩版四五，1）。

4. 标本2002XYY⑤W：186

陶片呈不规则四边形。为器物腹壁残片。长10.7、宽8.6、厚1.0厘米。泥质灰陶，夹极微量细砂，颜色较浅，质地细腻。贴塑，快轮修整，内壁有圆形工具垫痕，工艺规范。绳纹，竖向，5条/厘米。器形为罐形釜。

印面大致呈长方形，四边均外鼓，四角转角圆滑，右上部分残失。残高2.5、残宽2.0厘米。横向钤印于罐形釜的上腹部，印面朝向无法确定，钤印前先将印面相应部位的绳纹抹平稍加修整，其面积大于印面的范围，陶片内壁对应印面处有手指垫压痕迹。

印文清晰，阳文，1字，微残。文为：【陈】【怚】[胖]（图一〇八，5；彩版四五，2）。

5. 标本2002XYY⑤W：199

陶片呈不规则四边形，为器物腹壁残片。长8.9、宽5.7、厚1.0厘米。泥质灰陶，夹极微量细砂，颜色较浅，质地较为细腻。贴塑，快轮修整，内壁有圆形工具垫痕，工艺规范。绳纹，竖向，4～5条/厘米。器形为罐形釜。

印面大致呈长方形，四边均外鼓，四角转角圆滑，下部残失。残高1.7、残宽2.1厘米。横向钤印于罐形釜的上腹部，印面朝向无法确定，钤印前先将印面相应部位的绳纹抹平稍加修整，其面积大于印面的范围，陶片内壁对应印面处有手指垫压痕迹。

印文清晰，阳文，存1字，残缺。文为：[陈]【怚】【胖】（图一〇九，1；彩版四五，3）。

6. 标本2002XYY⑤W：217

陶片呈不规则四边形，为器物腹壁残片。长8.2、宽6.5、厚0.7～1.0厘米。泥质灰陶，夹极微量细砂，颜色较浅，质地细腻。贴塑，快轮修整，内壁有圆形工具垫痕，工艺规范。绳纹，较深，竖向，5条/厘米。器形为罐形釜。

印面大致呈长方形，四边均外鼓，四角转角圆滑，右下部残失。残高2.0、残宽1.4厘米。横向钤印于罐形釜的上腹部，印面朝向无法确定，钤印前先将印面相

图一〇九　一中出土陶文拓本

1、2. 2002XYY⑤W：199、217　3～5. HBCS：7、90、119

应部位的绳纹抹平稍加修整，其面积大于印面的范围，陶片内壁对应印面处有手指垫压痕迹。

印文清晰，阳文，存1字，残缺。文为：[陈]【怛】【胖】（图一〇九，2；彩版四五，4）。

7. 标本HBCS：7

陶片呈不规则五边形，为器物腹壁残片。残高13.5、宽10.2、厚1.0厘米。泥质灰陶，夹极微量细砂，质地细腻。贴塑，快轮修整，内壁有圆形工具垫痕，工艺规范。绳纹，竖向，5条／厘米，下端残存有一道横向附加堆纹。器形为罐形釜。

印面大致呈长方形，四边均外鼓，四角转角圆滑，右上侧稍残。残高4.8、残宽2.4厘米。横向钤印于罐形釜的上腹部，印面朝向无法确定，钤印前先将印面相应部位的绳纹抹平稍加修整，其面积大于印面的范围，陶片内壁对应印面处有手指垫压痕迹。

印文清晰，阳文，3字，其中1字稍残。文为：[陈] 怛胖（图一〇九，3；彩版四五，5）。

8．标本HBCS：90

陶片呈不规则五边形，为器物腹壁残片。残高7.5、宽5.3、厚0.8厘米。泥质灰陶，夹极微量细砂，质地细腻。贴塑，快轮修整内壁有圆形工具垫痕，工艺规范。绳纹，竖向，5条/厘米。器形为罐形釜。

印面大致呈长方形，四边均外鼓，四角转角圆滑，上、下及右侧稍残。残高3.5、残宽2.3厘米。横向钤印于罐形釜的上腹部，印面朝向无法确定，钤印前先将印面相应部位的绳纹抹平稍加修整，其面积大于印面的范围，陶片内壁对应印面处有手指垫压痕迹。

印文清晰，阳文，2字，其中1字稍残。文为：[陈] 恒【胖】（图一〇九，4；彩版四五，6）。

9．标本HBCS：119

未见实物，据拓本观察，陶片呈不规则五边形，为器物腹壁残片。长10.2、宽7.5厘米。泥质灰陶，夹极微量细砂，质地细腻。贴塑，快轮修整，工艺规范。绳纹，中部一道横向附加堆纹，其上为竖向绳纹，5条/厘米，其下为交错绳纹。器形为罐形釜。

印面大致呈长方形，四边均外鼓，四角转角圆滑，上、下及右侧稍残。长5.0、残宽2.5厘米。横向钤印于罐形釜的上腹部，印面顶端朝右，钤印前先将印面相应部位的绳纹抹平稍加修整，其面积大于印面的范围。

印文清晰，阳文，3字。文为：陈恒胖（图一〇九，5）。

经过比较，特别是利用拓本仔细比对，上述印面的形状、大小和印文布局、印文的内容及字体结构等都完全一致，由此可见，9件印文应为同一印章所钤印。

B型　4件。

标本2002ＸＹＹ⑤Ｗ：142、2002ＸＹＹ⑤Ｗ：143、2002ＸＹＹ⑤Ｗ：203、HBCS：62。

4件印文陶片分别来自于4件不同的器物个体，均为绳纹罐形釜。

印面的形状、尺寸以及钤印的位置、方法都完全相同。印面长方形，四边、四角较直。横向钤印于罐形釜的上腹部，印面朝向无法确定。钤印前先将印面相应部位的绳纹抹平稍加修整，其面积大于印面的范围，陶片内壁对应印面处有手指垫压痕迹。

印文的内容、布局、读序等也都完全相同。阳文，3字。文字自上而下纵向单字排列，字体大小较为均匀。读序从上到下。文为：陈恒胖。

1．标本2002ＸＹＹ⑤Ｗ：142

陶片呈不规则四边形，为器物腹壁残片。长7.0、宽5.4、厚0.9～1.2厘米。泥

质灰陶，夹极微量细砂，颜色较浅，质地细腻。贴塑，快轮修整，内壁有圆形工具垫痕，工艺规范。绳纹，竖向，5条/厘米。器形为罐形釜。

印面长方形，四边四角较直，右上侧残失。残高3.6、宽2.3厘米。横向钤印于罐形釜的上腹部，印面朝向无法确定，钤印前先将印面相应部位的绳纹抹平稍加修整，其面积大于印面的范围，陶片内壁对应印面处有手指垫压痕迹。

印文清晰，阳文，3字，其中2字残。文字自上而下纵向单字排列，字体大小较为均匀。读序从上到下。文为：[陈]　[怛]　胖（图一一〇，1、2；彩版四六，1）。

2．标本2002XYY⑤W：143

陶片呈不规则五边形，为器物腹壁残片。长7.0、宽5.5、厚1.0厘米。泥质灰陶，夹极微量细砂，颜色较浅，质地细腻。贴塑，快轮修整，内壁有圆形工具垫痕，工艺规范。绳纹，竖向，4条/厘米。器形为罐形釜。

印面长方形，四边四角较直，上部残失。残高1.8、宽2.4厘米。横向钤印于罐形釜的上腹部，印面朝向无法确定，钤印前先将印面相应部位的绳纹抹平稍加修整，其面积大于印面的范围，陶片内壁对应印面处有手指垫压痕迹。

印文清晰，阳文，存2字，其中1字重残。文为：【陈】[怛]　胖（图一一〇，3；彩版四六，2）。

3．标本2002XYY⑤W：203

陶片呈不规则四边形，为器物腹壁残片。长7.5、宽5.8、厚1.0厘米。泥质灰

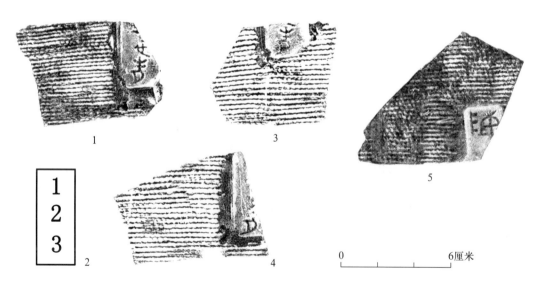

图一一〇　一中出土陶文拓本

1. 2002XYY⑤W：142　2. 读序图　3～5. 2002XYY⑤W：143、203、HBCS：62

陶，夹极微量细砂，颜色较浅，质地较为细腻。贴塑，快轮修整，内壁有圆形工具垫痕，工艺规范。绳纹，竖向，4条/厘米。器形为罐形釜。

印面长方形，四边四角较直，右部残失。残高4.6、残宽1.6厘米。横向钤印于罐形釜的上腹部，印面朝向无法确定，钤印前先将印面相应部位的绳纹抹平稍加修整，其面积大于印面的范围，陶片内壁对应印面处有手指垫压痕迹。

印文清晰，阳文，1字，且残。文为：【陈】【恒】胖（图一一〇，4；彩版四六，3）。

4．标本HBCS：62

陶片呈不规则四边形，为器物腹壁残片。长7.3、宽7.2、厚0.9厘米。泥质灰陶，夹极微量细砂，质地较为细腻。贴塑，快轮修整，内壁有圆形工具垫痕，工艺规范。绳纹，竖向，4条/厘米。器形为罐形釜。

印面长方形，四边四角较直，右下部残失。残高2.9、残宽2.4厘米。横向钤印于罐形釜的上腹部，印面朝向无法确定，钤印前先将印面相应部位的绳纹抹平稍加修整，其面积大于印面的范围，陶片内壁对应印面处有手指垫压痕迹。

印文清晰，阳文，1字，且残。文为：陈【恒】【胖】（图一一〇，5；彩版四六，4）。

经过比较，特别是利用拓本仔细比对，上述印面的形状、大小和印文布局、印文的内容及字体结构等都完全一致，由此可见，4件印文应为同一印章所钤印。

一〇　陈恒类（大字）

印面较大，略呈长方形或长椭圆形。横向钤印，可辨方向的印面顶端朝右。字体粗犷，印面共3字，纵向排列，读序从上到下。共计22件。分2类。

（一）陈恒翰

11件。标本2002ＸＹＹ⑤Ｗ：144、2002ＸＹＹ⑤Ｗ：145、2002ＸＹＹ⑤Ｗ：146、2002ＸＹＹ⑤Ｗ：222 、ＨＢＣＳ：2、ＨＢＣＳ：3、ＨＢＣＳ：4、ＨＢＣＳ：19、ＨＢＣＳ：56、ＨＢＣＳ：61、ＨＢＣＳ：73。

11件印文陶片分别来自于11件不同的器物个体，并分属2种器形。其中，10件器形为绳纹罐形釜，1件为素面量杯。

印面的形状、尺寸以及钤印的位置、方法都完全相同。印面长椭圆形。长7.0、宽2.6厘米。横向钤印，印面顶端朝右，印时先将罐形釜印面部位的绳纹抹平略加修整，其面积略大于印面的范围，陶片内壁对应印面处有手指垫压痕迹。

印文字体较大，笔画粗犷。文字的内容、布局、读序等也都完全相同。阳文，3字。文字自上而下纵向单字排列，字体大小较为均匀。读序自上而下。文为：陈恒翰。

1. 标本2002XYY⑤W：144

陶片呈不规则三角形，为器物腹壁残片。边长7.5、7.6、7.6、厚1.0厘米。泥质灰陶，夹极微量细砂，颜色较浅，质地细腻。贴塑，快轮修整，内壁有圆形工具垫痕，工艺规范。绳纹，竖向，4条/厘米。器形为罐形釜。

印面长椭圆形，右上角及下端稍残。残高5.6、宽2.7厘米。横向钤印于罐形釜的上腹部，印面朝向无法确定，钤印前先将印面相应部位的绳纹抹平稍加修整，其面积大于印面的范围，陶片内壁对应印面处有手指垫压痕迹。

印文较为清晰，阳文，3字，其中2字稍残。文字自上而下纵向单字排列，字体大小较为均匀。读序自上而下。文为：[陈]恒[翰]（图一一一，1、2；彩版四六，5）。

2. 标本2002XYY⑤W：145

陶片大致为三角形，为器物腹壁残片。边长12.6、11.3、9.4、厚0.8～1.1厘米。泥质灰陶，夹极微量细砂，颜色较浅。贴塑，快轮修整，内壁有圆形工具垫痕，工艺规范。绳纹，竖向，4条/厘米，下端有一道横向附加堆纹。器形为罐形釜。

印面长椭圆形，上部残缺。残高3.8、宽2.6厘米。横向钤印于罐形釜的上腹部，附加堆纹上方，印面顶端朝向右，钤印前先将印面相应部位的绳纹抹平稍加修整，其面积大于印面的范围，陶片内壁对应印面处有手指垫压痕迹。

印文较为清晰，阳文，存2字，其中1字稍残。文为：【陈】[恒] 翰（图一一一，3；彩版四六，6）。

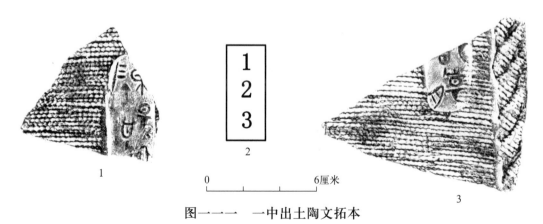

图一一一　一中出土陶文拓本

1. 2002XYY⑤W：144　2. 读序图　3. 2002XYY⑤W：145

3．标本2002XYY⑤W：146

陶片呈不规则三角形，为器物腹壁残片。长8.7、宽7.8、厚1.0～1.2厘米。泥质灰陶，夹极微量细砂，颜色较浅，质地细腻。贴塑，快轮修整，内壁有圆形工具垫痕，工艺规范。绳纹，竖向，4条/厘米，下端有一道横向附加堆纹。器形为罐形釜。

印面长椭圆形，上部残缺。残高4.0、宽2.6厘米。横向钤印于罐形釜的上腹部，附加堆纹上方，印面顶端朝向右，钤印前先将印面相应部位的绳纹抹平稍加修整，其面积大于印面的范围，陶片内壁对应印面处有手指垫压痕迹。

印文较为清晰，阳文，存2字，其中1字稍残。文为：【陈】［恒］翰（图一一二，1；彩版四七，1）。

4．标本2002XYY⑤W：222

陶片呈不规则四边形，为器物腹壁残片。长6.5、宽5.3、厚0.9～1.1厘米。泥

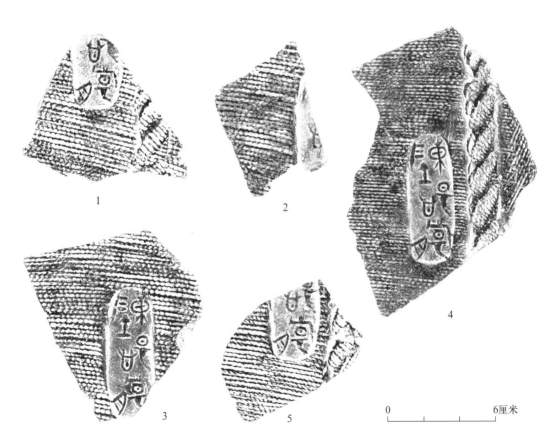

图一一二　一中出土陶文拓本

1、2. 2002XYY⑤W：146、222　3～5. HBCS：2～4

质灰陶，夹极微量细砂，质地细腻。贴塑，快轮修整，内壁有圆形工具垫痕，工艺规范。绳纹，竖向，5条/厘米。器形为罐形釜。

印面长椭圆形，仅存左侧部分，右侧缺。残高5.2、残宽1.6厘米。横向钤印于罐形釜的上腹部，印面朝向无法确定，钤印前先将印面相应部位的绳纹抹平稍加修整，其面积大于印面的范围，陶片内壁对应印面处有手指垫压痕迹。

印文较为清晰，阳文，存2字，均重残。文为：[陈]【恒】[翰]（图一一二，2；彩版四七，2）。

5．标本HBCS：2

陶片呈不规则四边形，为器物腹壁残片。残高9.9、宽9.7、厚0.9～1.1厘米。泥质灰陶，夹极微量细砂，陶色较浅，质地细腻。贴塑，快轮修整，内壁有圆形工具垫痕，工艺规范。绳纹，竖向，4条/厘米。器形为罐形釜。

印面长椭圆形，右下侧稍残。残高6.9、宽2.6厘米。横向钤印于罐形釜的上腹部，印面朝向无法确定，钤印前先将印面相应部位的绳纹抹平稍加修整，其面积大于印面的范围，陶片内壁对应印面处有手指垫压痕迹。

印文清晰，阳文，3字。文为：陈恒翰（图一一二，3；彩版四七，3）。

6．标本HBCS：3

陶片呈不规则四边形，为器物腹壁残片。长15.4、宽10.0、厚1.2厘米。泥质灰陶，夹极微量细砂，陶色较浅，质地细腻。贴塑，快轮修整，内壁有圆形工具垫痕，工艺规范。绳纹，中部一道横向附加堆纹，其上竖向绳纹，5条/厘米，其下交错绳纹。器形为罐形釜。

印面长椭圆形。高7.0、宽2.6厘米。横向钤印于罐形釜的上腹部，附加堆纹上方，印面顶端朝右，钤印前先将印面相应部位的绳纹抹平稍加修整，其面积略大于印面的范围，陶片内壁对应印面处有手指垫压痕迹。

印文清晰，阳文，3字。文为：陈恒翰（图一一二，4；彩版四七，4）。

7．标本HBCS：4

陶片呈不规则四边形，为器物腹壁残片。残高7.8、宽5.3、厚1.1厘米。泥质灰陶，夹极微量细砂，陶色较浅，质地细腻。贴塑，快轮修整，内壁有圆形工具垫痕，工艺规范。绳纹，竖向，4条/厘米，有一道附加堆纹。器形为罐形釜。

印面长椭圆形，上部残缺。残高4.5、宽2.6厘米。横向钤印于罐形釜的上腹部，附加堆纹上方，印面顶端朝右，钤印前先将印面相应部位的绳纹抹平稍加修整，其面积略大于印面的范围，陶片内壁对应印面处有手指垫压痕迹。

印文较为清晰，阳文，存2字，其中1字稍残。文为：【陈】[恒] 翰（图一一二，5；彩版四八，1）。

8．标本HBCS：19

陶片呈不规则四边形，为腹壁残片，保存一部分口沿。残高5.8、宽5.7、壁厚0.6~1.0厘米。泥质灰陶，夹极微量细砂，质地较为细腻。贴塑，快轮修整，工艺规范。素面。口沿留有明显的烧成后打磨修整痕迹，非常平整。器形为量杯。

印面长椭圆形，下部残缺。残高2.6、残宽2.4厘米。横向钤印于罐形釜的上腹部，印面顶端朝右，稍斜。

印文较为模糊，阳文，只能辨识1字，且残。文为：[陈]【怛】【翰】（图一一三，1；彩版四八，2）。

9．标本HBCS：56

陶片呈不规则五边形，为器物腹壁残片。长10.5、宽7.0、厚1.0厘米。泥质灰陶，夹极微量细砂，陶色较浅，质地较为细腻。贴塑，快轮修整，内壁有圆形工具垫痕，工艺规范。绳纹，竖向，4条/厘米。器形为罐形釜。

印面长椭圆形，上部残缺。残高4.8、宽2.6厘米。横向钤印于罐形釜的上腹部，印面朝向无法确定，钤印前先将印面相应部位的绳纹抹平稍加修整，其面积略

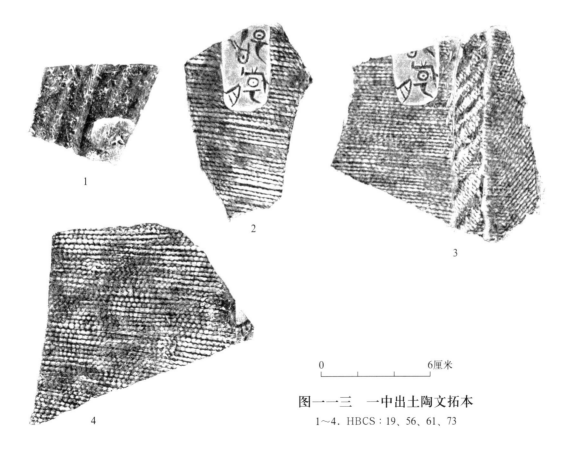

0　　　　　　6厘米

图一一三　一中出土陶文拓本

1~4．HBCS：19、56、61、73

大于印面的范围，陶片内壁对应印面处有手指垫压痕迹。

印文清晰，阳文，2字。文为：【陈】悍翰（图一一三，2；彩版四八，3）。

10．标本HBCS：61

陶片呈不规则五边形，为器物腹壁残片。残高11.3、宽11.3、厚0.9～1.2厘米。泥质灰陶，夹极微量细砂，质地细腻。贴塑，快轮修整，内壁有圆形工具垫痕，工艺规范。绳纹，中部一道横向附加堆纹，其上竖向绳纹，5条/厘米，其下交错绳纹。器形为罐形釜。

印面长椭圆形，上部残缺。残高3.2、残宽2.6厘米。横向钤印于罐形釜的上腹部，附加堆纹上方，印面顶端朝右，钤印前先将印面相应部位的绳纹抹平稍加修整，其面积略大于印面的范围，陶片内壁对应印面处有手指垫压痕迹。

印文清晰，阳文，存2字。文为：【陈】[悍] 翰（图一一三，3；彩版四八，4）。

11．标本HBCS：73

陶片呈不规则四边形，为器物腹壁残片，保留部分口沿。长11.7、宽10.1、厚1.0厘米。泥质灰陶，夹极微量细砂，颜色较深，质地细腻。贴塑，快轮修整，内壁有圆形工具垫痕，工艺规范。绳纹，竖向，4条/厘米。口沿留有明显的烧成后打磨修整痕迹，非常平整，且胎中间与两边的颜色不一致。器形为罐形釜。

印面长椭圆形，仅残存左下角部分。残高2.3、残宽1.0厘米。横向钤印于罐形釜的上腹部，距离口沿10.2厘米。印面顶端朝右，钤印前先将印面相应部位的绳纹抹平稍加修整，其面积略大于印面的范围，陶片内壁对应印面处有手指垫压痕迹。

印文较为清晰，阳文，存1字，且残。文为：【陈】【悍】[翰]（图一一三，4；彩版四八，5）。

经过比较，特别是利用拓本仔细比对，上述印面的形状、大小和印文布局、印文的内容及字体结构等都完全一致，由此可见，11件印文应为同一印章所钤印。

（二）陈悍䜌

共11件。根据印面和文字又可分为两型。

A型　8件。

标本2002XＹＹ⑤Ｗ：147、2002XＹＹ⑤Ｗ：148、2002XＹＹ⑤Ｗ：149、2002XYY⑤Ｗ：214、2002XYY⑤Ｗ：221、HBCS：24、HBCS：59、LFL：10。

8件印文陶片分别来自于8件不同的器物个体，均为绳纹罐形釜。

印面的形状、尺寸以及钤印的位置、方法都完全相同。印面近长方形，左右两边外鼓，上下两边较直。横向钤印于罐形釜壁上半部，可辨方向的印面顶端朝向右。印前在印章的部位事先打抹光平，面积略大于印面的范围，印时食指、中指和无名指并拢垫于印章部位器物内壁。

印文清晰，字体稍小。文字的内容、布局、读序等相同。阳文，3字，文字自上而下纵向单字排列，字体大小相近。读序自上而下。文为：陈恒絮。

1. 标本2002XYY⑤W：147

陶片形状不规则，为器物腹壁残片。长10.2、宽9.2、厚0.9～1.2厘米。泥质灰陶，夹极微量细砂，质地细腻。贴塑，快轮修整，内壁有圆形工具垫痕，工艺规范。绳纹，竖向，6条/厘米。器形为罐形釜。

印面近长方形，左边外鼓，上边较直，右侧及下部稍残。残高5.1、残宽2.8厘米。横向钤印于罐形釜的上腹部，印面朝向无法确定，钤印前先将印面相应部位的绳纹抹平稍加修整，其面积略大于印面的范围，陶片内壁对应印面处有手指垫压痕迹。

印文清晰，阳文，存2字。参照完整印面、印文可知，应为3字，文字自上而下纵向单字排列。读序自上而下。文为：陈恒絮（图一一四，1、2；彩版四九，1）。

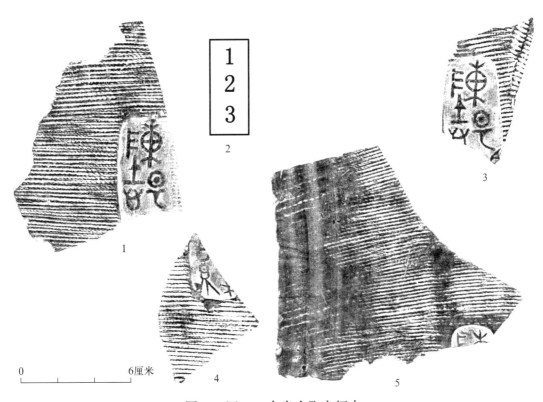

图一一四　一中出土陶文拓本

1. 2002XYY⑤W：147　2. 读序图　3～5. 2002XYY⑤W：148、149、214

2．标本2002XYY⑤W：148

陶片呈不规则四边形，为器物腹壁残片。长7.9、宽4.3、厚0.6~0.8厘米。泥质灰陶，夹极微量细砂，陶色较浅，质地细腻。贴塑，快轮修整，内壁有圆形工具垫痕，工艺规范。绳纹，竖向，4条/厘米，下端残留少许附加堆纹。器形为罐形釜。

印面近长方形，左右两边外鼓，上边较直，左侧及下部稍残。残高5.7、宽3.2厘米。横向钤印于罐形釜的上腹部，附加堆纹上方，印面朝向右，钤印前先将印面相应部位的绳纹抹平稍加修整，其面积略大于印面的范围，陶片内壁对应印面处有手指垫压痕迹。

印文清晰，阳文，存3字，其中1字重残。文为：陈恒 [紧]（图一一四，3；彩版四九，2）。

3．标本2002XYY⑤W：149

陶片呈不规则三角形，为器物腹壁残片。长8.0、宽5.5、厚0.7~0.8厘米。泥质灰陶，夹极微量细砂，质地细腻。贴塑，快轮修整，内壁有圆形工具垫痕，工艺规范。绳纹，竖向，4条/厘米。器形为罐形釜。

印面近长方形，左边外鼓，下边较直，右上部残缺。残高3.6、残宽2.2厘米。横向钤印于罐形釜的上腹部，印面朝向无法确定，钤印前先将印面相应部位的绳纹抹平稍加修整，其面积略大于印面的范围，陶片内壁对应印面处有手指垫压痕迹。

印文清晰，阳文，存2字，均残。文为：【陈】[恒] [紧]（图一一四，4；彩版四九，3）。

4．标本2002XYY⑤W：214

陶片呈不规则四边形，为器物腹壁残片，保存部分口沿。残高13.6、宽10.8、厚0.8~1.2厘米。泥质灰陶，夹极微量细砂，颜色较浅，质地细腻。贴塑，快轮修整，内壁有圆形工具垫痕，工艺规范。绳纹，竖向，6~7条/厘米，口部数道抹光凹弦纹。口沿烧成后经过打磨修整，非常平整。器形为罐形釜。

印面近长方形，仅存顶端部分。残高1.1、残宽2.3厘米。横向钤印于罐形釜的上腹部，印面朝顶端朝向右，钤印前先将印面相应部位的绳纹抹平稍加修整，其面积略大于印面的范围，陶片内壁对应印面处有手指垫压痕迹。

印文清晰，阳文，存1字，且残。文为：[陈]【恒】紧（图一一四，5）。

5．标本2002XYY⑤W：221

陶片呈不规则四边形，为器物腹壁残片。长8.8、宽7.8、厚0.8~1.0厘米。泥质灰陶，夹极微量细砂，外壁颜色较浅，内壁及接近内壁的一部分胎呈黄色，质地细腻。贴塑，快轮修整，内壁有圆形工具垫痕，工艺规范。中部有一道横向附加堆纹，其上为竖向绳纹，6条/厘米，其下为交错绳纹。器形为罐形釜。

印面近长方形，仅存中部右侧部分。残高2.65、残宽1.55厘米。横向钤印于罐形釜的上腹部，附加堆纹上方，印面朝顶端朝向右，钤印前先将印面相应部位的绳纹抹平稍加修整，其面积略大于印面的范围，陶片内壁对应印面处有手指垫压痕迹。

印文清晰，阳文，存2字，均重残。文为：【陈】[怛] [緐]（图一一五，1；彩版四九，4）。

6．标本HBCS：24

陶片呈不规则五边形，为器物腹壁残片。长13.1、宽9.0、厚0.7～1.1厘米。泥质灰陶，夹极微量细砂，颜色较浅，内壁及胎呈黄褐色，质地细腻。贴塑，快轮修整，内壁有圆形工具垫痕，工艺规范。中部有一道横向附加堆纹，其上为竖向绳纹，5条/厘米，其下为交错绳纹。器形为罐形釜。

印面近长方形，仅存下端少部分。残高1.5、宽2.6厘米。横向钤印于罐形釜的上腹部，附加堆纹上方，印面朝顶端朝向右，钤印前先将印面相应部位的绳纹抹平稍加修整，其面积略大于印面的范围，陶片内壁对应印面处有手指垫压痕迹。

印文清晰，阳文，存1字，且残。文为：【陈】【怛】[緐]（图一一五，2；彩

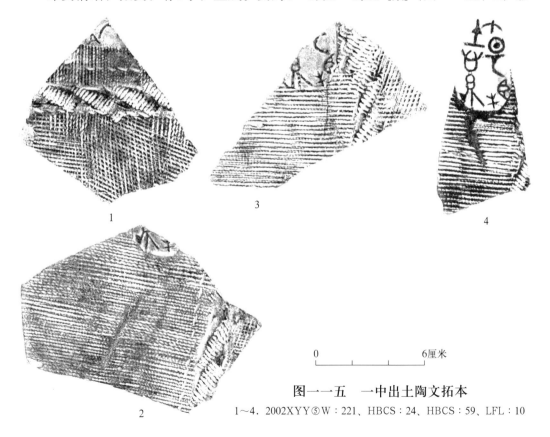

0　　　　6厘米

图一一五　一中出土陶文拓本

1～4．2002XYY⑤W：221、HBCS：24、HBCS：59、LFL：10

版四九，5）。

7. 标本HBCS：59

陶片呈不规则四边形，为器物腹壁残片。长11.7、宽7.0、厚0.9～1.1厘米。泥质灰陶，夹极微量细砂，颜色较浅，质地细腻。内壁及接近内壁的一部分胎呈黄褐色。贴塑，快轮修整，内壁有圆形工具垫痕，工艺规范。中部有一道横向附加堆纹，其上为竖向绳纹，4条/厘米，其下为交错绳纹。器形为罐形釜。

印面近长方形，边较直，仅存右下角部分。残高3.6、残宽2.9厘米。横向钤印于罐形釜的上腹部，附加堆纹上方，印面朝顶端朝向右，钤印前先将印面相应部位的绳纹抹平稍加修整，其面积略大于印面的范围，陶片内壁对应印面处有手指垫压痕迹。

印文清晰，阳文，存2字，均残。文为：【陈】[悍] [絷]（图一一五，3；彩版四九，6）。

8. 标本LFL：10

仅见拓本，据同类印面、印文及拓本可知，陶片为不规则四边形，为器物腹壁残片。长9.9、宽5.2厘米。泥质灰陶，夹极微量细砂，质地较为细腻。绳纹，竖向，5条/厘米，下端残存少许附加堆纹。器形为罐形釜。

印面近长方形，上部部分残缺。残高4.9、宽3.2厘米。横向钤印于罐形釜的上腹部，附加堆纹上方，印面朝顶端朝向右，钤印前先将印面相应部位的绳纹抹平稍加修整，其面积略大于印面的范围。

印文清晰，阳文，3字，其中1字残。文为：[陈] 悍絷丁（图一一五，4）。

经过比较，特别是利用拓本仔细比对，上述印面的形状、大小和印文布局、印文的内容及字体结构等都完全一致，由此可见，8件印文应为同一印章所钤印。

B型　3件。

标本2002XYY⑤W：150、2002XYY⑤W：183、HBCS：40。

3件印文陶片分别来自于3件不同的器物个体，均为绳纹罐形釜。

印面的形状、尺寸以及钤印的位置、方法都完全相同。印面近长方形，左右两边较直，上下为弧边，转角圆滑。长度不详，宽3.2厘米。横向钤印于罐形釜壁上半部，可辨方向的印面顶端朝向右。印前在印章的部位事先打抹光平，面积略大于印面的范围，印时食指、中指和无名指并拢垫于印章部位器物内壁。

印文清晰，字体较大。文字的内容、布局、读序等相同。阳文，3字，文字自上而下纵向单字排列，字体大小相近。读序自上而下。文为：陈悍絷。

1. 标本2002XYY⑤W：150

陶片呈不规则三角形，为器物腹壁残片。长10.8、宽9.0、厚0.7～1.0厘米。

泥质灰陶，夹极微量细砂，内壁黄褐色，胎为灰色黄褐色相间，质地细腻。贴塑，快轮修整，内壁有圆形工具垫痕，工艺规范。中部有一道横向附加堆纹，其上为竖向绳纹，4条/厘米，其下为交错绳纹。器形为罐形釜。

　　印面近长方形，边较直，仅存右下角部分。残高2.5、宽3.2厘米。横向钤印于罐形釜的上腹部，附加堆纹上方，印面朝顶端朝向右，钤印前先将印面相应部位的绳纹抹平稍加修整，其面积略大于印面的范围，陶片内壁对应印面处有手指垫压痕迹。

　　印文清晰，阳文，存1字，且残。参照完整印面、印文可知，印文应为3字，文字自上而下纵向单字排列。读序自上而下。文为：[陈]【恒】【絮】（图一一六，1、2；彩版五〇，1）。

　　2. 标本2002XYY⑤W：183

　　陶片呈不规则五边形，为器物腹壁残片。长12.6、宽10.7、厚0.8厘米。泥质灰陶，夹极微量细砂，质地较为细腻。贴塑，快轮修整，内壁有圆形工具垫痕，工艺规范。中部有一道横向附加堆纹，其上为竖向绳纹，8条/厘米，其下为交错绳纹。器形为罐形釜。

　　印面近长方形，边较直，仅存右上角部分。残高3.3、残宽2.6厘米。横向钤印于罐形釜的上腹部，附加堆纹上方，印面顶端朝向右，钤印前先将印面相应部位的绳纹抹平稍加修整，其面积略大于印面的范围，陶片内壁对应印面处有手指垫压痕迹。

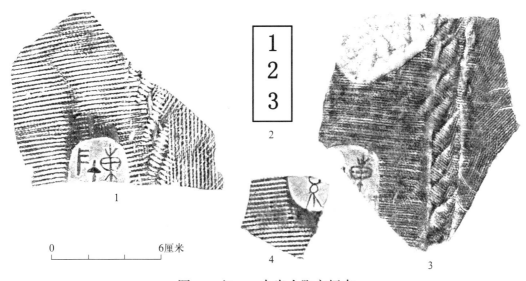

图一一六　一中出土陶文拓本

1. 2002XYY⑤W：150　2. 读序图　3、4. 2002XYY⑤W：183、HBCS：40

印文清晰，阳文，存1字，且残。文为：[陈]【怛】【繁】（图一一六，3；彩版五〇，2）。

3．标本HBCS：40

陶片呈不规则四边形，为器物腹壁残片。残高4.5、宽4.3、厚0.7厘米。泥质灰陶，夹极微量细砂，颜色较浅，质地细腻。贴塑，快轮修整，内壁有圆形工具垫痕，工艺规范。绳纹，竖向，5条/厘米。器形为罐形釜。

印面近长方形，边较直，仅存左下角部分。残高2.2、残宽1.9厘米。横向钤印于罐形釜的上腹部，印面朝向无法确定，钤印前先将印面相应部位的绳纹抹平稍加修整，其面积略大于印面的范围，陶片内壁对应印面处有手指垫压痕迹。

印文清晰，阳文，存1字，且残。文为：【陈】【怛】[繁]（图一一六，4；彩版五〇，3）。

经过比较，特别是利用拓本仔细比对，上述印面的形状、大小和印文布局、印文的内容及字体结构等都完全一致，由此可见，3件印文应为同一印章所钤印。

一一　陈颐类

印面近似长方形，边较直。均横向钤印于绳纹罐形釜腹壁，绳纹较粗，不见抹光带。可辨方向印面顶端朝左。印文清晰，阳文，2字。文字上下排列，平均布局。读序从上到下。文为：陈颐。共14件，分三型。

A型　11件。

标本2002ＸＹＹ⑤Ｗ：151、2002ＸＹＹ⑤Ｗ：152、2002ＸＹＹ⑤Ｗ：153、2002ＸＹＹ⑤Ｗ：154、2002ＸＹＹ⑤Ｗ：155、2002ＸＹＹ⑤Ｗ：156、2002ＸＹＹ⑤Ｗ：175、2002ＸＹＹ⑤Ｗ：184、2002ＸＹＹ⑤Ｗ：212、HBCS：57、HBCS：94。

11件印文陶片分别来自于11件不同的器物个体，均为绳纹罐形釜。

印面的形状、尺寸以及钤印的位置、方法都完全相同。印面近长方形，但右边较直，右上角、右下角直角。左边外凸，左上角、左下角为斜角，总体略呈不规则六边形。高4.9、宽1.5～2.4厘米。横向钤印于罐形釜壁上半部，1例可辨方向，印面顶端朝向左。钤印前先将印面相应部位的绳纹抹平稍加修整，面积略大于印面的范围，印时食指、中指和无名指并拢垫于印章部位器物内壁。

印文清晰，阳文，2字。文字上下排列，平均布局。读序从上到下。文为：陈颐。

1．标本2002ＸＹＹ⑤Ｗ：151

陶片呈不规则四边形，为器物腹壁残片。长11.8、宽8.0、厚0.8～1.0厘米。泥质灰陶，夹极微量细砂，颜色较深，质地细腻。贴塑，快轮修整，内壁留有圆形工具垫痕，工艺规范。绳纹，竖向，4～5条/厘米。器形为罐形釜。

　　印面近长方形，右边较直角也较直，左边外凸为斜角，右上侧稍残。高4.9、宽1.5～2.4厘米。横向钤印于罐形釜的上腹部，印面朝向无法确定，钤印前先将印面相应部位的绳纹抹平稍加修整，其面积大于印面的范围，陶片内壁对应印面处有手指垫压痕迹。

　　印文清晰，阳文，2字。文字上下排列，平均布局。读序从上到下。文为：陈顗（图一一七，1、2；彩版五〇，4）。

　　2. 标本2002XYY⑤W：152

　　陶片呈不规则四边形，为器物腹壁残片。长9.4、宽9.5、厚0.7～1.2厘米。泥质灰陶，夹极微量细砂，内壁及胎颜色较浅，质地细腻。贴塑，快轮修整，内壁留有圆形工具垫痕，工艺规范。绳纹，竖向，4～5条/厘米。器形为罐形釜。

　　印面近长方形，右边较直，左边外凸为斜角。高4.9、宽1.5～2.4厘米。横向钤印于罐形釜的上腹部，印面朝向无法确定，钤印前先将印面相应部位的绳纹抹平稍加修整，其面积大于印面的范围，陶片内壁对应印面处有手指垫压痕迹。

　　印文清晰，阳文，2字。文为：陈顗（图一一七，3；彩版五〇，5）。

　　3. 标本2002XYY⑤W：153

　　陶片呈不规则四边形，为器物腹壁残片。长13.9、宽8.4、厚0.7～1.1厘米。泥质灰陶，夹极微量细砂，内壁及胎颜色较浅，质地细腻。贴塑，快轮修整，内壁留有圆形工具垫痕，工艺规范。绳纹，竖向，4～5条/厘米。器形为罐形釜。

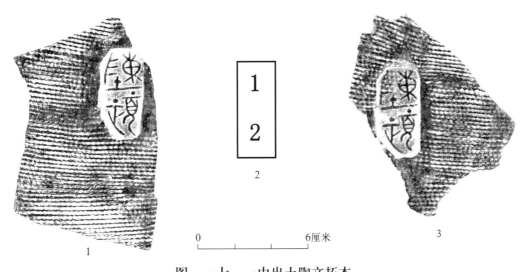

图一一七　一中出土陶文拓本

1. 2002XYY⑤W：151　2. 读序图　3. 2002XYY⑤W：152

印面近长方形，右边较直，左边外凸为斜角，右下角部分残失。残高2.9、宽1.5～2.4厘米。横向钤印于罐形釜的上腹部，印面朝向无法确定，钤印前先将印面相应部位的绳纹抹平稍加修整，其面积大于印面的范围，陶片内壁对应印面处有手指垫压痕迹。

印文清晰，阳文，存1字，稍残。文为：［陈］【颐】（图一一八，1；彩版五〇，6）。

4. 标本2002XYY⑤W：154

陶片呈不规则三角形，为器物腹壁残片。长7.4、宽4.4、厚0.7～0.9厘米。泥质灰陶，夹极微量细砂，内壁颜色较浅，胎呈黄褐色，质地细腻。贴塑，快轮修整，内壁留有圆形工具垫痕，工艺规范。绳纹，竖向，4～5条/厘米。器形为罐形釜。

印面近长方形，右边较直，左边外凸为斜角，左下角部分残失。残高2.8、宽1.5厘米。横向钤印于罐形釜的上腹部，印面朝向无法确定，钤印前先将印面相应部位的绳纹抹平稍加修整，其面积大于印面的范围，陶片内壁对应印面处有手指垫压痕迹。

印文清晰，阳文，存2字，均残。文为：［陈］［颐］（图一一八，2；彩版五一，1）。

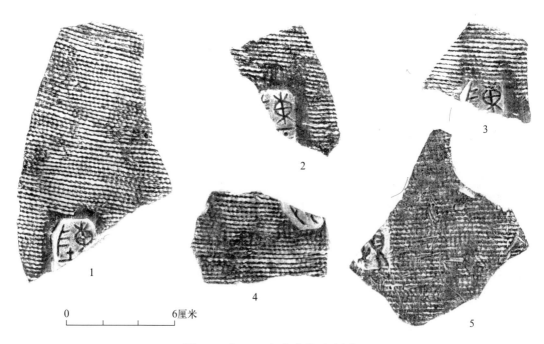

0　　　　　　　6厘米

图一一八　一中出土陶文拓本

1～5. 2002XYY⑤W：153～156、175

5．标本2002XYY⑤W：155

陶片形状大致呈梯形，为器物腹壁残片。长6.5、宽4.2、厚0.6厘米。泥质灰陶，夹极微量细砂，颜色较浅，质地细腻。贴塑，快轮修整，内壁留有圆形工具垫痕，工艺规范。绳纹，竖向，4～5条/厘米。器形为罐形釜。

印面近长方形，右边较直，左边外凸为斜角，下部残失。残高2.0、宽1.5～2.4厘米。横向钤印于罐形釜的上腹部，印面朝向无法确定，钤印前先将印面相应部位的绳纹抹平稍加修整，其面积大于印面的范围，陶片内壁对应印面处有手指垫压痕迹。

印文清晰，阳文，存1字，稍残。文为：[陈]【颐】（图一一八，3；彩版五一，2）。

6．标本2002XYY⑤W：156

陶片呈不规则四边形，为器物腹壁残片。长7.6、宽5.3、厚0.9厘米。泥质灰陶，夹极微量细砂，颜色较浅，质地细腻。贴塑，快轮修整，内壁留有圆形工具垫痕，工艺规范。绳纹，竖向，4～5条/厘米。器形为罐形釜。

印面近长方形，右边较直，左边外凸为斜角，仅存下部。残高1.1、残宽1.9厘米。横向钤印于罐形釜的上腹部，印面朝向无法确定，钤印前先将印面相应部位的绳纹抹平稍加修整，其面积大于印面的范围，陶片内壁对应印面处有手指垫压痕迹。

印文清晰，阳文，存1字，且重残。文为：【陈】[颐]（图一一八，4；彩版五一，3）。

7．标本2002XYY⑤W：175

陶片呈不规则四边形，为器物腹壁残片。长9.0、宽8.0、厚0.6～1.0厘米。泥质灰陶，夹极微量细砂，陶色较浅，质地细腻。贴塑，快轮修整，内壁留有垫痕，工艺规范。绳纹，竖向，4条/厘米。器形为罐形釜。

印面近长方形，右边较直，左边外凸为斜角，上部残失。残高2.5、残宽2.0厘米。横向钤印于罐形釜的上腹部，印面朝向无法确定，钤印前先将印面相应部位的绳纹抹平稍加修整，其面积大于印面的范围，陶片内壁对应印面处有手指垫压痕迹。

印文清晰，阳文，存1字，稍残。文为：【陈】[颐]（图一一八，5；彩版五一，4）。

8．标本2002XYY⑤W：184

陶片呈不规则四边形。为器物腹壁残片。长8.4、宽5.4、厚1.0厘米。泥质灰陶，夹极微量细砂，陶色较浅，质地细腻。贴塑，快轮修整，内壁留有圆形工具垫痕，工艺规范。绳纹，竖向，5条/厘米。器形为罐形釜。

印面近长方形，右边较直，左边外凸为斜角，仅存左上角。残高1.5、残宽1.0厘米。横向钤印于罐形釜的上腹部，印面朝向无法确定，钤印前先将印面相应部位的绳纹抹平稍加修整，其面积大于印面的范围，陶片内壁对应印面处有手指垫压痕迹。

印文清晰，阳文，存1字，重残。文为：[陈]【頋】（图一一九，1；彩版五一，5）。

9．标本2002XYY⑤W：212

陶片呈不规则四边形。为器物腹壁残片。长6.6、宽5.1、厚0.8厘米。泥质灰陶，质地细腻。贴塑，快轮修整，内壁留有圆形工具垫痕，工艺规范。绳纹，竖向，5条/厘米。器形为罐形釜。

印面近长方形，右边较直，左边外凸为斜角，仅存左上部。残高2.7、残宽0.8厘米。横向钤印于罐形釜的上腹部，印面朝向无法确定，钤印前先将印面相应部位的绳纹抹平稍加修整，其面积大于印面的范围，陶片内壁对应印面处有手指垫压痕迹。

印文清晰，阳文，存1字，重残。文为：[陈]【頋】（图一一九，2；彩版五二，1）。

10．标本HBCS：57

陶片呈不规则四边形，为器物腹壁残片。长7.3、宽4.3、厚0.8～1.1厘米。泥质灰陶，夹极微量细砂，陶色较浅，质地细腻。贴塑，快轮修整，内壁留有圆形工

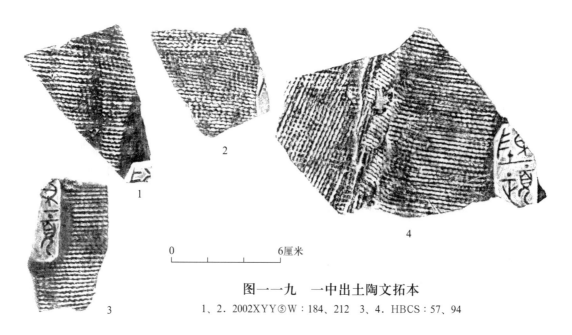

0　　　　　　　6厘米

图一一九　一中出土陶文拓本

1、2．2002XYY⑤W：184、212　3、4．HBCS：57、94

具垫痕，工艺规范。绳纹，竖向，4条/厘米。器形为罐形釜。

印面近长方形，右边较直，左边外凸为斜角，左部分残失。残高4.6、宽1.4厘米。横向钤印于罐形釜的上腹部，印面朝向无法确定，钤印前先将印面相应部位的绳纹抹平稍加修整，其面积大于印面的范围，陶片内壁对应印面处有手指垫压痕迹。

印文清晰，阳文，存2字，均残。文为：[陈][顗]（图一一九，3；彩版五二，2）。

11．标本HBCS：94

未见实物。根据拓本观察，陶片呈不规则四边形，为器物腹壁残片。长15.1、宽9.9厘米。中部有一道横向附加堆纹，其上为竖向绳纹，5条/厘米，其下为交错绳纹。器形为罐形釜。

印面近长方形，右边较直角也较直，左边外凸为斜角，顶端及下端略残。残高4.5、宽2.4厘米。横向钤印于罐形釜的上腹部，附加堆纹上方，印面顶端朝左，钤印前先将印面相应部位的绳纹抹平稍加修整，其面积大于印面的范围。

印文清晰，阳文，存2字，均稍残。文为：陈顗（图一一九，4）。

经过比较，特别是利用拓本仔细比对，上述印面的形状、大小和印文布局、印文的内容及字体结构等都完全一致，由此可见，11件印文应为同一印章所钤印。

B型 2件。

标本2002XYY⑤W：181 、HBCS：93。

2件印文陶片分别来自于2件不同的器物个体，均为绳纹罐形釜。

印面的形状、尺寸以及钤印的位置、方法都完全相同。印面长方形，直边直角。高度不详，宽2.1厘米。横向钤印于罐形釜壁上半部，印面顶端朝向左。印前在印章的部位事先打抹光平，面积略大于印面的范围，印时食指、中指和无名指并拢垫于印章部位器物内壁。

印文清晰，阳文，2字。文字上下排列，平均布局。读序从上到下。文为：陈顗。

1．标本2002XYY⑤W：181

陶片呈不规则五边形，为器物腹壁残片，保存部分口沿。残高11.7、宽6.9、厚1.0～1.2厘米。泥质灰陶，夹极微量细砂，颜色较浅，质地细腻。贴塑，快轮修整，内壁留有圆形工具垫痕，工艺规范。绳纹，竖向，4条/厘米，口部数道抹光弦纹。口沿有明显的烧成后打磨修整痕迹，非常平整。器形为罐形釜。

印面长方形，直边直角，下部残缺。残高2.5、残宽2.1厘米。横向钤印于罐形釜的上腹部，印面距离口沿7.8厘米。印面顶端朝左，钤印前先将印面相应部位的绳纹抹平稍加修整，其面积大于印面的范围，陶片内壁对应印面处有手指垫压痕迹。

印文清晰，阳文，存2字，其中1字稍残，1字重残。参照前述完整印面、印文可知，印文应为2字，文字上下排列，平均布局。读序从上到下。文为：[陈] [镇]（图一二〇，1、2；彩版五二，3）。

2．标本HBCS：93

未见实物。根据拓本观察，陶片呈不规则五边形，为器物腹壁残片，保留部分口沿。长8.8、宽6.4厘米。绳纹，竖向，5条/厘米。器形为罐形釜。

印面长方形，直边直角，下部略残。残高4.4、宽2.1厘米。横向钤印于罐形釜的上腹部，印面顶端朝左，钤印前先将印面相应部位的绳纹抹平稍加修整，其面积大于印面的范围。印面距离口沿1.2～1.5厘米。

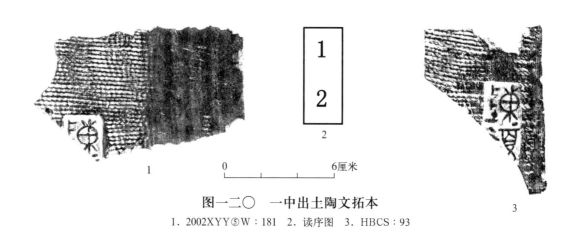

图一二〇　一中出土陶文拓本

1. 2002XYY⑤W：181　2. 读序图　3. HBCS：93

印文清晰，阳文，存2字，其中1字稍残。文为：陈 [镇]（图一二〇，3）。

经过比较，特别是利用拓本仔细比对，上述印面的形状、大小和印文布局、印文的内容及字体结构等都完全一致，由此可见，2件印文应为同一印章所钤印。

C型　1件。

印面长方形，左右两边较直，上下两边外鼓。

标本2002XYY⑤W：179

陶片呈不规则四边形，为器物腹壁残片。长7.0、宽6.0、厚0.8～1.0厘米。泥质灰陶，夹极微量细砂，颜色较浅，质地细腻。贴塑，快轮修整，内壁留有圆形工具垫痕，工艺规范。绳纹，竖向，5条/厘米。器形为罐形釜。

印面长方形，左右两边较直，上下两边外鼓，下部残缺。残高2.8、残宽2.45厘米。横向钤印于罐形釜的上腹部，印面朝向无法确定，钤印前先将印面相应部位的绳纹抹平稍加修整，其面积大于印面的范围，陶片内壁对应印面处有手指垫压痕迹。

印文清晰，阳文，存2字，其中1字重残。参照前述完整印面、印文可知，印文应为2字，文字上下排列，平均布局。读序从上到下。文为：陈［頵］（图一二一，1、2；彩版五二，4）。

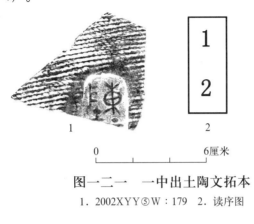

图一二一　一中出土陶文拓本
1. 2002XYY⑤W：179　2. 读序图

一二　陈不虡类

印面均横向钤印于绳纹罐形釜腹壁，可辨方向的印面顶端朝右，绳纹较粗，不见抹光带。阳文，3字，读序自右上角第一字顺时针旋读。共6件。可分两型。

A型　4件。

标本2002XＹＹ⑤Ｗ：157、2002XＹＹ⑤Ｗ：158、2002XＹＹ⑤Ｗ：228、HBCS：74。

4件印文陶片分别来自于4件不同的器物个体，均为绳纹罐形釜。

印面的形状、尺寸以及钤印的位置、方法都完全相同。印面近长方形，但左边较直，右边外鼓。长5.2厘米。横向钤印于罐形釜的上腹部，可辨方向的印面朝右，钤印前先将印面相应部位的绳纹抹平稍加修整，其面积大于印面的范围，陶片内壁对应印面处有手指垫压痕迹。

印文清晰，阳文，3字。文字从上而下纵向单字排列，但字体大小相差悬殊。首字较大占据印面上半部，次字较小偏居中部右侧，末字稍大居印面的左下侧。读序从上到下，呈反C形。文为：陈不虡。

1. 标本2002XYY⑤Ｗ：157

陶片呈不规则四边形，为器物腹壁残片。长9.4、宽5.8、厚0.7～1.0厘米。泥质灰陶，夹极微量细砂，陶色较浅，质地较为细腻。贴塑，快轮修整，内壁有圆形工具垫痕，工艺规范。绳纹，竖向，4条/厘米。器形为罐形釜。

印面近长方形，但左边较直，右边外鼓，右侧略残。高5.2、残宽2.45厘米。

横向钤印于罐形釜的上腹部，印面朝向无法确定，钤印前先将印面相应部位的绳纹抹平稍加修整，其面积大于印面的范围，陶片内壁对应印面处有手指垫压痕迹。

　　印文清晰，阳文，3字。文字从上而下纵向单字排列，但字体大小相差悬殊。首字较大占据印面上半部，次字较小偏居中部右侧，末字稍大居印面的左下侧。读序从上到下，呈反C形。文为：陈不赧（图一二二，1、2；彩版五三，1）。

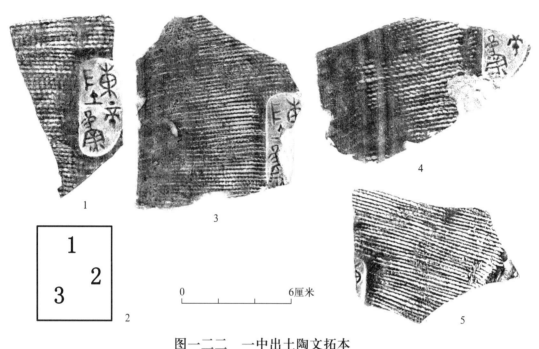

图一二二　一中出土陶文拓本

1. 2002XYY⑤W：157　2. 读序图　3～5. 2002XYY⑤W：158、228、HBCS：74

2. 标本2002XYY⑤W：158

　　陶片呈不规则五边形，为器物腹壁残片，保存部分口沿。残高9.2、宽10.2、厚0.6～1.1厘米。泥质灰陶，夹极微量细砂，质地细腻。内外表皮颜色较深，胎颜色较浅，陶色不一致。贴塑，快轮修整，内壁有圆形工具垫痕，工艺规范。绳纹，竖向，5条/厘米，口部抹绳纹。口沿留有明显的烧成后打磨修整痕迹，非常平整。器形为罐形釜。

　　印面近长方形，但左边较直，右边外鼓，右侧及下端稍残。残高4.9、残宽2.1厘米。横向钤印于罐形釜的上腹部，印面距离口沿6.9厘米，印面顶端朝右，钤印前先将印面相应部位的绳纹抹平稍加修整，其面积大于印面的范围，陶片内壁对应印面处有手指垫压痕迹。

　　印文清晰，阳文，存2字，均稍残。文为：[陈]【不】[赧]（图一二二，3；彩版五三，2）。

3．标本2002XYY⑤W：228

陶片呈不规则四边形，为器物腹壁残片，保存部分口沿。残高12.0、宽7.0、厚0.7～1.0厘米。泥质灰陶，夹极微量细砂，陶色较浅，质地较为细腻。贴塑，快轮修整，内壁有圆形工具垫痕，工艺规范。绳纹，竖向，5条/厘米，口部抹绳纹。口沿留有明显的烧成后打磨修整痕迹，非常平整。器形为罐形釜。

印面近长方形，但左边较直，右边外鼓，仅存中部左侧。残高2.7、残宽2.5厘米。横向钤印于罐形釜的上腹部，印面顶端朝右，钤印前先将印面相应部位的绳纹抹平稍加修整，其面积大于印面的范围，陶片内壁对应印面处有手指垫压痕迹。印面距离口沿8.9厘米。

印文清晰，阳文，存2字，其中1字稍残。文为：[陈]【不】虡（图一二二，4；彩版五三，3）。

4．标本HBCS：74

陶片呈不规则五边形，为器物腹壁残片。长9.3、宽6.2、厚0.6～0.8厘米。泥质灰陶，夹极微量细砂，陶色较浅，质地较为细腻。贴塑，快轮修整，内壁有圆形工具垫痕，工艺规范。绳纹，竖向，5条/厘米，下端保留部分附加堆纹。器形为罐形釜。

印面近长方形，但左边较直，右边外鼓，仅存右上角。残高2.3、残宽0.7厘米。横向钤印于罐形釜的上腹部，附加堆纹上方，印面顶端朝右，钤印前先将印面相应部位的绳纹抹平稍加修整，其面积大于印面的范围。

印文清晰，阳文，存1字，且残。文为：[陈]【不】【虡】（图一二二，5；彩版五三，4）。

经过比较，特别是利用拓本仔细比对，上述印面的形状、大小和印文布局、印文的内容及字体结构等都完全一致，由此可见，4件印文应为同一印章所钤印。

B型　2件。

标本2002XYY⑤W：159、 HBCS：124。

2件印文陶片分别来自于2件不同的器物个体，均为绳纹罐形釜。

印面的形状、尺寸以及钤印的位置、方法都完全相同。印面较前者大，长方形，边及角都较直。横向钤印于罐形釜的上腹部，印面方向无法确定。钤印前先将印面相应部位的绳纹抹平稍加修整，其面积大于印面的范围，陶片内壁对应印面处有手指垫压痕迹。

印文清晰，阳文，3字。文字分为两列纵向布局，右列2字，左列1字。字体或大或小，相差悬殊。读序从上到下，自右往左（即顺读）。文为：陈不虡。

1. 标本2002XYY⑤W：159

陶片呈不规则四边形，为器物腹壁残片。长8.5、宽6.4、厚0.5厘米。泥质灰陶，夹极微量细砂，质地较为细腻。贴塑，快轮修整，内壁有圆形工具垫痕，工艺规范。绳纹，竖向，5条/厘米。器形为罐形釜。

印面长方形，边及角都较直，左上角、左下角残。残高4.6、残宽3.5厘米。横向钤印于罐形釜的上腹部，印面朝向无法确定，钤印前先将印面相应部位的绳纹抹平稍加修整，其面积大于印面的范围，陶片内壁对应印面处有手指垫压痕迹。

印文清晰，阳文，3字，其中1字残。文字分为两列纵向布局，右列2字，左列1字。字体或大或小，相差悬殊。读序从上到下，自右往左（即顺读）。文为：陈不[虏]（图一二三，1、2；彩版五三，5）。

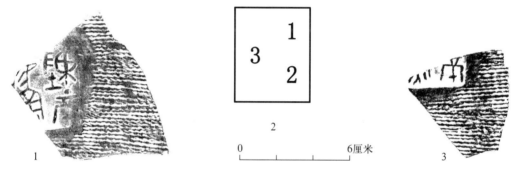

图一二三　一中出土陶文拓本

1. 2002XYY⑤W：159　2. 读序图　3. HBCS：124

2. 标本HBCS：124

未见实物。根据拓本观察，陶片呈不规则四边形，为器物腹壁残片。长5.3、宽5.5厘米。绳纹，竖向，5条/厘米。器形为罐形釜。

印面长方形，边及角都较直，上部残缺。残高1.7、残宽3.1厘米。横向钤印于罐形釜的上腹部，印面朝向无法确定，钤印前先将印面相应部位的绳纹抹平稍加修整，其面积大于印面的范围。

印文清晰，阳文，存2字，均残。文为：【陈】[不][虏]（图一二三，3）。

经过比较，特别是利用拓本仔细比对，上述印面的形状、大小和印文布局、印文的内容及字体结构等都完全一致，由此可见，2件印文应为同一印章所钤印。

一三　陈𢧜疆类

3件。标本2002XYY⑤W：164、2002XYY⑤W：190、HBCS：125。

3件印文陶片分别来自于3件不同的器物个体，均为绳纹罐形釜。

印面的形状、尺寸以及钤印的位置、方法都完全相同。印面长方形，直边直角。长度不详，宽3.2厘米。竖向钤印于罐形釜的上腹部，印面顶端朝向器物口部，陶片内壁对应印面处有手指垫压痕迹。

印文较为清晰，阳文，文字疑似分2列纵向排列，右列2字，左列3字。读序从上到下，自右往左（即顺读）。文为：[陈] 🔲缰□……

1. 标本2002XYY⑤W：164

陶片呈不规则三角形，为器物腹壁残片。长9.2、宽5.2、厚0.8～1.3厘米。泥质灰陶，夹极微量细砂，胎颜色较浅，质地细腻。贴塑，快轮修整，内壁留有圆形工具垫痕，工艺规范。绳纹，竖向，5条/厘米，口沿下绳纹轮旋抹光，腹壁保留少许残宽2厘米的横向轮旋抹光带。器形为罐形釜。

印面长方形，直边直角，仅存右顶端。残高2.6、残宽1.8厘米。正向钤印于罐形釜的上腹部，印面顶端朝向器物口部，叠压于抹光带，陶片内壁对应印面处有手指垫压痕迹。

印文较为清晰，阳文，存3字，其中1字重残。文字疑似分2列纵向排列，右列2字，左列3字。读序从上到下，自右往左（即顺读）。文为：[陈] 🔲缰□……（图一二四，1、2；彩版五四，1）。

2. 标本2002XYY⑤W：190

陶片呈不规则五边形，为器物腹壁残片。长7.5、宽7.4、厚0.7～1.0厘米。泥质灰陶，夹极微量细砂，质地细腻。内外壁颜色较深，胎色较浅，陶色不一致。贴塑，快轮修整，内壁留有圆形工具垫痕，工艺规范。绳纹，竖向，5条/厘米，绳纹间有一道宽2.6～3.0厘米的横向轮旋抹光带。器形为罐形釜。

图一二四 一中出土陶文拓本

1. 2002XYY⑤W：164 2. 读序图 3、4. 2002XYY⑤W：190、HBCS：125

印面长方形，直边直角，仅存右侧部分。残高4.2、残宽0.7～1.2厘米。竖向钤印于罐形釜的上腹部，叠压于抹光带，印面顶端朝向器物口部，陶片内壁对应印面处有手指垫压痕迹。

印文较为清晰，阳文，存3字，均残。文为：【陈】［𣄴］［疆］□……（图一二四，3；彩版五四，2）。

3．标本HBCS：125

未见实物。根据拓本观察，陶片呈不规则四边形，为器物腹壁残片，保存部分口沿。残高8.2、宽7.0厘米。绳纹，竖向，5条/厘米，口沿下绳纹轮旋抹光。器形为罐形釜。

印面长方形，直边直角，仅存顶端部分。残高1.05、残宽3.3厘米。正向钤印于罐形釜的上腹部，印面距离口沿7厘米。印面顶端朝向器物口部。

印文较为清晰，阳文，存2字，其中1字稍残。文为：［陈］𣄴【疆】□……（图一二四，4）。

经过比较，特别是利用拓本仔细比对，上述印面的形状、大小和印文布局、印文的内容及字体结构等都完全一致，由此可见，3件印文应为同一印章所钤印。

一四　陈志类

4件。标本2002XYY⑤W：160、2002XYY⑤W：161、LFL：12、XPS：6。

4件印文陶片分别来自于4件不同的器物个体，均为绳纹罐形釜。

印面的形状、尺寸以及钤印的位置、方法都完全相同。印面形状特殊，左边较直，右边上部突出，上宽下窄，转角圆滑。横向钤印于罐形釜的上腹部，可辨方向的印面顶端朝右。不见抹光带。钤印前先将印面相应部位的绳纹抹平稍加修整，其面积大于印面的范围，陶片内壁对应印面处有手指垫压痕迹。

印文清晰，阳文，2字。文字从上到下单行布局。读序从上到下。文为：陈志。

1．标本2002XYY⑤W：160

陶片为不规则四边形，为器物腹壁残片。长7.8、宽7.0、厚0.6～0.9厘米。泥质灰陶，夹极微量细砂，质地较为细腻。贴塑，快轮修整，内壁留有圆形工具垫痕，工艺规范。绳纹，竖向，5条/厘米。器形为罐形釜。

印面形状特殊，左边较直，右边上部突出，上宽下窄，转角圆滑，下端稍残。残高4.7、上宽2.7、下宽2.2厘米。横向钤印于罐形釜的上腹部，印面朝向无法确定，钤印前先将印面相应部位的绳纹抹平稍加修整，其面积大于印面的范围，陶片内壁对应印面处有手指垫压痕迹。

印文清晰，阳文，2字，其中1字稍残。文字从上到下单行布局。读序从上到下。文为：陈志（图一二五，1、2；彩版五四，3）。

2．标本2002XYY⑤W：161

陶片呈不规则五边形，为器物腹壁残片。长9.6、宽7.8、厚0.6～0.7厘米。泥质灰陶，夹极微量细砂，颜色较浅，质地较为细腻。贴塑，快轮修整，内壁留有圆形工具垫痕，工艺规范。绳纹，竖向，5条/厘米，下端有少许附加堆纹。器形为罐形釜。

印面形状特殊，右边上部突出，上宽下窄，转角圆滑，左部残缺。残高3.9、残宽0.7厘米。横向钤印于罐形釜的上腹部，印面顶端朝右，钤印前先将印面相应部位的绳纹抹平稍加修整，其面积大于印面的范围，陶片内壁对应印面处有手指垫压痕迹。

印文清晰，阳文，仅存1字，且残。文为：[陈]【志】（图一二五，3；彩版五四，4）。

3．标本LFL：12

著录于《夕惕藏陶》。陶片呈不规则四边形，为器物腹壁残片。长9.4、宽6.4、厚0.8厘米。泥质灰陶，夹极微量细砂，质地较为细腻。贴塑，快轮修整，工艺规范。绳纹，竖向，5条/厘米。残留少许附加堆纹。器形为罐形釜。

印面形状特殊，右边上部突出，上宽下窄，转角圆滑，左上方残失。残高

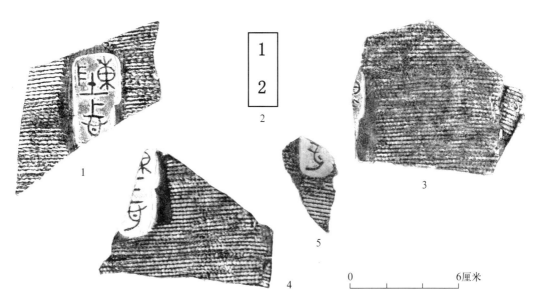

图一二五　一中出土陶文拓本

1. 2002XYY⑤W：160　2. 读序图　3～5. 2002XYY⑤W：161、LFL：12、XPS：6

4.6、残宽1.9厘米。横向钤印于罐形釜的上腹部，印面顶端朝右，钤印前先将印面相应部位的绳纹抹平稍加修整，其面积大于印面的范围，陶片内壁对应印面处有手指垫压痕迹。

印文清晰，阳文，存2字，且残。文为：[陈][忎]（图一二五，4）。

4. 标本XPS：6

未见实物。根据拓本观察，陶片呈不规则三角形，为器物腹壁残片。长5.3、宽2.1厘米。绳纹，竖向，5条/厘米。器形为罐形釜。

印面形状特殊，左边较直，转角圆滑，上部残失。残高2.3、残宽1.9厘米。横向钤印于罐形釜的上腹部，印面朝向无法确定，钤印前先将印面相应部位的绳纹抹平稍加修整，其面积大于印面的范围。

印文清晰，阳文，仅存1字，且残。文为：【陈】[忎]（图一二五，5）。

经过比较，特别是利用拓本仔细比对，上述印面的形状、大小和印文布局、印文的内容及字体结构等都完全一致，由此可见，4件印文应为同一印章所钤印。

一五　　陈胥类

印面大致呈长方形，横向钤印，阳文，2字，纵向排列，读序从上到下。4件。分两型。

A型　2件。

标本HBCS：78、HBCS：115。

2件印文陶片分别来自于2件不同的器物个体，均为绳纹罐形釜。

印面的形状、尺寸以及钤印的位置、方法都完全相同。印面长方形，左右两边较直，上下边微外鼓。印文笔画较粗。长3.1、宽2.0厘米。横向钤印于罐形釜的上腹部，可辨方向的印面顶端朝左。不见抹光带。钤印前先将印面相应部位的绳纹抹平稍加修整，其面积大于印面的范围，陶片内壁对应印面处有手指垫压痕迹。

印文清晰，阳文，2字，其中1字稍残。文字从上到下单行布局。读序从上到下。文为：陈胥。

1. 标本HBCS：78

陶片呈不规则四边形，为器物腹壁残片。长10.0、宽8.3、厚0.6～0.9厘米。泥质灰陶，夹极微量细砂，质地较为细腻。贴塑，快轮修整，内壁留有圆形工具垫痕，工艺规范。绳纹，竖向，4条/厘米。器形为罐形釜。

印面长方形，直边直角，上边微外鼓，下部残失，仅存顶端。残高2.4、宽2.0厘米。横向钤印于罐形釜的上腹部，印面朝向无法确定，钤印前先将印面相应部位的绳纹抹平稍加修整，其面积大于印面的范围，陶片内壁对应印面处有手指垫压痕迹。

印文清晰，阳文，存2字，其中1字残。参照完整印面、印文可知，印文应为2字，文字从上到下单行布局。读序从上到下。文为：陈［肴］（图一二六，1、2；彩版五四，5）。

2. 标本HBCS：115

未见实物。根据拓本观察，陶片呈不规则多边形，为器物腹壁残片。长12.4、宽7.7厘米。泥质灰陶，夹极微量细砂，质地较为细腻。贴塑，快轮修整，工艺规范。绳纹，中部一道横向附加堆纹，其上竖向绳纹，4条/厘米，其下为斜向交错绳纹。器形为罐形釜。

印面长方形，直边直角，右边微外鼓，顶端残缺。残高3.1、宽2.0厘米。横向钤印于罐形釜的上腹部，附加堆纹的上侧，印面顶端朝左，钤印前先将印面相应部位的绳纹抹平稍加修整，其面积大于印面的范围。

印文清晰，阳文，存2字。文字从上到下单行布局。读序从上到下。文为：陈肴（图一二六，3）。

经过比较，特别是利用拓本仔细比对，上述印面的形状、大小和印文布局、印文的内容及字体结构等都完全一致，由此可见，2件印文应为同一印章所钤印。

B型　2件。

标本IIBCS：114、IIBCS：116。

2件印文陶片分别来自于2件不同的器物个体，均为绳纹罐形釜。

印面的形状、尺寸以及钤印的位置、方法都完全相同。印面长方形，直边直角。印文笔画较细。横向钤印于罐形釜的上腹部，可辨方向的印面顶端朝右。不见抹光带。钤印前先将印面相应部位的绳纹抹平稍加修整，其面积大于印面的范围，

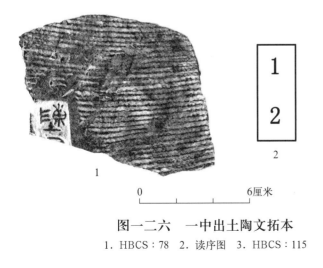

图一二六　一中出土陶文拓本

1. HBCS：78　2. 读序图　3. HBCS：115

陶片内壁对应印面处有手指垫压痕迹。

印文清晰，阳文，2字。文字从上到下单行布局。读序从上到下。文为：陈肴。

1. 标本HBCS：114

未见实物。根据拓本观察，陶片呈不规则多边形，为器物腹壁残片。长9.0、宽8.2厘米。绳纹，竖向，5条/厘米，器形为罐形釜。

印面长方形，直边直角，下端残缺。残高3.2、残宽2.1厘米。横向钤印于罐形釜的上腹部，附加堆纹的上侧，印面朝向无法确定。钤印前先将印面相应部位的绳纹抹平稍加修整，其面积大于印面的范围。

印文清晰，阳文，存2字，其中1字稍残。文字从上到下单行布局。读序从上到下。文为：陈［肴］（图一二七，1、2）。

2. 标本HBCS：116

未见实物。根据拓本观察，陶片呈不规则四边形多边形，为器物腹壁残片。长12.6、宽7.8厘米。绳纹，4条/厘米，中部一道横向附加堆纹，其上为斜向绳纹，其下为交错绳纹。器形为罐形釜。

印面长方形，直边直角，仅存右下角。残高3.3、残宽1.4厘米。横向钤印于罐形釜的上腹部，附加堆纹的上侧，印面顶端朝右，钤印前先将印面相应部位的绳纹抹平稍加修整，其面积大于印面的范围。

印文清晰，阳文，仅存1字且残。文为：【陈】［肴］（图一二七，3）。

经过比较，特别是利用拓本仔细比对，上述印面的形状、大小和印文布局、印文的内容及字体结构等都完全一致，由此可见，2件印文应为同一印章所钤印。

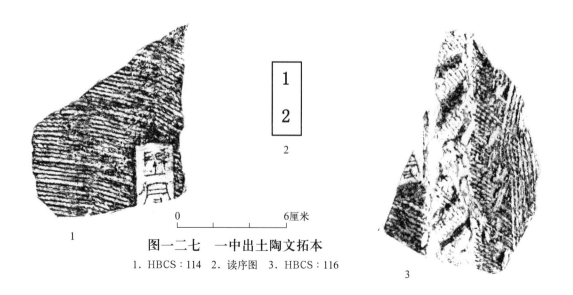

图一二七　一中出土陶文拓本

1. HBCS：114　2. 读序图　3. HBCS：116

一六　陈桶类

1件。

标本HBCS：123

未见实物。根据拓本观察，陶片呈不规则多边形，为器物腹壁残片。长11.7、宽9.2厘米。中部一道横向附加堆纹，其上为竖向绳纹，5条/厘米，其下为横向绳纹。器形为罐形釜。

印面长方形，直边，四角转角圆滑，顶端稍宽，下端略窄，不甚规范。长4.1～4.3、宽2.3～2.7厘米。横向钤印于罐形釜的上腹部，附加堆纹上侧，印面顶端朝右，钤印前先将印面相应部位的绳纹抹平稍加修整，其面积大于印面的范围。

印文清晰，阳文，2字。文字从上到下单行布局。读序从上到下。文为：陈桶（图一二八，1、2）。

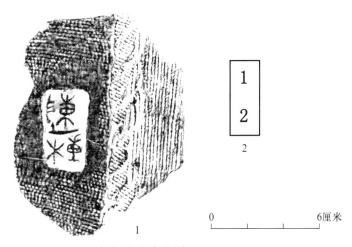

图一二八　一中出土陶文拓本
1. HBCS：123　2. 读序图

一七　陈华类

1件。

标本2002XYY⑤W：165

陶片为不规则五边形，为器物腹壁残片，保存部分口沿。残高6.1、宽5.4、厚0.75～1.0厘米。泥质灰陶，夹极微量细砂，质地较为细腻。胎及内壁颜色较浅，外表陶色较深。贴塑，快轮修整，内壁留有圆形工具垫痕，工艺规范。素面。口沿留有明显的烧成后打磨修整痕迹，非常平整。器形为量杯。

印面下端残缺，保留部分为直边弧角，近方形。残高2.0～3.2、宽3.0～3.2厘米。竖向钤印于量杯的腹部，印面顶端朝向口部，陶片内壁对应印面处有手指垫压痕迹。

印文清晰，阳文，2字。文字左右布局，但字体大小悬殊，右大左小。读序从右到左。文为：陈华（图一二九，1、2；彩版五四，6）。

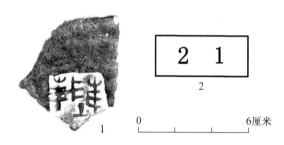

图一二九　一中出土陶文拓本

1．2002XYY⑤W∶165　2．读序图

一八　尚不能归类立事陶文

共15件。虽然经过仔细辨认，但由于印面、文字过于残碎，特征不明显，所以这些印面陶文还尚难归于上述类别或是类型之中。为了全面反映陶文的面貌，这里就这一部分立事陶文进行介绍。这些陶文，一部分是新泰市博物馆收藏，一部分为李钦利收藏。

（一）博物馆藏品

共4件。器形有罐形釜、量杯。罐形釜、量杯各2件。

1．标本2002XYY⑤W∶192

陶片为不规则四边形，为器物腹壁残片。长7.6、宽4.8、厚0.8厘米。泥质灰陶，夹极微量细砂，外壁浅灰色，内壁及胎黄褐色，胎质地细腻。贴塑，快轮修整，内壁有圆形工具垫痕，工艺规范。绳纹，竖向，5条/厘米，其间一道横向附加堆纹。器形为罐形釜。

印面下部残失，只存右上角。从保留部分看，近长方形，四角圆转。残长1.6、残宽2.8厘米。横向钤印，印面上端朝右。钤印处绳纹稍加打抹修整，陶片内壁对应印面处有手指垫压痕迹。

印文清晰，阳文，但仅存2字，且均残。文为：［陈］立（图一三○，1；彩版五五，1）。

2．标本2002XYY⑤W：209

陶片形状不规则，为器物腹壁残片。长5.7、宽4.2、厚0.8厘米。泥质灰陶，外壁颜色较深，胎及内壁颜色较浅，质地细腻。贴塑，快轮修整，内壁有圆形工具垫痕，工艺规范。绳纹，竖向，7条/厘米。器形为罐形釜。

印面仅存少部分。从残存部分观察，印面为长方形，直边。残长2.2、残宽1.35厘米。横向钤印，印面朝向无法确定。钤印处绳纹打抹修整，陶片内壁对应印面处有手指垫压痕迹。

印文清晰，阳文，便仅存2字，且均残，尚不能辨识（图一三〇，2；彩版五五，2）。

3．标本2002XYY⑤W：223

陶片形状不规则，为器物腹壁残片。长7.55、宽7.4、厚0.9～1.2厘米。泥质灰陶，夹少量细砂。贴塑，快轮修整，工艺规范。接近底部部分有横向刮痕。素面。器形为量杯。

印面右下角部分残失。从残存部分看，印面为长方形，直边，四角较圆转。残长2.7、残宽2.0厘米。横向钤印，位于量杯的口部，印面朝向无法确定。陶片内壁对应印面处有手指垫压痕迹。

印文清晰，阳文，但仅存2字，且均残。文为：[葉][陈]（图一三〇，3；彩版五五，3）。

4．标本2002XYY⑤W：226

陶片形状不规则，为器物腹壁残片，保存部分口沿。长8.3、宽7.8、厚0.6～1.0厘米。夹细砂，表面黑色，胎灰色。贴塑，快轮修整，工艺规范。外壁近底处

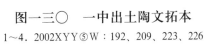

图一三〇　一中出土陶文拓本

1～4．2002XYY⑤W：192、209、223、226

有横向刮痕。素面。器形为量杯。

印面残，仅存左上角。从残存部分看，印面长方形，四角圆转。残长3.2、残宽2.9厘米。横向钤印，位于量杯的口部下方，印面朝向无法确定。陶片内壁对应印面处有手指垫压痕迹。

印文模糊不清，尚难辨清（图一三〇，4；彩版五五，4）。

（二）李钦利藏品

共11件。器形有罐形釜、量杯。罐形釜9件，量杯2件。

1. 标本HBCS∶18

陶片呈不规则五边形，为器物腹壁。长9.0、宽6.3、厚0.5～1.1厘米。泥质灰陶，颜色较浅，质地细腻。贴塑，快轮修整，内壁有圆形工具垫痕，工艺规范。绳纹，竖向，4条/厘米，其间一条横向附加堆纹。器形为罐形釜。

印面残存极少，双印，部分叠压，可能是二次钤印，保存一直角。残长分别为2.88和1.8厘米。钤印于腹部，印面朝向无法确定。钤印处绳纹经打抹修整，陶片内壁对应印面处有手指垫压痕迹。

印文清晰，阳文，但笔画保存太少，无法辨识（图一三一，1；彩版五五，5）。

2. 标本HBCS∶29

陶片形状不规则，为器物腹壁残片，保存部分口沿。残高10.2、宽8.7、厚1.0～1.1厘米。泥质灰陶，质地细腻。胎颜色较浅。贴塑，快轮修整，内壁有圆形工具垫痕，工艺规范。绳纹，竖向，5条/厘米。口沿有烧成后磨制痕迹。器形为罐形釜。

印面残存左端一部分，右边缺失。残长4.35、残宽1.6厘米。钤印于腹部，印面顶端朝右。钤印处绳纹经打抹修整，陶片内壁对应印面处有手指垫压痕迹。

印文清晰，阳文，但笔画保存太少，仅可见一"珪"部（图一三一，2；彩版五五，6）。

3. 标本HBCS∶39

陶片形状为不规则四边形，为器物腹壁残片。残长6.7、宽5.4、厚0.8～1.0厘米。泥质灰陶，质地细腻。贴塑，快轮修整，内壁有圆形工具垫痕，工艺规范。绳纹，竖向，3或4条/厘米。器形为罐形釜。

印面仅存一角。残长1.6、残宽1.9厘米。横向钤印，印面朝向无法确定。钤印处绳纹经打抹修整，陶片内壁对应印面处有手指垫压痕迹。

印文清晰，阳文，但仅存1字，且残，笔画保存太少，无法辨识（图一三一，3；彩版五六，1）。

图一三一　一中出土陶文拓本

1～5．HBCS：18、29、39、50、51

4．标本HBCS：50

陶片为不规则五边形，为器物腹壁。残长15.0、宽13.5、厚0.7～1.2厘米。泥质灰陶，颜色较浅，质地细腻。贴塑，快轮修整，内壁有圆形工具垫痕，工艺规范。绳纹，竖向，　4条/厘米，中部有一道附加堆纹。器形为罐形釜。

印面仅存一角，转角圆滑。残长1.0、宽1.7厘米。横向钤印，印面朝向无法确定。钤印处绳纹经打抹修整，陶片内壁对应印面处有手指垫压痕迹。

印文清晰，阳文，但仅存1字，且残，笔画保存太少，无法辨识（图一三一，4；彩版五六，2）。

5. 标本HBCS：51

陶片为不规则四边形，为器物口沿及上腹部一部分。残高12.9、宽14.0、厚1.0～1.1厘米。泥质灰陶，颜色较浅，质地细腻。贴塑，快轮修整，内壁有圆形工具垫痕，工艺规范。绳纹，竖向，5条/厘米。器形为罐形釜。

印面长方形，仅存一角。残长1.3、宽1.5厘米。横向钤印，印面朝向无法确定。钤印处绳纹经打抹修整，陶片内壁对应印面处有手指垫压痕迹。

印文仅存一点，无法辨识（图一三一，5；彩版五六，3）。

6. 标本HBCS：64

陶片形状不规则，为器物腹壁残片。长5.1、宽4.2、厚0.8厘米。泥质灰陶，夹少量细砂。颜色较浅。贴塑，快轮修整，工艺规范。外壁近底处有横向刮痕。素面。器形为量杯。

印面大部分残失，仅存左上端一部分。近长椭圆形。残长2.0、残宽2.8厘米。横向钤印，印面朝向无法确定。陶片内壁对应印面处有手指垫压痕迹。

印文清晰，阳文，仅存2字，其中1字较清晰，为"陈"字。另一字无法辨识，（图一三二，1；彩版五六，4）。

7. 标本HBCS：67

陶片形状为不规则四边形，为器物腹壁残片。长9.2、宽5.1、厚0.8厘米。泥质灰陶，夹极少量细砂，质地细腻。颜色较浅。贴塑，快轮修整，绳纹，竖向，5条/厘米，其上为抹光带。内壁有圆形工具垫痕，工艺规范。器形为罐形釜。

印面仅存一角。残长1.2、残宽1.0厘米。横向钤印，位于腹部，印面朝向无法确定。陶片内壁对应印面处有手指垫压痕迹。

印文清晰，阳文，仅存1字，且残，无法识读（图一三二，2）。

8. 标本HBCS：72

陶片形状为不规则四边形，为器物腹壁。长6.2、宽5.2、厚0.8厘米。泥质灰陶，夹少量细砂，质地细腻。颜色较浅。贴塑，快轮修整，绳纹，竖向，6条/厘米，其上为抹光带。内壁有圆形工具垫痕，工艺规范。器形为罐形釜。

印面仅存一角，未见文字（图一三二，3）。

9. 标本HBCS：92

陶片为器物腹壁及一部分口沿。残高10.3、宽10.8、厚0.5～1.2厘米。夹细砂灰陶，表面较粗糙，左侧沿腹壁断裂的方向有三圆孔，推测为二次利用痕迹。腹壁底部有刮痕。素面。器形为钵。

图一三二　一中出土陶文拓本

1～6. HBCS：64、67、72、92、118、128

印面残缺，仅存一角。残长0.9、残宽2.2厘米。横向钤印，印面朝向无法确定。陶片内壁对应印面处有手指垫压痕迹。

印面过于残缺，仅存一角，无文字（图一三二，4）。

10．标本HBCS：118

未见实物。根据拓本观察，陶片形状不规则，为器物腹壁残片，尚存少许口沿。长15.2、宽11.5厘米。绳纹，竖向，5条/厘米。器形为罐形釜。

印面上端残，只存下端。边较直，转角圆滑。残长2.9、残宽2.8厘米。横向钤印，印面顶端朝右。

印文模糊，能辨识3字。文为：宴、立、僕。读序从上到下，自右往左（即顺读）。或为"陈宴再立僕"类（图一三二，5）。

11. 标本HBCS：128

未见实物。根据拓本观察，陶片形状不规则，为器物腹壁残片。长7.7、宽6.7厘米。绳纹，竖向，6条/厘米。器形为罐形釜。

印面右上角残失，仅存左下角。右下角转角圆滑。残长2.5、残宽1.2厘米。横向钤印，印面朝向无法确定。

印文清晰，阳文，但仅存1字，且残。文为：［僕］（图一三二，6）。

第二节　其他陶文

新泰一中发现立事陶文以外的其他陶文共计17件。其中，印文陶文9件，刻文陶文3件，刻符陶文5件。

一　印文陶文

共9件。其中明确为量具釜者2件。

1. 标本2002XYY⑤W：163

陶片形状不规则，为器物腹壁残片。长12.5、宽9.5、厚0.8～1.1厘米。泥质灰陶，夹极微量细砂，颜色较深。贴塑，快轮修整，绳纹，竖向，7条/厘米。内壁有圆形工具垫痕，工艺规范。烧成火候较高，较坚硬。下端有少许横向附加堆纹，较平，规整。器形为罐形釜。

印面圆形，周边有廓，非常规范。直径2.4厘米。印面处绳纹未经过打抹修整，直接印制，留有明显的绳纹痕迹。阴文，倒向钤印。共3字，呈左右两列纵向排列，右列2字，左列1字。文字清晰，读序从上到下，自右往左（即顺读）。文为：平易廪（图一三三，1、2；彩版五六，5）。

2. 标本HBCS：129

未见实物。根据拓本观察，为器物口部。长11.3、宽1.7厘米。器形疑为壶。

印面圆形，但不规范。直径0.8～0.82厘米。似钤印于壶的口沿上。阳文，单字，稍漫漶（图一三三，3）。

3. 标本HBCS：130

未见实物。根据拓本观察，陶片形状不规则，为器物口部。长8.7、宽7.2厘米。下端绳纹，竖向，3条/厘米，顶端素面。器形不明。

两方印面，相邻并排，钤印于颈部素面位置。

一为圆印，形制较为规范。直径1.7～1.9厘米。阳文，单字，有较强的符号化

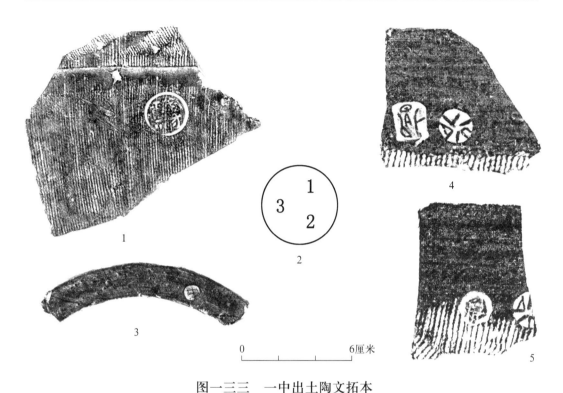

图一三三 一中出土陶文拓本

1. 2002XYY⑤W：163 2. 读序图 3~5. HBCS：129、130、XPS：4

倾向，未辨识。

一为近方形，左、右、上为直边，下边略凸，弧形。顶端两角各向左右外凸，圆弧形，左下角弧角。长2、宽1.75厘米。倒印，阳文，单字。文为：卲（昭）（图一三三，4）。

4. 标本XPS：4

未见实物。根据拓本观察，陶片形状不规则，为器物口部。长8.5、宽7.0厘米。下端绳纹，竖向，稍错乱，3条/厘米，顶端素面。器形不明。

印面两方，钤印于颈部绳纹上方，部分与绳纹叠压。

均为圆印，其一残，直径约2.0厘米。阳文，单字。残损，有较强的符号化倾向，未辨识。

其一直径1.8厘米。阳文，单字，模糊，似为卲（昭）（图一三三，5）。

5. 标本2002XYY⑤W：162

壶口部残片。圆唇，沿较平，侈口，束颈。泥质灰陶，夹少量细砂。轮制，烧成火候较高。

印面近圆形，不规范。直径1.1~1.9厘米。钤印于壶的颈部。阳文，单字，不识（图一三四，1；彩版五六，6）。

6. 标本HBCS：131

未见实物。根据拓本观察，陶片形状不规则，为器物腹壁残片。长8.0、宽4.3厘米。绳纹，4条/厘米。

印面两方，文字相同。圆印，直径2.3厘米。钤印于罐形釜的腹部。阳文，单字，不甚清晰。文字左部疑为"是"字（图一三四，2）。

7. 标本XPS：2

未见实物。根据拓本观察，陶片形状不规则，为器物腹壁残片。长11.0、宽9.3厘米。绳纹，4条/厘米，保存部分附加堆纹。

印面两方，相同，圆印。直径2.3厘米。器形不明，不排除为量具釜的可能性，阳文，模糊（图一三四，3）。

8. 标本2002XYY⑤W：234

陶片为不规则四边形，为器物口部。长6.1、宽5.2、厚0.9～1.35厘米。泥质灰陶，夹少量细砂，内壁颜色较浅。贴塑，轮作修整，工艺规范。绳纹，竖向，4条/厘米。器型为罐形釜。

印面残。长1.6、残宽1.1厘米。钤印于颈部，印面内壁有手指垫压痕迹。阳文，存1字，且残（图一三四，4）。

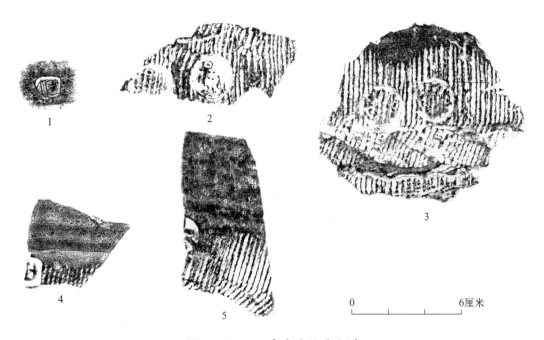

0　　　　　　　　6厘米

图一三四　一中出土陶文拓本

1～5. 2002XYY⑤W：162、HBCS：131、XPS：2、2002XYY⑤W：234、HBCS：16

9. 标本HBCS：16

陶片为不规则四边形，为器物口部。长10.0、宽5.4、厚1.0～1.1厘米。夹细砂灰陶，颜色较浅。轮制，工艺规范，内壁有垫痕。绳纹，稍杂乱，4条/厘米，口沿下至5.5厘米处绳纹抹平。器形不明，从绳纹判断，与量具釜有明显区别。

印面残存一部分，半圆形。阳文。位于口沿下绳纹与抹光带之间。直径1.8～1.9厘米。存1字，且残损。无法辨读（图一三四，5）。

二 刻文陶文

3件。阴线刻文，均残，但笔画较为清晰。器形2件为盒，1件为壶。

1. 标本HBCS：132

未见实物。根据拓本观察，陶片形状不规则，为器物腹壁残片。轮制。长11.8、宽8.5厘米。素面。器形为盒。

刻划文，残。刻于腹部，烧后刻成。可辨左右纵向两列。右侧字残高5厘米，左侧高1.52厘米。左侧字疑为：竺（竹）禾□……。左侧字疑为：王（图一三五，1）。

2. 标本2002XYY⑤W：235

陶片为不规则四边形，为器物腹壁残片，并保存部分口沿和少量底。残高6.1、宽6.8、厚0.7厘米。泥质灰陶。轮制，工艺规范。素面。器形为盒。

腹外壁刻文。烧后刻成。文字高4.36厘米。顶端朝右，字残，仅存"口"部（图一三五，2）。

3. 标本2002XYY⑤W：236（2002XYY⑤R：17）

陶壶。残，为壶口部残片，且口沿残。泥质，质地细腻。轮制。烧成火候高，硬度大。胎红褐色，表黑色。口部较直，小高领，斜肩。绳纹顺肩方向滚压而成，

0 ——— 6厘米

图一三五 一中出土陶文拓本

1～3. HBCS：132、2002XYY⑤W：235、2002XYY⑤W：236（2002XYY⑤R：17）

非常细，7条／厘米，滚条宽2.5厘米。

　　领部刻划一字。烧后刻成。文字横向，残。残长4.6厘米。1字，未辨识（图一三五，3）。

三　刻符陶文

　　5件。均为阴线刻符号。3件量杯残件，2件釜残件，均为量具。

1. 标本2002XYY⑤W：231

　　陶片形状为圆形，为量杯底。残高3.2、底径9.25、底厚1.3～1.5厘米。泥质灰陶，夹少量细砂。贴塑，轮作修整，工艺规范。素面。接近底部部分有刮痕。器形为量杯。

　　外底中央有"十"字形划痕。刻符高2.72厘米（图一三六，1）。

2. 标本2002XYY⑤W：232

　　陶片形状不规则，为器物腹壁残片，保存部分口沿。残高7.6、宽6.5、厚0.9～

图一三六　一中出土陶文拓本

1～5. 2002XYY⑤W：231～233、237（2002XYY⑤L：10）、238（2002XYY⑤L：15）

1.2厘米。泥质灰陶，夹微量细砂。贴塑，快轮修整，工艺规范。内壁有圆形工具垫痕。绳纹，竖向，5条/厘米。口沿有明显的烧成后磨制修整痕迹，非常平整。口沿下绳纹有轮旋抹痕。器形为罐形釜。

口沿下有刻划符号。烧后刻。刻符高2.46厘米（图一三六，2）。

3．标本2002XYY⑤W：233

陶片形状呈不规则五边形，为器物腹壁残片，保存部分口沿。残高9.6、宽7.6、厚0.8厘米。泥质灰陶，夹微量细砂，质地细腻。贴塑，快轮修整，工艺规范。素面。口沿有明显的烧成后打磨修整痕迹，非常平整。器形为量杯。

腹壁偏上位置有等腰梯形划痕。推测可能是标识印面位置，因某种原因没有钤印。刻符高3.15厘米（图一三六，3）。

4．标本2002XYY⑤W：237（2002XYY⑤L：10）

量杯腹部残片，保留部分口部。泥质灰陶，陶色较深，夹少量砂，质地较为细腻。贴塑，快轮修整，工艺较为规范。素面。口沿有明显的烧成后打磨修整痕迹，非常平整、光滑。口沿下颈部刻符。烧后刻。刻符高3.43厘米（图一三六，4）。

5．标本2002XYY⑤W：238（2002XYY⑤L：15）

陶罐形釜。残，口部残片。泥质灰陶，陶色较深，夹微量细砂，质地细腻。贴塑，快轮修整，工艺规范。竖向绳纹，极细，清晰，10条/厘米，口部轮旋抹光带，口沿有明显的烧成后打磨修整痕迹，非常平整．光滑。

口部刻划一符号。烧后刻划。刻符高4.54厘米（图一三六，5）。

第四章 其他地点出土陶文

第一节 西南关出土陶文

西南关制陶作坊遗址，出土完整或较完整陶文陶器376件。器形包括豆、盒、盂、壶等。均为印文，单字。

陶豆的文字钤印位置为豆柄中部；陶盒和陶盂的文字钤印位置为器物腹壁和底部的交接处；陶壶的文字钤印位置为陶壶下腹部与圈足接近的位置。

文字共有三种。编号2002ＸＸW：1～2002ＸＸW：7。2002代表发现时间，ＸＸ代表新泰西南关，W代表文字。西南关遗址出土陶文种类比较单一，均为单字陶文，且大多雷同，因此我们选取典型文字进行整理。

一　窆

根据印面形式及文字笔画等又可分为5类。

1. 标本2002ＸＸW：1（2002ＸＸH3：742）

印面近方形，四边外鼓呈弧形，转角圆滑，高1.45、宽1.5厘米。钤印于豆柄、盒及盂腹壁与底交接处或陶壶下腹部。

阳文，单字。字体规整，笔画较清晰。文为：窆（图一三七，1）。

2. 标本2002ＸＸW：2（2002ＸＸH3：398）

印面近圆形，直径1.75～1.8厘米。钤印于豆柄、盒及盂腹壁与底交接处或陶壶下腹部。

阳文，单字。字体较规整，笔画较清晰。文为：窆（图一三七，2）。

3. 标本2002ＸＸW：3（2002ＸＸH3：112）

印面近椭圆形，直径1.6～1.7厘米。钤印于豆柄、盒及盂腹壁与底交接处或陶壶下腹部。

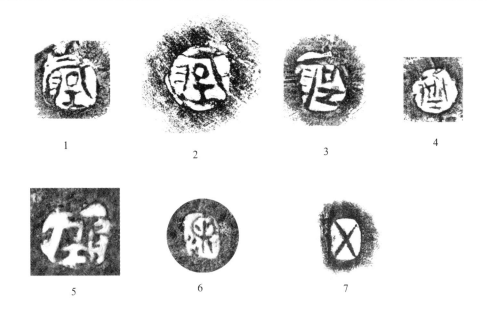

1　　　　　　　2　　　　　　　3　　　　　　　4

5　　　　　　　6　　　　　　　7

图一三七　四南天出土陶文

1.2002XXW：1（2002XXH3：742）　　2.2002XXW：2（2002XXH3：398）　　3.2002XXW：3（2002XXH3：112）　　4.2002XXW：4（2002XXH3：709）　　5.2002XXW：5（2002XXH3：137）　　6.2002XXW：6（2002XXH3：326）　　7.2002XXW：7（2002XX：1）

阳文，单字。字体规整，笔画较清晰。文为：寇（图一三七，3）。

4．标本2002XXW：4（2002XXH3：709）

印面近圆形，直径1.2厘米。钤印于豆柄、盒及盂腹壁与底交接处或陶壶下腹部。

阳文，单字。字体较简化，笔画纤细，不甚清晰。文为：寇（图一三七，4）。

5．标本2002XXW：5（2002XXH3：137）

印面边缘不明显，字高1.7、宽1.8厘米。数量较少。主要钤印于豆柄。

阴文，单字。字体较规整，笔画较粗，较为清晰。从其他类型文字观察，应为反文。文为：寇（图一三七，5）。

二　黑

仅见1例。

标本2002XXW：6（2002XXH3：326）

印面近平行四边形，弧边，转角圆滑。印面高1.3、宽1.95厘米。钤印于豆柄。

阳文，单字，较为清晰，文为：黑（图一三七，6）。

三 五

仅见1例。

标本2002XXW：7（2002XX：1）

印面大致呈长方形，四边微鼓，转角圆滑，印面高1.1、宽0.8厘米。见于釜颈部。阳文，单字。清晰。文为：五（图一三七，7）。

西南关制陶作坊遗址为东周时期民营作坊，器形绝大多数为日常生活用品。大量陶器上钤印的文字"寇"应与作坊主有关。作用是为了标识生产者，与后世商标类似。"黑"字与"五"字陶文各发现一例，可能不是当地生产。

第二节 南关出土陶文

南关出土陶文陶片6件。其中，印文陶片3件，刻文陶片3件。这些陶片，分属于不同的器形。

一 印文陶文

3件。

1．标本XNG：1

印面近方形，四边带印栏，直边，直角。高1.6、宽1.5厘米。横向钤印于素面量杯的腹部，印面顶端朝下，倒印。印文清晰，阴文，4字。文字分为左右两列纵向排列，每列2字，平均布局。读序从上到下，自左到右。文为：平阳市□（图一三八，1）。

2．标本XNG：5

印面近圆形，不规则。直径1.5～1.6厘米。斜向钤印于豆柄的上部。印文较为模糊，阳文，1字（图一三八，2）。

3．标本HBCS：134

印面近方形，钤印于豆柄上，边长约0.8厘米。印文模糊，文字无法辨识（图一三八，3）。

二 刻文陶文

3件。

1．标本XNG：2

陶罐肩部刻字清晰，仅存3字（图一三八，4）。

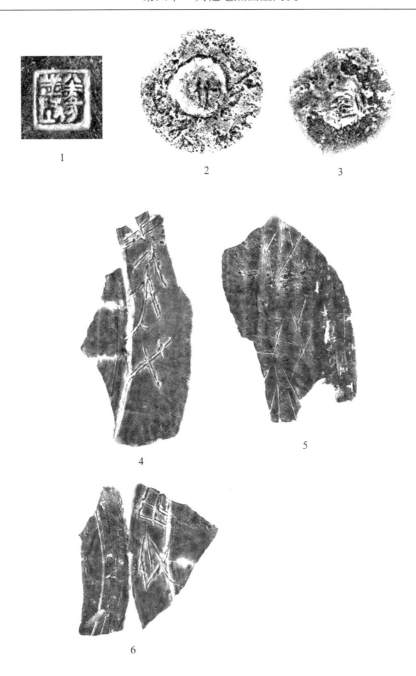

图一三八　南关出土陶文

1. XNG：1　2. XNG：5　3. HBCS：134　4. XNG：2　5. XNG：3　6. XNG：4

2．标本XNG：3

陶罐肩部刻字清晰，仅存2字（图一三八，5）。

3．标本XNG：4

1974年采集。量杯外壁清晰，仅存3字（图一三八，6）。

第三节　南西周出土陶文

南西周遗址出土印文陶文7件。

1．标本XNXZ：1

文字钤印于陶豆柄部，印面顶端朝向右上方。印面方形，左上角较为模糊。高1.2、宽1.1厘米。印文1字，较为清晰，阳文。文为：壬（图一三九，1）。

2．标本XNXZ：2

文字钤印于陶豆柄部，印面顶端朝上。印面长方形，模糊。高2、宽1.4厘米。印文1字，阳文，模糊，无法辨认（图一三九，2）。

3．标本XNXZ：3

文字钤印于陶壶颈部，印面近圆形。直径约1厘米。印文1字，较为清晰，阳文。文为：㞼（图一三九，3）。

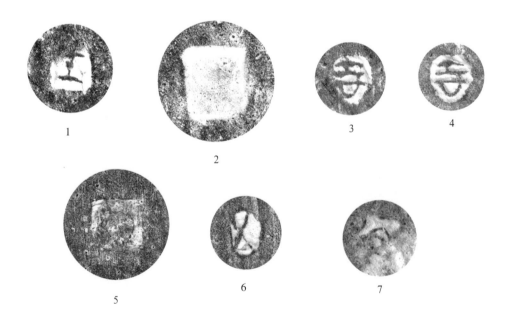

图一三九　南西周出土陶文

1．XNXZ：1　2．XNXZ：2　3．XNXZ：3　4．XNXZ：4　5．XNXZ：5　6．XNXZ：6　7．XNXZ：7

4．标本XNXZ：4

文字钤印于陶壶颈部，印面顶端朝向左。印面近圆形，直径约1厘米。印文1字，较为清晰，阳文。文为：忑（图一三九，4）。

5．标本XNXZ：5

文字钤印于陶盆沿部，印面长方形。长1.5、宽1.3厘米。印文1字，模糊，无法识读（图一三九，5）。

6．标本XNXZ：6

文字钤印于陶盆沿部，印面椭圆形，较清晰。直径0.8～1厘米。印文1字，阳文。文为：五（图一三九，6）。

7．标本XNXZ：7

文字钤印于陶豆柄部，印面残，且模糊。印文1字，模糊，无法识读（图一三九，7）。

第五章　相关问题探讨

第一节　器形、窑址与制陶工艺

一　一中遗址

（一）陶器器形

一中遗址出土铭文陶片共计392件。通过整理分析，器类为两类，一类是量器，一类是日常生活器皿。明确为量具的共382件，未能辨明器形归类的6件，日常生活器皿4件。量器类陶器器形有两种：量杯和罐形釜。量杯117件，罐形釜265件。日常生活器皿器形包括壶2件，盒2件。显而易见，陶文的主要载体为量器。

量器除铭文陶片之外，还出土无文陶片4165件，其中量杯残片490件，罐形釜残片3675件。若将两项合并，量器陶片共计4547件，其中量杯片607件，罐形釜片3940件。

量器陶片数量虽然很大，但由于残碎严重，修复难度较大，经过长时间拼对，仅修复量杯9件，罐形釜未能复原，只能根据陶片弧度等作出复原图，非常遗憾。

量杯形制较为简单，基本一致，都作直口，或是口微内敛，腹略外鼓，平底。器表均为素面，但隐约能观察到有横向瓦弦纹迹象，为轮作修整遗留的痕迹，这一点也非常一致。印文位于腹部中心部位，或横或纵，也相当一致。这一位置，正处于正视范围之内的最佳之处。

量杯的形制、纹饰、印文的位置等都具有相当高的一致性，但是其高低、粗细却并不一致，从修复的较为完整的9件量杯来看，最高的11.8厘米，最低的9.8厘米，多数10～11厘米。底的直径最大的10.4厘米，最小的6.6厘米，多数9厘米左右，这种高低、粗细不等的量杯，应当是量器需要不同的容量所决定的。不过，有趣的是量杯的口径大都在14厘米左右，相差无几，却又相当一致，这可能是便于校正、验证而强制推行的统一定制，否则不好理解，也难以解释。

经过若干陶片的反复比对之后我们发现，罐形釜的形制、纹饰、印文的位置等都相同或是相近，而且所有罐形釜口沿的弧度、腹片的弧度、底的直径等也都几乎是相同或是相等，也就是说罐形釜的口径、腹径、底径、高度也都是相同或是相近的。这说明，罐形釜与量杯比较起来更具一致性和规范性，不仅形制、纹饰、印文的位置等都相同或是相近，就连大小都一致，可谓高度统一。

基于此，参考2002XＹＹ⑤L：20、26，并通过大量的采集数据，我们只好利用绘图的方式试图复原了一件罐形釜的线图，借以略窥其全貌。结果是，罐形釜的形制较量杯略为复杂，为小敛口，斜肩，深鼓腹，平底，通体为罐形。腹部中间横向一条附加堆纹，附加堆纹之上为纵向绳纹，其下为斜向绳纹。印文位于腹部附加堆纹上侧，或纵向或横向。这一位置，也正好处于视线范围之内的最佳之处。通高33、口径26、腹径35.5、底径21厘米。这一线图虽然不可能精准，但也不会相差太大（见图二七）。

除铭文陶片外，日常生活器皿还出土无文陶片16件。若将两项合并，日常生活器皿陶片共计20件。器形计有釜、簋形豆、豆、盂、盒、盆、壶等几种。

在无字陶器中，除去大量的量器陶片和部分日常生活器皿陶片之外，一中还出土了1076件建筑材料，均为残碎的瓦片。瓦的种类有筒瓦和板瓦两种。筒瓦321件，板瓦755件。

此外，还出土了陶井圈和石垫各1件。

既此，一中遗址第⑤层共出土量器、日常生活器皿、建筑材料等各类遗物共计5651件。

（二）陶器产地

由于受到高层建筑、道路及场地地面硬化等客观条件制约，加之建筑施工破坏等原因，一中地点的清理只局限于东西长30、南北宽15、深3.4米的音乐楼地基范围之内的四周断壁及底部，面积很小，所以只出土了一些遗物，没有发现陶窑遗迹，这为陶文陶器产地的解决带来了困难。

不过，石垫的发现为这一问题的解决带来了一线希望。石垫只发现一件（2002XＹＹ⑤Z：2），柄端稍残。质地为石灰岩，坚硬。通体呈圆柱形杵状，但柄端较细，底端较粗，带锥度，垫面为弧面。表面光滑，尤其是垫面磨损明显，说明使用时间长久。残长9.4、柄径3.3、垫面径5.7厘米。

经过反复比对后发现，石垫弧面的形状、大小、弧度与量器陶罐形釜内壁所留下来的垫痕完全一致。据此推断，石垫当为制陶工具，而且主要是用于罐形釜的制作，用途单一。

据此，再考虑到在如此小范围之内0.5米上下厚度的文化层空间内，竟出土了数量如此众多的较为完整或是残碎陶片的特殊现象，这里应当就是当时不合格产品或是废品的集中处理场所，换言之，这里就应当是一处制陶手工业作坊，这些遗物就产于此。

从遗物的数量来看，这一窑址的产品主要是量器，其次是建筑材料。日常生活器皿，器形包括了炊器釜和盛食器盆、豆、盂、盒、壶等，但是数量只有17件，而且均为残碎陶片，所以这些都应当是陶工们日常生活需使用所遗留下来的，不为产品，与量器和建筑材料不同。

量器占据了建筑材料的4.2倍还要多，由此可见，这一作坊的主要产品就是量器，其次是建筑材料。

比较而言，量器的制作水平是最高的，也最具特点。

（三）量器制作

通过大量的观察分析后我们得知，量杯、罐形釜的制作都经过了选料配料、原料加工、成形定型、钤印印文、阴干脱水、入窑陶化、打磨修整、容量校正等工序，这与当时流行的制陶程序大致相同，但也表现出了一些非常的特别之处。

就质地而言，量杯、罐形釜的质地均为夹砂陶，就显得极为特殊，因为夹砂陶与炊器密切相联系，而量杯、罐形釜显然不属于炊器。

黄河下游沿海一带，目前发现年代最早的陶器是陶釜，地点为沂源县扁扁洞遗址。其年代距今万年前后，也就是大致处于新石器时代的初级阶段。陶器发现的数量不多，且均为残片，能够识别出的器形有釜和钵。这些陶器，均为夹砂，不见泥质者。这种砂陶器现象，一直延续到其后的后李文化。到了北辛文化时期，陶器的质地发生了变化，产生了泥质陶，这是一次对陶业影响最为深远的革命性发明创造。泥质陶由于质地细腻，就可以制作出许多适用于进食、饮食的器具，并且其上还可以装饰、彩绘，借以表达情感，传递信息。自此之后，陶器便有夹砂和泥质之分，而且其功能用途十分明确，夹砂陶多为炊器，泥质陶多为盛食器。到了东周时期，特别是春秋晚期到战国，作为夹砂炊器的釜，质地上又有了新的变化：不与火直接接触的口部，为泥质，与火直接接触的底部，为夹砂。这使得不同功能用途的器物具备不同的质地，发挥到了极致，出现了一器两种质地的现象。陶器质地的这种变化，是古代制陶匠人长期经验积累的结果。

如果从质地角度考虑，量杯和罐形釜应该归于炊器类。如果从器形考虑，量杯和罐形釜与日常生活中的钵、罐相同或近，应属于盛食器，归于泥质陶类，但都不合适，传统的划分标准已无法使用于量杯和罐形釜，显得极为特殊。

　　这一特殊现象，应当与量器特殊功能用途有关。作为量器，首先要求就是在较长久的使用过程中，尽可能保持其容积的统一标准，使其更具公信力。要做到这一点，就需要器胎特别耐磨损，在当时的条件下，加砂无疑是最有效的方法。但是，如果加砂过多或是颗粒过粗，那么钤印陶文就难以清晰地打印到量器上去，所以掺进去的砂必须是细砂，而且比例也要合理。从一中量器胎壁细砂的颗粒大小和比例来看，无疑是非常适宜的。这既不同于日常生活器皿中防热止裂的加砂炊器，也不同于讲究美观、便于饮水进食的泥质盛食器，具备自己的特点。

　　由此，量器制作所需要的原料要求就格外严格，其配料要科学，比例要合理，原料加工也就格外讲究，必经过精心选择，用心粉碎、筛选、过滤、沉淀、沉腐等工序和工艺。

　　与当时流行的成形定型的制陶方法比较而言，量杯和罐形釜虽然与其制作的步骤相同，但其成形的方法和工艺却显得非常特别，既古老又传统。

　　通过众多残片观察分析后发现，量杯的成形是先将器底和器腹分别制作，待固胎后再进行粘接。粘接使用的是黏泥，在底和腹的结合部位，常见到用刀具切削修整多余的黏泥痕迹可以证明。这一步骤，与当时流行的制陶程序是一样的，令人不解的是量杯的腹、底成形的方法，不是当时盛行的泥条盘筑法，而是既古老又传统的贴塑法。

　　所有量杯的残片，特别是其断面，我们几乎都经过仔细观察，结果发现其陶胎多顺向器壁成层或是成片结构，脱落时也是顺向器壁成层或是成片脱落，不见横向呈泥条状结构现象，据此可以断定，量杯的底、腹都是贴塑而成的，其表面隐约可见的瓦弦纹痕迹，是粘接后进行轮作修整遗留下来的迹象，也并非纹饰，是轮作的一种假象。贴塑，与陶器产生俱来的一种制陶方法，流行于新石器时代早期，不可谓不传统，也不可谓不古老。在黄河下游沿海一带，自沂源扁扁洞到后李文化时期，这一制陶方法极为盛行，其后这一方法被新发明的泥条盘筑手工制法所代替，大汶口文化晚期开始，泥条快轮制陶法出现并一直流传下来，贴塑早已被淘汰。这一复古制陶现象，又让人费解。

　　贴塑，必须有一个外模作为附着或是内模作为支撑，将事先准备好的泥料制成若干饼片进行粘贴，否则就无法进行贴塑，也就无法成形成器。使用同一个外模或是内模，贴塑而成的器形其形制、大小都将是完全相同的，具有极高的一致性，这是泥条盘筑法难以控制并做到的，是贴塑方法的一大特点。但是，贴塑的生产效率远没有快轮轮作高，是非常低的，其成本也就自然高得多。作为量器，最基本的要求就是其器物形制、大小的高度一致，高度规范，使其具备容量的统一，符合标准量制，而量器又是非商品，其生产不以产量为目的，追求利润的最大化。毫无疑问，传统而又古老的贴塑制陶方法能够极大地满足量器生产的技术需求，而这一现象的出现也就不难理解了。

钤印印文，是量器生产的一道必然程序，这是量器的文字凭证。钤印之前，大都在印文处对陶胎表面进行抹平修整处理，使得印面规范，印文清晰。量器印文，要比非量器精工得多，非量器不见修整处理现象，文字也较为模糊。

烧制的火候，量器要比非量器高得多，硬度也大得多，耐磨损度也高得多，这可能是由量器特殊的功能与用途所决定的。

打磨修整与容量校正，更是量器生产环节中不可或缺的一道工序，也是最为重要的最后一道工序。能够见到的量杯口沿，大都经过精心打磨，而且打磨的痕迹非常清晰。打磨是在器物烧成出窑之后进行的，工具应是颗粒微粗的砺石。打磨量杯口沿的过程，实际上就是对量器量杯容量进行校正的过程。当然，如果要便于校正，量器的原本大小、容量应略大于标准的大小和容量，反之，量器就无法校正，只能是作为废弃处理。只有经过校正的量器，并通过验证，才能经过相关的渠道配送到市场或是仓廪之公所使用。

罐形釜的形制虽然较量杯复杂，但通过观察分析之后发现，其制作工序、工艺与量杯大体是一致的，不同的是从总体上观察罐形釜的制作要比量杯精细得多，难度也大得多，因为罐形釜的器形较为硕大，而且器胎却又较为轻薄，特别是腹壁和底的厚度明显要比口沿处薄，在分体贴塑、腹底粘接、拍印绳纹、修抹钤印、口沿打磨等工序时的难度显然都要大于陶量杯。

量器的生产，应当说是代表了当时这里的制陶最高水平，也最具特色。这种特色不仅表现在选料配料、原料加工、成形定型、钤印印文、打磨修整、容量校正等制作工序或是工艺上，更表现在烧成之后转变为量器中在形制、大小、纹饰、印文位置等方面上表现出的高度一致性、统一性和规范性。这种特色是一种特殊现象，这种特殊现象正是由于量器这种特殊功能和用途所决定的。

（四）遗址性质和年代分析

一中遗址第⑤层文化层出土遗物以陶量和建筑材料瓦为主，生活用器极少，说明此处是以生产量具和建筑材料为主的官营制陶作坊遗址。

依据出土器物特征分析，陶豆2002XYYR：4、5、6与临淄齐故城1981年东古出土B型Ⅳ式陶豆（81LDGT107H2：1）形制相同；陶盆口部残片标本2002XYYR：14与临淄齐故城1965年阚家寨出土Aa型Ⅰ式陶盆（65LKT215⑨：41）口部特征一致；陶盆口部残片标本2002XYYR：15与临淄齐故城83第11号保护区出土陶盆标本83LXHJ2：2口部特征一致；陶盂标本2002XYYR：8与1965年临淄齐故城阚家寨出土A型Ⅱ式陶盉（65LKTH28：1）形制相同。[1]说明此处遗址为齐文化遗存，时代为战国。

二 西南关遗址

（一）陶器器形

西南关遗址共出土陶文陶器376件，较一中遗址为少，但是这里出土的陶文陶器，除8件破碎较为严重之外，大都完整或是较为完整，不象一中那样多为陶片。

陶文涉及到完整或是较为完整的陶器器形有盒、豆、壶、钵，其中盒186件，豆173件，壶5件，盉4件。主要的就是盒和豆，两者总数为359件，占到总数的近98%。

盒的形制相近，都作方唇、直口、折腹，下腹内收，小平底。口及上腹部，多施条形暗纹。印文都位于腹的下部近底处，较为隐蔽。大小也较为相近，通高7.5、口径17.5、底径8.5厘米左右。

豆的形制也相近，都作圆唇，浅盘，细柄，喇叭形圈足。器表为素面。印文都位于豆柄的偏上端处，也较为隐蔽。大小略有差别，通高13.1～22.2、口径15.3～17.7、足径11～11.8厘米。

壶的形制也相近，都作圆唇，侈口，高领，鼓腹，圈足。腹上部、圈足装饰凸棱纹。印文都位于腹下部近圈足处，也较为隐蔽。通高27、口径13、底径13厘米左右。

钵的形制也相近，都作尖唇，斜折沿，口微敞，腹略外鼓，小平底。器表均为素面。印文都位于腹下部近底处，也较为隐蔽。通高10、口径18、底径10厘米左右。

与一中出土的量器比较而言，器形上的区别是最为明显的，这里全部都是当时日常生活中使用的盛食器，而一中则全部为量器。陶文，从形式上来看区别也是非常明显的，西南关的陶文都处于比较隐密之处，似恐在使用时便于看到造成视角污染，而一中出土量器上的陶文则都处于最为明显之处，似恐在使用时不便于观察到，完全相反。这应当与两者的性质，使用环境不同有关。日常生活使用时，若时常看到印章，的确不雅致，而量器在使用时则必须极方便地能够观察到其上的印文，以展示其公信力。

（二）陶器产地

西南关遗址出土陶拍垫一件。质地为夹砂陶。形制为长方形板式，四角圆转，

[1] 山东省文物考古研究所：《临淄齐故城》，234、296、157、290页，文物出版社，2013年。

垫面中心隆起为弧面，其背面为平面，中心的圆柱形把手已失，只留有痕迹。一角略残。长15、宽9、厚1～1.5厘米。

除陶拍垫之外，还发现窑址一座。窑址位于遗址的东部，破坏严重，只残存陶室的底部。从发掘迹象观察，陶窑由窑室、窑箅、火塘、火门、操作间等几部分构成。窑箅以上均遭破坏，只残存部分火塘、火门和操作间。火塘平面近圆形，直径1米，残高0.2米。底部已烧结，呈红褐色，质地坚硬。操作间位于火塘的西南方向，之间相隔0.15米。形状为圆形，壁较直，底较平，底面低于火塘0.3米，直径1.3、残深0.5米。坑内堆积为红烧土、草木灰等。

制陶工具、陶窑的发现，直接表明这里就是一处制陶手工业作坊，陶文陶器无疑就是其重要产品。

H3是遗址中最为重要的遗迹之一，现在形状为长方形。南北长6.5、东西宽3.2米。坑底不平，呈南高北低状。南端深0.3、北端深1.5米。坑南壁、东壁呈阶梯状，西壁、北壁较直。阶梯便于人们上下出入，行动方便。大多数遗物都出土在此坑之中，其上部虽然已遭到破坏器物残碎严重，但其底部保存相对完好，尤其是北侧部位，陶器大多完整或较为完整，并且东西成排有序放置。保存完整或是较为完整的陶文陶器都出土于此坑之内。显然，这一"灰坑"实质上就是当时一处成品陶器的储藏间。

由此，再考虑到制陶必用的水井，这些遗存在同平一面上就展现出了一幅较为完备的手工业制陶作坊场景。

除去376件完整或是较为完整的陶文陶器之外，能够识别的遗物还有建筑材料残瓦片13件，陶塑动物2件，日常生活器皿盆和釜各一件，数量较少。从数量来看，这一制陶作坊专业性很强，似以陶豆、陶盒、陶壶和陶钵为主产品。陶塑动物，应为冥器，为副产品。就少量的釜、盆和筒瓦来看，应为陶工日常生活所用遗留及建筑废弃之后混入所致，尚难理解为陶窑作坊的产品。

（三）陶器制作

通过遗物的观察分析可知，盒、豆、壶、钵的制作，也都经过选料配料、原料加工、成形定型、钤印印文、阴干脱水、入窑陶化、打磨修整等几道工序。

盒、豆、壶、钵都是日常生活中的实用器，主要用于进食、饮水之用，所以质地均为泥质，这与当时流行的盒、豆、壶、钵的质地是一致的，但不同于一中出土量杯和罐形釜的原料中还要加入少量细砂，这应当与器物的用途不同有关。当然，其原料也必经过选择、粉碎、过滤、沉淀等加工工艺。

成形都是先将豆的豆盘、圈足，盒的腹、底，壶的口、腹、底，钵的腹、底分体分别制作成形固胎之后，然后再利用黏泥进行粘接成器。其分体制作的方法，大多都使用泥条盘筑方法，与当时同类器物的制作方法也是一致的，与一中出土的量杯、罐形釜的制作方法却大不相同。这样制作的器物，即是同一工匠在同一时段内制作的同种器形，其形制、大小之间都存在一些差异，很难做到完全一致，与贴塑法形成的效果不同。作为日常生活器皿来讲，其形制略粗一些或是略细一些，尺寸略大一点或是小一点，对其功能不会带来用途上的改变，都可正常使用。

钤印印文较为草率，没有一中出土量器印文那样印前还要对印文部位进行抹光修整，直接印制，所以大多字迹都较为模糊，没有一中出土的精致。

烧制的火候还是比较高的，硬度也比较大。部分陶豆的变形非常严重，局部已琉结或是蜂窝状，颜色深褐色，这显然是火候过高引起的窑变而导致的结果，这表明陶工在烧制陶器时对窑室内火候的观察、掌控没有把握，技术欠精湛。这种现象，在一中出土的量器中没有发现。

作为非量器，打磨修整、校正容量的工序是不可能有的，只要产品没有太大的缺陷，只要还能够使用，产品就会转变为商品，毕竟，在当时制作一件陶器也并非易事。

（四）遗址性质和年代判断

西南关制陶作坊遗址所生产器形主要是生活用具中的盛食器和水器，包括豆、盒、盂、壶及器盖等，尤以豆、盒为大宗。这说明该窑是生产生活用品的民营制陶作坊遗址，偶尔生产少量作为冥器的陶塑动物等。

依据出土器物特征分析，陶豆与昌乐岳家河出土东周中期器物相同，[1]陶盂与章丘王推官东周中晚期器物相同，[2]陶釜与济南王府遗址出土东周中晚期器物相同，[3]因此西南关制陶作坊遗址亦属齐国文化遗存，时代为战国中晚期。

三　南关、南西周遗址

（一）陶器器形

南关、南西周两处遗址没有进行过正式发掘，只做过调查，所以发现的遗物要少一些，而且陶器没有完整者，大都是残片，遗迹现象较少。

---

[1]　潍坊市博物馆、昌乐县文管所：《山东昌乐县商周文化遗址调查》，《海岱考古》第一集，山东大学出版社，1989年。

[2]　山东省文物考古研究所：《山东章丘市王推官遗址发掘简报》，《华夏考古》1996年第4期。

[3]　山东省文物考古研究所：《山东济南王府遗址发掘报告》，《山东省高速公路考古报告集》（1997），科学出版社，2000年。

　　南关陶文发现6件，其中3件为印文，3件为刻划文。印文陶文器形为量杯1件，豆2件，刻划陶文器形为罐2件，量杯1件，器形较为复杂，既有量器，也有日常生活器皿。

　　印文量杯（XNG：1）保存欠佳，只有腹部残片。从其形制来看，与一中出土的量杯极为相近。印文也是位于腹的上部。腹片残高11、残宽5.4厘米。刻文量杯（XNG：4）保存也欠佳，只有腹片。从其形制来看，与一中出土的量杯也极为相近，但文字却为刻文。腹片残高10、残宽11.5厘米。另外无文量杯残片（XNG：9）形制亦相近，残高7.4、厚0.62～1.5厘米。

　　陶豆（XNG：5）为印文，但只见豆柄。豆柄作圆柱状，细高。印文位于柄的上端近盘处。残高12.1、柄径3.9厘米。陶豆（HBCS：134），印文豆柄，盘、足均失，残高10.2、柄径4.2厘米。

　　刻文罐（XNG：2、3）2件都是残片，从其保存部分观察，其形制一致，都作小口，折肩。刻文都位于肩部。

　　南西周遗址发现陶文7件，均为印文。器形有豆3件，盆2件，壶2件，均为日常生活器皿。

　　豆均为豆柄，从其形制来看都相近，但与西南关、南关的比较则有所区别，其柄显得粗矮一些，印文靠近柄的中部。例如标本XNXZ：2，豆柄。柄较粗矮。残高10.3、柄径4.6厘米。

　　盆都是盆口沿，其形制相近，都作方唇，敞口，腹微鼓。印文都位于口沿上。如标本XNXZ：5，盆口沿。方唇，卷沿，侈口，斜壁。残高11.7、口径53厘米。

　　壶都是口部残片，从其形制来看相近，都作小口，高领。印文都位于领部靠近口沿处。例如标本XNXZ：4，壶口。直口较小，斜沿，方唇，素面。残高6.6、口径16、颈高5.3厘米。

（二）陶器产地

　　南关、南西周虽然没有发现窑址，但都发现了制陶工具拍垫。

　　南关拍垫（XNG：10）

　　陶质。垫面作圆形弧面，中心厚周边薄。柄手作圆柱形，通体为蘑菇形状。表面摩擦痕迹明显，表明使用时间较为长久。长12.7、柄径5.0、垫面直径10.84厘米。

　　南西周拍垫（XNXZ：8）

　　陶质。垫面作圆形弧面，中心厚周边薄。柄手作圆柱形，但已残缺，通体为蘑菇形状。表面摩擦痕迹明显，表明使用时间较为长久。残高4.0、柄径3.2、垫面直径7.3～7.6厘米。

制陶工具的发现，表明当地调查时采集到的标本，应当就是产自当地。笔者曾多次到南关和南西周调查，南关由于位于闹市区，尽管楼宇林立，但在个别地方还能见到陶片等遗物。南西周由于建筑相对少一些，能见到的遗物特别是陶片数量就较多一些。其间的遗物，特别是陶器还是有所区别的，比如：南西周陶盆的数量比较大，南关则不见或不多见。南关罐的数量比较大，南西周则不见或不多见。同是陶豆，南关的豆柄细高，而南西周则粗矮。当然，南关、南西周的陶器与西南关、一中的比较起来区别更大，比如：一中为量器，西南关、南西周不见，西南关的壶与南西周的不同等。这些也表明，两地的陶器应为各自所产，不可能产于一地。

从数量上分析，南西周应以豆、盆、壶为主要产品，南关以豆、罐为主要产品，各有其主打产品。不过，南关的情况似乎比较复杂，这里器形还有量杯和制作比较精工的建筑材料瓦，而且量杯、陶瓦的形制与一中的比较还有一些区别，不像是一中窑场的产品，这里似曾一度制作过量器和瓦。有些少量的日常生活器皿残片，应当是当时陶工使用遗留下来的，并非产品。

如果这一推断无误的话，那么我们就可以看到，一中制陶手工业作坊主要是生产量器和建筑材料，西南关制陶手工业作坊主要生产盒、豆、壶、钵，南关制陶手工业作坊主要生产罐、豆，也曾一度制作过量器和建筑材料，南西周制陶手工业作坊主要生产豆、盆、壶，各有侧重，并且有各自的印文标识。

（三）陶器制作

通过对标本的观察分析，南关、南西周的陶器制作也都经过选料配料、原料加工、成形定型、钤印印文、阴干脱水、入窑陶化、打磨修整等几道工序，与一中、西南关比较而言，既有相同的部分，也有不同的部分。

南关、南西周采集的豆、盆、壶，与西南关同类器形的质地完全一致，制作的工序、方法也基本一致，南关的量杯与一中量杯的质地也完全一致，其制作的工序、方法也基本一致，这是相同的部分。

不同的部分，比如豆柄的制作方法就有所不同。南西周的豆柄，是用泥条从圈足开始直接盘筑上升而成的，泥条痕迹非常清楚，所以中间空心的直径就比较大。西南关的豆柄，是在泥条盘筑完圈足之时在其中心立一小木棍，再绕木棍继续盘筑上升，等成型后再将小木棍抽出，木棍抽出的痕迹也非常清晰，所以其中间空心直径就非常小。

再比如量杯，南关的量杯表面处理得非常光滑，制作非常精致，不见轮作修整的隐约的瓦弦纹痕迹，印面虽小但印文清晰。一中的量杯表面处理得欠精细，多留有轮作修整的隐约的瓦弦纹痕迹，不光滑，印面虽大但印文有时不清楚。

　　不同的制作方法或是工艺，有的是不同的窑场不同制陶工匠之间技艺的区别，有的或许是不同时间段上的表现，具体情况怎样，还有待探讨。

（四）遗址性质和年代判断

　　南关遗址性质比较复杂，既发现生活用器，也有相当数量的量具，并且发现平阳市陶文，推测或许存在与官市有关的官营制陶作坊遗址。此处遗址为齐文化遗存，时代为战国。

　　南西周发现少量战国时期制陶工具，发现散水和窖穴，调查遗址面积5万平方米以上，应为居住遗址，并存在民营制陶作坊。此处遗址为春秋晚期到战国时期的齐文化遗存。

第二节　陶文印面复原及文字隶订

一　立事陶文

　　"立事"陶文均出土于一中制陶作坊遗址，数量总计375件，其中360件的印面、印文都较为清晰，15件较为模糊。一中"立事"陶文有如下特点：

　　第一，只见于量器之上。

　　"立事"陶文均见于量器之上，量器包括罐形釜和量钵两种器形，日常生活器皿如盆、壶等不见。

　　第二，均为戳印文、阳文。

　　"立事"陶文均为戳印文，即陶工使用印章在陶器制作过程中，在陶器制坯成型固胎之后的微软状态下，入窑烧制之前捺印而成的。印文均为凸起的阳文（印章文字为下凹的阴文），印制规范，不见随意刻划的阴文。陶文的印面形状不完全一致，或方形、长方形，或椭圆形、长椭圆形，但不见圆形，印面的面积也较大，印面和文字有着自身的特点。

　　第三，"立事"者均为陈氏。

　　一中"立事"陶文，最显著的特点就是"立事"者均为陈氏，如陈得、陈喜等，这一点与之前其他地域发现的齐国"立事"陶文相一致。

　　据此，"立事"陶文和非"立事"陶文是非常容易区分的，即使在没有"立事"者字样的情况下，只要保留有部分印面也容易区别。在新泰目前发现的陶文中，"立事"陶文目前只见于新泰一中遗址，西南关、南关和南西周制陶作坊遗址尚未发现。

新泰出土的"立事"陶文数量虽然比较大，但大部分陶片破碎都相当严重，印面、印文残缺不全，完整的印面、全幅印文数量比较稀少。完整的印面、完整的全幅印文不仅对于印章制度的了解是重要的，而且对于陶文的考释、隶订和理解更是不可或缺。鉴于此，再考虑到介绍、出版的方便，依据拓本，借助人工和电脑，以印面、印文为线索，以印章为基本单位，我们对所有的陶文、印面进行了反复比对，对印面进行了梳理和归纳。经过比对发现，印面、文字都较为清晰的360件"立事"陶文，其实只使用了60枚印章。从陶文轮廓和文字笔画观察，部分陶文边缘挺阔，笔划清晰，而同印所钤部分陶文边缘不整，笔划模糊，推测印章质地较软，在使用过程中磨损所致。这类陶文印章基本可以排除为金属质地的可能性，或为较软的陶质印章。

360件印面、文字都较为清晰的"立事"陶文，依据"立事"者的不同可分为17个大的类别。下面就17个大的类别的"立事"陶文的印面、文字分别进行复原和隶订。

（一）陈得类

陈得类铭文陶片共计118件。依据地名的不同，这一类的陶文还可分为4个类别，即阍间、菓、墓易（阳）和平阸。共使用了16枚印章。

1. 阍间类别

共8件。印面均为长方形，且较小，最大者长5.1、宽3.0厘米，平均长4.63、宽2.72厘米。印面见于罐形釜和量钵两种器形上，见于罐形釜上的印面均为竖向，印面顶端朝上，都印于罐形釜的腹部中央位置。见于钵上的印面部分为竖向部分为横向，印面的顶端或朝向左或朝向右，不完全一致，但都位于钵的腹部中心部位。印面位置，即承印印章印面相对应的器物腹部外表部位，在印制前多不经修整打抹，尤其是罐形釜上根本不见，个别量杯上经过轻微修整打抹。

通过比对、修复后较完整的印面可知，完整的印面全词为6个字，前5个字相同，即：䪨䢾䥞夋夵（图一四〇，1；2002ＸＹＹ⑤Ｗ：35、37，为两幅印面复原而成，下同）。

"䪨"即阍字。《说文解字·言部》，"阍，和说而诤也。从言门声。语巾切。""䢾"字，诸多先生都将其分别开来作为"门"、"外"两字，或不妥。[1] 其实，此字从门从月，即"閒"字，小篆作閒。《说文解字·门部》，"閒，隙也。从门从月。徐锴曰：'夫门夜闭，闭而见月光，是有閒隙也。'古闲切。閒

---

[1] 高明：《古陶文汇编》，中华书局，1990年，3·41；王恩田：《陶文图录》，齐鲁书社，2006年，2·13·1。

1　　　　　　　　　　　　2　　　　　　　　　　　　3

图一四〇　阃间陈得类陶文拓本

1. 2002XYY ⑤ W：35、37 拼合图　2. 2002XYY ⑤ W：38、39 拼合图　3. 2002XYY ⑤ W：41

古文閒。"段注本古文订正为閞："此篆各本体误，《汗简》等书皆误。今考正与古文恒同，中从古文月也。"从出土文献来看，古文确为从月。此字字形大致有四，一为从门从月，如晶（獸钟，周晚）、閁（兆域图，战国中山）、鬻（郭·语三·二九，战国楚）等，应为基本形式；二为门下月侧增一刀旁，如鬺（曾姬无卹壶，战国楚）、鬄（包·二·一五二，战国楚）等，三为门下月侧增一卜旁，如鬎（新甲·三·一七，战国楚）、鬺（新甲·三·一五八，战国楚）、鬺（玺汇·0183，战国）等，即同于新泰陶文写法，"卜"似为"刀"之反写变形，此形即《说文》段注所订正之古文正确写法。四为省门作鬺（望·一·六七，战国楚），为二的省略形式。閒字简化有间、闲二字，此处应对应间隙的间字，本书为行文方便，均作间。阃间，即地名。

　　"钟"即陈字，从土，作墜，为典型的战国齐文字写法，从阜之字皆从土为战国齐文字的一大标志性特征。新泰出土陶文中出现了204个"墜"字，数量最多（见附表三）。《左传·庄公二十二年》："陈人杀其大子御寇，陈公子完与颛孙奔齐。"齐桓公优遇完，"使为工正。"陈完及其后代以故国为氏，称陈氏。战国，陈氏代齐，是为陈齐。新泰陶文立事者均为陈氏，即陈齐公族。《史记·田敬仲世家》："敬仲之如齐，以陈字为田氏。"《集解》："徐广曰：应劭云始食菜地于田，由是改姓田氏。"《索隐》："敬仲奔齐，以陈田二字声相近，遂以为田氏。"《正义》案："敬仲既奔齐，不欲称本国固号，故改陈字为田氏。"某些文献田氏仍旧称陈，如田常，《左传·哀公十四年》称陈成子或陈恒，《吴越春秋·夫差内传》则称陈成恒，而杜预注释为陈常。汉代文献中，陈、田互通，《说文》曰：

"田，敶也"。敶，即陈。然而，出土文献特别是临淄齐国故城出土的陶文，还有田齐铜器铭文，陈字却作均作塦字，从不见不从土的陈字，更不见田字。就此，孙敬明、李剑、张龙海有过阐述："陈字下缀'土'作，为田齐专用字。……春秋陈氏用陈不用田，陈不从土。战国田氏代齐，则陈皆从土，惟不见称田氏者"。[1]

得字，前人已有明辨。商代文字从贝从又，象手持贝意，如🐚（得觚，商），也有从彳者，表示"行有所得"，如🔣（亚父庚鼎，商）；在周代金文中亦有从贝从手者，如🔣（克鼎，周晚），意义相同。战国文字中贝部多省作目形或日形。《说文解字》释形有误，将贝误作见。《说文解字·见部》，"𥍔，取也，从见从寸，寸度之，亦手也。臣铉等案：彳部作古文得字，此重出。"。彳部，"得，行有所得也。从彳，𥍔声。多则切。𥍔，古文省彳"。

新泰陶文得字大致有三形，一为🔣（W35），贝部省作目形，下从寸，二为🔣（W17），"目"作倒三角形，三为🔣（W42），贝部省作日形，下从寸。此处得字从寸，与从"又"、"手"意同。陈得，人名，即陈氏"立事"者之一。

"🔣"即"立"字。新泰出土陶文中出现了50个"立"字，这些字或独立，或与"事"字组成"立事"。单独出现的"立"，在这里应是"立事"之省略。《周礼·春官》："小宗伯之职掌建国之神位。"郑注："故书位作立。郑司农云：立读为位，古者立位同字。"可见，"立事"即"位事"。"立事"意为执掌某项事务。

相同的5个字之外，阃间类别的末字之间却有着明显的区别，各不相同。据此，这一类别的陶文还可分为3个类型，A型3件、B型3件、C型2件。

经过反复比对、核对后发现，同一类型印面的形状几乎完全相同，大小也几乎完全相等，而且文字的布局、读序也完全一致，同时文字的结构、大小，甚至笔画的长短、粗细也几乎完全相同。这种雷同现象表明，陶文不仅是利用印章印制而成的，而且同一类型使用的也是同一枚印章。

但是，同一类型的印面、文字之间也存在一些细微的区别，如有些印面的形状非常规整，尺寸略大，有的就欠规范，尺寸略小一些。例如：2002ＸＹＹ⑤Ｗ：39，印面虽然残缺，但从保留部分看形制非常规范，宽2.6厘米，略宽；2002ＸＹＹ⑤Ｗ：38，虽然略有残缺，保留了大部分，但从形制观察就欠规范，印面右边栏略微外鼓，宽2.56厘米，略窄。不过，其间的差别只是在几毫米之间，差距并不显著。这种细微的区别，应当是陶文印制好后随陶器凉胎脱水、固型，特别是在窑室内高温陶化条件下陶胎收缩、窑变而导致的，并非不同印章之间所为。夹极少量细砂陶器上的印面，往往欠规范，尺寸也略小。夹砂量稍多的陶器上的印面，往往较为规整，尺寸

---

[1]　孙敬明、李剑、张龙海：《临淄齐故城内外新发现的陶文》，《文物》1988年第2期，81页。

也微大。这种现象，与通常情况下泥质陶器、夹砂陶器烧制的变化是一样的，与含砂量的多少有直接关系。印面依着于陶器表面上，其变化自然要受制于陶器。

文字间的区别，主要表现在某些印文不但笔画齐全，而且字迹也非常清晰，而另一些则较为模糊，难以辨识也难以拓清，甚至某些字迹已经消失无存。例如：2002ＸＹＹ⑤Ｗ：41，笔画齐全，字迹清晰。ＨＢＣＳ：58，字迹模糊，其中的间、立等字已经消失。这种现象，应当是印章使用时间较长，磨损所致，也并非不同印章之间所造成的。

基于上述判断可以推测，每一类型的印文使用的是同一枚印章所印制的。既此，阃间类别的三型陶文，便使用了3枚印章。每一类型，即不同印章间最鲜明的区别就是印面末字的不同。

Ａ型　3件。印文末字为"𦀖"，即缰字，《说文解字·系部》，"缰，马绁也，从系，畺声"。新泰出土陶文"缰"字共计10个，4个不同写法，𦀖（W35、W37），𦀖（W60、W61、W63），𦀖（W112、W113、W114、H121），𦀖（W164）。其中8个是左"系"右"畺"结构，2个是左"畺"右"系"结构，书无定式是古文字中常见的现象。如此，这一类型的印文全词为6字，即：阃间陈得立缰。印面复原尺寸高4.4、宽2.7厘米，读序自右上顺读（图一四〇，1）。

Ｂ型　3件。印文末字为"𠆱"，从人从羋，此处羋应为羹省艹部，此字应即僕字。《说文解字·羹部》："僕，给事者，从人从羹，羹亦声。古文从臣"。出土文献中，战国楚竹书僕字即从臣，印证了《说文》古文的说法。此处僕字从人从羹省，应为战国齐系文字的独特写法。新泰出土陶文僕字共发现29个，能够识别结构者25个，其中左"亻"右"羹"者21个，左"羹"右"亻"者3个，如2002ＸＹＹ⑤Ｗ：100的僕即作"𠆱"。若此，这一类型的印文全词为6字，即：阃间陈得立僕。印面复原尺寸宽2.6厘米，高不详。读序自右上顺读（图一四〇，2）。

Ｃ型　2件。印文末字为"𦙲"。此字新泰出土陶文中发现40个，结构较为清晰者32个。此字有如下几种写法：𦙲（H56）、𦙲（W102）、𦙲（W3）、𦙲（W41）、𦙲（W47）、𦙲（W132）、𦙲（W98）等。主要由𠃑（⺆）部、旦（旲）部、肉（夕）部三部分构成。𠃑、旦结合即为倝字，或用作韩，[1] 戎生鼎作𦙲（周晚），攻吴王光韩剑作𦙲（春秋，吴），𩁹羌钟作𦙲（战国，三晋），侯马盟书作𦙲（战国，三晋），包山简作𦙲（包二·七五，战国，楚）。倝为见母元部字，《说文解字·倝部》，"倝，从旦，𠃑声"。此字从肉，可隶作翰，仿照《说文》辞例，可将此字视作"从肉，倝声"。

其中W98一类写法尤其特殊，初看以为二字，实际观察，此字为反文，水平翻

---

[1]　高明、涂白奎：《古文字类编（增订本）》，550页，上海古籍出版社，2008年。

转后为（图），与前述几例如（W47）、（W132）对比可知，"旦"下端竖画加粗，类似上大下小的实心三角形（W47，W132），若"丁"字，而后与肉（月）部位置互换，而"旦"字上端的日部笔画亦减省、变形，遂成此形。此字出现在陈怒类陶文中，共7件（2002ＸＹＹ⑤Ｗ：97、2002ＸＹＹ⑤Ｗ：98、2002ＸＹＹ⑤Ｗ：99、2002ＸＹＹ⑤Ｗ：195、2002ＸＹＹ⑤Ｗ：196、HBCS：1、HBCS：15），经比较，为同一印章所钤印，也就是说，此字实际仅出现一次，因此不具有普遍性，应为个别写手的独特书写习惯所致。

即此，这一类型的印文为6字，即：闾间陈得立翰。印面高5.1、宽3.0厘米。读序自右上顺读（图一四○，3）。

2．葉类别

共计87件。这类陶文印面有一个共同特点，即大致都呈长方形，但四角较为圆滑，或为斜角，或为圆角，有的甚至为椭圆形，与闾间类别不同。印面较大，最大者长5.9、宽3.3厘米，最小者长4.2、宽2.95厘米，平均长4.9、宽2.95厘米，较闾间类别为大。印面都横向钤于罐形釜或是量杯的腹部，这与闾间类别相同，但能够识别的印面顶端都向右，这又与闾间类别的不同。罐形釜印面对应部位在印制前都经过精心修整打抹，以便使印文更为清晰，修整面积略大于印面的范围，印面周围都留有清晰的痕迹，这与闾间类别的也有所不同。

通过印面比对、复原后的完整印面可知，完整的印面全词由5个文字组成，其前4个字是相同的，即：（图）（2002ＸＹＹ⑤Ｗ：19、HBCS：55）。

"（图）"字，共出现三种写法，（H55）、（W10）、（W1），区别在于中间部分，分别作（图）、（图）、（图）形，其中第一种写法最繁，后二者可视为前者的简化形式。郭店简有（图）（语丛四·简11）字，与（图）（W10）写法相似，李零先生释作世，疑为"菓"，为"葉"之讹变，[1]甚确。世字本作（图）（宁簋，周早）、（图）（吴方彝，周中）、（图）（徐王鼎，春秋）等。此处（图）可视为世字的讹变，（图）、（图）可视为前者的简化，则该字即为葉，在这里与闾间等类似，为地名。葉字作邑名和姓氏的意思时古音为书母叶部字，[2]而世为书母月部字，音近同可通，而且古文字中，世字本身即有从竹或从木的写法。

"（图）"字，从"厽"从"三"，即"叁"字，同"三"，也写作"叄"，现在用作三之大写。新泰出土"叁"字共计43个，其上下结构不变，下边的"三"字变化也不大，但其上边的"厽"字却有较大不同，或作倒品字形"（图）"（H52），或作"（图）"（X1）等。

---

[1] 李零：《郭店楚墓竹简校读记》，59页，中国人民大学出版社，2009年。
[2] 郭锡良：《汉字古音手册》，32页，商务印书馆，2010年。

在新泰陶文辞例中，"叁"、"再"等单独出现的时候均作为"叁立事"、"再立事"的减省格式。

由上述分析，这一类别前4个字便可隶订为：葉陈得叁。

除去相同的4个字之外，与閒间类别同样，葉类别的陶文末字之间也完全不相同。据此，这一类别的陶文还可分为四型，A型15件，B型19件，C型30件，D型23件。

经过比对发现，每个类型之间不仅末尾的字不相同，其读序之间也有着明显的区别，而且其印面的形状、大小也不尽相同，甚至在同一类型之中还有区别，这与閒间类别的也有所不同。

A型　15件。印面的形状为长方形，但是四个角却转角圆滑、流畅。印面较大，长5、宽3厘米。最末一字为"㕚"，前已考订，即"翰"字。既此，A型印文就可隶订为：葉陈得叁翰。印面复原尺寸高5.0、宽3.1厘米。全词5字，分为上、中、下3行横向排列，上、中行每行各2字，下行1字。读序近"S"形（图一四一，1）。

B型　19件。印面的形状、大小、读序不尽相同，之间还存在明显区别。据此，这一类型还可分为3个亚型。但是，文字却相同，末尾字也都为"𦞤"字。"𦞤"，由"丰"和"肉"两部分组成，"丰"似为"丰"，"肉"为"肉"，此字即"𦞤"字，上下结构。"肉"部在文字演变中多写作"月"，而古文字结构常无定式，所以"𦞤"或即为"胖"字，会意字，不见于《说文》，《玉篇·肉部》："胖，胖胀也"。

既此，B型印文就可隶订为：葉陈得叁胖。复原尺寸高5.9、宽3.4厘米。全词5字，读序自左上逆读（图一四一，2）。

印面的大小，Ba型较大，高5.9、宽3.3厘米。Bb型较小，残高3.7、残宽2.8厘米。Bc型处于两者之间，残高5.3、宽3.1厘米。印面形制，Ba型、Bc型近椭圆形，Bb型为长方形。文字读序，Ba型、Bb型自上而下，从左到右，Bc型则相反，自上而下，从右到左。这种现象表明，B型陶文由3枚不同的印章钤印而成。

C型　30件。印面的形状为长方形，但是四个角斜直，与众不同。印面较小，长4.2、宽2.95厘米。最末字为"𤟭"字，前已考订，即"僕"字。既此，C型印文就可隶订为：葉陈得叁僕。复原尺寸高4、宽2.6厘米。五字，读序自右上顺读（图一四一，3）。

D型　23件。印面的形状略为长方形，但右边较直，左边外鼓。印面有大小两种，大者（Da型）长4.7、宽3.2厘米。小者（Db型）长4.3、宽3.1厘米。为2枚印章所钤印，大、小各一枚。文字相同，最末字为"𡿭"字。此字新泰出土陶文发现

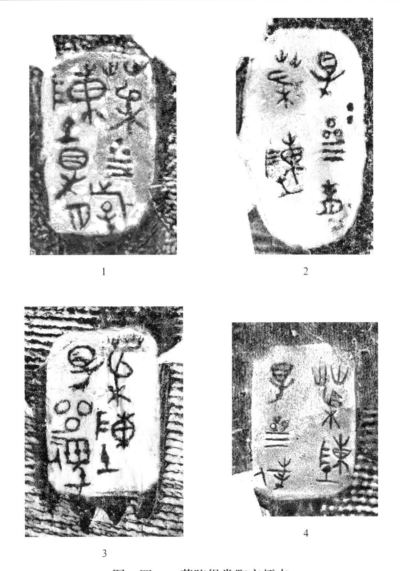

图一四一　葉陈得类陶文拓本

1. 2002XYY ⑤ W：42、43、166、189　2. 2002XYY ⑤ W：45、168　3. HBCS：100、127、2002XYY ⑤ W：47　4. HBCS：101、102

两种写法，一为"𝄪"（LFL4），一为"𝄪"（W125），由"𝄪"和"𝄪"两部分组成，"𝄪"为"彳"，"𝄪"为"巠"，此即"俓"字，不见于《说文》。《玉篇·人部》："俓，急也"。在古文字中"彳"和"亻"有时通用，因此此字有可能为"径"字的异体字，《说文解字·彳部》，"径，步道也。从彳巠声"，本意为小路。

既此，D型印文就可隶订为：葉陈得叁俓。复原尺寸高4.5、宽3.1厘米。全词

5字，读序自右上顺读（图一四一，4）。

3．墓阳类别

共计15件。这类陶文印面有一个共同特点，即大致都呈椭圆形，印面也大。最大者高6.7、宽3.5厘米，最小者高5.8、宽3.4厘米，平均长6.1、宽3.4厘米，较前者都大。印面都横向钤于罐形釜或是量杯的腹部，能够识别的印面的顶端都向右。绳纹罐形釜印面位置钤印前在印制前都经过精心修整打抹，以便使得印文更为清晰，修整面积略大于印面的范围，印面周围留有清晰的痕迹。

通过印面比对、修复后完整的印面可知，完整的印文全词由6个文字组成，其前5个字都是相同的，即：墓阳陈得叄（2002ＸＹＹ⑤Ｗ：42、43）。"墓"，由"奠"、"土"两部分组成，可隶作"墓"字。古文字中不乏借奠字为郑字的例子，《说文古籀补》："奠，古文以为郑字"。而在古文字中邑旁有时与土旁通用，因此此字或释为郑。本书中概作墓。"易"，即"易"，用作阴阳之"阳"。墓阳，地名，与阊间、莱相类。

陈得，即陈得，为"立事"者，叄即叄，为"叄立事"的减省格式。既此，墓阳类前5个字可隶订为：墓阳陈得叄。

除去相同的5字之外，与阊间、莱类别的陶文同样，末字之间也完全不相同。据此，墓阳类别的陶文还可分为四型，A型5件、B型4件、C型4件、D型2件。

A型　5件。印面近长方形，但四角较为圆滑。较小。末字为"繇"字，从"牛"从"臣"从"糸"，可隶作"繁"字。既此，A型印文就可隶订为：墓阳陈得叄繁。复原尺寸高5.9、宽3.4厘米。全词6字，读序自右上顺读（图一四二，1）。

B型　4件。印面近长椭圆形，边缘形状不规范。印面略小，高5.8、宽3.4厘米。此款的叄字较特殊，作"叄"，其下的"三"作"壬"字形，较罕见。末字为"亳"，此字在新泰出土陶文中有两种写法，亳（Ｗ45）、亳（Ｗ138），本书概隶作"亳"字。既此，B型印文就可隶订为：墓阳陈得叄亳。全词6字，读序自上而下，从右到左，最后一字回转（图一四二，2）。

C型　4件。印面近长椭圆形，边缘形状不规范。印面大，末字为"翰"字，即"翰"字。既此，C型印文就可隶订为：墓阳陈得叄翰。复原尺寸高6.7、宽3.5厘米。全词6字，读序自右上顺读（图一四二，3）。

D型　2件。印面近长椭圆形，印制规范。较大，末字为"胖"字，即"胖"字。既此，D型印文就可隶订为：墓阳陈得叄胖。复原尺寸高5.8、宽3.4厘米。全词6字，读序自右上顺读（图一四二，4）。

4．平阴类别

共计8件。印面的形制、大小及文字的读序有所不同，还可分为A、B两型。A

图一四二　墓阳陈得类陶文拓本

1. HBCS：5、71　2. HBCS：6、81　3. HBCS：100、127，2002XYY⑤W：47　4. HBCS：101、102

型5件，B型3件。印文四字：𦥑𦥑𦥑𦥑。

　　"𦥑"即"平"字，为典型的齐系文字写法。"𦥑"字，由"阜"、"土"、"命"三部分组成，齐系文字从阜之字皆从土，此字可隶作"阶"字，或释为阴。𦥑，前已考订，即陈得。前述"陈得"陶文陈得前都加一地名，照例，这一类印文即为：平险陈得。平险为地名。

A型　5件。经过比对发现，5件陶文为同一印章所钤印，其印面的形状、大小、印文及其读序等都相同。印面大都较残，经过修复可知，印面的形状为长方形，四角较为圆滑。印面长4.8、宽4.2厘米。印面都横向钤于罐形釜的腹部，能够识别的印面顶端都向右。绳纹罐形釜印面位置钤印前在印制前都经过精心修整打抹，以便于钤印清晰，修整面积略大于印面的范围，印面周围都留有清晰的痕迹。读序为从上到下，自左到右（图一四三，1）。

1　　　　　　　　　　　　2

图一四三　平险陈得类陶文拓本

1. 2002XYY⑤W：1、LMY：1　2. HBCS：109、110、2002XYY⑤W：9

B型　3件。经过比对发现，3件陶文为同一印章所钤印，所以其印面的形状、大小、印文及其读序等都相同。印面大都较残，经过修复可知，印面的形状为近方形，四角较为圆滑，且四边外鼓，不甚规范。印面长5.1、宽3.4厘米。印面都横向钤于罐形釜的腹部，能够识别的印面顶端都向右。绳纹罐形釜印面位置钤印前在印制前都经过精心修整打抹，以便使得印文更为清晰，其面积略大于印面的范围，印面周围都留有清晰的痕迹。印文与A型相同，但读序却是从上到下，自右到左的顺读（图一四三，2）。

（二）陈喜类

共计61件。共使用了6枚不同的印章。通过比对、修复后较完整的印面可知，陈喜类完整的印面全词为5个字，前4个字相同，即⺌Ⅱ 🦴🦴🦴🦴。

"⺌Ⅱ"，即"北"字，像两人相背，借为方位名。

"🦴"，即"𩫞"字，小篆作🦴。《说文解字·𩫞部》："𩫞，度也，民所度居也。从回，象城𩫞之重，两亭相对也。"段玉裁注："按城𩫞字今作郭，郭行而𩫞废矣。"此字即为城郭之郭的本字。商代文字作🦴（南鼎，商）或🦴（殷契萃编716，商晚），西周沿袭作🦴（毛公鼎，周晚），像城墙之形，上有亭。战国字形讹变，齐文字中多写作🦴（《夕惕藏陶》05-2-3），底部像亭形的三角形变为半圆形，此处作🦴，中间表示城墙的〇中缀加一竖。北郭此处为地名，与前述阎间、**墼**阳等相类。

"🦴"，即"陈"字。"🦴"，在新泰出土陶文中发现两种不同写法，一作"🦴"（W49），一作🦴（W60），即"喜"字，后者写法较为特殊，应为讹变字。《说文解字·喜部》："喜，乐也。从壴从口，凡喜之属皆从喜。"陈喜为"立事"者。

既此，前四字可隶订为：北郭陈喜。依据印面及陶文末字的不同，这一类的陶文还可分为4个类别。

1. 北郭陈喜僕

共21件。末字为"🦴"，即僕字。印文全词由5个文字组成，即为：北郭陈喜僕。依据印面、文字布局不同，又可分为二型。

A型　13件。为同一印章所印制。印面多数较残，个别较为完整。印面长方形，四角方折，较为规范。长3.9、宽2.7厘米。印面都纵向钤于罐形釜或是量杯的腹部，能够识别方向的印面顶端都向上。绳纹罐形釜印面位置钤印前未经修整打抹。读序从右列第1字开始，到第2字后转到左列的第1、2字，最后又回到右列的末字（图一四四，1）。

B型　6件。为同一印章所印制。印面都较为残碎，难以复原。从复原的部分印面、印文来看，印面的形制与A型相近，只是尺寸略小了一些。长3.6、宽2.4厘米。文字笔画的粗细、布局结构也不完全一致，这说明A、B两型分别各为一印章所印制。但是，印面都纵向钤于罐形釜或是量杯的腹部，能够识别方向的印面顶端都向上，绳纹罐形釜印面位置钤印前也未经修整打抹，陶文及其布局、读序与A型完全一致（图一四四，2）。

C型　2件。为同一印章所印制。印面都较为残碎，难以复原。从复原的部分印面、印文来看，印面的形制虽然也是长方形，但四角并非全是直角，个别转角圆滑，尺寸也略大一些。长4、宽3.2厘米。文字笔画的粗细、布局结构、大小也不完全一致，这说明C型与前两型比较也不完全相同，为另一印章所印制。印面都纵向

　　1　　　　　　　　　　　2　　　　　　　　　　　3

图一四四　北郭陈喜僕类陶文拓本

1. 2002XYY⑤W：49　2. 2002XYY⑤W：54、LFL：13　3. 2002XYY⑤W：58、59

钤于量杯的腹部，能够识别方向的印面顶端都向上，绳纹罐形釜印面位置钤印前也未经修整打抹，陶文及其布局、读序与前两型完全一致（图一四四，3）。

2．北郭陈喜缰

共7件。末字为"緺"，即缰字。印文全词由5个文字组成，即为：北郭陈喜缰。为同一印章所印制。除2002XＹＹ⑤Ｗ：60之外，其余印面都较为残碎。据2002XＹＹ⑤Ｗ：60，印面长方形，四角方折，四边较直。长4.2、宽2.6厘米。印面都纵向钤于罐形釜或是量杯的腹部，能够识别方向的印面顶端都向上。绳纹罐形釜印面位置钤印前未经修整打抹。读序从右列第1字开始，到第2字后转到左列的第1、2字，最后又回到右列的末字（图一四五，1）。

3．北郭陈喜丁

共20件。末字为"▼"，此字或作"▲"（W90）、"▼"（ＬＦＬ2），即"丁"字。印文全词由5个文字组成，即为：北郭陈喜丁。为同一印章所印制。少部分印面完整，大部分印面残缺不全。据完整印面可知，印面长方形，四角方折，四边较直。高3.8、宽2.3厘米。印面都纵向钤于罐形釜或是量杯的腹部，能够识别方向的印面顶端都向上。绳纹罐形釜印面位置钤印前未经修整打抹。读序从右列第1字开始，到第2字后转到左列的第1、2字，最后又回到右列的末字（图一四五，2）。

4．北郭陈喜粎

共13件。末字为"㝰"，可隶作"粎"字。印文全词由5个文字组成，即为：北郭陈喜粎。为同一印章所印制。大部分印面残缺不全，通过比对、拼合可知，印面长方形，四角方折，四边也较直。高4.2、宽2.8厘米。印面都纵向钤于罐形釜或量杯的腹部，能够识别方向的印面顶端都向上。绳纹罐形釜印面位置钤印前未经修

1　　　　　　　　　　2　　　　　　　　　　3

图一四五　北郭陈喜类陶文拓本

1. 北郭陈喜缠 2002XYY ⑤ W：60　2. 北郭陈喜丁 2002XYY ⑤ W：66　3. 北郭陈喜杰 2002XYY ⑤ W：82、84

整打抹。读序从右列第1字开始，到第2字后转到左列的第1、2字，最后又回到右列的末字（图一四五，3）。

（三）陈惄类

陈惄类铭文陶片共计31件。通过比对、复原后较完整的印面可知，陈惄类完整的印面全词为5个字，前4个字相同，即陈惄立事（2002XYY⑤W：89）。

"陈"即陈，"惄"或写作"惄"（W98）、惄（LFL2），隶作惄。《说文解字·心部》："惄，饥饿也，从心叔声。"金文中常见，辞例有"惄于威仪"（王子午鼎）、"忌惄穆"（郑公华钟）等。《诗经·大雅·抑》有"淑慎尔止，不惄于仪"，与金文辞例"惄于威仪"意思相近，则此字用法或同于"淑"。此处为立事者名字。"立"即立字，"事"即事字，或作"事"（LFL2）、"事"（LFL9）、"事"（W106）等形，为齐系文字中较有特点的文字。既此，前4字可隶订为：陈惄立事。依据印面及陶文末字的不同，这一类的陶文还可分为3个类别，共使用了4枚印章。

1. 陈惄立事丁

共15件。末字为"▲"（W90），即丁字。完整的印面全词为5个字，即"陈惄立事丁"。依据印面、文字布局不同，这一类还可分为A、B两型。

A型　10件。为同一印章所印制。印面多数较残，个别较为完整。印面长方形，四角方折。高4.2、宽3厘米。印面都纵向钤于量杯的腹部，能够识别方向的印面顶端都向上。读序自右上顺读（图一四六，1）。

B型　5件。为同一印章所印制。印面多数较残，个别较为完整。印面长方形，四角方折。长4.2、宽2.9厘米。印面都纵向钤于罐形釜或量杯的腹部，印面的顶端都向上。2件绳纹罐形釜印面位置钤印前稍作修整打抹。读序自右上顺读（图一四六，2）。B型与A型比较，印面的形制、大小等都相近，只是怒、立、事的笔画、结构布局存在些微区别。

2. 陈怒立事翰

共8件。末字为  ，即前述考订之翰字。完整的印面全词为5个文字，即：陈怒立事翰。为同一印章所钤印。大部分印面残缺不全，少部分保存尚完整。印面长方形，四角方折，四边较直。高4.7、宽3.3厘米。印面都横向钤于罐形釜或是量杯的腹部，能够识别方向的印面顶端朝向右。绳纹罐形釜印面位置未发现钤印前修整打抹痕迹。读序自右上顺读（图一四六，3）。

1 　　　　　　　　　　2

3 　　　　　　　　　　4

图一四六　陈怒类陶文拓本

1. 陈怒立事丁2002XYY⑤W：90、91　2. 陈怒立事丁LFL：2, 2002XYY⑤W：99、126　3. 陈怒立事翰 HBCS：1、2002XYY⑤W：98　4. 陈怒立事僕HBCS：97、2002XYY⑤W：133

3.陈怼立事僕

共8件。末字为"𦍡"（W100），即僕字。完整的印面全词为5个文字，即：陈怼立事僕。为同一印章所钤印。除ＨＢＣＳ：97之外，印面都残缺不全。印面长方形，四角方折，四边较直。长4.2、宽2.9厘米。印面都竖向钤于罐形釜或是量杯的腹部，能够识别方向的印面顶端朝向上。印面位置未经修整打抹。读序自右顺读（图一四六，4）。

（四）陈戥类

陈戥类共32件。通过比对、复原后较完整的印面可知，此类完整的印面全词为5个字，前4个字相同，即𦍡𦍡立𦍡（2002ＸＹＹ⑤Ｗ：108）。

𦍡即陈字，𦍡由口、贝、戈三部分组成，据字形可隶作"戥"，此处为立事者名字，徐在国先生释此字为贺。[1]𦍡即立事。依据印面及陶文末字的不同，这一类的陶文还可分为3个类别。共使用了3枚印章。

1.陈戥立事翰

共11件。末字为𦍡，即翰字。完整的印面全词为5个字，即"陈戥立事翰"，系同一印章所印制。两印面保存尚好，其他较残。印面长方形，四角方折，四边较直。高3.8、宽2.5厘米。印面大都竖向钤于罐形釜或是量杯的腹部，大都朝上。印面位置大多未经修整打抹。读序自右上顺读（图一四七，1）。

2.陈戥立事僕

共13件。末字为𦍡，即僕字。完整印文全词为5个字，即：陈戥立事僕。系同

1　　　　　　　　2　　　　　　　　3

图一四七　陈戥类陶文拓本

1.陈戥立事翰2002ＸＹＹ⑤Ｗ：103　2.陈戥立事僕　2002ＸＹＹ⑤Ｗ：106、107　3.陈戥立事缰2002ＸＹＹ⑤Ｗ：112、113、114、115

---

[1] 徐在国：《〈陶文字典〉中的释字问题》，《出土文献》（第二辑），180～202页，中西书局，2011年。

一印章所印制。两印面保存尚好，其他较残。印面长方形，四角方折，四边较直。高3.8、宽2.5厘米。印面大都正向钤于罐形釜或是量杯的腹部。绳纹罐形釜印面位置钤印前大多经修整打抹。读序自右上顺读（图一四七，2）。

3．陈戫立事缰

共8件。末字为缰，即缰字。完整印文全词为5个字，即：陈戫立事缰。系同一印章所印制。印面都残缺不全，经过复原可知，印面长方形，四角方折，四边较直。高3.9、宽2.6厘米。印面均正向钤于罐形釜或是量杯的腹部。绳纹罐形釜印面位置钤印前未经修整打抹。读序自右上顺读（图一四七，3）。

（五）陈宴类

陈宴类共25件。通过比对、复原后较完整的印面可知，陈宴类印文前三个字相同，即𩋤𡩋𡨄（2002XＹＹ⑤Ｗ：116）。𩋤即陈。𡩋在新泰陶文中又作𡩋（W118）、𡩋（W125）、𡩋（W119）等。末例可视为前例的简写，将"日"部省作一点。"𡩋"字，属于典型的齐系特征文字。齐战国文字"安"字多作𡩋（安阳之大刀，战国），此字从日，可隶作宴字，这里用作立事者人名，出土资料亦见用作"郾国"之郾者，如战国"陈璋方壶"写作"𡩋"，而燕国文字则一般写作𡩋（郾侯盂，西周）或𡩋（燕王职戈，战国），经典作燕。

"𡨄"，或作𡨄（W118），即再，字从二，陈璋方壶作𡨄，陈喜壶作𡨄，此字口部为羡符，二表意，一如叁之从三。再即"再立事"的缩写。

依据印面及陶文末字的不同，这一类陶文还可分为4个类别。共使用了5枚印章。

1．陈宴再〔？〕

共3件。为同一印章所印制。印面都残缺不全，保存欠佳。印面长方形，四角均截掉，略作八角形，边较直。高4.7、宽3.2厘米。印面均横向钤于罐形釜的腹部，朝向不一致，或左或右。绳纹罐形釜印面位置钤印前经过修整打抹。不见完整印文，从文字布局判断，或为四字，即：陈宴再〔？〕。读序自右上开始，顺时针方向旋读（图一四八，1）。

2．陈宴再立胖

共5件。依据印面、文字不同，这一类还可分为两型

A型　1件（2002XＹＹ⑤Ｗ：118）。印面稍残。长方形，四角略圆滑。高5、宽2.9厘米。印面横向钤于罐形釜的腹部，顶端朝向不确定。绳纹罐形釜印面位置钤印前经过修整打抹。印面由5个文字组成："𡨄𡩋𡨄𡨄𡨄"，即立字，𡨄即"𡨄"字，印文全词即为：陈宴再立胖。读序自右上顺读（图一四八，2）。

B型　4件。为同一印章所印制。印面都残缺不全，难以复原。从存留情况

1

2

3

4

5

图一四八　陈宴类陶文拓本

1. 陈匽再［?］2002XYY⑤W：116　2. 陈宴再立胖2002XYY⑤W：118　3. 陈宴再立胖HBCS：12　4. 陈宴再翰2002XYY⑤W：119、120、121　5. 陈宴再俓2002XYY⑤W：125、LFL：1

看，印面为长方形，四角斜直，与A型不同。高不详，宽2.9厘米。印面横向钤于罐形釜的腹部，朝向右。印面的印底经过修整打抹。仅存"陈"、"再"2字，综合印面及文字布局可推断，印文全词应为：陈［宴］再［立］［胖］（图一四八，3）。

3. 陈宴再翰

共9件。为同一印章所印制。印面都有残缺，但可以复原。印面近长方形，上端宽下端窄，四角方折，两边外鼓。高5.6、宽3.9厘米。印面都横向钤于罐形釜的腹部，朝向或左或右，多不确定。印面位置钤印前都经过修整打抹。完整陶文幅面由4个文字组成，末字为 ，即翰字，印面全词为：陈宴再翰。读序基本按照从上到下、自右往左顺读（图一四八，4）。

4．陈宴再㙠

共8件。为同一印章所印制。印面都有残缺，但可以复原。印面长方形，四角斜直。高4.7、宽3.3厘米。印面横向钤于罐形釜或是量杯的腹部，大多朝向右。绳纹罐形釜印面位置钤印前均经过修整打抹。印文共4个字，末字为"㙠"，即㙠字。全词即为：陈宴再㙠。读序自右上顺读（图一四八，5）。

（六）陈丩类

陈丩类共3件。依据印面及文字的不同，这一类的陶文还可分为两型。共使用了2枚印章。

A型　1件。印面长方形，左上角稍残，四角较圆滑。高3.7、宽2.9厘米。印面横向钤于罐形釜腹部，朝向不明。印面的位置无明显修整打抹痕迹。印文由5个文字组成，即： <symbol>。"陞"，即"陈"字。"丩"，即"丩"字，甲骨文作 <symbol>，小篆作 <symbol>，《说文解字·丩部》："丩，相纠缭也，一曰瓜瓠结丩起。象形。""立当"即立事，"丁"即"丁"字。既此，文字可隶订为：陈丩立事丁。陈丩，人名，即立事者。丁，人名，陶工。读序自右上顺读（图一四九，1）。

B型　2件。为同一印章所印制。印面都残缺，难以复原。从残存情况看，印面长方形，四角方折。高不详，宽2.2厘米。其中一件竖向钤于罐形釜腹部，另一

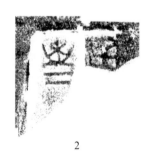

图一四九　陈丩类陶文拓本

1．2002XYY⑤W：128　2．2002XYY⑤W：187、200

件横向钤于量杯的腹部，印面上端向右。仅存2字，且笔画不全，从印面文字和布局判断，全词应为：陈［丩］［立］【事】［?］读序或自右上顺读（图一四九，2）。

（七）陈忙类

陈忙类共8件。通过比对、复原后较完整的印面可知，陈忙类印文由5个文字组成，前4个字相同，即♣♣♣♣（HBCS：98、113）。♣即陈，♣字多不完整，似从心，可隶作忙字，此字不见于《说文》，陈忙为立事人姓名。♣♣即立事。

依据印面及陶文的不同，这一类的陶文还可分为3个类别。共使用了3枚印章。

1. 陈忙立事僕

共3件。为同一印章所印制。末字为♣，即僕字，陶工名。印面都有残缺，但个别保存尚好。印面长方形，四角不一致，上角斜直，下角方折。高3.7、宽2.5厘米。印面或竖向或横向，钤于量杯的腹部，朝向不一致。完整陶文全词5个字，即：陈忙立事僕。读序自右上顺读（图一五〇，1）。

2. 陈忙立事丁

共2件。为同一印章所印制。末字为♣，即丁字，陶工名。印面都有残缺，但基本上能够复原，文字齐全。印面长方形，四角方折。高4.3、宽2.9厘米。印面横向，钤于量杯的腹部，印面顶端朝右。完整的印面全词有5字，即：陈忙立事丁。读序自右上顺读（图一五〇，2）。

3. 陈忙立事秈

共3件。为同一印章所印制。末字为♣，即秈字，陶工名。印面都残，但能够复

　　　　1　　　　　　　　　　2　　　　　　　　　　3

图一五〇　陈忙类陶文拓本

1. 陈忙立事僕2002XYY⑤W：129，HBCS：44、89　2. 陈忙立事丁HBCS：26、LFL11　3. 陈忙立事秈HBCS：98、113

原。印面长方形，四角方折。高4.5、宽3.2厘米。其中一件横向钤于量杯的腹部，印面上端向左，另外两件正向钤于罐形釜腹部，印面位置没有明显的修整打抹痕迹。完整的印面全词有5字，即：陈忬立事朳。读序自右上顺读（图一五○，3）。

（八）陈中山类

陈中山类铭文陶片共计9件。通过比对、复原后较完整的印面可知，陈中山类印文由4或5个文字组成，前3字相同，即山（HBCS：14，2002XＹＹ⑤Ｗ：130、131），即陈，，又作（H14）、（H134），即中，山即山，中山为立事者名字。依据印面及陶文末字的不同，这一类的陶文还可分为3个类别。共使用了3枚印章。

1. 陈中山立桁

共3件。后2字为，即立字，立事的简称。由行和心两部分组成，可隶作桁，《说文》所无，此处为陶工名字。3件标本为同一印章所印制。印面都有残缺，但能够复原。印面长方形，直边，四角斜直。长4.3、宽3厘米。印面均横向钤于罐形釜的腹部，其中1件可辨，印面上端向左。印面位置钤印前经修整打抹。印文全词为5字，即：陈中山立桁。读序自右上顺读（图一五一，1）。

2. 陈中山僕

1件。印面残缺。末字不完整，作""，经过比对，应是"僕"的一部分，为陶工名字。从残存部分看，印面为长方形，四角转角圆滑。长4.2、残宽2厘米。印面横向钤于罐形釜的腹部，印面上端向右。印面位置钤印前经修整打抹。残存陶

　　　　1　　　　　　　　　　　2　　　　　　　　　　　3

图一五一　陈中山类陶文拓本

1. 陈中山立桁2002XYY⑤W：130、131、117　2. 陈中山僕HBCS：14　3. 陈中山翰HBCS：9

文3字，其中完整者2字，印面全词应为：陈中［山］【僕】。读序自右上顺读（图一五一，2）。

3. 陈中山翰

共5件。为同一印章所印制。末字为"⿰卩朝"，即翰，在此为陶工名字。印面部分完整，部分残缺。长方形，四角方折，四边直边。长3.8、宽2.3厘米。印面横向钤于罐形釜的腹部，可辨方向的印面上端朝向右。印面位置钤印前经修整打抹。印文全词4字，即：陈中山翰。读序基本按照从上到下，自右往左的顺序（图一五一，3）。

（九）陈怛类

共40件。依据印面和文字的显著不同，又可分为两大类：一类为小印面、小字类，一类为大印面、大字类。印文由2或3字组成，前2字相同，即⿰弓⿰土又（2002ⅩⅤⅤ⑤Ｗ：136），⿰弓土即陈，⿰⿱又心，又作⿱⿰力又心（W135）、⿰卩心（W148）等形，可隶作怛，《说文解字·心部》："怛，从心旦声。或从心在旦下。"此处为"立事"者名字。

1. 小印面、小字类

共计18件。依据印面及陶文的不同，这一类的陶文还可分为3个类别。共使用了4枚印章。

（1）陈怛毫

共4件。为同一印章所印制。末字为⿱宀⿰⿱日日毛，即毫字，为陶工名字。印面长方形，四角圆滑，两边较直，上、下端外鼓。高5、宽2.4厘米。印面横向钤于罐形釜的腹部，可辨方向的印面上端向右。印面位置钤印前经修整打抹。印文全词3字，即：陈怛毫。读序从上到下（图一五二，1）。

（2）陈怛

1件。印面完整。扁长方形，横长，上、下边为直边，左、右边外鼓。高1.5、宽2.5厘米。印面正向钤于量杯的腹部。口沿有烧成后打磨痕迹。印文2字，即：陈怛。读序从右到左（图一五二，2）。

（3）陈怛胖

共13件。依据印面、文字的不同，这一类别还可分为两型。

A型　9件。为同一印章所印制。末字为⿰⿱亠丿⿰丬半，即胖字，为陶工名字。印面大都残缺，但可复原。长方形，四角圆滑，左右两边较直，上、下端微外鼓。高5、宽2.5厘米。印面横向钤于罐形釜的腹部，可辨方向的印面上端向右。印面位置钤印前经修整打抹。印文全词3字，即：陈怛胖。读序从上到下（图一五二，3）。

1　　　　　　　　　　　　3　　　　　　　　　　　　4

图一五二　　陈恒类陶文拓本

1. 陈恒毫2002XYY⑤W：136　2. 陈恒2002XYY⑤W：135　3. 陈恒胖HBCS：119、2002XYY⑤W：140
4. 陈恒胖2002XYY⑤W：142、143

　　B型　4件。为同一印章所印制。文字与前者相同。印面都残缺不全，且不能够完全复原。从残留部分来看，印面为长方形，四边较直。高不详，宽2.4厘米。印面横向钤于罐形釜的腹部，朝向无法断定。印面位置钤印前经修整打抹。印面只存2字，且1字残，印文全词应为：[陈]【恒】胖。读序从上到下（图一五二，4）。

　　2．大印面、大字类

　　共计22件。依据印面及陶文的不同，这一类的陶文还可分为2个类别。共使用了3枚印章。

　　（1）陈恒翰

　　共11件。为同一印章所印制。末字为🔣，即翰，为陶工名字。印面近长方形，四角圆滑，四边亦略外鼓。高7、宽2.6厘米。印面横向钤于罐形釜的腹部，可辨方向的印面上端朝向右。印面位置钤印前经修整打抹。印文全词3字，即：陈恒翰。读序从上到下（图一五三，1）。

　　（2）陈恒纂

　　共11件。末字为🔣，即纂字，为陶工名字。依据印面、文字的不同，这一类别还可分为两型。

　　A型　8件。为同一印章所印制。印面均残缺不全，但能够复原。近长方形，四角圆滑，四边亦略外鼓。高6.9、宽3.2厘米。印面横向钤于罐形釜的腹部，可辨

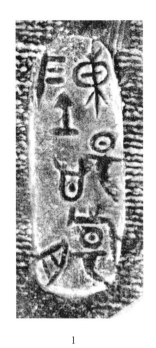

1　　　　　　　　　　　2　　　　　　　　　　　　3

图一五三　陈恒类陶文拓本

1. 陈恒翰HBCS：3　2. 陈恒繁2002XYY⑤W：148、LFL：10　3. 陈恒繁2002XYY⑤W：150、183，IIBCS：40

方向的印面上端朝右。印面位置钤印前经修整打抹。印文全词3字，即：陈恒繁。读序从上到下（图一五三，2）。

B型　3件。为同一印章所印制。印面均残缺不全，不能够复原。从残留的情况看，近长方形，四角圆滑，四边亦略外鼓。高不详、宽3.2厘米。印面横向钤于罐形釜的腹部，可辨方向的印面上端朝向右。印面位置钤印前经修整打抹。印文仅存2字，且都残缺，全词应为：[陈]【恒】[繁]。读序从上到下（图一五三，3）。

（一〇）陈頙类

陈頙类铭文陶片共计14件。印文2字，即強頙（2002XYY⑤W：151、152），強即陈字，頙由"足"和"頁"两部分组成，可隶定作頙，此处为立事者名字。依据印面及陶文的不同，这一类的陶文还可分为三型。共使用了3枚印章。

A型　共11件。为同一印章所印制。印面部分完整，部分残缺。近长方形，右边较直，左边两角截除，成为不规则六边形。高4.9、宽2.5厘米。印面横向钤于罐形釜的腹部。印面位置钤印前经修整打抹。印文全词2字，即：陈頙。读序从上到下（图一五四，1）。

3

图一五四　陈頤类陶文拓本

1. 2002XYY⑤W：151、152　2. HBCS：93
3. 2002XYY⑤W：179

　　B型　2件。为同一印章所印制。印面均残缺，难以复原。从残存部分看，长方形，四角方折。高不详，宽2.1厘米。印面横向钤于罐形釜的腹部，印面上端朝左。印面位置钤印前经修整打抹。印文全词2字，1字残，即：陈［頤］。读序从上到下（图一五四，2）。

　　C型　1件。印面均残缺，难以复原。从残存部分看，长方形，四角圆滑。高不详，宽2.45厘米。印面横向钤于罐形釜的腹部，朝向不确定。印面位置钤印前经修整打抹。陶文2字，1字残，即：陈［頤］。读序从上到下（图一五四，3）。

（一一）陈不虡类

　　陈不虡类铭文陶片共计6件。印文全词三字，即💠🔳🔳（2002XYY⑤W：157）"💠"，即"陈"字。"帝"，又作帝（2002XYY⑤W：159、HBCS：124拼合字），即不字，相同写法见于战国楚简，如帝（郭·语二·四五）、帝（上［一］·缁·一二）等。"🔳"，即"虡"字，此字不见于《说文》，出土文献中常用作余（中山王鼎）、吴（者减钟）、御（上［一］·缁·四）等，吴、御为疑母鱼部字，因此此字从鱼得声。既此，文字就可隶订为：陈不虡。"不虡"二字仅出现于此词例中，前述诸例同一陶工名字在不同立事者陶文中多次重复出现，因此，此二字极大的可能都不代表陶工名字，而是立事者，与陈中山类似，为二字名。虡、虞音同，文献中有"不虞"一词，主要意思有意料不到、无忧、不惑等，[1]

---

　　[1] 意料不到：《国语·周语中》："昔我先王之有天下也，规方千里，以为甸服……以待不庭不虞之患"。　无忧，特指无凶丧之事：《仪礼·士昏礼》"惟是三族之不虞，使某也请吉日"，王引之《经义述闻·仪礼》"不，无也；虞，忧也。无忧，谓无死丧也。三族无死丧，则可行嘉礼，故惟用此三族无虞之时请吉日也"。不惑：《大戴礼记·文王官人》"营之以物而不虞，犯之以卒而不惧，置义而不可迁，临之以货色而不可营，曰絜廉而果敢者也"。

此处作人名一如古人名字"去疾"、"无繇"等用法，临淄齐陶文中亦有名"不占"《夕惕藏陶》ＸＴＣＴ06-7-1）、"不敢"（《临淄齐故城》·图四二五，11）者。

依据印面及陶文的不同，这一类的陶文还可分为两型。共使用了2枚印章。

A型　共4件。为同一印章所印制。印面都有残缺，但能够基本复原。近长方形，但左边较直，右边外鼓。高5.2、宽2.5厘米。横向钤印于罐形釜的上腹部，可辨方向的印面上端朝右。印面位置钤印前经修整打抹。印文全词3字，即：陈不鬺。读序自右上顺读（图一五五，1）。

B型　2件。为同一印章所印制。印面都有残缺，但能够基本复原。从残存部分观察，印面近长方形。高不详、残宽3.5厘米。横向钤印于罐形釜的上腹部，朝向无法断定。印面位置钤印前经修整打抹。印文全词3字，即：陈不鬺。读序自右上顺读（图一五五，2）。

（一二）陈🐝繩类

陈🐝繩类铭文陶片共计3件。使用了1枚印章。

印面都残缺不全，难以复原。从残存部分观察，印面长方形。高4.4、宽3.2厘米。竖向钤印于罐形釜的上腹部，朝上。印面的印底，未经修整打抹。陶文4字，2字残，即：🀄🐝🧵🐚。

"🀄"，即"陈"字。"🐝"，不识，楚简"绝"或作🐝（上博简一·孔·二九），与此相似，此字或为"绝"字之变体。"🧵"，即"繩"字，所从之"糸"部亦极特别，可能意味着该印面文字书写者有独特的个人习惯。"🐚"，笔画不全，无法辨识。参考前例，读序有自右上逆时针旋读者，既此陶文或应读为：【陈】绝繩……。🐚，或为全词末字，即陶工名。绝繩二字似可连读成词，若此，陈绝繩或为"立事"者（图一五五，3）。

（一三）陈志类

陈志类铭文陶片共计4件。使用了1枚印章。

印面都有残缺，但可以复原。复原后的印面形制较特殊，上端宽下端窄。高5.3、宽2.7厘米。横向钤印于罐形釜的上腹部，印面顶端朝右，部分不确定。印面钤印位置的绳纹经修整打抹。陶文2字，即：🀄🀄。

"🀄"，即"陈"字。"🀄"，由上和心两部分组成，可隶作志字，《说文》所无。既此，文字就可隶订为：陈志。陈志，立事者。读序从上到下（图一五五，4）。

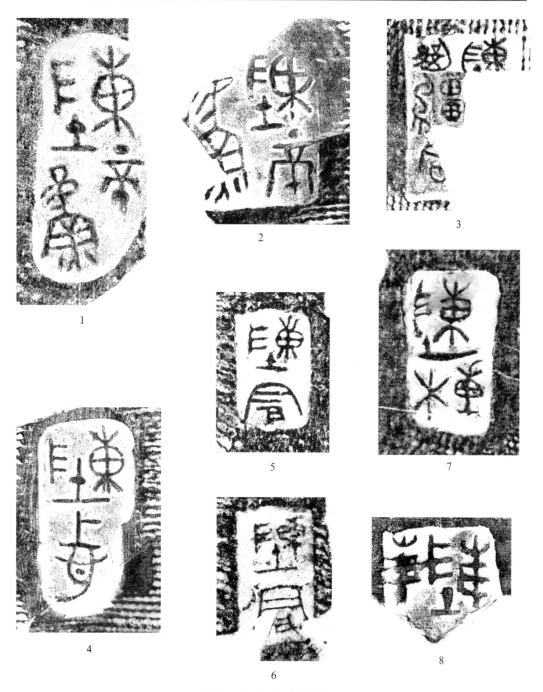

图一五五　陶文拓本

1. 陈不虡类2002XYY⑤W：157　2. 陈不虡类2002XYY⑤W：159、HBCS：124　3. 陈𫞎缰2002XYY⑤W：164、190、HBCS：125　4. 陈忐类2002XYY⑤W：160、XPS：6　5. 陈肴类HBCS：78、115　6. 陈肴类HBCS：114、116　7. 陈桷类HBCS：123　8. 陈华2002XYY⑤W：165

（一四）陈胥类

陈胥类铭文陶片共计4件。印文全词二字，即：⬛⬛（HBCS：115）。⬛即陈字，⬛或作⬛（HBCS：114、116拼合字），可隶作胥，为"立事"者。此字从肉，出土文献中多用作尹，如大攻尹剑作"⬛"，古玺文中常见此字，如⬛（玺汇2786），新泰出土该类陶文较少，且底部所从部分不甚清晰，在此据可见字形暂隶作此。

依据印面及陶文的不同，这一类的陶文还可分为两型。共使用了2枚印章。

A型 共2件。为同一印章所印制。印面残缺，可复原。近长方形，四角略显圆滑。高3.1、宽2厘米。印面横向钤于罐形釜腹部，其中1件上端朝向左，1件不确定。印面位置钤印前经修整打抹。陶文2字，即：陈胥。读序从上到下（图一五五，5）。

B型 共2件。为同一印章所印制。印面残缺，可复原。长方形，四角方折。高3.5、宽2.1厘米。印面横向钤于罐形釜的腹部，一件上端朝向右，另一件不确定。印面位置钤印前经修整打抹。陶文2字，即：陈胥读序从上到下（图一五五，6）。

（一五）陈楠类

共1件。印面保存完整。长方形，四角方折，但不甚规范。长4.3、宽2.7厘米。印面横向钤于罐形釜的腹部，上端朝向右。印面位置钤印前经修整打抹。陶文2字，即：⬛⬛。"⬛"，即"陈"字。"⬛"，或可隶作"楠"字。既此，文字就可隶订为：陈楠。在此为"立事"者。读序从上到下（图一五五，7）。

（一六）陈华类

共1件。印面残缺，但基本能够复原。近方形，边长3.2厘米。印面正向钤于量杯的腹部，顶端朝上。印面钤印位置的绳纹未经修整。陶文2字，即：⬛⬛。读序从上到下（图一五五，8）。

"⬛"，即"陈"字。"⬛"，不甚清晰，疑即"华"字。既此，文字就可隶订为：陈华。陈华，人名，立事者。

二 非立事陶文

（一）一中陶文印面复原及文字隶订

新泰一中发现立事陶文以外的其他陶文共计17件。其中，印文陶文9件，刻文陶文3件，刻符陶文5件。

1. 印文陶文

共9件。其中绳纹器6件，日常生活用陶壶2件。

（1）标本2002XYY⑤W：163

印面圆形，非常规范。直径2.4厘米。钤印处绳纹没有经过打抹修整，直接印制，留有绳纹痕迹。印于罐形釜腹部，即横向附加堆纹的上侧，倒印。

印文较为清晰，阴文，3字，呈左右两列纵向排列，右列2字，左列1字。文为：平易廪。读序从上到下，自右往左。易用作阴阳之阳，平易即文献中的平阳。此陶文形状规整，印边栏深入陶胎，挺阔犀利，文字整洁规范。推测印章质地应为金属质地，或为铜质，为廪官所用之印（图一三三，1、2）。

（2）标本HBCS：129

印面圆形，但不规则。直径0.8～0.82厘米。钤印于壶的口沿上。钤印处没有经过修整打抹，直接印制。

阳文，单字。疑为"史"字（图一三三，3）。

（3）标本HBCS：130

印面两方，相邻并排。钤印于器物颈部素面位置。右为圆形印面，形制较为规范。直径1.7～1.9厘米。文字清晰，阳文，单字，不识。有较强的符号化倾向。

左近方形，左、右、上为直边，下边略凸，弧形。顶端两角各向左右外凸，圆弧形，左下角弧角。长2.0、宽1.75厘米。倒印，阳文，单字。文为：邵（昭）（图一三三，4）。

（4）标本XPS：4

印面两方，钤印于器物颈部绳纹上方，部分与绳纹叠压。均为圆印，左右并排。左直径1.8厘米。阳文，单字。模糊，不识。

右印面残，直径约2.0厘米。阳文，单字。残损，不识。有较强的符号化倾向。应与HBCS：130右侧圆印为同一印章所钤（图一三三，6）。

（5）标本2002XYY⑤W：162

印面近圆形，不规范。直径1.1～1.9厘米。钤印于壶的颈部。阳文，单字，不识（图一三四，1）。

（6）标本HBCS：131

印面两方，相同。圆印，直径2.3厘米。钤印于器物的腹部。阳文，单字，不甚清晰。其中一印文字左部疑似"是"字（图一三四，2）。

（7）标本XPS：2

印面两方，相同，圆印。直径2.3厘米。钤印于器物的腹部。阳文，模糊不清。不识。与前例HBCS：131疑为同印所钤（图一三四，3）。

（8）标本2002XYY⑤W：234

印面残，近方形。长1.6、残宽1.1厘米。钤印于器物的颈部。阳文，存1

字，且残。不识（图一三四，4）。

（9）标本HBCS：16

印面残存一部分，半圆形。直径1.8～1.9厘米。钤印于器物口沿下绳纹与抹光带之间。阳文。存1字，且残损。无法辨读（图一三四，5）。

2.刻文陶文

3件。阴线刻文，均残，但笔画较为清晰。器形2件为盒，1件为壶。

（1）标本HBCS：132

刻划文，残。刻于陶盒腹部，烧后刻成。可辨左右纵向两列。右侧字残高5厘米，左侧高1.52厘米。右侧字疑为：竺（竹）禾，其下残画或为止（之）字。左侧字疑为：王（图一三五，1）。

（2）标本2002XYY⑤W：235

陶盒腹外壁刻文。烧后刻成。文字残高4.36厘米。顶端朝右，字残，仅存"口"部（图一三五，2）。

（3）标本2002XYY⑤W：236（2002XYY⑤R：17）

陶壶领部刻划一字。烧后刻成。残长4.6厘米。文字残缺，无法辨识（图一三五，3）。

3.刻符陶文

5件。均为阴线刻符号。3件量杯残件，2件釜残件，均为量具。

（二）西南关陶文印面复原及文字隶订

西南关制陶作坊遗址出土完整或较完整陶文陶器376件。器形包括豆、盒、盂、壶等。

陶豆的文字钤印位置为豆柄中部，陶盒和陶盂的文字钤印位置为器物腹壁和底部的交接处，陶壶的文字钤印位置为陶壶下腹部与圈足接近的位置。

与一中陶文不同，西南关印面均为圆形或是近圆形，都是单字，且文字多数为同一字。

1.窑

374件。主要见于豆、盒、盂器形上。例：

标本2002XXW：1（2002XXH3：742）

印面近圆形。直径1.45、宽1.5厘米。钤印于豆柄、盒及盂腹壁与底交接处或陶壶下腹部。

阳文，单字。字体规整，笔画较清晰。有多种变体，文字从"宀"从"爿"，即"窑"字，或为臧。文字有阴文，有阳文，印面形状和文字结构均不甚严整，且有一例阴文陶文为反文。推测印章质地或为较软的陶质，反文应为翻制过程中疏忽所致（图一三七，1～5）。

2．黑

仅见一例。

标本2002XXW：6（2002XXH3：326）

印面近平行四边形，弧边，转角圆滑。印面高1.3、宽1.95厘米。钤印于豆柄。残，盘、足残失，仅存豆柄和盘底一部分。残高6.5、柄径5.4厘米。

阳文，单字，较为清晰，文为：黑（图一三七，6）。

3．五

仅见一例。

标本2002XXW：7（2002XX：1）

印面大致呈长方形，四边微鼓，转角圆滑，印面高1.1、宽0.8厘米。见于釜颈部。印文清晰。文为：五（图一三七，7）。

（三）　南关陶文印面复原及文字隶订

南关出土陶文陶片6件。其中，印文陶片3件，刻文陶片3件。这些陶片，分属于不同的器形。

1．印文陶文

3件。仅1件清晰可辨。

标本XNG：1　印面近方形，四边带印栏，直边，直角。高1.6、宽1.5厘米。横向钤印于量杯的腹部，印面顶端朝下，倒印。印文清晰，阴文，4字。文字分左右两列纵向排列，每列2字，平均布局。读序从上到下，自右到左。文为：平阳市□。末字从阜，右端笔划不甚清晰，暂未辨读。此印形状规整，边栏犀利，深入陶胎，文字端严整饬，推测其质地为金属，或为铜质，此为平阳市官所用之印（图一三八，1）。

2．刻文陶文

3件。

（1）标本XNG：2

陶罐肩部刻字清晰，仅存3字。不识（图一三八，4）。

（2）标本XNG：3

陶罐肩部刻字清晰，仅存2字。不识（图一三八，5）。

（3）标本XNG：4

1974年采集。为量杯残片。仅存3字。中间一字从戈，其他二字不完整（图一三八，6）。

（四）南西周陶文印面复原及文字隶订

南西周遗址出土印文陶文7件，仅4件可辨字形。

（1）标本XNXZ：1

文字钤印于陶豆柄部，印面顶端朝向右上方。印面方形，左上角较为模糊。高1.2、宽1.1厘米。印文1字，较为清晰，阳文。文或为：壬（图一三九，1）。

（2）标本XNXZ：3

文字钤印于陶壶颈部，印面近圆形。直径约1厘米。印文1字，较为清晰，阳文。文为：忎。字似从心，可隶作忎。《说文解字》心部，恐古文作㤈（图一三九，3）。

（3）标本XNXZ：4

与前例相同，文字钤印于陶壶颈部，印面顶端朝向左。印面近圆形，直径约1厘米。印文1字，较为清晰，阳文。文为：忎（图一三九，4）。

（4）标本XNXZ：6

文字钤印于陶盆沿部，印面椭圆形，较清晰。直径0.8～1厘米。印文1字，阳文。文为：五（图一三九，6）。

第三节　陶文内涵及相关问题

一　立事陶文内涵

新泰出土立事陶文涉及到的问题非常多，比如：陶文的格式、立事、文字的特点等，内涵极为丰厚。有些问题，以往多有讨论，意见统一，但也有一些认识并非一致。这里就部分问题略作探讨。

（一）立事陶文分类及相互关系

1. 格式

西南关、南西周和南关出土的陶文多为一字，无所谓格式问题，陶文的格式主要反映在一中出土的立事陶文上。一中陶文中不同名字的立事人有16位，其中陈得前冠以4个不同地名。不同立事人陶文有着不同的格式，并且同一立事人陶文也有不同的格式，根据格式可粗分为6类。

A.地名+立事者人名+立事及届数+陶工名

此类格式文字最多，包含要素也最多，应为格式最完整者。此类陶文包括10种，立事人均为陈得。

（1）闾间陈得立缗

（2）阊间陈得立翰

（3）葉陈得叁翰

（4）葉陈得叁胖

（5）葉陈得叁僕

（6）葉陈得叁俓

（7）**墓**阳陈得叁絷

（8）**墓**阳陈得叁毫

（9）**墓**阳陈得叁翰

（10）**墓**阳陈得叁胖

B. 地名+立事者人名+陶工名

与第1类陶文相比，此类陶文省略掉了立事及届数，包括4种，立事人均为陈喜。

（1）北郭陈喜僕

（2）北郭陈喜缰

（3）北郭陈喜丁

（4）北郭陈喜籴

C. 立事者人名+立事及届数+陶工名

与第1类陶文相比，此类陶文省略掉了立事人之前的地名，包含16种，立事人6位，分别为陈怒、陈戬、陈宴、陈丩、陈忙、陈中山等。

（1）陈怒立事丁

（2）陈怒立事翰

（3）陈怒立事僕

（4）陈**戬**立事翰

（5）陈**戬**立事僕

（6）陈**戬**立事缰

（7）陈宴再［?]

（8）陈宴再立胖

（9）陈宴再翰

（10）陈宴再俓

（11）陈丩立事丁

（12）陈丩立事?

（13）陈**忙**立事僕

（14）陈**忙**立事丁

（15）陈**忙**立事籴

（16）陈中山立恒

D.地名+立事者人名

与第1类陶文相比，此类陶文省略掉了立事及届数、陶工名两个要素，立事人为陈得。

平险陈得

E.立事者人名+陶工名

与第1类陶文相比，此类陶文省略掉了立事人之前的地名、立事及届数两个要素，立事人2名，陈中山、陈悝。

（1）陈中山僕

（2）陈中山翰

（3）陈悝亳

（4）陈悝胖

（5）陈悝翰

（6）陈悝繄

F.立事者人名

此类陶文仅存立事人一个要素，是立事陶文格式之最省者。包括7位立事人。

（1）陈悝

（2）陈頣

（3）陈不麛

（4）陈忎

（5）陈胥

（6）陈楠

（7）陈华

从以上分类不难看出，文字格式与立事人有密切的关系，文字格式随立事人不同而发生变化。

"陈得"陶文绝大部分属于A类，仅有一例属于D类，这也是新泰立事陶文中仅有的一件特殊格式；"陈喜"陶文属于B类；"陈中山"陶文有一例属于C类，两例属于E类，"陈悝"陶文大部分属于E类，仅有一例属于F类。其他立事陶文分属C类和F类。

与之前零星发现的齐国立事（岁）陶文比较，新泰出土立事陶文最大的特征是在最后附加陶工名字；其次，陶文中"立事岁"仅作"立事"或"立"，未出现"岁"字；再次，未出现量具的名称，实际比较中发现同一枚印章既可以钤印在较大的绳纹釜形器也可以钤印在较小的杯形器上，节省了成本，提高了效率。

　　传世"立事"陶文中还有一种一器双铭的形式，除了立事岁文，还有一方印文表示置用场所，作某廪、某市等。例如：

　　平陵陈得不怨（?）王釜，郫市师玺[1]

　　昌檷陈固南左里故亳区，左廪涌玺[2]

　　新泰出土立事陶文的两类器形中，杯形的量豆有少量较为完整者，但未见有一器双铭的情况，较大的绳纹量釜则破碎严重。绳纹量釜残片中有一例"平阳廪"印文（图一三三，1、2；彩版五七，2），圆形，印文为阴文，有边栏，字形也比较严谨、规整，观察其印边和字口较为犀利，与立事岁陶文的率性和多磨损迹象有明显的不同，推测其或为铜印。这件印文有可能是与其他某例"立事岁"印文钤印于同一件量釜之上。但是"平阳廪"陶文仅发现此一件，应为置用单位——平阳廪专门督造，为专属用具。

　　另外，在南关遗址中发现的"平阳市□"陶文（图二一，1；彩版四，1），标识的也应该是置用单位——平阳市，但器物本身也是残损严重，无法判断其是否同时有"立事"铭文。此印呈方形，规整谨严，或亦为铜印。

　　这两件陶器的胎质、纹饰和烧成火候均优于其他同类器。"平阳廪"陶片绳纹细密，硬度稍大，最明显的是附加堆纹，压得更实，明显的更为低伏和平整。"平阳市"陶片胎较厚，硬度偏大，器形更规整。

　　这说明当时生产此类专用量具时，更为严格。钤印廪或市印章，说明制造此类器物过程中，除工官之外，还有廪或市的官员参与监督。

　　另外，临淄所出齐国非"立事"铭陶量中也存在一器双铭的情况，钤印两枚印章，一作"某里某人"，跟民营制陶所钤相同，另一印为器名，作"公区"、"公豆"等。例如：

　　陶里人忑，公区[3]

　　大蒉阳寿所□，公豆[4]

　　这种陶量性质，我们倾向于认为属于民营手工业作坊所制，与官营手工业制造"立事"陶量和铜质量具存在一定的区别。

2．器物纹饰及印章钤印方式

　　绳纹釜可分为粗绳纹和细绳纹两类。

[1] 李学勤：《燕齐陶文丛论》，《上海博物馆集刊（5）》，上海古籍出版社，1992年。

[2] 李学勤：《论田齐陈固陶区》，《学习与探索》1995年第5期。同文收入《缀古集》，上海古籍出版社，1998年。

[3] 吕金成、李宁：《齐国铭陶十三器》，《印学研究》第二辑，山东大学出版社，2010年。又载于吕金成：《夕惕藏陶》：01-3-1，山东画报出版社，2014年。

[4] 国家计量总局：《中国古代度量衡图集》八六，文物出版社，1981年。

Ａ．细绳纹，密度为8或9条/厘米；绳纹釜腹壁和口沿下均有一周轮旋抹光带；印章大多数为竖向钤印于腹壁抹光带上，印面上端朝向口部。

Ｂ．粗绳纹，密度为4或5条/厘米；釜通体绳纹，未见抹光带；印章横向钤印，印面上端基本朝右。

3．印面形状与印文格式和器物纹饰的关系

"立事"陶文印面可粗分为规则和不规则两种。

Ａ．规则印面为长方形，直边直角，形制规整。以阎间陈得、北郭陈喜、陈愆、陈忙类为代表。共同特征有：

ａ．印面呈直边直角长方形，位于绳纹釜的印面竖向钤印，印面上端朝向口部。

ｂ．相关绳纹釜多为细绳纹，密度为8或9条/厘米；绳纹釜腹壁和口沿下均有一周轮旋抹光带；印章钤印于腹壁抹光带上。

ｃ．印文基本呈两列纵向布局，读序除最后陶者外，其余为从上到下自右往左。印文字数较多，包含要素较多。

Ｂ．不规则印面以陈恒、陈颐、陈不麃、陈志类为代表。共同特征有：

ａ．印面形状不规则，边、角均不直，有的呈椭圆形、多边形、肾形或其他不规则形状。横向钤印，印面上端多朝右。

ｂ．相关绳纹釜为粗绳纹，密度为4或5条/厘米；釜通体绳纹，未见抹光带。

ｃ．印文排列不规则，字体大小不一，笔画较为粗疏。印文字数相对较少。

二者间的过渡类型则分别具有两者的某一特点，或印面形状较为规则，呈弧角长方形或斜角长方形，或者相关绳纹釜有抹光带，但是为横向叠压钤印，或印文字数较多但是形状不甚规则，或为竖向钤印但是不见抹光带等。代表有葉陈得类、陈宴类等。

据前述行文格式和印面形制，陈丩、北郭陈喜、陈愆、陈**忙**、阎间陈得类属于规则印面类，**墓**阳陈得、平**陯**陈得、葉陈得、陈宴、陈恒、陈中山等类则属于或接近不规则印面类。印文内容、印面形制以及器物的纹饰之间应该存在着一定的演化规律。

（二）立事陶文内容分析

齐国的铜器和陶器铭文中常见"某某立事岁"语，这是齐国特有的一种工官题铭方式。关于"立事"和"立事岁"含义的讨论，说法很多。过去有"立政"、"为相"、"主祭"等诸多说法。

单纯的"立事"二字并不特指其所立为何事。考古发现的赵国兵器中，也有

"王何立事"、"王立事"等铭文，李学勤先生认为"王立事"铭文指的是王即
位之年。[1]齐国铭文中的"立事"所指，李学勤先生认为"'立事'即'位事'或
'莅事'，莅事者即器物的督造者。……莅事的'再'、'三'、'四'指任职届
数"。[2]李零先生认为，齐陶文中的立事者"比较燕国陶器的制造制度，现在我们
更倾向于他们只是主管陶量或陶器制造的有司，……'立事岁'……是指任职之
年。"[3]孙敬明先生认为齐陶文中的立事人是官营手工业之督造者，负责量器的
督造。[4]

　　现在所发现的齐国题有"立事"铭文的材料均为手工业产品。其具体种类包括：

　　（1）陶制量器，数量最多，最常见。

　　（2）铜制量器，子禾子釜（"陈□立事岁"《殷周金文集成》16.10374）、
陈纯釜（"陈猷立事岁"《殷周金文集成》16.10371）等。

　　（3）铜制乐器，莒公孙潮子钟九件（"陈□立事岁十月己丑莒公孙潮子造
器九"）。

　　公孙潮子镈七件（"陈□立事岁十月己丑莒公孙潮子造器"[5]）。

　　（4）铜容器，国差𬭁（"国差立事岁咸丁亥"《殷周金文集成》16.10361）、
陈喜壶（"陈喜再立事岁"[6]《殷周金文集成》15.9700）、公子土折壶（"公孙造
立事岁饭者月"《殷周金文集成》15.9709）、陈璋方壶、盱眙陈璋壶（"唯王五
年，奠易陈得再立事岁"《殷周金文集成》15.9703、16.09975）等。

　　（5）铜兵器，陈是戈（[陈]是立事岁，右工钺。《殷周金文集成》
17.11259）。

　　其中尤其以量器为大宗，最具有代表性。"立事（岁）"出现在陶量、铜量、
铜乐器、铜容器、兵器等诸多器形，应该与战国时期流行的"物勒工名"制度有
关，体现了齐国的工官制度。

　　《考工记》记载齐国官营手工业分为木工、金工、皮革工、染色工、玉工、陶
工等6大类。金工又有6种，其中凫氏为声，掌管乐器制造；栗氏为量，掌管量具制

---

　　[1]　李学勤、郑绍宗：《论河北近年出土的战国有铭青铜器》，《古文字研究》第7辑，123～138页，中华
书局，1982年。

　　[2]　李学勤：《战国题铭概述（上）》，《文物》1959年第7期，50～54页。

　　[3]　李零：《齐、燕、邾、滕陶文的分类与题铭格式—新编全本〈季木藏陶〉介绍》《新编全本季木藏陶》
1～18页，中华书局，1998年。同文见于《管子学刊》1990年第1期。

　　[4]　孙敬明：《从陶文看战国时期齐都近郊之制陶手工业》，《古文字研究》第21辑，199～226页，中华书
局，2001年。又载孙敬明《考古发现与齐史类征》，36～52页，齐鲁书社，2006年。

　　[5]　诸城县博物馆：《山东诸城臧家庄与葛布口村战国墓》，《文物》1987年第12期，47～56页。

　　[6]　马承源：《陈喜壶》，《文物》1961年第2期，45～46页。安志敏先生认为此壶铭文系他器铭文残片镶
补，见安志敏：《"陈喜壶"商榷》，《文物》1962年第6期，21～23页。

造；桃氏为刃，掌管兵刃制造。前述立事铭铜器，钟、镈属于凫氏、子和子釜和陈纯釜属于栗氏、陈是立事戈属于桃氏掌管。而立事陶文载体从质地上说属于陶质，为陶工所生产；绝大多数为量具，或又与金工里的掌管量具的栗氏有关。

同一立事人往往在不同种类的器物上出现，如陈喜、陈得等在陶文和铜器铭文中都有重复出现。

例如，立事人墓阳陈得，出现在陈璋方壶和盱眙陈璋壶上，铭文作"唯王五年，奠阳陈得再立事岁"，同时出现在新泰陶文"墓阳陈得叁"中，传世陶文收录"墓阳陈得三"、"墓阳得三"（见附表一）等。立事人陈喜，出现在陈喜壶中，铭文做"陈喜再立岁"，同时新泰陶文有"北郭陈喜"。我们认为此处分别出现在铜器和陶文中的墓（奠）阳陈得为同一人，陈喜也或为同一人。陶器和铜器上的"立事"意思应该是一样的。进一步推论，战国齐铭文中出现的"立事"也应该指的是同一件事。既此，立事人的身份就不限于陶器的督造者，应该是齐国多手工门类的督造者。

齐国工官题铭相对较为粗疏，其与工官有关的职官，散见于传世的玺印和陶文中，如陶正、司工、司马、工师等，尚未在同一件器物上集中发现。远不如三晋、燕、楚的一些铭文格式严格和明确。如韩国十五年剑：

十五年，守相奎（廉）波（颇），邦右军工师韩师，冶巡执齐，大工尹公孙桴。[1]

包括制作年份、监督人守相、工师、冶、工尹。

燕国廿一年陶文：

廿一年八月，右陶尹，倕疾，敀贺，右陶攻汤。[2]

包括制作年份、陶尹、倕、敀、陶工。

燕王戈：

郾王詈授行議鈘，右攻尹，其攻眾。[3]

包括右工尹、工。

楚国郾客铜量：

郾客臧嘉问王于葳郢之岁，享月己酉之日，罗莫嚣（敖）臧帀（师）、连嚣（敖）屈上，以命攻（工）尹穆丙、攻（工）差（佐）竟之、集尹陈夏、少攻（工）差（佐）李癸，铸廿金剀，以赐秙岤。[4]

包括莫敖、连敖、工尹、工佐、集尹、少工佐。

[1] 李学勤：《战国提名概述（中）》，《文物》1959年第8期，60～63页。
[2] 李学勤：《战国提名概述（上）》，《文物》1959年第7期，50～54页。
[3] 《殷周金文集成》17.11243，17.11244。
[4] 《殷周金文集成》16.10373；周世荣：《楚客铜量铭文试释》，《江汉考古》1987年第2期，87～88 页。

《左传·襄公十五年》叙楚国封官，顺序为令尹、右尹、大司马、右司马、左司马、莫敖、箴尹、连尹、厩尹。此处连尹或即铭文中的连敖。莫敖，《左传·庄公四年》令尹、莫敖并称，杨伯峻注"莫敖本为尊官，未有令尹，至庄四年令尹与莫敖并称，其后或设或不设。且或又设左司马与右司马。"[1]

工官题铭前或有守相、莫敖等级别较高的官吏出现，战国齐铭文中的不同名字的"立事"人多达41人（见附表一），且基本上不见于史书记载，似可以排除其为相、司马等高级官员的可能性。综合考虑，其应为级别稍低的工官，其职责不仅限于某一种手工业产品，参考文献及其他诸侯国工官题铭，我们认为其身份很可能为文献中的齐国"工正"。《左传》记载，工正为掌百工之官，或称工尹。

《左传·庄公二十二年》，陈公子完奔齐，齐侯"使为工正"，杜注：工正，"掌百工之官。"《左传·文公十年》："（楚）王使（子西）为工尹。"杜注："掌百工之官。"杨伯峻注："宣四年传'蒍贾为工正'，似工尹即工正。宣十二年传，'工尹齐将右拒卒以逐下车'；昭二十七年传，'工尹寿率师至于潜'。则工尹亦可临时统兵。"[2]则齐称工正，楚称工尹。而前述韩、燕、楚国器铭中均出现工尹或右工尹、大工尹称号，是韩、燕等国亦称工尹。

一般认为，工正为司马属官。《左传·襄公九年》记宋国火灾："使皇郧（宋国司马）命校正出马，工正出车。"杜注："工正主车。"孔疏："是诸侯之官司马之属有工正，主车也。"《左传·昭公四年》记杜洩曰："夫子为司马，与工正书服"。杜注："谓叔孙也，服，车服之器，工正所书。"则宋国、鲁国工正为司马属官。而前述楚国鄝客铜量，工尹列于莫敖、连敖之后，而莫敖位列左司马之后，又或不设，因此楚国工尹或亦与司马有关。

工正掌管手工业，其中有一项很重要的工作是负责度量衡。《左传·昭公十七年》："五雉为五工正，利器用，正度量，夷民者也。"孔疏："以雉名工正之官，使其利便民之器，用正丈尺之度斗斛之量，所以平均下民也。"[3]

立事人之前或有地名，如华门、平陵、内郭、闾间、昌櫅、平门内、南郭、奠（鄩）阳、葉、北郭等等。这些地名，并非是指陶器的生产地，如新泰同一个窑址出土发现闾间、鄩阳、葉、北郭、平险等5个不同地名。也并非代表器物的使用地，例如奠（鄩）阳陈得同时出现于铜器和量具，而这两种器物，使用人和使用地都有显著的区别。前文说过，"立事"陶文中经常出现表示置用场所的某廪、某市等，新泰亦出土平阳廪、平阳市陶文。某廪、某市才是器物的使用地。那么，立事

[1] 杨伯峻：《春秋左传注》第一册，164页，中华书局，1981年。
[2] 杨伯峻：《春秋左传注》第二册，576～577页，中华书局，1981年。
[3] 杨伯峻：《春秋左传注》第四册，1388页，中华书局，1981年。

人之前的地名与器物本身无关，只能与立事人有关，一般认为表示其为某地关尹或都邑大夫或里籍。[1]

由于同一个名字的立事人其前的地名或有不同，如附表一统计陈得共有7种：①陈得，无地名；②闾间陈得；③平陵陈得；④平除陈得；⑤疤尚陈得；⑥奠（墓）阳陈得；⑦葉陈得。不同地名涉及6个。

陈贲共有8种：①陈贲，无地名；②王孙陈贲；③平门内陈贲；④异者陈贲；⑤因尚陈贲；⑥内郭陈贲；⑦堵门陈贲；⑧易者陈贲。不同地名也涉及6个。

相同名字的立事人之前之所以会出现这些不同的地名，一种观点认为是为了区别同名者，而在名前冠以地名。[2]现在也尚未发现不同立事人前署地名相同的情况。这个观点比较顺利成章，也最易理解。文献中确实有陈氏生齿繁盛的记载，《史记·田敬仲完世家》：

田常乃选齐国中女子长七尺以上为后宫，后宫以百数，而使宾客舍人出入后宫者不禁。及田常卒，有七十余男。田常卒，子襄子盘代立，……三晋杀知伯分其地，襄子使其兄弟宗人尽为齐都邑大夫，与三晋通使，且以有齐国。[3]

陈氏在陈恒之后人丁繁茂，有同名之人也在情理之中，并且"得"似乎在当时也是个吉利的名字，临淄所出齐陶文中有很多名得者，如"得"、"南里得"、"昌里得"、"陶里得"[4]等。陈得作为陈氏贵族名字也见于文献记载，《史记索隐》引《世本》："陈僖子乞产成子常（恒）、简子齿、宣子其夷、穆子安、廪丘子尚医兹、芒子盈、惠子得，凡七人。"惠子得为陈恒之兄弟，生活时间当春秋战国之际。陈襄子受三晋启发，使其兄弟宗人尽为齐都邑大夫，因此作为工正的陈氏同时任都邑大夫也与历史记载相符。

然而，在相同或相近的历史时期内，名陈得和陈贲的陈氏贵族，各有至少6人，并且担任同一职务，似又与常理不合。在此将陈贲和陈得进行较为仔细的梳理。

陈得

（1）陈得，无地名，无立事届数；

（2）闾间陈得，"一立"；

（3）平陵陈得，"一立"；

（4）疤尚陈得，"再立"；

（5）奠（墓）阳陈得，"再立"、"三立"；

[1]　李学勤：《战国提名概述（上）》，《文物》1959年第7期，50～54页；李学勤：《燕齐陶文丛论》，《上海博物馆集刊》第5期，170～173页，上海古籍出版社，1992年。

[2]　李学勤：《燕齐陶文丛论》，《上海博物馆集刊》第5期，170～173页，上海古籍出版社，1992年。

[3]　《史记》，中华书局标点本，第6册，1885页。

[4]　吕金成：《夕惕藏陶》，山东画报出版社，2014年。

（6）葉陈得，"三立"；

（7）平陯陈得，无立事届数。

陈賚

（1）陈賚，无地名，未出现届数，暂认为"一立"；

（2）王孙陈賚，"一立"；

（3）平门内陈賚，未出现届数，暂认为"一立"；

（4）异者陈賚，"再立"；

（5）因尚陈賚，"再立"；

（6）内郭陈賚，"三立"；

（7）堵门陈賚，残缺；

（8）易者陈賚，残缺。

在这些不同地名的陈得或陈賚中，没有任何一个同时具有"一"、"再"、"三"连续立事的情况；没有任何一个有"一"、"三"立事，而没有"再"立事的情况。也就是说，这些不同地名的立事人之间可以作"一"、"再"、"三"立事的连续排列，没有一例例外。我们可以进一步推论，这些不同地名的陈得实际上是同一个人，陈賚也是如此。

另外，陈喜有两种，陈喜和北郭陈喜；陈固有两种，陈固和昌橹陈固；陈棱有三种，陈棱、王孙陈棱和（勾）华门陈棱。这些人或应是在某次立事即担任工正期间，获得了其他的职务，才在名字前面加以体现。并且涉及地名最多的陈賚得和陈立事都有三届，说明两人身份或比较尊贵一些。地名与题铭中所指立事无关，因为工正为中央属官，兼任他职并不影响其工正身份。

若地名确代表其为某都邑大夫或关尹，那么说明在立事期间可以更换封邑等，陈得"一立"期间，曾先后任职闾间、平陵两处；"再立"期间曾先后任职疤尚、奠（墼）阳两处，"三立"期间曾先后任职奠（墼）阳、葉两处，并且在奠（墼）阳任上，经历了工正"再立"、"三立"的更替。

传世陶文中，有两例陈得陶文，均钤有"鄹市师玺"印（见附表一）：

（1）平陵陈得不怨? 王釜；鄹市师玺。

（2）尚陈得再左里敀亳豆；鄹市师玺。

李学勤先生据此判断其应属同一时期，[1]这也与我们的推测相吻合。

若是，那么，新泰立事陶文中陈得的排序如下：

闾间陈得—墼阳陈得—葉陈得（平陯陈得）。

依据前文分析，闾间陈得铭文陶器属于细绳纹陶器、规则印面类，墼阳陈得

---

[1] 李学勤：《燕齐陶文丛论》，《上海博物馆集刊》第5期，170～173页，上海古籍出版社，1992年。

属于过度类型，葉陈得则属于粗绳纹、较不规则印面类，与此处推测所得排序结果不相悖，一定程度上证明了此推测的合理性。并且，如果这个推测成立，也可以反证：新泰立事陶文形式的演化是从细绳纹、规则印面到粗绳纹、不规则印面的顺序；铭文格式总体上也是随这个规律而逐渐简化，从多字的较完整格式演化到最后仅出现立事者名字，这为我们对立事人排序增添了依据。若此，我们可以将印面不甚规整、粗绳纹、未出现立事届数的平隃陈得类排在墓阳陈得之后，那么，陈得在第三次立事期间，先后供职于墓阳、葉、平隃三地。

立事陶文中的再、三是表示立事的届数，即为工正的届数，每届立事为几年，在什么情况下更换立事人我们现在尚不清楚。据现有资料（附表一）来看，立事届数至多有三次，未见超过三次者。立事三次的有陈得、陈齎、陈棱、陈楠，立事两次的有陈喜、陈宴等。如前文，一次立事之间经常会出现封邑变动，多者有三处，似可认为每届立事期应不止一年。根据我们现在不完全统计，较明确的战国时期齐国陈氏立事人已多达41人，其中三次立事的有4人，两次立事的有2人，立事届数至少51人次，则每一届立事的时间也不会太长，似乎在2～5年之间为宜。

（三）立事陶文年代分析

新泰立事陶文中出现墓阳陈得，与陈璋方壶和盱眙出土陈璋壶铭文中的"奠阳陈得"应为同一人，奠即墓字。陈璋壶铭文（见附表一）：

唯王五年，奠昜陈得再立事岁，孟冬戊辰，大藏钱孤，陈璋内伐燕亳邦之获。

"王五年"李学勤先生考证即齐宣王五年，齐国趁燕王哙让位子之，燕国发生内乱而入侵，大破燕国之事，为公元前315年。[1]则新泰陶文中墓阳陈得三立事之年晚于前315年。新泰立事陶文包含了陈得从立事到三立事的时间，因此新泰陈得陶文年代即公元前315年前后。

根据我们对新泰立事量具纹饰和陶文形式、内容以及钤印方式的分析，陈得陶文处于演化的中间阶段，以陈得为界，我们将新泰立事陶文分成三组：

第1组，细绳纹、规则印面、较完整格式类：包括北郭陈喜、陈戠、陈忹、陈ㄐ、陈愨。推测这一组时代较早。

第2组，过渡类型，陈得类：闾间陈得、墓昜陈得、葉陈得、平隃陈得。

第3组，粗绳纹、不规则印面、简化格式类：陈宴、陈中山、陈怚、陈頯、陈不瓺、陈志、陈胥、陈楠、陈华、陈頙。这一组应是时代较晚，其中陈宴、陈中山类有陶工名字，陈怚类一部分有陶工名字，一部分只有立事人，其他类均只见立事

---

[1] 李学勤、祝敏申：《盱眙壶铭与齐破燕年代》，《文物春秋》1989年创刊号，13～17页。

人名字。因此，在这一组中，陈宴、陈中山和陈怛应较早。

而出现陶工名字的陶文，格式相对完整一些，一中陶文中共出现不同陶工名10个，所归属立事人共11人，如表一所示。

表一　新泰立事陶文陶工对应表

陶工 立事人		1 丁	2 籵	3 缰	4 僕	5 翰	6 胖	7 絜	8 亳	9 俓	10 桁
第1组	陈刂	√									
	北郭陈喜	√	√	√	√						
	陈忙	√	√		√						
	陈怒	√				√					
	陈戠			√	√	√					
第2组	阎间陈得			√		√					
	墓阳陈得					√	√	√	√		
	葉陈得				√	√	√			√	
第3组	陈中山				√	√					√
	陈宴					√	√			√	
	陈怛					√	√	√	√		
陶工出现次数		4	2	3	6	8	4	2	2	2	1

陶工劳动寿命有限，我们可以根据陶工来判断同一时间段的立事人。通过表一的分析，发现丁、籵二人只出现在第1组立事人期间。缰只出现在第1组和第2组的最早形式期间。胖、俓、亳、絜、桁只出现在第3组立事人和第2组的最晚形式期间。翰则分布在第1组的晚期一直到第3组早期类型的立事人期间，僕与翰交集较多，主要分布在第1组和第2组立事人期间，时间顺序上僕似比翰稍早一些。也就是说，陶工出现和分布的范围与我们前面根据印文类型、量具纹饰及印面钤印方式等

所做的分组基本相合，进一步证明了分组的正确性，也证明了我们前面对陈得身份和时间顺序判断的合理性。

陶工中翰出现次数最多，有8次。其中，在陈得类中出现3次，由于现在已知陈得立事3次，此处出现了第一次和第三次立事的信息，虽然未发现第二次立事期间的陶文，我们认为立事、再立事和三立事是连续进行的，因此仍可作3届立事期间计算。在陈宴"再"立事类中出现1次，虽然未发现陈宴"一"立事陶文，我们仍可以根据立事人排序推断其经历过陈宴"一"立事，因此作2届立事计算。那么，我们在此可以认为翰至少经历了9届立事期，在已经发现的10名陶工中，劳动寿命最长，我们假设其有50年的劳动寿命，结合前面我们作的每一届立事时间2～5年的判断，我们可以大胆的推测每一届立事大概4～5年。

墓阳陈得再立事岁间包含了公元前315年，以此为基准点，则表一中**墓**阳陈得再立事之前还有6界立事，按照每届5年计算，前面有大概30年左右的时间。新泰立事人共出现16名，根据附表一可知，陈得、陈桶曾立3次，陈喜、陈宴曾立2次，则新泰陶文中出现的立事人总立事届数至少有22次，每届立事5年，则新泰陶文时间区间有110年，大概处于公元前345年～前235年。考虑到抢救性发掘的局限性，实际的立事人应该更多，那么，这批陶文的时间跨度应该更大一些，至少应该涵盖了战国中期和晚期。

齐康公十九年，田齐太公和取代姜齐，立陈氏齐国，史称"田齐"。《史记·田敬仲完世家》记载"康公之十九年，田和立为齐侯，列于周室，纪元年"。田齐立国时间始自公元前386年，终于公元前221年，共166年。新泰"立事"陶文的时间正好处于这个时间段，可以说，其存在时间大致与田齐相始终。

前面统计已知陈氏立事届数至少51人次，那么总的立事时间大概255年左右，以公元前221年田齐灭亡为下限，则最初立事或可早到公元前475年左右，即战国初年。公元前485年，陈乞杀齐悼公，立简公。公元前481年，陈恒打败监之，杀齐简公，任齐相，"专齐之政"，控制了齐国政权。[1]其子陈盘"使其兄弟宗人尽为齐都邑大夫，……且以有齐国。"陈乞和陈恒都有自改量具，收买人心的记载，控制量具的生产制造也在情理之中。而陈氏立事陶文也大概从这段时间开始大量出现，并且立事人之前有时冠有地名，或即为都邑大夫等。

二　齐量与新泰齐量

春秋战国时期，各诸侯国相继建立和完善自己的度量衡体系。关于齐量制与量

---

[1]　杨宽：《战国史（增订本）》，167页，上海人民出版社，1998年。

具的记载见于《左传·昭公三年》：

　　晏子曰："此季世也，吾弗知。齐其为陈氏矣。公弃其民，而归于陈氏。齐旧四量，豆、区、釜、钟。四升为豆，各自其四，以登于釜。釜十则钟。陈氏三量，皆登一焉，钟乃大矣。以家量贷，而以公量收之。……其爱之如父母，而归之如流水，欲无获民，将焉辟之？"

　　杜注："登，加也。加一谓加旧量之一也。以五升为豆，五豆为区，五区为釜。"《考工记》记"栗氏为量，……量之以为鬴"，郑注："四升曰豆，四豆曰区，四区曰鬴。……鬴十则钟。"杨伯峻注："鬴即釜，古同音"。[1]

　　《左传》明确指出齐旧四量与陈氏之量的区别。依据文意，齐旧四量进制为4进制：4升=1豆，4豆=1区，4区=1釜，10釜=1钟。陈乞在量具和量制上创新，自改家量，于三量各登一，即将4进制改为5进制。并且以较大的家量出贷，公量收之，以收买人心。《史记·田敬仲完世家》记载，陈乞这一政治发明被其子陈恒继承。

　　田常成子与监止俱为左右相，相简公。田常心害监止，监止幸于简公，权弗能去。于是田常复修釐子之政，以大斗出贷，以小斗收。齐人歌之曰："妪乎采芑，归乎田成子！"

　　随着考古发现的增多，战国齐量具的升、豆、区、釜等相继发现。经测量现在发现的齐量具均不符合齐旧四量的记载，而更接近于陈氏之量5进制的情况。据此推断，陈氏废除了姜齐四进制量具，而代之自创之家量。

　　关于田齐量制与量具，多有讨论。前述《左传》杜注认为进制关系为5升=1豆，5豆=1区，5区=1釜。清末孙诒让作《左传齐新旧量义》，认为进位关系为4升=1豆，5豆=1区，5区=1釜，10釜=1钟。莫枯先生认为田齐新量进位关系为5升=1豆，4豆=1区，5区=1釜，10釜=1钟，进位未增者应在豆区间。[2]魏成敏先生根据临淄新出土量具分析，亦得出相似的结论。[3]陈东升先生从借贷角度进行了分析，认为春秋时期陈氏家量的"各登一"指的是陈氏家量与旧量之间的关系，并非家量内部进制，即春秋陈氏量：1豆=5升；1区=5旧量豆；1釜=5旧量区；1钟=10釜。战国田齐量具则与春秋陈氏家量不同，进制变为5升=1豆，4豆=1区，5区=1釜，10釜=1钟。分析独到，很有启发性。[4]

　　根据已发表资料统计，战国齐国量具有如下几种（详见附表二）。

　　升6件，临淄出土。容量分别为204、205、206、209、210、200毫升。3件陶制

　　[1]　杨伯峻：《春秋左传注》，第四册，1236页，中华书局，1981年。

　　[2]　莫枯：《齐量新议》，《上海博物馆集刊》第三期，62、63页，1986年。

　　[3]　魏成敏、朱玉德：《山东临淄新发现的战国齐量》，《考古》1996年第4期，24～28页。

　　[4]　陈东升：《齐量制辨析》，《中国史研究》2006年第3期，3～15页。

量具，3件铜质量具。各器容量相近，平均值约205.7毫升。

豆6件，临淄出土。3件铜质量具，出于临淄，容量分别为1024、1025、1025毫升，平均容1024.7毫升。一件立事陶豆，出土于滕州，自铭为釜，但从其公布测量数据分析，应还是豆一级的量具，容量不明。这三件应该是官方法定量具。"公豆"两件，出于临淄，容量分别为1300、1250毫升，平均容1275毫升。

区较为罕见，济南市出土2件战国时期"市"字陶量，容量为4220毫升（小米），应为区一级的量具。铭文为市字，说明是官方法定量具。2件陶制"公区"，传出临淄，容量分别为4847、4800毫升（小米），平均容4823.5毫升。

铜量釜发现2件，即传出胶县灵山卫的陈纯铜釜和子禾子铜釜，容量分别为20580、20460毫升，平均容20520毫升。

山东邹城邾故城遗址出土战国"廪"陶量3件，形制相同，容量分别为20000、20200、19520毫升（小米），与齐国铜釜相若。可贵的是作为陶器，其保存较为完整，为我们提供了重要参考。另外，有一件传出山东沂水的无铭陶量釜，其容量约20000毫升，器形尚完整（图一五六，1、2）。

另有一件自铭为"左关之鈰"的量具，与子和子釜和陈纯釜同出于胶县灵山卫，容量为2070毫升。

上述量具，升平均容205.7毫升，铜量豆平均容1024.7毫升，"市"陶区容4220毫升，铜量釜平均容20520毫升，左关鈰容2070毫升。公豆平均容1275毫升，公区平均容4823.5毫升。

其进制关系为：

5升=1豆；4豆=1区；5区=1釜；10升=1鈰；10鈰=1釜。

4公豆=1公区。

在豆、区之间存在一个4进制。左关鈰的发现证明齐国量具在实际使用过程中，演化出了更为合理和方便的工具。鈰容量当区之半，在升、鈰、釜之间产生了一种十进制的关系，即1釜=10鈰=100升。与四进制和五进制相比，是一大进步。

公豆和公区自成体系，容量较大，与官方制作量具存在显著的区别。1公豆约容1275毫升，比官量豆容量大1升强。除了公豆、公区，还发现有公釜陶文，但没有完整器的报道。

前面说过，这种量具有两方印面，其中一方与民营制陶印文相同，作"某里某"，表示某地某人的意思，应为出自民营制陶作坊工匠之手。证明在官方量制体系之外，尚存在某一些例外。尽管公铭量具产自民营工匠之手，但其铭为"公"，或许也并非平民之发明和使用。文献中，陈氏从陈乞到陈恒，都有为了收买民心而自制大量出贷，而以较小的官量收贷的行为。公铭量具或许也是某一些贵族势力商业行为或者政治斗争的产物。

　　而相同格式的陶文中，还有一种不铭为公，而铭为王豆、王区、王釜者，例如：

　　中蒦阳人王㼒，王豆（《陶文图录》2.42.1）

　　豆里□□，王釜（《陶文图录》2.46.2）

　　尽管现在尚未有完整器的发表，但从铭文推测，"王"字似乎指的是田齐国君称王之后的齐威王、宣王、愍王等，那么这些量具应该符合国家法定标准，与官方量具容量相同，而与公铭容量有所区别。并且，现在所发现的陶升，铭文即作"王升"或"王卒升"。

　　此外，一种铭为"关里坣"的陶钵形器，传出临淄周傅庄。有大小两种，形制相近，上半呈圆筒形，直口（或微敛），直壁，近底处折收，有刮削痕。经复原，得整器4件，小型钵3件，容量分别为970、970、930毫升，平均容量约957毫升，与豆量的容积相近；大型钵1件，容量约4300毫升，与区量的容积相近。这种陶钵残片其实以前就经常发现，只是完整器或者能复原器很少，加之类似铭文习见于生活用器上，未引起足够重视。"关里坣"铭文常见器形有陶盂、陶盒和作为盛食器的陶豆等。[1]这些陶器无疑是民营作坊产品，"坣"可能是一个手艺超群的高产工匠。而上述钵形器与田齐官量容积相近，或说明这是一种民间制陶作坊按照官方标准生产的量具，其主要作用也许是用于民间商业贸易，但也不排除其同时可用作生活器的可能。此类量具没有戳印"公"或"王"字铭，还是说明它们性质有所不同。

　　新泰一中出土陶量器形有两种，一为绳纹釜量，一为素面杯形豆量，如下表二所示。

　　绳纹釜，均为残片，且破损严重，未能复原。其形制、陶质、陶色、纹饰等都高度一致。形制都作平沿，敛口，深鼓腹，小平底。质地均为泥质，含极少量细砂，结构紧密，细腻。烧成火候高，硬度大。陶色深灰，个别陶胎略浅，呈色不完全一致。腹部中心处一周横向附加堆纹将装饰分为上下两部分，上部绳纹竖向排列，下部多横向错乱布局。

　　经过对陶器残片比较，发现其口径、器壁弧度等基本一致，可推断其只有一种规格，主要区别在于陶色、绳纹和抹光带及钤印文字的不同。根据陶片测量，其口径为25～27.2、底径21、腹径35～37、高31～33厘米。计算其容量约在20000～22000毫升左右，大致与子和子釜和陈纯釜的容量相当。

　　通过绘图复原观察，其形制与邹城出土廪陶量有共同点：均饰绳纹，器身中部一周附加堆纹，直口微敛，平底鼓腹等。在实际整理过程中，我们未发现有类似

────────────────

[1]　吕金成：《夕惕藏陶》，上册，49～53、439～474页，齐鲁书社，2014年。

邹城廪陶量腹部把手的构件，由于是抢救性整理，我们所掌握的资料不完整，或存在亦未可知。另外，在近年传出山东沂水县的量釜腹部两侧也有类似廪釜的把手，考虑到量釜使用过程中的实际作用，我们复原图中也作了把手的复原想象（图一五六，3、4）。

表二　新泰出土量具一览表

级别	编号	铭文	尺寸（厘米）	容积（毫升）	备注
豆	2002XYY⑤L：4（2002XYY⑤W：41）	闾间陈得立翰	高7.2、口径14.2、底径9.8	约760	图一二，4
豆	2002XYY⑤L：9		高9.9、口径14.0、底径6.6	820	图一二，9；彩版二，3
豆	2002XYY⑤L：7		高9.8、口径14.0、底径8.6	约850	图一二，7；彩版二，1
豆	2002XYY⑤L：2（2002XYY⑤W：92）	陈恝立事丁	高11.0、口径14.0、底径9.0	900	图一二，2；彩版一，3
豆	2002XYY⑤L：5		高11.0、口径14.0、底径8.8	约950	图一二，5；彩版一，4
豆	2002XYY⑤L：3（2002XYY⑤W：210）	葉陈得叁僕	高11.6、口径14.1、底径8.9	1000	图一二，3
豆	2002XYY⑤L：6		高11.8、口径14.0、底径9.0	约1000	图一二，6；彩版一，5
豆	2002XYY⑤L：8		高10.0、口径14.0、底径10.4	约1000	图一二，8；彩版二，2
豆	2002XYY⑤L：1（2002XYY⑤W：25）	葉陈得叁僕	高11.2、口径14.0、底径9.0	1000	图一二，1；彩版一，2
釜	复原图		高33、口径26、最大腹径35.5	约20000	图一五六，3、4

豆量大致为杯形，又可分为大小两种，小量豆容量在800（760～900）毫升左右，合4升；大量豆容量1000毫升左右，合5升。

这种4升的小量豆属于首次发现，说明战国时期，齐国官量或并非单一。参考器物铭文，较小的量豆铭文有闾间陈得和陈恝2件，前文所述，陈恝属于第1组较早

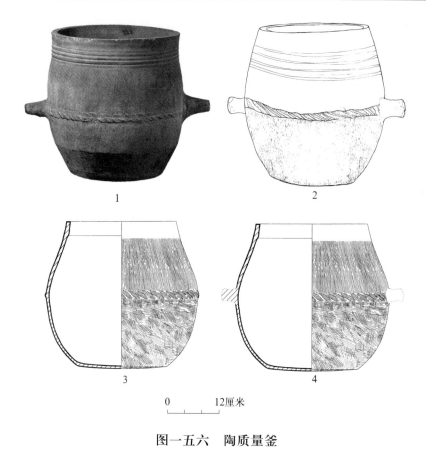

0 _____ 12厘米

图一五六　陶质量釜

1. 邹城邾国故城遗址出土廪陶量（采自《山东省博物馆藏珍·陶器卷》58页）　2. 传山东沂水出土量釜示意图
（据《夕惕藏陶》上册23页照片绘）　3. 新泰陶量釜复原图一　4. 新泰陶量釜复原图二

的立事人，阎间陈得属于过度类型中偏早者。而较大的量豆铭文只发现葉陈得，这
属于过度类型中偏晚者。因此，小量豆与较大的量豆或许是前后相继的关系。即小
量豆可能是齐旧量4进制的产物，是量制改革之前的器物。阎间陈得立事属于陈得
"一立"，早于莫阳陈得再立事，即早于齐宣王五年（前315年），而葉陈得三立
事则晚于这个时间。果如此，那么似乎可以认为田齐官方的量制改革即发生在齐宣
王时期。

　　然而通过实物的观察，这种小量豆在数量上属于少数，并且铭文只见此2件。
而且新泰一中遗址并未发现较小的升量和中间的区量，无法作确切的对比，实际情
况仍有待于考古发现。

　　还有一种可能性，这两种豆同时存在并使用，考虑到陈氏曾对量具的玩弄，这
种小量豆或许具有特殊的作用，而并非常用器。

最后还存在一种合理的可能性，一种音乐楼遗址为窑址，即陶量的生产场所，我们所发现的陶片均为毁弃品。所发现陶量除了烧制过程中毁坏的残次品，绝大部分应该是烧成后经测量不达标而就地废弃的产品。从这个角度考虑，这种偏小的量豆或许只是废品，无法进入市场流通。无论如何，这种小量豆的发现对于讨论田齐的量制和量具都具有重要意义。

新泰一中音乐楼遗址出土量具未见升量和区量，说明在当地实际使用过程中，这两种量具使用概率绝少，而以豆量和釜量为基本量具。

新泰陶量口沿处绝大部分有明显的烧成后打磨痕迹，就是制成后校正容积所致。由于陶器在烧制过程中会或多或少的产生变形，因此在烧制之前的陶胚阶段即准确地把握其烧成后的容积有一定的难度，因此才会产生这种现象。但这种现象是一种较为落后的量具校正方式，因为它为量具作弊留出了空间。相比较而言，邹城出土的秦诏陶量在烧制前即在器壁、口沿及内底均钤印，[1]就杜绝了其在使用过程中擅自打磨以损益容积的可能性，这体现了量具生产的进步性和严格性，但同时也意味着废品率或更高，生产成本也更高。

三　平阳与新泰

《春秋·宣公八年》记载，鲁国"城平阳"。《左传》杜注：今泰山有平阳县。杨伯峻注："平阳，鲁邑，即汉之东平阳，在今山东省新泰县西北。哀二十七年传之平阳则为西平阳，与此非一地也。"[2]

裴锡圭、李家浩先生考据"平阳冶宋"明字刀币，对山东境内东、西两"平阳"作了较为翔实的考证：[3]

一　《左传》宣公八年……平阳即《汉书·地理志》泰山郡的东平阳。《水经注·洙水注》："洙水又经泰山东平阳县。……河东有平阳，故此加东矣。晋武帝元康九年改为新泰县也。"其地在今山东新泰县西北。

二　《左传》哀公二十七年"春，越子使舌庸来聘，……二月，盟于平阳"，杜预注："西平阳"。孔颖达疏引杜预《土地名》云："宣八年平阳，东平阳也，泰山有平阳县。此年平阳，西平阳也，高平南有平阳县"。《水经注·泗水经》："又南过平阳县西"。王献唐说此平阳在今山东邹县西三十里，"地为平阳社"。

认为新泰平阳本为鲁地，战国时期，被齐国占领。刀币的"平阳"似指新泰平

---

[1]　山东省博物馆：《山东省博物馆藏珍·陶器卷》，59页，山东文化音像出版社，2004年。

[2]　杨伯峻：《春秋左传注》，第2册，695页，中华书局，1990年。

[3]　裴锡圭、李家浩：《战国平阳刀币考》，《中国钱币》1988年第2期，35～37页。

阳。但由于冶字与邹城出土陶文相同而与临淄出土资料有所区别，也不能完全排斥是邹县平阳的可能性。

孙敬明先生根据在莒故城新发现的"莒冶"刀范，其冶字与平阳刀相同，为齐长城以南书体，认为背文带"平阳"和"莒"字的刀币"应是燕军入齐时，齐国人在齐地所铸造的。"[1]

新泰城区出土田齐"平阳廪"、"平阳市"陶文，说明战国时期新泰城区一带确名为平阳无疑，并且为齐国都邑。

齐系文字中铭"平阳"者，现在发现有刀币、戈、古玺、陶文等，统计如下：

（1）齐刀币："平昜冶宋"（《中国历代货币大系》3797）[2]

（2）平阳左库戈："平阳左库"（《殷周金文集成》17.11017）

（3）平阳戈："平阳高马里戡"（《殷周金文集成》17.11156）

（4）古官玺："平昜信司马玺"（《古玺汇编》0062）

（5）平阳桁官印："平昜桁"（《战国平阳刀币考》图二，2）[3]

（6）平阳廪陶文："平昜廪"（新泰一中）

（7）平阳市陶文："平昜市□"（新泰南关）

平阳铭兵器的出土，说明战国时期齐国很可能在平阳进行兵器冶铸，新泰或存在战国时期兵器冶铸作坊。参考近年莒县发现的莒冶刀范，平阳冶刀币的发现证明新泰可能存在战国铸币作坊，铸币时间不早于燕军入齐。从实物观察，与"齐大刀"相比，平阳刀币刀身较短，刀体较薄，应为国力衰微时所铸"劣币"，或即为战国晚期所铸。兵器和钱币冶铸作坊尚有待于考古发现的证实。

平阳桁，朱德熙先生考证桁当读为"林衡"之"衡"，或言"左衡"、"右衡"，即掌管山林的职司。[4]证明战国时期，齐国平阳即新泰有专门掌管山林的官员。平阳信司马官玺也证明当时齐国在此地设官。

平阳廪，《周礼·地官·司徒》记司徒属官有"廪人"、"仓人"，"藏米曰廪，藏谷曰仓，廪人掌九谷之数"。《国语·周语上》"廪协出"，韦昭注："廪人掌九谷出用之数也。"《说文解字》大徐本，"廪，谷所振入也"。廪人掌管粮食出纳，量具是不可或缺的工具，量具是否合乎标准直接关系到廪人的工作是否称职。子和子釜和陈纯釜铭文中都有"节于廪釜"这句话，这两个量釜均为"左关

[1] 孙敬明：《齐兵新考》，《考古发现与齐史类征》，168～177页，齐鲁书社，2006年（原载《齐鲁文博·山东省首届文物科学报告月文集》，齐鲁书社，2002年）。

[2] 此刀币为陈介祺旧藏，现藏山东博物馆。

[3] 裘锡圭、李家浩：《战国平阳刀币考》，《中国钱币》1988年第2期，35～37页，引自《簠斋手拓印谱》1.19.21。

[4] 朱德熙：《释桁》，《古文字研究》第十二辑，327～328页，中华书局，1985年。

釜"，需要按照廪釜的标准来核准，此处"廪釜"代表的是官方法定之标准釜，也说明廪具有重要的量具核准和管理职能。

平阳廪陶文出土说明齐国在此地设有仓廪，掌管粮食谷物。廪也有"左廪"、"右廪"之称，如附表一中量具铭文有：

陈豦左廪釜

左廪涌玺

陈和志左廪

陈楠三立事岁右廪釜

陈固右廪亳釜

平阳廪未发现左、右称谓，或许说明其机构设置较简。某廪印章钤印在量具上，说明廪人有监督、核准量具的职责；平阳廪陶文发现于官营制陶作坊，此应是为其廪制作的专用陶量。

平阳市□，最后一字未辨出。市出现较早，春秋时期，齐国的市就比较发达。市的长官称司市，《周礼·地官·序官》"司市"，郑玄注："司市，市官之长。"孙诒让正义："司市者以下至泉府十官，并掌国市政令、刑禁、货贿之事。" 司市负责管理市场秩序、征收赋税等。市官有官印，《周礼·地官·掌节》："门关用符节，货贿用玺节，道路用旌节。"郑玄注："玺节者，今之印章也。"《周礼·地官·司市》："凡通货贿，以玺节出入之。"

战国"市"字经裘锡圭先生释出后，[1]发现齐国"市"字资料尤为丰富。现在发现的很多市字陶文就是市官玺。如附表一量具，有"鄞市师玺"印，即为市官"师"用玺。"平阳市□"陶文也应该是市官印所钤。陶量中很多钤有市印，说明是市用器，或者某市所专用，还有一层重要意义就是核准量具，代表官方属性。市官管理货贿，征收赋税，跟廪官一样，离不开量具的使用，因此也需要对量具进行监督核准。

裘锡圭先生认为战国官市兼营手工业。在新泰一中遗址并未发现市陶文。平阳市陶文钤印在量豆上，采集地点是距离新泰一中官营制陶作坊762米的南关遗址，另外，还采集到1件刻文量杯和1件无文量杯，刻文量杯（ＸＮＧ：4，图二二，3）仅存腹壁残片，文字不完整，无文量杯（ＸＮＧ：9，图二三，4）破损严重，未见文字。此外还发现一些制作比较精良的建筑材料瓦，而且量杯、陶瓦的形制与一中的比较还有一些区别，结合发现的陶拍垫（ＸＮＧ：10；图二三，5；彩版四，7），这里似曾一度制作过量器和瓦。南关遗址或为官市所营制陶作坊所在地。当然我们不能排除这件陶量是新泰一中官营制陶作坊生产的可能性，若是，那么南关

---

[1] 裘锡圭：《战国文字中的"市"》《考古学报》1980年第3期，285～296页。

遗址或许即为这件陶量的使用地即平阳官市所在。无论如何，市官印钤于量具都说明市官参与了量具的督造。

新泰市范围内东周时期遗存丰富。1973年和1981年，先后两次在新汶县凤凰泉（现划归新泰市）清理和发掘了一批东周墓。其中1981年发掘墓葬11座，发掘者认为其年代可从西周晚期一直到战国，延续时间长，范围较大，此地或存在鲁国"封邑"。[1]

1982年，在凤凰泉以西5千米的新泰市郭家泉发掘21座东周墓，时代为春秋中期至战国。随葬品与临淄齐墓有显著的区别，而与曲阜鲁故城甲组墓有诸多相似之处，但也存在差异。[2]存在鲁国文化因素，说明此地与鲁国有着一定的文化亲缘。

2002～2004年，在新泰市周家庄发掘东周墓78座，时代为春秋晚期到战国中晚期。器物组合符合东周时期齐国墓葬特点，但是某些随葬器物又与鲁国文化特点一致。墓主人基本为男性青壮年，推测为军人身份。发掘者认为"周家庄墓地具有浓厚的军事色彩，新泰市区及其周围应是当时齐国的军事重镇"。[3]

曾毅公《山东金文集存》记清末山东新泰一带出土杞伯青铜器一批。《汉书·地理志》陈留郡雍丘下："故杞国也。周武王封禹后东楼公，先春秋时徙鲁东北。"《攈古录金文》载许瀚说"'鲁东北'者，即新泰也"，认为新泰曾为杞国都邑，其观点为多数学者公认。[4]无独有偶，1962年春，武汉市文物商店收购杞伯鼎一件；[5]1966年山东滕州木石乡亦出土杞伯铜鼎一件，[6]这两件铜器铭文与传出新泰者相同。

在实际的考古工作中，尚未在新泰境内发现较为明确的杞国文化遗存，除了前述杞伯青铜器，并未发现其他杞国证据。或可说明新泰即使在一定的历史时期确为杞国都邑，持续时间也不会太长。

新泰发现的三座大型墓地都具有一定的春秋鲁文化因素，与文献记载鲁宣公八年（公元前601年）鲁国"城平阳"相吻合。说明春秋时期新泰为鲁国平阳可能性很大，到春秋晚期，墓葬器物组合符合齐国特点，说明此时已经为齐国占领，并且

[1] 泰安地区文物局、新汶县文教局：《山东新汶县凤凰泉东周墓发掘简报》，《考古》1983年第11期，985～988页。

[2] 山东大学历史系考古专业、新泰市文化局：《山东新泰郭家泉东周墓》，《考古学报》1989年第4期，449～470页。

[3] 山东省文物考古研究所、新泰市博物馆：《山东新泰周家庄东周墓发掘简报》，《文物》2013年第4期，4～23页。

[4] 李学勤：《〈杞文化与新泰——全国首届杞文化研讨会文集〉序言》，载《杞文化与新泰——全国首届杞文化研讨会文集》，中国文联出版社，2000年。

[5] 蓝蔚：《杞伯簋》，《文物》1962年第10期，58页。

[6] 滕县文化馆：《山东滕县出土杞薛铜器》，《文物》1978年第4期，94～96页。

一直延续到战国晚期。

西南关为战国时期民营制陶作坊遗址；新泰一中和城北砖厂为战国时期官营制陶作坊遗址；南西周发现少量战国时期制陶工具，发现散水和窑穴，调查遗址面积5万平方米以上，应为春秋晚期到战国时期的居住遗址，并存在民营制陶作坊；南关遗址或为官市所营制陶作坊所在地或即官市。"平阳冶"刀币证明为新泰所在的平阳战国时期铸造，并且发现战国时期齐国平阳铭文兵器。综合说明从春秋晚期开始，齐国占领新泰平阳，到战国时期，出现了发达的官营和民营制陶业，能够进行兵器冶铸，并曾经铸造钱币，有官市和仓廪，有管理山林的职官，有居址和大型墓地等等。该地区手工业和商业比较发达，具有鲜明的军事色彩，应为齐国在长城以南军事重镇和关市赋税来源地。

附录　山东陶文论著索引*

一　著作

1．《簠斋藏陶》（《簠斋瓦器拓本》）六函三十册，陈介祺，北京大学图书馆藏。

2．《簠斋藏陶》二册，陈介祺，中国社会科学院考古所藏。

3．《簠斋陶文释存》十六册，陈介祺，原拓释本，山东博物馆藏。

4．《陶器造像化布杂器考释》，陈介祺。

5．《古陶文字（一卷）》一册，孙文楷集释，山东博物馆藏。

6．《木庵古陶文字（一卷）》一册，拓印手稿本，孙文澜辑，孙文楷释文，山东博物馆藏。

7．《木庵古陶文字（一卷）》一册，拓印，王献唐抄本，山东博物馆藏。

8．《铜陶文字拓本》一册，孙文楷集释，山东博物馆藏。

9．《望文生谊斋古陶文字》四函二十册，中国国家图书馆藏。

10．《陶斋藏陶十卷》，端方。

11．《三代古陶文字》，周霖。

12．《云水山人陶文萃》十三册，方德九，北京大学图书馆藏。

13．《古陶琐萃》四册，张培澎，中国社会科学院考古所藏。

14．《瘦云楼古陶拓本》一册，王孝禹，中国社会科学院考古所藏。

15．《齐鲁古陶文字》一册，徐同柏，中国社会科学院历史所藏。

16．《三代秦汉文字集拓》一函三册（一册金文，一册陶文，一册封泥），杨昭儁，中国社会科学院考古所藏。

17．《古陶器文》一册，邵章，中国社会科学院历史所藏。

18．《陶文精华》一函二册，原题"二十六年钞，瘦竹藏，白行题"，中国国家图书馆藏。

---

* 本书收录截至到2014年4月。

19．《古陶文》一册，原题"丙寅冬，王妙如"， 中国国家图书馆藏。

20．《古陶文存》一函六册，中国国家图书馆藏。

21．《黄平乐氏藏陶拓本三三方》一册，北京大学图书馆藏。

22．《古陶器拓本》一折册，北京大学图书馆藏。

23．《权玺斋拓本》，佚名。

24．《古陶器文字拓本》，佛影草堂藏。

25．《萍庐藏陶》，严一萍。

26．《清晖阁陶文》，佚名。

27．《潘博山先生所藏古陶文字拓本》，潘博山。

28．《藏匋拓本》四册，方若。

29．《古陶文字释》四卷，吴大澂。

30．《三代秦汉古陶文字考》，吴大澂。

31．《读古陶文记》，吴大澂，《吴愙斋尺牍》第七册，国立北平图书馆金石丛编之一。

32．《古陶今释》二卷、续编二卷，王襄。

33．《埴室藏三代秦汉六朝古陶》二函十八册，中国社会科学院考古所藏。

34．《簠斋古陶文字考释》不分卷，吴大澂，稿本，中国国家图书馆藏。

35．《吴清卿学使读古陶文记》一册，吴大澂，稿本，中国国家图书馆藏。

36．《古陶奇字》（书口题"铁云庚子劫余录"），刘鹗。

37．《铁云藏陶》三册（附封泥一册），刘鹗，抱残守缺斋石印本，1904年。

38．《陶斋藏砖记》二卷，端方，1909年。

39．《遁盦古砖存》八卷，吴隐，西泠印社，1911年。

40．《遁庵古匋存》二册，吴隐，西泠印社，1913年。

41．《秦汉瓦当文字》五卷，罗振玉，上虞罗氏永慕圆业书影印本，1914年。

42．《金泥石屑》二卷，附说一卷，罗振玉，上虞罗氏艺术丛编本，1916年。

43．《梦庵藏陶》一卷，（日）太田孝太郎，1922年。

44．《德九存陶》四册，方德九，中国社会科学院历史所藏，1926年。

45．《铄铄斋三代古陶文字》一卷，关春草，1927年。收古陶文43方。

46．《陶玺文字合征》，黄宾虹，神州国光社，1930年影印本。

47．《古陶初释（一卷）》一册，丁佛言撰，稿本，山东博物馆藏。

48．《古陶初释不分卷》一册，丁佛言撰，1920年稿本，山东博物馆藏。

49．《海岳楼藏齐鲁陶文》一函九册，王献唐，中国社会科学院考古所藏。

50．《齐鲁陶文》一一二册，王献唐辑，潍县陈氏拓本，1932年，山东博物馆藏。

51．《齐鲁陶文》七册，海岳楼拓印本，王献唐辑，1937年，山东博物馆藏。

52．《邹滕古陶文字》三册，王献唐辑，山东图书馆拓本，1934年，山东博物馆藏。

53．《金石陶瓦拓本》三册，王献唐辑，山东图书馆拓本，山东博物馆藏。

54．《古匋拓汇》三册，伊斋辑，近代，山东博物馆藏。

55．《瓦当古陶拓本》一册，拓印本，山东博物馆藏。

56．《古匋文香録》，顾廷龙，国立北平研究院石印本，1936年。

57．《吴愙斋尺牍》，吴大澂，商务印书馆，1938年。

58．《季木藏陶》，周进藏、孙浔、孙鼎编，1943年。

59．《陶文编》，金祥恒，艺文印书馆，1964年。

60．《齐国陶文初探》，郑超，中国社会科学院硕士论文，1984年。

61．《古陶文汇编》，高明，中华书局，1990年。

62．《古陶文字征》，高明、葛英会，中华书局，1991年。

63．《新编全本季木藏陶》，周进集藏、周绍良整理、李零分类注释，中华书局，1998年。

64．《齐国陶文五十品》，梁章凯编，西泠印社，1999年。

65．《簠斋论陶》，陈介祺撰，陈继揆整理，文物出版社，2004年。

66．《新泰出土陶文及相关问题研究》，卫松涛，山东大学硕士学术论文，2006年。

67．《陶文图录》，王恩田，齐鲁书社，2006年。

68．《古玺汇考》，施谢捷，安徽大学博士毕业论文，2006年。

69．《铁云藏匋》，刘鹗，载《刘鹗集》（下），吉林文史出版社，2007年。

70．《齐系文字研究》，张振谦，安徽大学博士学位论文，2008年。

71．《齐国陶文的研究》，刘伟，山东大学硕士学位论文，2008年。

72．《海岳楼金石丛拓》，王献唐，青岛出版社，2009年。

73．《寒金冷石文字》，王献唐，青岛出版社，2009年。

74．《临淄齐故城》，山东省文物考古研究所，文物出版社，2013年。

75．《步黟堂藏战国陶文遗珍》，唐存才，上海书画出版社，2013年。

76．《夕惕藏陶》，吕金成，齐鲁书社，2014年。

二 论文

1．《陈常匋釜考》，唐兰，载《国学季刊》第五卷第一期，1930年。

2．《平陵陈得立事岁陶考证》，张政烺，载《潜社史学论丛》1935年第三期；同文收入《张政烺文史论集》，中华书局，2004年。

3．《平陵陈得立事岁陶考证附录》，张政烺，载《潜社史学论丛》1935年第三期。

4．《吴大澂手书古匋文考释一、二》，吴大澂，载《国立北平图书馆馆刊》第九卷第四号插图，1935年7～8月。

5．《〈古陶文舂录〉序》，闻宥，载《励学》第1卷第6期，1936年。

6．《读〈古陶文舂录〉》，张政烺，载天津《益世报·读书周刊》，1937年。

7．《吴愙斋尺牍跋》，谢国桢，载《考古社刊》第6期，1937年。

8．《一件周代有字陶容器》，（美）林仰山，载《中国科学美术杂志》第71卷，1940年。

9．《古陶残器絮语》，王襄，载《燕京学报》第35期，1948年。

10．《战国题铭概述（上）》，李学勤，载《文物》1959年第7期。

11．《山东临淄齐故城试掘简报》，山东省文物管理处，载《考古》1961年第6期。

12．《山东邹县滕县古城址调查》，中国科学院考古研究所山东工作队，载《考古》1965年第12期。

13．《天津师院图书馆藏陶文选释》，李先登，载《天津师院学报》，1978年第2期。

14．《山东栖霞县大北庄发现东周墓》，栖霞县文化馆，载《文物》1979年第5期。

15．《战国匋文和玺印文字中的"者"字》，朱德熙，载《古文字研究》第1辑，中华书局，1979年。

16．《天津市文物考古工作三十年》（著录齐国陶文），编写组，文物出版社，1979年。

17．《山东滕县古遗址调查简报》，中国社会科学院考古研究所山东队、滕县博物馆，载《考古》1980年第1期。

18．《战国文字中的"市"》，裘锡圭，载《考古学报》1980年第3期。

19．《山东陶文的发现和著录》，李学勤，载《齐鲁学刊》1982年第5期；又载《缀古集》，上海古籍出版社，1998年。

20．《邾国故城出土的两件陶量》，邹县文物保管所朱承山，载《文物》1982年第3期。

21．《邾国陶量文字辨正》，受年，载《文物》1983年第3期。

22．《说繇》，曾宪通，载《古文字研究》第十辑，中华书局，1983年。

23．《战国古文字中所见有关廥的资料》，朱德熙，载《古文字学论集（初编）》，香港中文大学出版社，1983年；又载《出土文献研究（一）》，文物出版社，1985年。

24．《释战国陶文中的"敲"》，曹锦炎，载《考古》1984年第1期。

25．《战国"廪"字考察》，吴振武，载《考古与文物》1984年第4期。

26．《临淄国子墓和郎家墓的年代与墓主问题》，王恩田，载《考古与文物》1985年第6期。

27．《战国秦汉陶文研究概述》，郑超，载《古文字研究》第14辑，中华书局，1986年。

28．《齐陶新探》（附：《益都藏陶》），孙敬明，载《古文字研究》第14辑，中华书局，1986年。

29．《古文字释丛》，陈汉平，载《考古与文物》1986年第4期。

30．《山东诸城臧家庄与葛布口村战国墓》，山东诸城县博物馆，载《文物》1987年第12期。

31．《临淄齐故城内外新发现的陶文》，孙敬明、李剑、张龙海，载《文物》1988年第2期。

32．《潍淄流域的陶文》，孙敬明，载《中国文物报》1988年10月7日。

33．《邾国故城的陶文》，胡新立，载《中国文物报》1989年12月15日。

34．《齐、燕、邾、滕陶文的分类与题铭格式——新编全本〈季木藏陶〉介绍》，李零，载《管子学刊》1990年第1期。又见于《新编全本季木藏陶》，中华书局，1998年。

35．《〈古陶文汇编〉序》，高明，载《古陶文汇编》，中华书局，1990年。

36．《释亳》，郑杰祥，载《中原文物》1991年第1期。

37．《试说齐国陶文中的"钟"和"溢"》，吴振武，载《考古与文物》1991年第1期。

38．《古陶文释丛》，葛英会，载《文物季刊》1992年第3期。

39．《古陶杂志》，何琳仪，载《考古与文物》1992年第4期。

40．《燕齐陶文丛论》，李学勤，载《上海博物馆集刊》第6期，第170～173页，上海古籍出版社，1992年。

41．《古陶文研习札记》，葛英会，载《考古学研究》（一），北京大学考古系编，文物出版社，1992年。

42．《从临淄陶文看衙里制陶业》，高明，载《古文字研究》第19辑，中华书局，1992年。

43．《齐国陶文分期刍议》，孙敬明，载《古文字研究》第19辑，中华书局，1992年。

44．《齐国陶文史料研究例说》，孙敬明，载《齐文化纵论》，华龄出版社，1993年。

45．《山东邹平县苑城村出土陶文考释》，马良民、言家信，载《山东古文字研究》（《山东社联通讯》总72期），1993年6月。

46．《亭里陶文的解读与秦都咸阳的行政区划》，王学理，载《秦文化论丛》第1辑，西北大学出版社，1993年。

47．《陶文》，汤余惠，载《战国铭文选》，第95～107页，吉林大学出版社，1993年。

48．《略谈古代陶器符号、陶器图像和陶器文字》，高明，载《学术集林》卷二，上海远东出版社，1994年。

49．《齐陶文比较研究》，孙敬明，载《管子学刊》1994年第3期。

50．《齐陶文比较研究（续）》，孙敬明，载《管子学刊》1994年第4期。

51．《山东邹平县苑城村出土陶文考释》，马良民、言家信，载《文物》1994年第4期。

52．《山东邹平县苑城村出土陶文考释》，马良民、言家信，载《语言文字学》1994年第6期。

53．《齐於陵市和节陶文考》，刘钊，载《管子学刊》1994年第4期。

54．《〈簠斋论陶〉序》，陈继揆，载《文物天地》1994年第5期。

55．《最早的墓志——战国刻铭墓砖》，郑建芳，载《中国文物报》1994年6月19日。

56．《也谈邹城张庄的砖文》，李学勤，载《中国文物报》1994年8月14日；又载《缀古集》，上海古籍出版社，1998年。

57．《邾国故城出土的陶量》，郑建芳，载《中国文物报》1994年8月28日。

58．《古陶文形体研究》，周宝宏，吉林大学研究生院油印本，1994年。

59．《新出齐"陈棱"釜陶文考》，陈根远、陈洪，载《考古与文物》1995年第3期。

60．《山东章丘马彭北遗址调查简报》，济南市文化局文物处、章丘县博物馆，载《考古》1995年第4期。

61．《山东潍坊市博物馆收藏的三件战国记容陶罐》，王天政，载《考古》

1995年第10期。

62．《山东栖霞县大丁家村战国墓的清理》，李元章，载《考古》1995年第11期。

63．《〈古陶文字征〉订补》，陈伟武，载《中山大学学报》（社科版）1995年第1期。

64．《〈古陶文字征〉订补》，陈伟武，载《语言文字学》1995年第12期。

65．《论田齐陈固陶区》，李学勤，载《学习与探索》1995年第5期；又载《缀古集》，清华大学出版社，1998年。

66．《齐陶印文"於"字考》，施谢捷，载《印林》第17卷第4期，1996年。

67．《说"鎏"及其相关问题》，高明，载《考古》1996年第3期。

68．《山东栖霞市金山东周遗址的清理》，烟台市文管会、栖霞市文管处，载《考古》1996年第4期。

69．《山东临淄新发现的战国齐量》，魏成敏、朱玉德，载《考古》1996年第4期。

70．《齐国陶文地名考》，王恩田，载《考古与文物》1996年第4期。

71．《〈古陶文字征〉字头、出处、文例、说明等方面存在的问题》，杨泽生，载《江汉考古》1996年第4期。

72．《古陶文字（按语）》，徐畅，载《中国书法全集（4）·春秋战国刻石简牍帛书》，荣宝斋出版社，1996年。

73．《邾国故城的春秋陶量》，夏广泰、郑建芳，载《邹城瑰宝》，山东友谊出版社，1996年。

74．《邾国故城的陶文》，夏广泰、郑建芳，载《邹城瑰宝》，山东友谊出版社，1996年。

75．《陶文》，李学勤，载《失落的文明》，上海文艺出版社，1997年。

76．《古陶文考释三篇》，施谢捷，载《古汉语研究》1997年第3期。

77．《齐国故城陶窑遗址》，张龙海，载《管子学刊》1997年第3期。

78．《山东济南市天桥战国墓的清理》，于中航，载《考古》1997年第8期（市陶量）。

79．《古陶文字零释》，杨泽生，载《中国文字》第22期（李陆琦教授逝世纪念特刊），艺文印书馆，1997年。

80．《田齐陶文的"锤"》，李学勤，载《四海寻珍》，清华大学出版社，1998年。

81．《"右里"二量真伪辨》，王恩田，载《中国历史博物馆馆刊》1999年第1期。

82．《古陶器文字》，黄宾虹，载《黄宾虹金石篆印丛编》，赵志钧编，人民美术出版社，1999年。

83．《古陶文》，施蛰存，载《北山四窗》，上海文艺出版社，2000年。

84．《战国古陶文杂识》，苏建洲，载《中国文字》新26，艺文印书馆，2000年。

85．《古代典籍与出土资料中的陶、匋、窑——兼论商周金文旗帜字□及相关问题》，葛英会，载《考古学研究（四）》，科学出版社，2000年。

86．《山东平阴县古文化遗存调查简报》，济南市文化局文物处、平阴县博物馆筹建处，载《考古与文物》2001年第5期。

87．《从陶文看战国时期齐都近郊之制陶手工业》，孙敬明，载《古文字研究》第21辑，中华书局，2001年。

88．《齐国故城陶窑遗址的调查》，张龙海，载《临淄拾贝》，临淄中轩印务与有限责任公司，2001年。

89．《秦封泥与齐陶文中的"巷"字》，李学勤，载《陕西历史博物馆馆刊》第8辑，三秦出版社，2001年。

90．《日本国内收藏的古陶文字》，（日）松邨一德，篆刻美术馆，2001年12月。

91．《齐国陶文的几个问题》，许淑珍，载《齐鲁文博：山东省首届文物科学报告月文集》，齐鲁书社，2002年。

92．《临淄后李齐国陶文》，王守功、许淑珍，载《揖芬集——张政烺先生九十华诞纪念文集》，社会科学出版社，2002年。

93．《战国齐、燕、邾、滕四国三地陶文异形调查与研究》，邓小娟，载《中国文字研究》第3辑，广西教育出版社，2002年。

94．《古陶文字释丛》，徐在国，载《古文字研究》第23辑，中华书局等，2002年。

95．《（齐国）制陶业和相关制度》，董珊，载《战国题名与工官制度》，北京大学博士学位论文，2002年。

96．《山东即墨故城调查》，山东省文物考古研究所，载《华夏考古》2003年第1期。

97．《临淄齐国故城新出土陶文》，许淑珍，载《考古与文物》2003年第4期。

98．《释"节"——兼考新泰陶文"平阳市□之未议"》，吕金成，载《新泰文化》2003年第2期。

99．《新泰出土战国印迹陶文初考》，乾惕，载《泰安文史》2003年第2期。

100．《山东新泰出土战国印迹陶文初考》，乾惕，载《泰安文史》2003年第3期。

101．《有关新泰出土陶文的几个问题》，柳方来，载《新泰史学论文集》，泰安市新闻出版局，2003年。

102．《吉林市文物室藏古陶文》，吴振武、于闰杰、刘爽，载《史学集刊》

2004年第4期。

103．《山东新泰发现大批陶文》，刘延常、张庆法、孙英林，载《中国文物报》2004年7月16日。

104．《〈古陶文眷录〉重印序言》，裘锡圭，载《古陶文眷录》，上海古籍出版社，2004年。

105．《新泰出土平阳市□陶考》，马培林，载《古籍研究·2004年卷》（下），安徽大学出版社，2004年。

106．《观海山房藏齐国陶文概述》，衣雪峰，载《书法杂志》2005年第4期。

107．《陈介祺与中国金石学》，孙敬明，载《陈介祺学术思想及成就研讨会论文集》，西泠印社，2005年。

108．《陈介祺与陶文》，王恩田，载《陈介祺学术思想及成就研讨会论文集》，西泠印社，2005年。

109．《战国古陶文考》，（日）尾崎苍石，载《孤山證印——西泠印社国际印学峰会论文集》，西泠印社，2005年。

110．《从齐国文献看战国时齐国的社会经济——战国齐陶文与传世文献的比较研究》，陈家宁，载《中国社会经济史研究》2006年第3期。

111．《〈陶文图录〉序》，王恩田，齐鲁书社，2006年。

112．《陈簠斋之陶器考释文稿》，蒯宪，载《西泠印社·陈介祺研究专辑》总第9辑，荣宝斋出版社，2006年。

113．《齐国陶文几个问题的初步探讨》，郝导华、郭俊峰、禚柏红，载《齐鲁文化研究》第六辑，2007年。

114．《记黄宾虹〈陶鈢文字合证〉》，李学勤，载《神州国光·金石书画》（一），四川美术出版社，2007年。《通向文明之路》，商务印书馆，2010年。

115．《山东印社藏战国陶文考录》，吕金成，载《古籍研究·2008年卷》（上），安徽大学出版社，2008年。

116．《齐系陶文考释》，张振谦，载《安徽大学学报》（哲社版）2009年第4期。

117．《齐鲁陶文》，王献唐，载《海岳楼金石丛拓》，青岛出版社，2009年。

118．《陶文概说——兼论东周时期陶器印迹的艺术风格》，徐畅，载《印学研究》第二辑，齐鲁书社，2010年。

119．《新泰齐国官量陶文的发现与初步探索》，王恩田，载《印学研究》第二辑，齐鲁书社，2010年。

120．《新泰"立事"陶文研究》，卫松涛、徐军平，载《印学研究》第二辑，齐鲁书社，2010年。

121．《齐国铭陶十三器》，吕金成、李宁，载《印学研究》第二辑，齐鲁书社，2010年。

122．《陈介祺与陶文的发现、收藏及研究》，陆明君，载《印学研究》第二辑，齐鲁书社，2010年。

123．《陈介祺的几方古陶文题跋》，徐在国，载《印学研究》第二辑，齐鲁书社，2010年。

124．《季木藏陶二三事——读〈新编全本季木藏陶〉》，王恩田、王戎，载《印学研究》第二辑，齐鲁书社，2010年。

125．《孙文楷陶文著述考略》，吕金成，载《印学研究》第二辑，齐鲁书社，2010年。

126．《陶文论著目》，徐在国，载《印学研究》第二辑，齐鲁书社，2010年。

127．《齐国陶文与田氏代齐研究》，李宝垒，载《齐鲁文化研究》第九辑，2010年。

128．《新泰陶文考》，张振谦，《河北大学学报（哲学社会科学版）》2010年第4期。

129．《考古新得齐陶三则跋》，孙敬明，载《东方考古》第8辑，科学出版社，2011年。

130．《寿光北部盐业遗址发坝齐陶文及其意义》，刘海宇，载《东方考古》第8辑，2011年。

131．《方孔圆钱的起源与赗化铸行时间的关系——战国陶文和赗化钱文比较研究》，李鸿祥，载《齐鲁钱币（第二期）》，2011年。

132．《从齐国陶文看齐国"乡""里"等行政单位》，汪太舟，载《安徽文学（下半月）》2011年第10期。

133．《陶文研究的进展》，徐畅，载《青少年书法》2011年第6期。

134．《新泰出土陶文十品》，任相宏，载《东方考古》第9集，科学出版社，2012年。

135．《谈齐陶文中的"陈贺"》，徐在国，载《安徽大学学报（哲学社会科学版）》2013年第1期。

136．《山东博物馆藏五官印考》，卫松涛，载《印学研究（2014辑）》，文物出版社，2014年。

附表一 齐铭立事统计表

立事者	分类	铭文	收录	备注
陈得	陈得	陈得	《陶文图录》[a] 2.15.3	
		陈得	《夕惕藏陶》[b] I 04-1-1	莱芜
		……陈得……	《夕惕藏陶》 I 03-2-1	刻划，传出沂水
		…… [陈] 得再……	《步野堂藏战国陶文遗珍》[c]第158页	刻划，传出沂水
	间间陈得	间陈得平陵□□□□	《古陶文汇编》3.41 《陶文图录》2.13.1	
		间间陈得立彊	本书	新泰
		间间陈得立翰		
	平陵陈得	平陵陈得立事岁邘公	《古陶文汇编》3.21 《陶文图录》2.6.3	
		平陵陈得不悆？王釜	《古陶文汇编》3.22, 3.23, 3.24 《新编全本季木藏陶》0001 《陶文图录》2.13.2, 2.14.1, 2.14.2, 2.14.3, 2.14.4	
		平陵陈得不悆？王釜; 鄑市师釜	《燕齐陶文丛论》[d]	伏户

续附表一

立事者	分类	铭文	收录	备注
陈得	平陵陈得	平陵陈得	本书	新泰
	瘄尚陈得	瘄尚陈得再左里敀亳豆	《古陶文汇编》3.26《陶文图录》1.15.1、2.15.2《齐陶新探（附益都郡藏[陶]）》^e	有界栏
		瘄尚陈得再左里敀亳豆郾市师玺	《燕齐陶文丛论》	黄质《陶玺文字合证》
		唯王五年、莫阳陈得立事岁、孟冬戊辰、大藏孤、陈璋内伐燕亳邦之获。	《殷周金文集成》15.9703	金文、陈璋方壶
		廿二、重金络壶、受一㪷五口。唯王五年、莫阳陈得立事岁、孟冬戊辰、齐藏孤、陈璋内伐燕亳邦之获。	《殷周金文集成》16.09975	金文、陈璋壶、出土于盱眙
	郑阳陈得	莫阳陈得三	《古陶文汇编》3.19《新编全本季木藏[陶]》0028	玺印
		塞阳陈得叁	《古陶文汇编》3.20	玺印
		塞阳陈得叁絮	本书	
		塞阳陈得叁亳		
		塞阳陈得叁斛		
		塞阳陈得叁胖		新泰

续附表一

立事者	分类	铭文	收录	备注
陈喜	棻陈得	棻陈得叁䐤	本书	新泰
		棻陈得叁胖		
		棻陈得叁僕		
		棻陈得叁䘓		
		[棻]陈得……	《古陶文汇编》[g]3.25 《新编全本季木藏陶》[h]0002 《陶文图录》2.15.4	
	陈喜（?）	陈喜（?）立事岁平陵薾釜	《古陶文汇编》3.39	
	北郭陈喜	北郭陈喜僕	本书	新泰
		北郭陈喜疆		
		北郭陈喜丁		
		北郭陈喜朹		
	陈喜	陈喜再立岁，飤月巳酉，为左大族，台（以）寺（持）民（累），各敢为尊壶九。	《陈喜壶》[i]15.9700 《殷周金文集成》	金文，铜壶，山西博物院

续附表一

立事者	分类	铭文	收录	备注
陈固	陈固	陈固立左□□	《古陶文汇编》3.30	
		陈固右廪亳釜	《古陶文汇编》3.31 《陶文图录》2.7.1	
	昌樊陈固	昌樊陈固南左里敀亳区	《古陶文汇编》3.27、3.29 《天津师院图书馆藏陶文选释》 《新编全本季木藏陶》0009 [j] 《陶文图录》2.5.4、2.6.1、2.6.2	
		昌樊陈固南左里敀亳豆	《古陶文汇编》3.28	
		昌樊陈固北左里敀亳豆	《古陶文汇编》3.38	
		[昌] [樊] 固南左里敀亳釜	《陶文图录》2.6.4	
		昌樊陈固南右里敀亳釜	《步野堂藏栈园陶文遗珍》第3项	界栏
		昌樊陈固南左里敀亳区； 左廪涌玺	《论田齐陈固陶印》[k]	游寿藏 一器两印
		昌樊陈固北左里敀亳釜	《燕齐陶文丛论》	簠斋旧拓本
陈赏	陈赏	陈赏……故亳	《陶文图录》2.4.4	

续附表一

立事者	分类	铭文	收录	备注
陈賫	平门内陈賫	平门内□賫左里敀毫□	《古陶文汇编》3.34	
		平门内陈□賫左里……	《陶文图录》2.5.2	
		平门内□賫左……敀毫□	《陶文图录》2.5.1	
		平门内陈賫左里敀市毫区	《夕惕藏陶》I 01-4-1	
		平门内陈賫左里敀市毫区	《燕齐陶文丛论》	书道博物馆
		平门内陈賫左里敀市毫□；不其市节	《燕齐陶文丛论》	权玺斋拓本
	异者陈賫	异者陈賫再□莫毫金	《燕齐陶文丛论》	《读古陶文记》
	因尚陈賫	因尚陈賫再……	《陶文图录》2.4.2	界栏
	内郭陈賫	内郭陈賫叁立事左里敀毫区	《古陶文汇编》3.35 《新编全本季木藏陶》0011 《陶文图录》2.3.3	
		内郭陈賫叁立事左里敀毫豆	《古陶文汇编》3.36,3.37 《新编全本季木藏陶》0010 《陶文图录》2.3.2	
		内郭陈賫叁立事□里　毫□	《陶文图录》2.3.4 《临淄齐故城》第502页，图413:6	临淄

续附表一

立事者	分类	铭文	收录	备注
陈贵	阖门（内郭）陈贵	阖门（内郭）陈贵叁合平虆节	《燕齐陶文丛论》	簠斋拓本
	堵门陈贵	堵门……贵……故……	《陶文图录》2.4.1 《燕齐陶文丛论》	簠斋拓本
	易者陈贵	易者陈贵□□故亳□	《燕齐陶文丛论》	望文生义斋拓本
	王孙陈贵	王孙陈贵左……	《陶文图录》2.4.3	界栏
陈棱	陈棱	陈棱再立事岁左里敀亳□	《燕齐陶文丛论》	周森拓本
		陈棱再立事左里敀亳釜	《临淄齐故城内外新发现的陶文》[III] 2.11.1 《陶文图录》第502页，图413:9 《临淄齐故城》	临淄
		陈棱再立事左里敀亳釜	《临淄齐故城》图版四二，2（左）	
		陈棱□敀亳□	《陶文图录》2.11.3	
		陈棱左敀亳区	《古陶文汇编》3.14	
	华门陈棱	华门陈棱叁左里敀亳豆；齐大	《古陶文汇编》3.6	劳刻齐大二字
		华门棱再□□敀亳□	《古陶文汇编》3.7 《新编全本季木藏陶》0005 《陶文图录》2.9.3	

续附表一

立事者	分类	铭文	收录	备注
陈棱	华门陈棱	华门陈棱再左里敀亳区	《陶文图录》2.10.3 《临淄齐故城》第502页，图413:3	临淄
		华门陈棱叁左里敀亳区	《古陶文汇编》3.10	
		华门陈棱叁左里敀□亳	《陶文图录》2.10.4	
		华门陈棱再左……	《古陶文汇编》3.9 《新编全本季木藏陶》0004 《陶文图录》2.10.2	
		华门……棱再左□敀亳□	《陶文图录》2.9.1 《临淄齐故城》第502页，图413:4	
		华门陈棱再左里敀亳釜	《陶文图录》2.10.1 《临淄齐故城》第502页，图413:1	临淄
		华门陈棱再左里敀亳釜	《临淄齐故城》第520页，图441:1	
		华门陈棱再左里敀亳釜	《陶文图录》2.655.1	
		华门陈棱再左里敀亳釜	《临淄齐故城》图版四二，2（右）	
		□门陈棱再左里敀亳釜	《临淄齐故城》第502页，图413:7	
		华门陈棱叁左里敀亳□	《古陶文汇编》3.11	
	王孙陈棱	王孙陈棱再左里敀亳区	《古陶文汇编》3.12 《陶文图录》2.8.1	
		王孙陈棱□事岁左……亳区	《陶文图录》2.8.2	

续附表一

立事者	分类	铭文	收录	备注
陈棱	王孙陈棱	王孙陈棱立事岁左里敀亳区	《古陶文汇编》3.13 《新编全本季木藏陶》0003 《陶文图录》2.8.3	
		王孙陈棱右敀钧亳区	《古陶文汇编》3.16 《陶文图录》2.9.4	
		王孙陈棱立事岁左……	《陶文图录》2.8.4	
		王孙……棱……	《陶文图录》2.12.1	
	句华钅门陈棱	句华钅门陈棱再部虡钧亳釜节	《山东邹平县苑城村出土陶文考释》[n] 《陶文图录》2.7.2	邹平
陈泆	陈泆	陈泆□□……	《古陶文汇编》3.54	
	王孙陈泆	王孙□这左里敀亳釜	《古陶文汇编》3.15 《新编全本季木藏陶》0013 《陶文图录》2.5.3	
陈棓	陈棓	陈棓三立事岁右虞釜	《古陶文汇编》3.1 《陶文图录》2.17.2	陶印
		陈棓立事□	《古陶文汇编》3.4	
		陈棓缶（陶）兹厂迓□	《山东博物馆藏五官印考》[o]	
		陈棓	本书	新泰

续附表一

立事者	分类	铭文	收录	备注
陈向	陈向	陈向立事岁□之王釜	《古陶文汇编》3.5 《陶文图录》2.1.1	刻划
		陈向立事岁淄之王釜也	《陈常陶釜考》p	
陈华	陈华	陈华右句莫□亳釜	《古陶文汇编》3.47	箇簅拓本
		……华……左廪……釜	《燕齐陶文丛论》	
		陈华	本书	新泰
陈平	陈平	陈平□……	《古陶文汇编》3.49	
陈道	陈道	陈道立事左釜	《古陶文汇编》3.3	
陈瘩	陈瘩	陈瘩立事岁廩釜	《陶文图录》2.645.1	
陈和忎	陈和忎	陈和忎左廪	《山东滕县古遗址调查简报》q 《陶文图录》2.16.4	滕州古滕城文公台
陈悆	陈悆	陈悆	《天津市文物考古工作三十年》r 《陶文图录》2.17.1	
		陈悆立事丁		新泰
		陈悆立事鞘	《古陶文汇编》3.53 《陶文图录》2.18.2	
		陈悆立事僕	本书	

续附表一

立事者	分类	铭文	收录	备注
陈苍	陈苍	陈苍立事岁	《古陶文汇编》3.42	
	……陈苍	……陈苍……	《步野堂藏战国陶文遗珍》第153页	刻划，传出沂水
	……陈苍	……[陈]苍……	《步野堂藏战国陶文遗珍》第155页	刻划，传出沂水
陈窦	陈窦	陈窦立事岁安邑皂釜	《古陶文汇编》3.2 《新编全本季木藏[陶]》0027 《陶文图录》2.646.1	玺印
陈石	陈石	陈石	《古陶文汇编》3.44 《新编全本季木藏[陶]》0023 《陶文图录》2.18.3	
陈唇?	陈唇?	陈唇?	《古陶文汇编》3.45 《新编全本季木藏[陶]》0022 《陶文图录》2.18.4	
陈□	陈□	陈□	《古陶文汇编》3.49	
陈慭	陈慭	□嗣陈慭左皈□均釜	《燕齐陶文丛论》[s]	方清霖拓本
陈戢	陈戢	陈戢	《古陶文汇编》3.50,3.51 《新编全本季木藏[陶]》0024 《陶文图录》2.18.1	

续附表一

立事者	分类	铭文	收录	备注
陈戢	陈戢	陈戢立事翰	本书	新泰
		陈戢立事		
		陈戢立事缰		
陈宴	陈宴	陈宴再 [?]		
		陈宴再立胖		
		陈宴再翰		
		陈宴再㲋		
陈ㄐ	陈ㄐ	陈ㄐ立事丁		
陈佗	陈佗	陈佗立事僕		
		陈佗立事丁		
		陈佗立事机		
陈志	陈志	陈志		
陈耆	陈耆	陈耆		

续附表一

立事者	分类	铭文	收录	备注
陈□	陈□	陈□立……	《古陶文汇编》3.58	
陈中山	陈中山	陈中山鄙		
		陈中山		
		陈中山立桁		
陈桓	陈桓	陈桓亳	本书	新秦
		陈桓		
		陈桓鄙		
		陈桓鏊		
		陈桓		
		陈桓	《古陶文汇编》3.52 《新编全本季木藏陶》0021 《陶文图录》2.15.5	
陈杅	南郭陈杅	南郭陈杅□……	《新编全本季木藏陶》0016	
陈迷	陈迷	陈迷立事……	《陶文图录》2.2.1	刻划

续附表一

立事者	分类	铭文	收录	备注
陈吉	……门内陈吉……	……门内王……陈吉……宅……	《陶文图录》2.2.2	网格
陈醬	陈醬	陈醬左关廪釜	《陶文图录》2.16.1	
陈不愳	……陈不愳……	……陈不愳……	《步黟堂藏战国陶文遗珍》第151页	新泰
	陈不愳	陈不愳	本书	
陈遇	……陈遇	……陈遇立事……	《步黟堂藏战国陶文遗珍》第149页	刻划,传出沂水
陈頙	……陈頙	……陈頙……	《步黟堂藏战国陶文遗珍》第161页	刻划,传出沂水
	陈頙	陈頙	本书	新泰
陈□	子禾子釜	陈□立事岁,褧月丙午,子禾子□□内者御稆市,□命諆陈得,左关节于廪釜,关人筑桿戚釜,闭料于□外,□釜而車人制之,御关人□□□□丁事,赎人□□□□□□□□丁□□厥辟□殺,赎合金半钧,□命台金,□命台□犀,于丁事区夫,丘关立□釜。	《殷周金文集成》16.10374《中国古代度量衡图集》第41页图78	铜量具釜
陈纯	陈纯釜	陈献立事岁,□月戊寅,□日戊寅,于兹安陵亭,命左关师发敕左关之釜,节于廪釜,敦者曰陈纯。	《殷周金文集成》16.10371《中国古代度量衡图集》第42页图79	铜量具釜

续附表一

立事者	分类	铭文	收录	备注
陈是戈	陈是戈	（陈）是立事岁，右工䤿。	《殷周金文集成》17.11259	铜兵器
陈嫚	公孙潮子镈（7件）	陈嫚立事岁十月己亥营公孙潮子造器	《山东诸城县臧家庄与葛布口村战国墓》[u]	铜乐器
	公孙潮子钟（9件）	陈嫚立事岁十月己亥营公孙潮子造器也		
国差（佐）	国差（佐）缶	国差（佐）立事岁，咸丁亥，攻师口铸西墉宝鐈四秉，用实旨酒，侯氏受福眉寿，卑旨卑潽，侯氏毋疴毋痏，齐邦鼏静静安宁，子子孙孙，永保用之。	《殷周金文集成》16.10361	铜器，春秋
公孙造	公孙造壶	公孙造立事岁，饭者月，公子土折作子仲姜口之般壶，用祈眉寿，万年永保其身，子子孙孙永永保用之。	《殷周金文集成》15.9709	铜器，春秋

共43位不同的立事人，其中明确的陈氏立事人41名。

a. 王恩田：《陶文图录》，齐鲁书社，2006年。
b. 吕金成：《夕惕藏陶》，山东画报出版社，2014年。
c. 唐存才：《步黟堂藏战国陶文遗珍》，上海书画出版社，2013年。
d. 李学勤：《燕齐陶文丛论》，《上海博物馆集刊》第5期，上海古籍出版社，1992年。
e. 孙敬明：《齐陶新探（附益都陶）》，《古文字研究》第十四辑，中华书局，1986年。
f. 中国社会科学院考古研究所：《殷周金文集成》，中华书局，1994年。
g. 高明：《古陶文汇编》，中华书局，1990年。

h. 周进集藏，周绍良整理，李零分类考释《新编全本季木藏陶》，中华书局，1998年。

i. 马承源：《陈喜壶》，《文物》1961年第2期。

j. 李先登：《天津师院院图书馆藏陶文选释》，《天津师院学报》1978年第2期。

k. 李学勤：《论田齐陈固陶文》，《学习与探索》，1995年第5期。

l. 山东省文物考古研究所：《临淄齐故城》，文物出版社，2013年。

m. 孙敬明，李剑，张龙海：《临淄齐故城内外新发现的陶文》，《文物》1988年第2期。

n. 马良民，言家信：《山东邹平县苑城村出土陶文考释》，《文物》1994年第4期。

o. 卫松涛：《山东博物馆藏五官印考》，《印学研究（2014）》，文物出版社，2014年。

p. 唐兰：《陈常陶釜考》，《国学季刊》1935年5卷1期，文称董莲池自藏拓本集。

q. 中国社会科学院考古研究所山东队，滕县博物馆：《山东滕县古遗址调查简报》，《考古》1980年第1期。

r. 天津市文物考古工作三十年》编写组：《天津市文物考古工作三十年》，《文物考古工作三十年》第24页，文物出版社，1979年。

s. 李学勤：《燕齐陶文丛论》，《上海博物馆集刊》第5期，上海古籍出版社，1992年。

t. 国家计量总局，中国历史博物馆等：《中国古代度量衡图集》，文物出版社，1984年。

u. 诸城县博物馆：《山东诸城县藏家庄与葛布口村战国墓》，《文物》1987年第12期。

附表二 齐国量具相关文物

级别	名 称	铭 文	容积（毫升）	收 录	出土地	收藏地	备 注
升	东齐量2	右里㝬铭	204（水）	魏成敏、朱玉德：《山东临淄新发现的战国齐量》，《考古》1996年第4期，第24～28页。	临淄	临淄齐故城博物馆	器高6.2、口径7.2～8.2、底径5.6、柄长4.8厘米。铜质。
	刘家铜量2	□营乡□里	205（水）	魏成敏、朱玉德：《山东临淄新发现的战国齐量》，《考古》1996年第4期，第24～28页。	临淄	山东省文物考古研究所	通长14.8、器高柄端5.9、前端6.1、口径8.1、底径5.5～5.7、柄长6.8厘米。铜质。
	右里量（小）	右里㝬铭	206（小米）	国家计量总局：《中国古代度量衡图集》八九，文物出版社，1981年。	传出临淄	中国国家博物馆	右里量器：全长14.5、高6.1、口径8.1、容206毫升。铜质，陈介祺旧藏。
	阚家陶量	王粁	209（水）	魏成敏、朱玉德：《山东临淄新发现的战国齐量》，《考古》1996年第4期，第24～28页。	临淄	临淄齐故城博物馆	器高7.4、口径（复原）7.6、底径6.2、最大腹外径8.6厘米。陶质，杯状。

续附表二

级别	名称	铭文	容积（毫升）	收录	出土地	收藏地	备注
升	齐博陶量	王卒耤	210（水）	魏成敏、朱玉德：《山东临淄新发现的战国齐量》，《考古》1996年第4期，第24~28页。孙敬明《临淄齐故城内外新发现的陶文》，《文物》1988年第2期，第81~88页。	临淄	临淄齐故城博物馆	高约7.8、口径8.2、底径4厘米。陶质，杯状。
	王升陶量	王耤	200（小米）	吕金成：《夕惕藏陶》，第3页，山东画报出版社，2014年。	传出临淄	山东博物馆	高7.8、口径7.7厘米。
	齐升陶量	齐；耤	188？	山东省文物考古研究所《临淄齐故城》第370页，文物出版社，2013年。	临淄	山东省文物考古研究所	复原口径10、底径5.6、通高6.3、厚0.6厘米。根据报告提供线图计算，容量约210毫升。由于是残片，误差较大，不作容量计论。
	东齐量1	右里夜铭	1024（水）	魏成敏、朱玉德：《山东临淄新发现的战国齐量》，《考古》1996年第4期，第24~28页。	临淄	临淄齐故城博物馆	器高9.7、口径13.9、底径10.2、柄长10厘米。铜质。
豆	右里量（大）	右里夜铭	1025（小米）	国家计量总局：《中国古代度量衡图集》九〇，文物出版社，1981年。	传出临淄	中国国家博物馆	全长24.4、高9.4、口径13.2厘米，容1025毫升。铜质，陈介祺旧藏。

续附表二

级别	名　称	铭　文	容积（毫升）	收　录	出土地	收藏地	备　注
	刘家铜量1	□宫乡□里	1025（水）	魏成敏、朱玉德：《山东临淄新发现的战国齐量》，《考古》1996年第4期，第24～28页	临淄	山东省文物考古研究所	通长24.2，器高端9.9，前端10.1，口径13.9，底径10.2，柄长10.4厘米。铜质。
	陈　量	陈麿立事岁廪釜	不详	中国社会科学院考古研究所、滕县博物馆：《山东滕县遗址调查简报》，《考古》1980年第1期。	滕州	滕州市博物馆	高9.9，口径15.8厘米。似为豆一级陶量，容量不明。
豆	公豆陶量	公豆；大夏阳寿所□	1300（小米）	国家计量总局：《中国古代度量衡图集》八六，文物出版社，1981年。	传出临淄	中国国家博物馆	高11.6、口径14.9厘米。
	公豆陶量	公豆	1250（小米）	吕金成：《夕惕藏陶》第4页，山东画报出版社，2012年。	传出临淄	山东博物馆	高11.5、口径15.4厘米。

续附表二

级别	名称	铭文	容积（毫升）	收录	出土地	收藏地	备注
鍸	左关鍸	左关之鍸	2070	国家计量总局：《中国古代度量衡图集》八〇，文物出版社，1981年。	胶县灵山卫	上海博物馆	通高10.8，口径19.4厘米。
	济南市市陶量	市	4220（小米）4226（水）	于中航：《山东济南市天桥战国墓的清理》，《考古》1997年第8期。国家计量总局：《中国古代度量衡图集》八八，文物出版社，1981年。	济南	济南市博物馆	a.高16.2，深15.0，口径18.5厘米；b.高15.9，深14.7，口径18.5厘米。
区	公区陶量	公区；蓳阳譫里人㼔	4847（小米）	国家计量总局：《中国古代度量衡图集》八七，文物出版社，1981年。	传出临淄	中国国家博物馆	高17，口径20.5厘米。完整器。
	公区陶量	公区；蓳阳譫里人㼔	4800（小米）	吕金成：《夕惕藏陶》，第10页，山东画报出版社，2014年。	传出临淄	山东博物馆	高17.5，口径20.8厘米，容4800毫升。修复。

续附表二

级别	名称	铭文	容积（毫升）	收录	出土地	收藏地	备注
釜	子禾子釜	陈□立事岁，稷月丙午，子禾子□□内者陈镖粕市，□命诐陈得，左关釜节于廪釜，关镖节于廪釜，闭料关人筑，廪釜、□釜而立关于□外，□釜而車人制之，而台发退如关人，不用命则黄之，□釜人□□丁事，中廪合金半釜，□□丁刑斤釜，釜台金半釜□命钧，□□丁□厥辟□殽，赎台□犀，□命者、丁丁事区夫，丘关之釜。	20460	《殷周金文集成》16.10374。《三代吉金文存》18.23.2。《两周金文辞大系图录考释》261.2《山东金文集存》齐20.3。国家计量总局：《中国古代度量衡图集》七八，文物出版社，1981年。《山东金文集成》728。	1857胶县灵山卫	中国国家博物馆	高38.5，口径22.3，腹径31.8，底径19厘米，容20460毫升。铜质。
釜	陈纯釜	陈猷立事岁，□月戊寅，于兹安陵亭，命左关师发敕左关之釜、节于廪釜，敦者曰际纯。	20580	《殷周金文集成》16.10371。《三代吉金文存》18.23.1《两周金文辞大系图录考释》262.1 齐21《山东金文集存》729。《山东金文集成》七九。国家计量总局：《中国古代度量衡图集》七九，文物出版社，1981年。	1857胶县灵山卫	上海博物馆	高39，口径23，腹径32.6，底径18厘米，容20580毫升。铜质。

续附表二

级别	名　称	铭　文	容积(毫升)	收　录	出土地	收藏地	备　注
	无铭釜	无	约20000	吕金成：《夕惕藏陶》，第10页，山东画报出版社，2014年。	传出沂水	个人(农夫山房)	具体尺寸不详。
釜	邹城廪陶量1	廪	20000(小米)	国家计量总局：《中国古代度量衡图集》九一，文物出版社，1981年。	邹城市邾国故城	山东博物馆	高33.2，口径30，底径23厘米，容20000毫升。国别不详。
	邹城廪陶量2	廪	20200(小米)	国家计量总局：《中国古代度量衡图集》九二，文物出版社，1981年。	原齐鲁大学收藏	山东博物馆	高31.9，口径31，底径23.5厘米，容20200毫升。国别不详。
	邹城廪陶量3	廪	19520	济宁市文物局：《济宁文物珍品》，文物出版社，2010年。	邹城市邾国故城	邹城市博物馆	高33，口径31厘米。国别不详。

附表三　新泰出土陶文字编

H10	H28	H44	H77	H94	H106
H9	H27	H43	H64	H93	H104
H8	H26	H38	H62	H90	H102
H7	H17	H37	H60	H88	H101
H6	H15	H36	H57	H87	H100
H5	H14	H35	H55	H85	H99
H3	H13	H34	H49	H83	H98
H2	H12	H32	H47	H80	H97
H1	H11	H31	H45	H78	H96

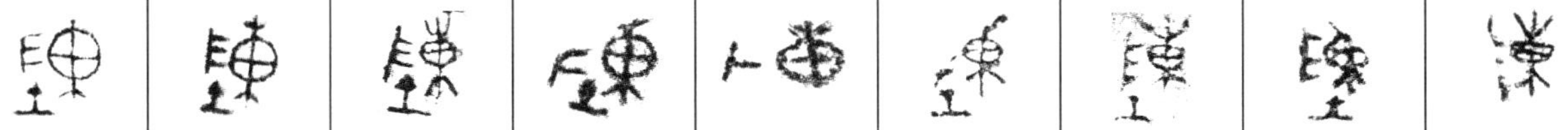

陈
立事人
姓氏

续附表三

H122	L4	W1	W12	W27	W42
H120	L3	LMY1	W11	W26	W41
H119	L2	L13	W10	W25	W40
H115	L1	L12	W9	W22	W39
H114	H133	L10	W6	W19	W38
H113	H127	L9	W5	W18	W35
H110	H126	L8	W4	W17	W31
H109	H125	L7	W3	W15	W30
H107	H123	L6	W2	W14	W28

陈立事人姓氏

续附表三

W59	W69	W88	W98	W108	W124
W58	W68	W87	W97	W107	W123
W54	W67	W85	W95	W106	W122
W52	W66	W84	W94	W105	W121
W51	W65	W82	W93	W103	W119
W50	W63	W81	W92	W102	W118
W49	W62	W80	W91	W101	W117
W48	W61	W71	W90	W100	W116
W45	W60	W70	W89	W99	W109

陈立事人姓氏

续附表三

					得立事人人名用字
W137	W153	W169	W199		H83
W136	W152	W166	W198		H82
W135	W151	W165	W185		H58
W134	W150	W160	W183	X5	H55
W132	W148	W159	W182	X3	H28
W131	W147	W158	W181	X1	H25
W129	W144	W157	W180	W217	H6
W128	W140	W155	W179	W215	H5
W125	W139	W154	W174	W214	H1
陈立事人姓氏					得立事人人名用字

续附表三

W18	W35	W85	W111	L14	
W17	W33	W47	W110	L7	
W16	W27	W45	W109	L5	
W13	W26	W44	W108	L4	
W10	W25	W43	W104	L3	
W5	W24	W42	W102	W173	
W3	W23	W41	W101	W172	X5
W2	W21	W38	W100	W171	X1
W1	W20	W36	W86	W112	LMY：1

得
立事人
人名用字

续附表三

W61	W76		W90	W178	W105
W60	W71		W89	W100	W103
W50	W70		L2	W99	W102
W49	W69		H133	W98	L9
L13	W68	W88	H99	W97	L8
H77	W67	W83	H97	W96	H122
H38	W66	W82	H96	W93	H121
H32	W65	W81	H80	W92	H36
H27	W63	W77	H43	W91	H8
喜 立事人 人名用字			惄 立事人 人名用字		戬 立事人 人名用字

续附表三

戠 立事人 人名用字	W106	W107	W108	W112	W113	W114	W211		
复 立事人 人名用字	H118	W116	W117	W118	W119	W121	W122	W123	W125
	W127								
丩 立事人 人名用字	W128								
佗 立事人 人名用字	H26	H98	H113	L11					
中 立事人 人名用字	H9	H14	W130	W131	W132	W133	W134		

续附表三

山 立事人 人名用字			担 立事人 人名用字			頤 立事人 人名用字	不 立事人 人名用字
		L10		H120	W146		
					W144		
				H119	W142		
W134	H90	W140				W175	
W133	H56	W139				W152	
W132	H7	W138				W151	
W130	H4	W137				H94	W159
H117	H3	W136	W148			H93	W157
H9	H2	W135	W147			H57	H124

续附表三

廣 立事人 人名用字	H124	W157	W158	W159
圈 立事人 人名用字	H125			
志 立事人 人名用字	X6	X160	L12	
育 立事人 人名用字	H114	H115	H116	
桶 立事人 人名用字	H123			
华 立事人 人名用字	W165			

续附表三

W114	W113	W112	W63	W61	W60	W37	W35	H121	W164
H118	H107	H105	H97	H90	H53	H44	H32	H30	
W22	W19	W18	W17	W16	L13	H133	H128	H122	
W107	W106	W100	W55	W54	W52	W49	W39	W38	
							W110	W108	

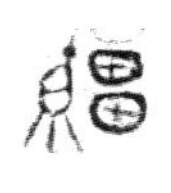

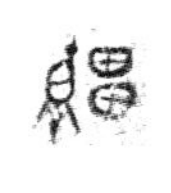

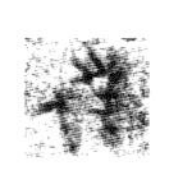

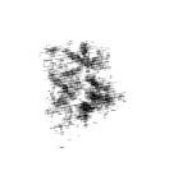

鎧　立事陶文　陶工人名用字

僕　立事陶文　陶工人名用字

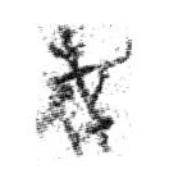

续附表三

H61	H7	W119	W195		
H56	W3	W105	W188		
H46	W2	W103	W146		
H15	W1	W102	W145		W189
H9	LMY1	W99	W134		W149
H4	L9	W98	W133		W43
H3	H127	W97	W132	X3	L10
H2	H112	W47	W121	W216	H59
H1	H100	W41	W120	W196	H24

罶
立事陶文
陶工人名用字

窭
立事陶文
陶工人名用字

续附表三

亳 立事陶文 陶工人名用字		胖 立事陶文 陶工人名用字			丁 立事陶文 陶工人名用字	
	W9	W142			W69	W128
	L6	W141			W68	W96
	H119	W140			W67	W92
	H110	W139			W66	W91
W138	H109	W118			W65	W89
W137	H102	W15			L13	W76
W136	H101	W14	X1		L2	W74
W45	H45	W12	W186		H99	W73
H120	H7	W11	W143		H26	W72

续附表三

	籾 立事陶文 陶工人名用字	䢊 立事陶文 陶工人名用字	桁 立事陶文 陶工人名用字	枼 地名用字
	H113	H17	W33	W130
	W81	H83	W34	W131
	W82	L3	W125	H110
	W83	L4	W126	H111
		W27	W127	L3
		W28	X5	L4
		W30		L5
		W31		L7
		W32		LFL4
				W1

H109	H110	H111	L3	L4	L5	L7	LFL4	W1
H25	H45	H55	H68	H83	H85	H86	H87	H106

续附表三

菜 地名用字			昌 地名用字		闾 地名用字	薹 地名用字
W19	W172					W47
W17	W169					W46
W16	W112					W45
W13	W28		W41			W44
W10	W27		W39			W43
W6	W26		W38	W41		W42
W4	W25		W36	W39		H102
W3	W23	X5	W35	W38		H101
W2	W20	X1	H58	W35		H100

续附表三

鎣 地名用字	阳 地名用字	平 地名用字	险 地名用字	北 地名用字	
	XNG1			H76	W59
	H102	XNG1		H48	W54
	W166	W163		H38	W53
	W163	H104		H37	W52
	W44	H103	H104	H35	W51
	W43	H81	H103	H34	W50
W168	W42	H60	H81	H32	W49
W167	H101	H6	H6	H31	L13
W166	H100	H5	H5	H27	H95

北　地名用字				郭　地名用字		
W70	W85			H95	W59	W69
W69	W84			H148	W58	W68
W68	W83			H38	W55	W67
W67	W81			H37	W54	W66
W66	W79			H35	W52	W65
W65	W75	W177		H34	W51	W63
W62	W73	W176		H32	W50	W62
W61	W72	W174		H30	W49	W61
W60	W71	W86		H27	L13	W60

续附表三

郭 地名用字									立				
W83	W82	W81	W79	W75	W73	W72	W71	W70	H43	H113	W39	W103	
						W86	W85	W84	H36	H99	W38	W102	
									H26	H98	W35	W97	
									H15	H97	L9	W94	
									H13	H80	L2	W93	
									H11	H79	H126	W91	
									H10	H66	H122	W90	
									H8	H47	H118	W89	
									H1	H44	H117	W41	

续附表三

立		事			
W130		H43	H122	W93	W106
W128		H36	H121	W92	W105
W118		H26	H113	W91	W103
W115		H15	H99	W90	W102
W112		H13	H98	W89	W100
W109	W201	H11	H97	L13	W98
W108	W194	H10	H80	L9	W97
W107	W192	H8	H47	L2	W96
W106	W131	H1	H44	H133	W94

W187	W123		H100	L7	W18
W178	W121		H87	L5	W17
W128	W120		H85	L4	W16
W114	W119		H83	L3	W14
W113	W118		H82	H109	W11
W112	W116	X3	H55	H107	W9
W110	L1	W126	H52	H105	W3
W108	H42	W125	H45	H102	W1
W107'	H12	W124	H17	H101	LMY1
事	再				叁

续附表三

续附表三

类别	陶文编号
叁	W19、W45、W22、W27、W28、W30、W31、W33、W42、W43、H110、W166、W173、X1、X5
廪	W163
市	XNG1
匿（藏）单字陶文，或为人名	2002XXW：1、2002XXW：2、2002XXW：3、2002XXW：4、2002XXW：5
黑 单字陶文，或为人名	2002XXW：6

续附表三

五 单字陶文，或为人名	邵 单字陶文，或为人名	王 单字陶文，或为人名	志 单字陶文，或为人名	竹 刻划文	禾 刻划文
2002XXW：7	H30	XNXZ：1	XNXZ：3	H132	H132
XNXZ：6			XNXZ：4		

续附表三	之 刻划文	王 刻划文	未辨识		
	 H132	 H132	 H129	 南关∶5	
			 H130	 H129	
			 H131		
			 H162		
			 X2-1		
			 X2		
			 X4-1		
			 X4		
			 XNG∶1		

后记

本书研究对象是新泰出土战国陶文，从体例上，更多的采用了考古学的研究方法。首先记录了陶文的出土地层，其次对铭文陶器拍照和考古绘图，并进行分类；对陶文本身除了文字方面的分析，也采用了类型学的方法按照形制进行分类，以此尝试对出土陶文进行综合研究。

新泰陶文大规模的发现是在2002年，2005年申请国家社会科学一般项目的立项后开始进行整理研究。基础工作包括陶片的清洗、分类、缀合、粘接、编号、绘图、拍照、拓墨、数码扫描、测量登记等等。在此过程中，新泰市博物馆张勇、穆红梅、徐传善、高雷、徐勤昌、刘涛、焦玉云、毕玉梅、和法英、王敏敏、赵敏诸位同仁做了大量的工作。

本书第一章由任相宏、曲传刚执笔；第二章第一节由任相宏执笔，第二节由卫松涛、张勇执笔，第三节由任相宏、穆红梅执笔；第三章、第四章由任相宏、卫松涛执笔；第五章第一节、第二节由任相宏执笔，第三节及附录、附表由卫松涛执笔；全书最终由任相宏统稿。文物摄影由曲传刚完成；拓墨由徐传善、高雷完成；器物绘图由刘善沂完成。英文提要由中央民族大学黄义军教授翻译。

本书整理过程中得到了各方面的帮助。李学勤先生亲临指导，并在百忙之中为本书作序。林沄先生亲临现场，对本项目给予了鼓励和指导。国家文物局、山东省文物局、新泰市文广新局、新泰市财政局给予了大力支持。新泰市李钦利先生主动将个人收集的相关资料无私的提供给我们，此外，新泰市柳芳来先生、肖培生先生也提供了拓片资料。张俐女士在资料整理和数据核对方面做了耐心细致的工作。在此，对以上单位和个人谨致谢忱！

编者
2014年12月

Abstract

Xintai city is located in the hinterland of Shandong province, historically called Pingyang. During the Spring and Autumn and the Warring States period, it belonged to Lu at first and was later conquered by the State of Qi. In the recent years, a large number of cultural relics of the Warring States have been found in this area. This book focuses on the arrangement and research of the pottery inscriptions unearthed in Xintai, which belong to the State of Qi under the rule of the Tian (also called Chen) family (386-221 BC) during the Warring States period.

Those pottery inscriptions were found from four ancient sites including a government-run ceramic factory site at the musical building of the No. 1 Middle School of Xintai, a private-owned workshop site at Xinanguan, the Nanxizhou Site and the Nanguan Site. From the site of No.1 Middle School, three hundred and eighty nine pieces of pottery fragments with inscriptions or engraved symbols were discovered. From the Xinanguan Site, three hundred and seventy-six intact or almost intact potteries carrying inscriptions have been unearthed. Plus additional five or seven specimens from the Nanguan Site and the Nanxizhou Site, it totals seven hundred and seventy-seven pottery inscriptions or engraved symbols recovered from the above four sites.

As introduced above, the Xinanguan Site was a private-owned pottery workshop of the Warring States period, in which ceramic kilns, ash pits, wells and other cultural remains have been excavated. Most finds from this site are vessels of daily-use, on which three kinds of single-character inscriptions are discovered. At the Nanguan Site, a measuring vessel, dou, with inscription 平阳市 (Pingyang Bazaar) is found.

Among the above four sites, the finds from the No.1 Middle School of Xintai are of the most importance. As a government-run ceramic factory site, many architectural components and pottery measuring vessels were unearthed. Most of the pottery inscriptions found from this site were so-called Lishi (立事) inscriptions which usually include the family name Chen, the given name and the place name. Among them inscriptions, twelve of the sixteen given names and two place names as well as some new characters of Qi style are found for the first time. Additionally, a Pingyanglin平阳廪 (granary of Pingyang) inscription is also uncovered from this site. The measuring vessels, carrier of the pottery inscriptions, include cup-shaped dou and fu with a cord pattern.

It is for the first time that a considerable number of measuring vessels with "Li Shi" inscriptions given by the family Chen were discovered close together over a large area, which have given valuable data for the exploration of the government-run manufacture system as well as the measuring system and the evolution of the measuring vessels in the State of Qi.

The excavation of "平阳廪" and "平阳市" pottery inscriptions have provided proofs for the identification of the historical place name of the present Xintai and the paleography study of the Warring States period. Proved by the sites and inscriptions described above, Xintai is deemed to be one of the populous metropolises of the State of Qi during the Warring States period, which had developed handicraft industry and some urban elements such as granaries, bazaars and so forth. Judged from a large-scale Eastern Zhou cemetery which had a large military element uncovered at Zhoujiazhuang of Xintai, the present Xintai should be an important stronghold for the State of Qi's to carry out its hegemonic expansion.

1．陶鸱吻2002XYY②：3

2．陶杯2002XYY⑤L：1

3．陶杯2002XYY⑤L：2

4．陶杯2002XYY⑤L：5

5．陶杯2002XYY⑤L：6

彩版一　一中遗址出土遗物

1. 陶杯2002XYY⑤L：7

2. 陶杯2002XYY⑤L：8

3. 陶杯2002XYY⑤L：9

4. 陶杯2002XYY⑤L：10

5. 陶杯2002XYY⑤L：11

6. 石垫2002XYY⑤Z：2

彩版二 一中遗址出土遗物

1．西南关出土陶豆柄2002XXH3：326

2．西南关出土陶器盖2002XXH3：327

3．西南关出土陶拍垫2002XXH3：204

4．西南关出土铁器2002XXH3：423

5．城北砖厂出土兽面当陶瓦XCBZ：1

6．南西周出土陶拍XNXZ：8

彩版三　西南关遗址等地出土遗物

1. 陶杯XNG：1
2. 陶豆柄XNG：5
3. 陶豆柄HBCS：134

4. 陶片XNG：2
5. 陶片XNG：3

6. 陶片XNG：4
7. 陶拍XNG：10

彩版四　南关遗址出土遗物

1. 陶文2002XYY⑤W：1

2. 陶文2002XYY⑤W：2

3. 陶文2002XYY⑤W：3

4. 陶文2002XYY⑤W：4

5. 陶文2002XYY⑤W：5

6. 陶文2002XYY⑤W：6

彩版五　一中遗址出土陶文

1. 陶文2002XYY⑤W：7

2. 陶文2002XYY⑤W：8

3. 陶文2002XYY⑤W：188

4. 陶文2002XYY⑤W：230

5. 陶文HBCS：23

6. 陶文HBCS：65

彩版六　一中遗址出土陶文

1. 陶文2002XYY⑤W：9

2. 陶文2002XYY⑤W：10

3. 陶文2002XYY⑤W：11

4. 陶文2002XYY⑤W：12

5. 陶文2002XYY⑤W：13

6. 陶文2002XYY⑤W：14

彩版七　一中遗址出土陶文

1. 陶文2002XYY⑤W：15

2. 陶文2002XYY⑤W：213

3. 陶文2002XYY⑤W：224

4. 陶文HBCS：45

5. 陶文HBCS：69

6. 陶文2002XYY⑤W：172

彩版八　一中遗址出土陶文

1. 陶文2002XYY⑤W：16

2. 陶文2002XYY⑤W：17

3. 陶文2002XYY⑤W：18

4. 陶文2002XYY⑤W：19

5. 陶文2002XYY⑤W：20

6. 陶文2002XYY⑤W：21

彩版九　一中遗址出土陶文

1．陶文2002XYY⑤W：22

2．陶文2002XYY⑤W：23

3．陶文2002XYY⑤W：24

4．陶文2002XYY⑤W：25

5．陶文2002XYY⑤W：26

6．陶文2002XYY⑤W：169

彩版一〇　一中遺址出土陶文

1. 陶文2002XYY⑤W：171

2. 陶文2002XYY⑤W：173

3. 陶文2002XYY⑤W：204

4. 陶文2002XYY⑤W：210

5. 陶文HBCS：25

6. 陶文HBCS：41

彩版一一　一中遗址出土陶文

1. 陶文 HBCS：55

2. 陶文 HBCS：63

3. 陶文 HBCS：82

4. 陶文 HBCS：85

5. 陶文 HBCS：86

6. 陶文 HBCS：91

彩版一二　一中遗址出土陶文

1. 陶文2002XYY⑤W：30

2. 陶文2002XYY⑤W：31

3. 陶文2002XYY⑤W：32

4. 陶文2002XYY⑤W：33

5. 陶文2002XYY⑤W：34

6. 陶文2002XYY⑤W：206

彩版一三　一中遗址出土陶文

1．陶文2002XYY⑤W：218

2．陶文2002XYY⑤W：229

3．陶文HBCS：52

4．陶文HBCS：84

5．陶文2002XYY⑤W：27

6．陶文2002XYY⑤W：28

彩版一四　一中遗址出土陶文

1. 陶文2002XYY⑤W：29

2. 陶文2002XYY⑤W：170

3. 陶文HBCS：17

4. 陶文HBCS：22

5. 陶文HBCS：33

6. 陶文HBCS：83

彩版一五　一中遗址出土陶文

1. 陶文2002XYY⑤W：35

2. 陶文2002XYY⑤W：36

3. 陶文2002XYY⑤W：37

4. 陶文2002XYY⑤W：38

5. 陶文2002XYY⑤W：39

6. 陶文2002XYY⑤W：40

彩版一六　一中遗址出土陶文

1. 陶文2002XYY⑤W：41

2. 陶文HBCS：58

3. 2002XYY⑤W：42

4. 陶文2002XYY⑤W：43

5. 陶文2002XYY⑤W：44

6. 陶文2002XYY⑤W：166

彩版一七　一中遗址出土陶文

1．陶文2002ＸＹＹ⑤Ｗ：45

2．陶文2002ＸＹＹ⑤Ｗ：46

3．陶文2002ＸＹＹ⑤Ｗ：168

4．陶文2002ＸＹＹ⑤Ｗ：47

5．陶文2002ＸＹＹ⑤Ｗ：48

6．陶文2002ＸＹＹ⑤Ｗ：48背面指纹

彩版一八　一中遗址出土陶文

1. 陶文HBCS：5

2. 陶文HBCS：6

3. 陶文HBCS：28

4. 陶文HBCS：60

5. 陶文HBCS：71

6. 陶文HBCS：81

彩版一九　一中遗址出土陶文

1．陶文2002XYY⑤W：49

2．陶文2002XYY⑤W：50

3．陶文2002XYY⑤W：51

4．陶文2002XYY⑤W：52

5．陶文2002XYY⑤W：53

6．陶文2002XYY⑤W：55

彩版二〇　一中遗址出土陶文

1. 陶文2002XYY⑤W：56

2. 陶文2002XYY⑤W：176

3. 陶文2002XYY⑤W：185

4. 陶文HBCS：31

5. 陶文HBCS：32

6. 陶文HBCS：34

彩版二一　一中遗址出土陶文

1. 陶文2002XYY⑤W：54

2. 陶文HBCS：30

3. 陶文HBCS：35

4. 陶文HBCS：48

5. 陶文2002XYY⑤W：58

6. 陶文2002XYY⑤W：59

彩版二二　一中遗址出土陶文

1. 陶文2002XYY⑤W：60　　　　　　　　2. 陶文2002XYY⑤W：61

3. 陶文2002XYY⑤W：62　　　　　　　　4. 陶文2002XYY⑤W：63

5. 陶文2002XYY⑤W：64　　　　　　　　6. 陶文HBCS：76

彩版二三　一中遗址出土陶文

1. 陶文2002XYY⑤W：65

2. 陶文2002XYY⑤W：66

3. 陶文2002XYY⑤W：67

4. 陶文2002XYY⑤W：68

5. 陶文2002XYY⑤W：69

6. 陶文2002XYY⑤W：70

彩版二四　一中遗址出土陶文

1．陶文2002XYY⑤W：71

2．陶文2002XYY⑤W：72

3．陶文2002XYY⑤W：73

4．陶文2002XYY⑤W：74

5．陶文2002XYY⑤W：75

6．陶文2002XYY⑤W：76

彩版二五　一中遗址出土陶文

1. 陶文2002XYY⑤W：77

2. 陶文2002XYY⑤W：78

3. 陶文2002XYY⑤W：79

4. 陶文2002XYY⑤W：174

5. 陶文HBCS：27

6. 陶文HBCS：38

彩版二六　一中遗址出土陶文

1. 陶文2002XYY⑤W：81

2. 陶文2002XYY⑤W：82

3. 陶文2002XYY⑤W：83

4. 陶文2002XYY⑤W：84

5. 陶文2002XYY⑤W：85

6. 陶文2002XYY⑤W：86

彩版二七　一中遗址出土陶文

1．陶文2002XYY⑤W：87

2．陶文2002XYY⑤W：88

3．陶文2002XYY⑤W：177

4．陶文2002XYY⑤W：220

5．陶文HBCS：37

6．陶文HBCS：77

彩版二八　一中遗址出土陶文

1. 陶文2002XYY⑤W：89

2. 陶文2002XYY⑤W：89背面指纹

3. 陶文2002XYY⑤W：90

4. 陶文2002XYY⑤W：91

5. 陶文2002XYY⑤W：93

6. 陶文2002XYY⑤W：94

彩版二九　一中遗址出土陶文

1. 陶文2002XYY⑤W：95

2. 陶文2002XYY⑤W：96

3. 陶文2002XYY⑤W：194

4. 陶文2002XYY⑤W：197

5. 陶文HBCS：79

6. 陶文2002XYY⑤W：178

彩版三〇 一中遗址出土陶文

1．陶文2002XYY⑤W：97

2．陶文2002XYY⑤W：98

3．陶文2002XYY⑤W：99

4．陶文HBCS：1

5．陶文HBCS：11

6．陶文HBCS：15

彩版三一　一中遗址出土陶文

1. 陶文2002XYY⑤W：100

2. 陶文2002XYY⑤W：101

3. 陶文HBCS：43

4. 陶文HBCS：49

5. 陶文HBCS：80

彩版三二　一中遗址出土陶文

1．陶文2002XYY⑤W：102

2．陶文2002XYY⑤W：103

3．陶文2002XYY⑤W：104

4．陶文2002XYY⑤W：105

5．陶文2002XYY⑤W：208

6．陶文2002XYY⑤W：219

彩版三三　一中遗址出土陶文

1. 陶文HBCS：8

2. 陶文HBCS：10

3. 陶文HBCS：36

4. 陶文HBCS：47

彩版三四　一中遗址出土陶文

1．陶文2002XYY⑤W：106

2．陶文2002XYY⑤W：107

3．陶文2002XYY⑤W：108

4．陶文2002XYY⑤W：109

5．陶文2002XYY⑤W：110

6．陶文2002XYY⑤W：180

彩版三五　一中遗址出土陶文

1．陶文2002XYY⑤W：191

2．陶文2002XYY⑤W：215

3．陶文HBCS：13

4．陶文HBCS：53

5．陶文HBCS：88

彩版三六　一中遗址出土陶文

1．陶文2002XYY⑤W∶111

2．陶文2002XYY⑤W∶112

3．陶文2002XYY⑤W∶113

4．陶文2002XYY⑤W∶114

5．陶文2002XYY⑤W∶115

6．陶文2002XYY⑤W∶201

彩版三七　一中遗址出土陶文

1. 陶文2002XYY⑤W：116

2. 陶文2002XYY⑤W：117

3. 陶文2002XYY⑤W：118

4. 陶文2002XYY⑤W：202

5. 陶文HBCS：12

6. 陶文HBCS：42

彩版三八 一中遗址出土陶文

1. 陶文2002XYY⑤W：119

2. 陶文2002XYY⑤W：120

3. 陶文2002XYY⑤W：121

4. 陶文2002XYY⑤W：122

5. 陶文2002XYY⑤W：123

6. 陶文2002XYY⑤W：124

彩版三九　一中遗址出土陶文

1．陶文2002XYY⑤W：125

2．陶文2002XYY⑤W：126

3．陶文2002XYY⑤W：127

4．陶文2002XYY⑤W：225

5．陶文2002XYY⑤W：227

6．陶文HBCS：20

彩版四〇　一中遗址出土陶文

1. 陶文2002XYY⑤W：128

2. 陶文2002XYY⑤W：187

3. 陶文2002XYY⑤W：200

4. 陶文2002XYY⑤W：129

5. 陶文HBCS：44

6. 陶文HBCS：89

彩版四一　一中遗址出土陶文

1. 陶文 HBCS：26

2. 陶文 HBCS：66

3. 陶文 2002XYY⑤W：130

4. 陶文 2002XYY⑤W：131

5. 陶文 HBCS：14

彩版四二　一中遗址出土陶文

1．陶文2002ⅩYY⑤W：132

2．陶文2002ⅩYY⑤W：133

3．陶文2002ⅩYY⑤W：134

4．陶文2002ⅩYY⑤W：207

5．陶文HBCS：9

彩版四三　一中遗址出土陶文

1．陶文2002XYY⑤W：135

2．陶文2002XYY⑤W：136

3．陶文2002XYY⑤W：137

4．陶文2002XYY⑤W：138

5．陶文2002XYY⑤W：139

6．陶文2002XYY⑤W：140

彩版四四　一中遗址出土陶文

1. 陶文2002XYY⑤W：141

2. 陶文2002XYY⑤W：186

3. 陶文2002XYY⑤W：199

4. 陶文2002XYY⑤W：217

5. 陶文HBCS：7

6. 陶文HBCS：90

彩版四五　一中遗址出土陶文

1．陶文2002XYY⑤W：142

2．陶文2002XYY⑤W：143

3．陶文2002XYY⑤W：203

4．陶文HBCS：62

5．陶文2002XYY⑤W：144

6．陶文2002XYY⑤W：145

彩版四六　一中遗址出土陶文

1. 陶文2002XYY⑤W：146

2. 陶文2002XYY⑤W：222

3. 陶文HBCS：2

4. 陶文HBCS：3

彩版四七　一中遗址出土陶文

1. 陶文HBCS：4

2. 陶文HBCS：19

3. 陶文HBCS：56

4. 陶文HBCS：61

5. 陶文HBCS：73

彩版四八　一中遗址出土陶文

1. 陶文2002XYY⑤W：147

2. 陶文2002XYY⑤W：148

3. 陶文2002XYY⑤W：149

4. 陶文2002XYY⑤W：221

5. 陶文HBCS：24

6. 陶文HBCS：59

彩版四九　一中遗址出土陶文

1．陶文2002XYY⑤W：150

2．陶文2002XYY⑤W：183

3．陶文HBCS：40

4．陶文2002XYY⑤W：151

5．陶文2002XYY⑤W：152

6．陶文2002XYY⑤W：153

彩版五〇　一中遗址出土陶文

1．陶文2002XYY⑤W：154

2．陶文2002XYY⑤W：155

3．陶文2002XYY⑤W：156

4．陶文2002XYY⑤W：175

5．陶文2002XYY⑤W：184

彩版五一　一中遗址出土陶文

1. 陶文2002XYY⑤W：212

2. 陶文HBCS：57

3. 陶文2002XYY⑤W：181

4. 陶文2002XYY⑤W：179

彩版五二　一中遗址出土陶文

1．陶文2002XYY⑤W：157

2．陶文2002XYY⑤W：158

3．陶文2002XYY⑤W：228

4．陶文HBCS：74

5．陶文2002XYY⑤W：159

彩版五三　一中遗址出土陶文

1．陶文2002XYY⑤W：164

2．陶文2002XYY⑤W：190

3．陶文2002XYY⑤W：160

4．陶文2002XYY⑤W：161

5．陶文HBCS：78

6．陶文2002XYY⑤W：165

彩版五四　一中遗址出土陶文

1．陶文2002XYY⑤W：192

2．陶文2002XYY⑤W：209

3．陶文2002XYY⑤W：223

4．陶文2002XYY⑤W：226

5．陶文HBCS：18

6．陶文HBCS：29

彩版五五　一中遗址出土陶文

1．陶文HBCS：39

2．陶文HBCS：50

3．陶文HBCS：51

4．陶文HBCS：64

5．陶文2002XYY⑤W：163

6．陶文2002XYY⑤W：162

彩版五六　一中遗址出土陶文